조지 길더

구글의 종말

조지 길더

구글의 종말

Life After Google

빅데이터에서 블록체인으로
실리콘밸리 제국의 충격적 미래

조지 길더 지음 | 이경식 옮김

청림출판

일러두기

● 본문 괄호 안 내용은 저자 주입니다.
● 본문 괄호 안의 * 표시는 옮긴이 주입니다.
● 이 책의 원서는 2018년에 발간되었습니다.
   본문 내 '현재'라는 표현의 기준은 원서가 쓰인 2018년임을 알려드립니다.

한 그루의 나무가 모여 푸른 숲을 이루듯이
청림의 책들은 삶을 풍요롭게 합니다.

구글의 세상 체계는 인간 정신이 아니라 기계에서 특이점을 찾는다.
새로운 세상 체계는 이런 전제를 뒤집어 창조의 특이점을 칭송해야 한다.

Life After

Google

백 투 더 퓨처

1990년대 초에 나는 매사추세츠 서부에 있는 후사토닉강 인근의 어떤 낡은 창고에서 뉴스레터 회사를 운영하고 있었다. 그때 '미래'가 어느새 슬그머니 내 곁으로 다가왔다.

그리고 바로 그 시점에 '과거'는 특수효과계의 거장이던 더글러스 트럼블Douglas Trumbull이라는 한 개인 속으로 터벅터벅 걸어 들어갔다. 디지털로 빠르게 전환되던 세상에서, 트럼블은 고집스럽게 아날로그 기법들을 잡고 놓지 않았다. 모든 물리적인 (즉 실제 형상을 갖춘) 모델들을 만들고, 자기가 생각하고 창조한 다층적인 이미지들을 고해상도 영화에 반영했던 것이다.

트럼블과 내 친구이던 닉 켈리는 로버트 저메키스 감독의 영화 〈백 투 더 퓨처〉 시리즈를 기반으로 하는 테마파크를 만들겠다며 라이드필름RideFilm이라는 벤처회사를 차렸고, 나는 이 회사에 투자했다.

그리고 머지않아서 플라스틱과 파피에마세(*펄프에 아교를 섞어 만든 종이 재질)로 만든 거의 실물 크기의 '렉스'라는 티라노사우루스가 우리의 먼지투성이 목재 계단에 놓였다. 이것은 길더출판사Gilder Publishing의 비공식 마스코트가 됐다. 우리는 이것을 단 한 번도 중요하게 여긴 적이 없지만, 올랜도와 할리우드 그리고 오사카에 있는 테마파크를 찾는 시간여행 관광객들은 무척 좋아했다. 그것도 무려 16년 동안이나……

1990년대, 트럼블은 직접 시간여행을 시도하고 있었다. 스탠리 큐브릭 감독의 1968년 영화 〈2001 스페이스 오디세이〉의 마지막 시퀀스에서 '스타게이트'가 열리는 장면의 특수효과로 이름을 널리 알렸음에도 불구하고, 할리우드를 떠나 매사추세츠의 작은 마을에 틀어박혔다. 그리고 자신의 아날로그적 천재성에 대한 어떤 음모론적인 저항이 있는 게 아닌가 하는 의심을 품고 살았다. 트럼블은 〈2001 스페이스 오디세이〉에서 커다란 성공을 거둔 뒤에 스티븐 스필버그 감독의 〈미지와의 조우〉(1977)와 리들리 스콧 감독의 〈블레이드 러너〉(1982) 등을 포함한 여러 기념비적인 영화에서 특수효과를 맡았다.

그러나 세상은 이미 디지털 세계로 훌쩍 들어간 뒤였고, 트럼블이라는 이름은 사람들의 기억에서 거의 잊히다시피 했다. 그런데 1990년대 초에 그가 초당 60프레임을 담는(*기존의 표준보다 2.5배 많은 수치) 쇼스캔Showscan이란 기술과 3D 라이드필름을 들고 화려하게 부활했다(*입체 특수영상 분야는 크게 라이드필름, 3D 및 4D로 나뉜다. 라이드필름은 우리가 흔히 놀이동산에서 타는 놀이기구의 개념으로, 보고 듣는 영화가 아니라 타고 즐기는 영화를 말한다). 트럼블의 3D는 3D 안경이나 VR 고글 없이도 완벽한 몰입감을 느끼게 해줬다. 그야말로 실리콘밸리를 씹어 먹었다.

배우 마이클 J. 폭스가 17세 소년 마틴 맥플라이로 출연한 1985년의 첫 번째 시간여행 모험 영화는 (이 영화 한 편의 수입이 무려 5억 달러였다) 트럼블의 시도에 비하면 아무것도 아니었다. 당시 유니버설 스튜디오 제작자였던 스티븐 스필버그는 조지 루카스가 자신의 영화 〈스타워즈〉를 기반으로 만든 디즈니랜드의 놀이기구인 스타 투어즈Star Tours를 능가할 수도 있는 라이드필름을 〈백 투 더 퓨처〉의 구성으로 만들어낼 수도 있겠다고 생각했다. 루카스는 유니버설이 스타 투어즈의 장관에 버금가는 것을 만들어낼 수 있으리라는 가능성을 일축했다. 그러자 스필버그는 이렇게 말했다.

"그럼 나하고 내기할까?"

그리고 스필버그는 이 프로젝트를 시작했다.

미래와 과거가 함께 뛰노는 상황, 미친 듯한 소동, '미래적인' 드로리안 자동차(*〈백 투 더 퓨처〉에 나오는 시간여행 자동차), 헝클어진 머리카락과 미친 듯한 눈매의 브라운 박사(*〈백 투 더 퓨처〉에서 시간여행 자동차를 발명했다), 진기한 시계탑이 있는 캘리포니아의 힐밸리 마을, 성질 급한 악당 비프……, 독자는 아마 이런 것들을 떠올릴 것이다. 그런데 이런 것들이 우리 3층짜리 벽돌 건물, 티라노사우루스와 드로리안 차체 그리고 영화 내용에 조응해 좌석이 이리저리 움직이는 극장이 갖추어진 건물로 들어왔다. 영화가 상영되던 1년 넘는 기간 동안에…….

트럼블은 4분짜리 3D 라이드필름으로 할리우드의 메이저 영화사들을 무색하게 만들었다. 이 영화에 들어간 제작비는 대략 4,000만 달러였다. 이 영화는 15년 동안 제작비의 두 배나 되는 수익을 안겨줬으며, 디즈니 월드 때문에 소멸 위기에 빠졌던 올랜도의 유니버설 테마파크를 살려냈다. 이 영화의 최초 관객은 나와 내 세 아이들이었고, 상영 장소는 우리가 사무실로 쓰려고 빌렸던 건물이었다. 막내 낸니나는 당시 여섯 살이었는데, 영화 속의 무서운 장면들을 실제 현실과 구분하지 못할까 봐 겁이 나서 내가 보지 못하게 했다.

하지만 사실 영화 속 현실과 실제 현실을 구분할 수 있었던 사람은 아무도 없었다. 돔 형태의 옴니맥스OmniMax 스크린(*아이맥스를 돔 형식 스크린으로 변형시킨 것) 아래 드로리안에 타고서 안전벨트를 꽉 조여 맨 상태로 오감이 자극을 받는 상황에서는 그 차가 어느 방향으로든 기껏해야 1미터 정도밖에 움직이지 않는다는 사실을 누구나 금방 그리고 완전히 잊어버렸다. 제트엔진이 장착된 드로리안의 움직임을 (착각 속에서!) 생생하게 인식하도록 사람들의 뇌를 자극하는 데는 그것만으로도 충분했다. 극장의 불이 꺼지는 바로 그 순간부터 우리는 딴 세상으로 들어갔다. 시간을 관통해 악당 비프를 뒤쫓으며 힐밸리 마을로 빠르게 들어가서 붉은색 텍사코 광고판을 부수고, 꼬불꼬불한 도로들을 이리저리 돌며 마구 내달리고, 시청 건물 시계탑과 부딪히고는 그걸 통해서 빙하기로 들어갔다.

우리는 실제처럼 생생한 3차원 툰드라의 모든 것이 꽁꽁 얼어붙은 기괴한 풍경에서 추워서 덜덜 떨었고, 불을 뿜는 활화산을 보고는 무서워서 펄쩍 뛰었고, 그러다가 어느 순간에는 시간 절벽을 넘어 중생대 백악기로 들어갔다. 거기서 우리는 티라노사우루스의 번쩍거리는 이빨을 피해 필사적으로 달아났다. 하지만 우리의 시도는 실패로 끝나고 말았다. 우리를 태운 드로리안이 공룡의 이빨을 지나 공룡의 위장 속으로 들어가버린 것이다. 하지만 천만다행으로 공룡은 우리를 토해냈고, 우리는 다시 비프를 추적했다. 브라운 박사가 가르쳐준 대로 시속 140킬로미터의 아슬아슬한 속도로 달려 비프가 탄 차의 꽁무니를 박았다. 그 순간, 짠! 우리는 다시 현재로 돌아왔다. 그런데 잠깐, 이럴 수가! 올랜도 시간 여행 자동차 발사장의 거대한 유리창으로 돌진하고 있는 거 아냐? 그렇다! 수천 개 파편이 바닥으로 쏟아져 내리는 가운데 우리가 탄 드로리안이 처음 출발했던 지점으로 돌아왔다. 마침내 우리는 드로리안에서 내려 우중충한 창고 무대에 다시 발을 디뎠다. 그런데 그 어디에도 유리 파편이 보이지 않았다.

이 여행을 하는 데 걸린 시간은 고작 4분이었다. 그러나 가상현실 몰입감이 여행 시간을 한껏 늘여놓았다. 눈은 튀어나올 것 같았고, 심장은 마구 뛰었으며, 폐는 한껏 부풀어 올랐다. 마치 그 자동차를 2시간 넘게 탄 느낌이었다. 아무리 적게 잡아도 2시간……, 우리는 시간여행의 어떤 것 하나를 실제로 경험했다.

우주도 지구와 마찬가지로 평평하지 않다. 물리학자와 화학자의 지배를 받아 우주를 하나의 물질로만 바라보는 무미건조하고 결정론적인 여러 이론들에는 인간의 의식과 창의성이 개입할 여지가 없다. 3차원 라이드필름이 2차원 영화를 초월하는 것과 마찬가지로, 경험의 다른 여러 차원들은 변형 가능하고 또한 인위적으로 실제처럼 보일 수 있다. 하버드 대학의 수학자이자 철학자인 찰스 샌더스 퍼스^{Charles Sanders Peirce}는 이미 지난 세기에, 모든 상징들과 대상들은 소프트웨어에서든 언어에서든 혹은 예술에서든 간에 해석적 태도의 조정이 필요하다고 설명했다.[1]

우리의 마음에서부터 잠재적인 메타버스^{metaverse}(*가공·추상을 의미하는 '메타^{meta}'와 현실 세계를 의미하는 '유니버스^{universe}'의 합성어로, 3차원 가상 세계를 의미한다), 즉 상상적인 실체의 무한한 차원들이 열린다. 조건법적 서술(*어떤 문장의 첫 절이 사실과 정반대인 것을 서술하는 표현법), 비유, 해석적인 감정^{interpretive emotion}, 자유분방하게 뛰노는 생각 그리고 창의성 등이 그런 것들이다. 메타버스라는 용어를 만들어낸 소설가 닐 스티븐슨^{Neal Stephenson}[2]과 가상현실 분야를 개척한 재런 래니어^{Jaron Lanier}가 이것들을 탐구하며, 또 이것들에 높은 가치를 부여한 것은 마땅하고 옳은 일이었다. 평평한 우

주^{flat universe} 너머에 여러 차원들이 존재한다는 발상이 없다면 우리의 삶
과 전망은 시들할 뿐이다.

'평평한 우주'라는 비유는 C. S. 루이스의 에세이 〈변환^{Transposition}〉³을 읽
고 생각해냈다. 이 에세이는 다음과 같은 질문을 제기했다.

"당신이 2차원 풍경화 속에 살고 있다고 치자. 그런데 누군가 다가와
서는, 2차원 이미지들은 실제 3차원 현실을 반영하는 것들 가운데 가장
희미하고 부족하다고 진지하게 말했다. 당신은 이 사람에게 어떻게 반
응하겠는가?"

당신은 당신의 2차원 마음의 동굴 속에서 전혀 불편함을 느끼지 않으
며, 또한 당신이 그 평평한 곳에서 경험한 모든 것을 설명해줄 2차원 이
론들을 충분히 많이 알 것이다. 물감의 재료나 관측 위치에 따른 물체의
위치나 방향의 차이 같은 것 말이다. 그래서 당신은 이렇게 물을 것이다.

"3차원이라고? 나는 그런 가정이 왜 필요한지 전혀 모르겠는데?"

나는 〈백 투 더 퓨처〉의 시대인 1990년대 초에, 텔레비전의 시대가 끝
나고 네트워크 컴퓨터의 시대가 시작될 것이라고 예언했다.⁴《텔레비전
이후의 삶^{Life after Television}》1994년판에서 이렇게 설명했다.

"앞으로 10년 안에 가장 보편적인 개인용 컴퓨터는 IP 주소가 있고
…… 모든 종류의 수천 개 데이터베이스와 연결된 디지털 셀룰러폰이
될 것이다."⁵

그리고 나는 많은 강연에서 이렇게 말했다.

"그것은 시계만큼이나 갖고 다니기 쉽고, 지갑만큼이나 개인적일 것
이다. 그리고 사람이 하는 말을 알아듣고 길을 찾아갈 것이며, 당신이 받
는 우편물과 소식지와 급료를 모아둘 것이다. (잠시 뜸을 들인 뒤에) 어쩌면

'윈도'를 실행하지 않을 수도 있다. 그러나 그것은 당신에게 문이 되어줄 것이다. 현관문이 되고, 자동차 문이 되고, 또 온갖 인식의 문이 되어줄 것이다."[6]

일찌감치 이런 발상을 높이 평가해준 몇몇 인사들 가운데 루퍼트 머독이 있었다. 머독은 나에게 호주의 헤이먼섬으로 날아와달라고 했다. 뉴스코퍼레이션과 20세기폭스 임원진들을 대상으로 21세기를 대비하기 위해 미디어가 어떻게 바뀌어야 하는지 강연해달라고 부탁한 것이다. 바로 그 무렵에 할리우드의 일급 기획자이던 아리 이매뉴얼은《텔레비전 이후의 삶》을 읽고 디지털 미래에 어떻게 대응할지 깨달았다며 찬사를 아끼지 않았다. 아이폰이 세상에 등장하기 훨씬 전, 스티브 잡스가 이 책을 읽고 동료들에게 읽어보길 권했다는 말도 나중에 들었다.

《텔레비전 이후의 삶》에서 이야기한 것들 가운데 많은 것이 실현됐지만 '미래로 돌아가야' 할 여지는 여전히 많이 남아 있다. 인터넷은 아직 가장 중요한 몇 가지 약속을 이행하지 못했다. 1990년에 나는 네트워크 컴퓨터의 세상에서는 원하지 않는 광고는 보지 않게 될 것이라고 예언했다. 현재 구글이 안내하는 인터넷에는 사용자가 원하지 않는 온갖 광고들이 널려 있을 뿐만 아니라 온갖 봇(*특정 작업을 반복 수행하는 프로그램)과 악성 소프트웨어가 넘쳐난다. 인터넷은 개별 사용자들에게 권한을 나눠주는 대신, 자기 스스로 모든 돈과 권력을 가장 높은 층으로 빨아올리는 강력한 흡인력을 가진 구름(클라우드)이 돼버렸다.

보다 깊은 차원에서 보자면, 구글의 세상은 (구글의 인터페이스들, 이미지들, 동영상들, 아이콘들 그리고 철학은) 2차원이다. 구글은 단지 일개 회사가 아니라 세상을 구성하는 어떤 체계(시스템)다. 그리고 인터넷은 이 이데올로기의 무게를 이기지 못하고 금이 쩍쩍 가고 있다. 구글의 신도들은 물질주의의 평평한 우주 이론을 지지한다. 결정론주의적인 화학 및 물리학만 있으면 충분하다는 것이다. 그들은 인간 정신은 무작위적인 진화 과정을 거쳐 지금의 모습이 됐으며, 이것은 결코 최적 상태가 아니라고 믿는다. 그들은 '실리콘 뇌'(*컴퓨터의 중앙처리장치^{CPU}를 가리킨다)의 가능성을 신봉한다. 또 기계도 인간과 같은 방식으로 '학습할 수 있다'고 믿는다. 목적의식성^{consciousness}은 물질에서 비롯된 것이라 인간에게 상대적으로 덜 중요한 측면이라고 믿으며, 또 진짜 참신한 상상력이라는 것은 논리의 세상에서는 한낱 환상에 지나지 않는다고 믿는다. 그들은 인간이 발견할 것이 더는 아무것도 없으므로 그만 은퇴해서 일정 수준으로 보장된 연금을 받고 살아가는 편이 좋다고 주장한다. 아울러 래리 페이지와 세르게이 브린이 일론 머스크와 함께 승자독식의 우주로 날아올라 각자 자기만의 행성에서 은하 장벽이 둘러쳐진 정원을 꾸미고, 영원한 생명을 누리며 사는 것도 마땅하고 당연하다고 주장한다.

그런데 드로리안은 그렇지 않다고 말한다. 구글 세상의 그 장벽들은 얼마든지 무너질 수 있으며, 새로운 많은 차원들로 이루어진 세상이 우리의 새로운 세상이 될 수 있으니 이것들을 탐구해서 풍요를 누리라고 말한다. 자, 지금부터 드로리안에 올라타고 달려보자.

∘ CONTENTS ∘

CHAPTER

01

이 책을 해킹하려들지 마라

Don't Steal This Book

● ●

우리의 경제는 기본적으로 모든 사람을 충족할 수 있을 정도로 넉넉한 재화와 서비스를 생산하

는 지점에 이미 다다랐다. …… 그러므로 지금 우리가 맞이하는 시대는 생산에 관해서는 더는

신경 쓰지 않는다. 얼마나 많은 양을 생산하느냐가 아니라, 생산된 것을 사람들이 어떻게 나눠

갖느냐 하는 분배의 문제가 중요해졌다.

- 브라이언 아서Brian Arthur (산타페연구소, 2017)[1]

● ●

전자책 독자에게 부탁하건대, 이 전자책을 읽기 전에 아이디와 비밀번호를 제시하기 바란다. 우리는 당신의 신원과 사이버 보안 그리고 당신의 이런저런 기호와 취미에 관심이 있다. 당신에게 보다 나은 서비스를 제공하길 바라기 때문이다.

아울러 네모 칸 안에 얼기설기 꼬여 있는 캡차captcha 문자들을 대문자와 소문자를 구분해서 기입해주기 바란다. 굳이 이렇게 하는 것은, 전체 웹 주소의 대략 36퍼센트가 남의 신원을 도용한 로봇이며, 당신이 이런 로봇이 아님을 증명하기 위해서이니 양해해주기 바란다(*캡차는 자동 로그인 방지 시스템으로 로봇이 아닌 사람만이 처리할 수 있다).

미안하지만, 당신의 아이디와 비밀번호가 우리가 가진 기록과 일치하지 않는다. 도움이 필요한가? 만일 아이디나 본인 확인 질문을 변경하고자 한다면, 당신이 우리 소프트웨어를 구매하면서 알려줬던 이메일로 우리가 보내주는 URL을 클릭하기 바란다.

미안하다. 그 주소는 유효하지 않다. 이메일 주소를 변경하겠는가?

그런데 아이튠즈가 여러 가지 취약한 점을 보완하기 위해 당신의 소프트웨어를 업그레이드하고자 한다. 이 소프트웨어 패치는 당신의 애플 아이디와 비밀번호를 기입해야만 설치된다. 미안한데, 당신의 이 아이디와 비밀번호는 우리가 가진 기록과 일치히지 않는다. 다시 한 민 시도하겠는가?

이 과정을 반복하기 위해서는 우선 매킨토시 드라이브의 잠금 상태를 해제해야 한다. 매킨토시 드라이브를 열 수 있는 비밀번호를 제시하기 바란다. 만일 이 비밀번호를 잊어버렸다면 드라이브를 완전히 지우고 새로 시작할 수도 있다. 이 경우에는 이 책을 포함해 백업해두지 않은 이 드라이브의 모든 자료를 잃어버릴 수도 있다. 이를 명심하고 다시 한 번 시도하기 바란다.

그러나 우선, 우리 구글은 당신이 당신의 구글 비밀번호를 제시하길 요구한다. 아, 아니다, 그 구글 비밀번호가 아니다. 2주 전에 번호가 바뀌었다. 그렇다, 우리는 당신이 여러 개의 구글 비밀번호를 가지고서 당신의 지메일 주소와 연동된 여러 개의 아이디로 접속한다는 것을 알고 있다. 당신의 개인정보 보안을 보장하기 위해 어떤 아이디와 비밀번호 조합이 당신이 가진 여러 기기들 가운데 특정한 하나의 기기에서 특정한 상황에 유효한지 당신이 반드시 알아야만 한다는 것이 우리 정책이다. 아니다, 그 비밀번호는 우리가 가진 기록과 일치하지 않는다. 그 비밀번호를 변경하겠는가? 이 전자책의 실제 소유주가 확실한가?

로그아웃을 하기 전에 우리의 고객 서비스에 대한 경험을 조사하는 설문에 응답해주기 바란다. 앞으로 당신의 이메일에 보다 효과적으로 응대할 수 있도록 당신의 전화번호와 디지털 이미지 그리고 지문을 제공해주기 바란다. 고맙다. 당신 휴대폰 번호도 알았으면 한다. 당신의 협조를 우리는 매우 소중하게 생각한다.

당신은 아마도, 당신과 같은 사람들이 온라인에서 선택한 것들을 근거로 우리의 알고리즘이 선택한 책들을 읽고 싶어 할 것이다. 아마도 이런 책들은 벤처 캐피털리스트인 마크 안드레센^{Marc Andreessen}(*넷스케이프를 만든 인터넷 초창기 개척자. 페이스북, 인스타그램, 트위터, 우버 등에 투자해 성공시켰다)이 지적한 것처럼 '소프트웨어가 세상을 잡아먹는' 실상을 설명하할 것이다. 또한 구글의 검색엔진 및 다른 소프트웨어가 '인류 역사상 최대 사건'이라고 할 수 있는 인공지능^{AI}을 구성하는 실상을 설명할 것이다.

구글 인공지능은 동영상에 나오는 고양이들을 자기를 포함한 여러 사람들보다 훨씬 빠르고 정확하게 파악하는 솜씨를 보여줌으로써 당시 구글 회장이던 에릭 슈미트조차 깜짝 놀라게 한, 기이할 정도로 신기한 '딥 기계학습^{deep machine learning}'을 제공한다(*딥 머신러닝은 다층구조 형태의 신경망을 기반으로 하는 머신러닝의 한 분야로, 다량의 데이터로부터 높은 수준의 추상화 모델을 구축하고자 하는 기법이다). 이 책에서 자세히 설명하는 '딥 마인드^{deep mind}'(*딥 마인드는 구글이 인수한 인공지능 개발사의 이름이기도 한데, 이 회사는 인공지능 바둑 프로그램인 '알파고'를 개발하기도 했다) 등의 위업들로 인해 이제 컴퓨터는 굳이 인간 지능에 의지하지 않아도 되고, 머지않아서는 '당신 자신보다 당신을 더 많이 알게 될 것'이다.

엄선된 이 책들을 내려받으려면, 우선 신용카드 번호, CCV 숫자, 신용카드 계정과 연동된 이메일 주소를 우리에게 제공해야 한다. 그리고 이것들 가운데 어느 하나라도 변경됐다면, 본인을 확인하는 질문, 즉 당신이 태어났을 때의 집 주소, 반려견의 이름, 어머니의 처녀 시절 성, 당신이 다녔던 유치원의 이름, 사회보장번호의 마지막 네 자리 숫자, 당신이 좋아하는 가수, 초등학교 1학년 때의 담임교사 이름 등을 묻는 질문에 정확하게 대답해야 한다. 우리는 당신 대답이 그동안 바뀌지 않았기를 희망한다. 이 과정을 거치면 그다음 과정으로 나아갈 수 있다. 혹은 비밀번호를 바꿀 수도 있다. 당신이 기억할 수 있는 아홉 개 이상의 글자, 숫자, 특수문자 조합으로 비밀번호를 선택하면 된다. 그러나 다른 곳에서 사용하는 비밀번호를 그대로 쓰지 않기를 바란다. 다시 말하지만, 비밀번호에는 알파벳의 대문자와 소문자 그리고 특수문자가 반드시 포함돼야 한다. 당신이 새로운 비밀번호를 사용하기 전에 구글이 임시 비밀번호를 당신 이메일로 보내줄 것이다. 아, 이런! 당신 이메일 주소가 유효하지 않다. 다시 한 번 시도해보겠는가? 어쩌면 당신은 이 전자책의 실제 소유주가 아닐지도 모른다.

많은 저명인사들의 말에 따르면, 지금 이 산업은 '특이점^{singularity}'(*현실과 가상공간이 단일화되는 지점 혹은 인공지능이 인간의 지능을 넘어서는 지점)을 향해 빠르게 접근하고 있다. '클라우드'에 존재하는 슈퍼컴퓨터들은 사람보다 훨씬 똑똑한 존재로 개선되고 있다. 사람의 뇌와 신체에서 나오는 다차원 데이터 스트림$^{multidimensional\ data\ stream}$들을 슈퍼컴퓨터들이 얼마나 완벽하게 지각하는지 놀라울 정도다. 그래서 사람들이 일상에서 내리는 의사결정의 대부분을 이 컴퓨터에 맡기고 싶어 한다. 첨단 인공지능 및 생물학적 암호해독이 획기적으로 진전되는 바람에, 인간과 같은 유기체도 그저 여러 알고리즘의 산물일 뿐이라는 명제에 많은 연구자들이 동의할 수밖에 없는 실정이다. DNA와 신경망 논리 속에 새겨진 이 알고리즘은 기계학습을 통해 해석하고 통제할 수 있다.

딥 마인드를 가진 구글과 같은 클라우드 컴퓨팅 및 빅데이터 회사들은, 배우자 선택이나 진료부터 비트코인 지갑의 개인키$^{private\ key}$ 관리나 매킨토시 드라이브의 비밀번호 사용 및 관리에 이르기까지 생활 속의 온갖 의사결정을 사람이 자기 뇌를 쓰는 경우보다 훨씬 탁월하게 수행할 수 있다. 이 자기 학습 소프트웨어는 또한 사람들이 수행하는 대부분의 업무도 장차 너끈하게 해낼 것이다. 이 새로운 디지털 세상은 어쩌면 당신을 더는 필요로 하지 않을지도 모른다.

그렇다고 해서 화내지는 마라. 어떤 경우에도 당신은 충분히 만족스러운 수준의, 적어도 우리가 보기에는 그렇다는 말이다, 수입을 보장받으면서 은퇴 생활을 누릴 수 있다. 래리 페이지, 일론 머스크, 세르게이 브린, 팀 쿡 등과 같은 실리콘밸리를 선도하는 인물들은 사람이 인공지능에 비해 지적 능력이 떨어진다는 이유로 사람을 고용하려들지 않는 것 같다. 적어도 일반적이고 평범한 사람은 말이다. 구글 인공지능이 세계 바둑 챔피언을 다섯 번 연속으로 이긴 사실을 아는가? 어쩌면 당신은 바둑이 뭔지도 모를 수 있는데 말이다.

바둑은 아시아의 전통적인 전략 게임이다. 인공지능 연구자들은 체스는 비교도 되지 않을 정도로 경우의 수가 많고 복잡 미묘한 바둑을 도전 과제로 삼아서 오랜 세월 연구를 거듭해왔다. 그리고 이제 사람은 이 어려운 게임에서 컴퓨터를 도저히 이기지 못한다. 사람은 컴퓨터와 어깨를 (아니, 머리를?) 나란히 할 정도의 지적 능력을 도저히 가질 수 없기 때문이다.

그렇지만 걱정하지 않아도 된다. 실리콘밸리를 선도하는 거물들은 쇠퇴 단계에 들어선 '호모 사피엔스'를 위해 국가가 부족하지 않은 연 수입을 보장하게 될 것이라고 말한다. 그렇다. 사람들에게 해마다 '공돈'이 주어진다는 말이다! 게다가 래리 페이지와 오브리 드 그레이Aubrey de Grey(*영국의 노년의학 전문가이자 장수연구기금회의 수석 과학자) 등과 같이 능력이 검증된 천재들이 하는 말에 따르면, 만약 당신이 사이버 세상에 능숙하다면 영원히 일자리를 가지지 않은 채로 놀면서도 살아갈 가능성이 점점 더 높아지는 예외적인 엘리트로 꼽힐 수 있다.

심지어 당신 자신을 거의 신적인 존재로 지위가 상승한 빅데이터 데미우르고스(*물질세계를 창조하고 지배하는 존재)라고 여길 수도 있다.

과거의 인간 부족들이 신이라는 존재만이 가질 수 있다고 여겼던 힘을 오늘날 구글 검색엔진이 휘두르게 됐다. 이 검색엔진을 다룰 수 있게 된 당신은 전지전능한 모습을 보임으로써 '호모 데우스homo deus가 된다(*'호모'는 사람, '데우스'는 라틴어에서 온 말로 신을 뜻한다. 따라서 '호모 데우스'는 '신이 된 인간'이라는 뜻이다). 구글 캠퍼스의 인기 강연자인 유발 하라리조차 가장 최근에 낸 저서의 제목을 이 '호모 데우스'라고 지었다.[2]

과거에는 대중은 엄두도 내지 못하는 이런 초월적이며 전지전능한 인간-신human god에 대한 이야기를 보통 헛소리로 여겼으며, 이런 이야기를 하는 사람은 정신병원에 가야 한다고 생각했다. 그런데 2010년대 후반의 몇 년을 통과하면서 실리콘밸리에서 창출되는 수익 대부분이 구글과 애플 그리고 페이스북에서 비롯된 것을 보면, 실리콘밸리가 현재 신경쇠약에 걸린 것 같다. 이런 진단의 너무도 분명한 근거는, 한편으로는 사람들이 전능함과 초월성에 대해 환상을 가지고 있고 또 다른 한편으로는 사용자의 여러 기기에 짜증스러운 겹겹의 '보안' 장치를 설정한다는 점이다.

구체적으로 살펴보자. 온갖 프로그램들이 사용자에게 새로운 비밀번호, 아이디, 개인식별번호PIN, 로그인, 암호키crypto-key 그리고 여러 등록 요건들을 요구한다. 그런데 이에 대한 명확한 원칙이나 일관성을 도저히 찾아볼 수 없다. 사용자는 모든 웹페이지를 방문할 때마다 정신을 바짝 차려야 한다. 마치 그 웹페이지 하나하나가 너무도 소중한 '하느님의 눈동자'라도 되는 듯이 말이다. 그래서 사용자는 여러 다른 프로그램이나 기기가 충돌을 일으킬 때마다, 그리고 또 마치 사용자가 단 하나의 비밀번호를 가지고 있어서 너무나 잘 외우고 있을 것이라고 생각했는지 비밀번호를 묻는 팝업창이 화면에 불쑥불쑥 튀어나올 때마다 가슴을 쓸어내리곤 한다.

한편 인터넷 보안이 붕괴됐음은 분명했다. 구글은 일종의 '긴급대책팀들'을 꾸려 보안 붕괴에 대처했다. 그리고 그레이록 벤처스Greylock Ventures의 보안 책임자인 아심 찬드나Asheem Chandna가 〈포천〉에서 이야기했듯 모든 것은 궁극적으로 사용자인 당신의 잘못이다. 인간은 악성 소프트웨어의 메시지에 쉽게 넘어갈 수밖에 없다. 그러므로 "해커들과의 싸움은 영원히 끝나지 않는 전쟁일 수밖에 없다"고 〈포천〉은 말한다.[3]

디스토피아 SF 드라마인 〈배틀스타 갤럭티카〉에서 사이보그 침략자들로부터 문명을 지키는 핵심 규칙은 '절대로 컴퓨터에 접속하지 않는 것'이다. 인터넷이라는 우리 은하계에 앞으로 얼마나 더 많은 구멍이 생기고, 또 얼마나 더 많은 약속이 헛되이 버려져야만 사람들이 네트워크라는 발상 자체를 의심하고 나설까?

아닌 게 아니라, 금융업과 보험업을 포함한 많은 업계가 이미 온라인에서 오프라인으로 무게중심을 옮겼다. 보건의료 부문은 이 디지털의 수렁에 깊이 빠져 있다. 방화벽과 256비트 보안코드에 의지했던 기업계의 보안 원칙은, 중요한 일은 절대로 인터넷에서 하지 않는다는 단 하나의 철칙에 이미 자리를 내줬다.

보안 담당 긴급대책 팀과 해커들이 종사하는 업계는 예외겠지만, 보안에 관해 실리콘밸리는 이미 상당히 많은 것을 포기했다. 이제는 다양성 담당 부사장을 새로이 채용하고, 탄소발자국(*원료 채취부터 생산·유통·사용·폐기 등 제품 생산의 전 과정에서 발생하는 이산화탄소 배출량을 제품에 표시하는 제도)을 계산할 시간이다.

컴퓨터 엘리트들은 자신에게 있는 기계 장비들의 능력에 대해 과도할 정도로 환상을 품고 몰입했다. 동시에 그들은 평범한 인간 고객들의 상대적인 한계에 대해 거만한 어리석음을 드러냈다. 이때부터 인터넷 세상에서의 보안 체계가 붕괴하고 말았다. 한편 전능함에 대한 이런 환상들은 기업공개^{IPO} 시장이 쪼그라드는 현상, 구글이 이끄는 선도적 기업들의 독점 행위에 따른 폐해, 배고픈 '유니콘들'의 수익 없는 번영을 막지 못했다. 이런 차질들을 그냥 덮어두기만 하는 것은 실리콘밸리 기업들이 기업공개 시장에서 가지는 유리한 경쟁력, 그리고 말로만 공산주의자인 중국의 공산주의자들에 대한 벤처 투자자로서(현재로서는 이 투자 비중이 점점 더 커지는 추세다) 가지는 유리한 경쟁력을 상실하는 것이다.

수세적인 차원에서 보자면, 실리콘밸리는 신新마르크스주의 정치 이데올로기이자 기술주의적 전망이라는 표현이 가장 잘 어울릴 것 같은 노선을 채택해온 듯하다. 지구상에서 가장 열렬한 자본주의자들이며 또한 가장 성공한 자본주의자들로밖에 볼 수 없는 사람들과 기업들을 '신마르크스주의'라고 지칭하는 것에 뜻밖이라고 생각할 것이다.

마르크스주의는 혁명을 요구하는 불만, 노동자 봉기, 속박 파타, 자본 및 자본가 비판, 계급 구분, 생산수단 강탈 등의 맥락에서 많이 논의됐다. 그러나 핵심적인 측면에서 보자면, 최초의 마르크스주의는 19세기 산업혁명이 생산의 근원적인 문제를 영구히 해결했다는 믿음에 기초하고 또 이를 옹호했다.

마르크스에 따르면, 이른바 '악마의 시커먼 공장들dark satanic mills'(*영국 시인 윌리엄 블레이크가 시 〈밀턴〉에서 쓴 표현)이라고 일컬어진 증기기관, 철도, 전력망, 터빈 등을 아우른 1차 산업혁명은 모든 시대를 통틀어 산업 분야에서 가장 획기적이고 최고 절정인 사건이었다. 마르크스는 미래 경제의 핵심적인 문제는 희소성 속에서의 생산이 아니라 풍족함 속에서의 재분배 문세가 될 것이라는 인식을 가지고 있었다.

《독일 이데올로기The German Ideology》(1845)에서 마르크스는 공산주의가 계급사회 영주가 누리던 모든 호사스러운 생활을 보통 사람들도 누리게 만들어줄 것이라는 환상을 풀어냈다.

"사회는 그 사회 안에서 발생하는 총생산을 규제하게 된다. 그러므로 사람은 누구나 오늘은 이것을 하고, 내일은 다른 것을 할 수 있게 된다. 또 아침에는 사냥을 하고 오후에는 물고기를 잡고 저녁에는 가축을 키우며, 저녁밥을 먹은 뒤에는 비평을 할 수 있다. 굳이 따로 사냥꾼이 되거나 어부가 되거나 양치기가 되거나 비평가가 되지 않아도 된다."[4]

자신이 살아가는 시대가 인류 역사의 마지막 단계라고 상상했다는 점에서 마르크스는 전형적인 지식인이었다. 윌리엄 버클리William F. Buckley(*미국의 보수주의 언론인, 레이건 정부와 부시 정부를 탄생시키는 데 결정적 역할을 했다)는 이것을 '모든 곳에 편재하는 종말immanentized eschaton'이라고 했다. 이는 '종말의 최후의 사건들'이 자기 시대에 일어난다는 믿음을 뜻한다.[5] 오늘날 실리콘밸리의 신마르크스주의 거인들은 오늘의 기술이 [이 기술은 증기기관이나 전기가 아니라 실리콘 마이크로칩, 인공지능, 기계학습, 클라우드 컴퓨팅, 알고리즘 생물학(*유발 하라리는 컴퓨터과학자들의 빅데이터 분석과 생물학자들의 바이오테크가 결합해 인간과 의사소통하는 알고리즘이 개발될 것이라고 예견하기도 했다), 로봇공학 등을 말한다) 인간이 성취하는 궁극적인 업적이라고 믿음으로써 마르크스주의자들이 저지른 실수를 되풀이하고 있다. 인간의 정신이란 알고리즘의 산물일 뿐이라는 발상에서 보자면, 종말은 인간의 노동뿐 아니라 인간의 정신까지도 낡고 뒤떨어진 것으로 만들어버린다.

이 모두는 일시적인 편협성이며 근시안적인 것일 뿐이다. 그래서 자기가 사는 시대, 자기 회사, 자기만의 특별한 철학과 온갖 변종의 키메라들, 한마디로 자신과 관련된 모든 것의 의미를 과장하게 마련이다. 자신의 '바둑' 기계와 기후 이론이 역사의 최종적인 완성이라고 생각하면서 '승자독식 상태는 영원히 계속된다'는 헛된 상상을 한다.

실리콘밸리 비평가들이 모두 이런 환상에 사로잡혀 있는데, 사실 이런 현상은 누가 봐도 이상하다. 그런데 디스토피아주의자들도 유토피아주의자들과 마찬가지로, 정보와 지능을 독점한 구글이 이끄는 실리콘밸리가 다른 어떤 것들보다 월등하게 전능하며 예지력이 있다고 상상한다.

구글 세상을 사는 사람들은 인공지능이, 예컨대 다윈이 자신의 저서 《종의 기원》에서 그랬던 것처럼 '인간 혹은 인간인 것$^{to be human}$'의 의미를 새롭게 규정한다고 믿는다. 다윈이 인간을 또 하나의 동물인 불안정한 직립보행 원숭이로 만들었듯이 구글-마르크스주의는 인간을 자기 회사의 알고리즘 기계보다 지적으로 열등한 존재로 바라본다.

그러나 이 책은 이런 인식에 반대한다. (*고대 로마 시대 때 제물로 바친 짐

승의 창자로 점을 쳤던) 창자 점쟁이들인 유발 하라리, 닉 보스트롬, 래리 페이지, 세르게이 브린, 팀 어번, 일론 머스크 등이 세상을 인공지능의 거대한 체계로 바라보는 것은, 사실 무르익을 대로 무르익어서 이제 곧 종말을 맞을 하나의 산업적 체제^{industrial regime}일 뿐이다. 보안, 사생활, 지식재산권, 기업 전략, 기술 등의 분야에서 현재 존재하는 질서가 맞이하는 위기는 근본적이며, 현재의 컴퓨터나 네트워크 구조 안에서는 결코 해결되지 않는다.

보안은 새로운 비밀번호들, 꽁지머리를 한 '특별한 전문가들(보안 담당 긴급대책 팀)', 외부자 침입 탐지 기술들, 안티바이러스 패치들, 악성 소프트웨어 예방 백신들, 소프트웨어 레트로픽스^{retro-fix}들 등을 추가할 수 있는 어떤 편익이나 업그레이드가 아니다. 보안은 다른 모든 서비스의 기초이며, 모든 돈거래에서 결정적으로 중요한 요소다. 어떤 정보기술에서든 가장 기본적이며 없어서는 안 되는 요소다.

기업계에서 거래를 수행하는 능력은 임의적이지 않다. 경제 학습과 성장이 일어나는 방식은 언제나 그렇다. 예컨대 당신 제품이 '공짜'라면 그것은 이미 제품이 아니며, 당신은 사업을 하는 것이 아니다. 설령 당신이 이른바 광고주들로부터 이 제품을 만드는 데 필요한 돈을 얼마든지 갈취할 수 있다고 하더라도 말이다.

만약 당신이 제공하는 소프트웨어 서비스에 요금을 부과하지 않는 한편 그것을 오픈소스로 제공한다면, 당신은 그 버그투성이 '베타' 제품에 책임을 지지 않아도 된다. 소프트웨어의 사소한 기술적 개선이나 예컨대 원클릭^{one-click} 쇼핑 같은 '비즈니스 프로세스'에 대해 특허청이 우스꽝스럽게도 17년으로 정해놓은 특허 보증 기간 조항을 가볍게 무시하고 넘어가도 된다는 말이다. 하지만 그렇다고 해서 고객을 확보한 것처럼 굴지는 말기 바란다.

어떤 제도나 체계에서든 보안은 가장 결정적인 부분이다. 이것이 전제돼야만 기계는 초기 '상태'를 확보할 수 있으며, 경제적인 유인력을 가질 수 있다. 만일 보안이 어떤 정보기술 구조에 필수적이지 않다면, 이 구조는 다른 것으로 대체될 수밖에 없다.

초기에 배포된 인터넷 구조architecture는 모든 것이 '공짜'일 때는 아무 문제가 없었다. 인터넷은 거래를 위한 매개물이 아니었기 때문이다. 웹페이지를 열거나, 이메일을 보내거나, 토론방 혹은 뉴스그룹을 운영하거나, 학술 관련 사이트를 연결하는 것이 전부일 때는 보안 체계가 따로 필요하지 않았다. 그러나 인터넷이 금융거래의 장이 되자 새로운 보안 체계가 필수 요소가 됐다.

이베이는 페이팔을 인수함으로써 이 길로 나아갔는데, 페이팔은 실제로 인터넷 서비스가 아니라 인터넷 세상의 바깥에서 온라인 거래의 효율성을 높이는 일종의 야외 파티outside party였다. 인터넷 외부에 존재하는 이런 야외 파티들은 웹에서 거래를 체결하는 데 필요한 고객 정보가 인터넷에서 전송되는 체계를 요구할 수밖에 없다. 이렇게 해서 신용카드의 16자리 번호와 CCV 숫자와 유효기간과 비밀번호가 인터넷상에 넘쳐나게 됐다.

21세기 들어 아마존과 애플 및 그 밖의 거대 온라인 상점이 대대적으로 등장하면서 인터넷의 많은 부분이 상업적 거래로 채워졌고, 이 산업은 '클라우드'로 물러났다. 실리콘밸리를 선도하는 기업가들은 이미 배포된 인터넷 구조를 포기하고 페이팔, 아마존, 애플 아이튠즈, 페이스북,

구글 클라우드 같은 중앙집중화되고 세분화된 구독 체계$^{subscription system}$를 채용했다. 우버나 에어비앤비 등과 같이 상대적으로 외따로 있던 '유니콘'들이 그 뒤를 이었다.

이런 소위 '울타리가 둘러쳐진 정원들'이 가능할 수도 있었다. 만일 이 정원들이 인터넷의 나머지 부분과 실제로 담장으로 격리·구분될 수만 있었다면 말이다. 실제로 스티브 잡스는 처음에 제3의 (즉 애플이 개발한 것 이외의) 소프트웨어 앱을 자기 네트워크에서 금지함으로써 이런 분리를 시도한 적이 있다. 아마존은 자신의 영역을 따로 구분한 다음 신용카드사들과 같은 외부 업체들과 연결하는 데 상당한 성공을 거둬왔다. 그러나 이런 중앙집중적 성채들은 '코스의 정리$^{Coase Theorem}$'(*분명하게 확립된 재산권과 충분히 낮은 협상 비용을 전제할 경우, 정부의 개입 없이도 민간 이해 당사자들이 협상을 통해 외부 효과 문제를 효과적으로 해결할 수 있다는 이론)를 파괴했다.

노벨 경제학상 수상자인 로널드 코스는 어떤 기업이 외부 업체들을 찾아내고 또 이들과 거래할 때의 비용이 실질가격(*물가 변동에 따라 수정되는 가격)과 내부시장들 그리고 규모의 경제가 존재하지 않을 때 발생하는 비효율성을 초과하지 않는 한도 내에서만 거래를 내면화한다고 정리했다.[6] 울타리가 둘러쳐진 정원들에만 정보가 집중될 때 보안 관련 비용은 증가한다. 기업들은 중앙집중화를 통해 안전을 도모했지만, 중앙집중화는 안전하지 않다.

이런 기업은 이른바 '노상강도 귀족'(*중세 유럽 때, 자기 영지를 지나가는 여행자를 털었던 귀족), 즉 악덕 자본가가 판을 치던 때의 자본주의에서 크게 개선되지 않았다. 클라우드 속으로 흩어서 들어가 광고를 통해 자금을 지원받으며 또 공짜 상품을 그럴싸하게 허위로 뿌려대는 한 특별히 더 나을 것이 없다. 처음 등장했을 때의 마르크스주의는 과장된 것이었지만, 오늘날 새로이 등장한 마르크스주의는 망상적이다. 세계적인 규모로 확장된 오늘날의 경제를 위해서는 새로운 정보 구조가 필요하다.

다행스럽게도 이 구조는 이미 성장, 발전의 길에 올라서 있다.

CHAPTER

02

구글의 세상 체계

Google's System of the World

●●

구글은 세상에서 장차 지배적인 지위로 군림할 기술을 맞이하기 위한 어떤 전망을 활성화하기

위해 새로운 지식 이론과 정신 이론(즉 돈에 대한 새로운 개념과 이에 따른 가격신호들, 새로운 도덕성과 진

보의 과정을 바라보는 새로운 발상)을 제안해왔다.

●●

구글의 지주회사인 알파벳은 현재 세계에서 두 번째로 큰 회사다. 시가총액을 놓고 보면 애플이 세계 1위 기업이다. 여기에 아마존과 마이크로소프트까지 합세한 네 개의 기업이 세계적으로 무시무시한 독과점 체계를 형성하고 있다. 그 뒤를 7위인 페이스북이 맹렬하게 추격 중이다.

과거에는 정보기술과 관련한 미국 기업들의 세계 지배력이 이렇게 점점 커지는 상황을 미처 예상하지 못했다. 불과 10년 전에 시가총액이 가장 컸던 기업의 면면을 보면 엑손, 월마트, 중국석유천연가스공사, 중국공상은행이었다. 5위 안에 인터넷 회사는 단 한 곳도 없었다. 그러나 지금은 미국의 정보기술 기업이 전 세계 시가총액 5위 안에 네 개나 들어가 있다.

그렇다면 이 책의 제목이 왜 '애플 카트 뒤집기'나 '페이스북과 네 명의 기수騎手'가 아닐까?

왜냐하면 이 다섯 개 기업 가운데 구글만이 유일하게 새롭고, 겉보기에 성공한 '세상 체계system of the world'의 주인공이기 때문이다. 이 세상 체계는 미국의 유수 대학들과 언론사들을 장악하고서 마운틴뷰에서부터 텔아비브와 베이징에 이르기까지 전 세계 지식인들 사이로 빠르게 확산되고 있다.

세상 체계라는 표현은 닐 스티븐슨이 이이작 뉴턴과 고드프리드 빌헬

름 라이프니츠를 소재로 쓴 소설《바로크 사이클^{Baroque Cycle}》에서 내가 차용한 것인데, 어떤 사회의 기술과 제도에 침투해 이 사회의 문명을 알려주는 일련의 사상들을 의미한다.[1]

17세기 세상 체계에서 뉴턴은 두 가지 주제를 세상에 제시해 업적을 세웠다. 첫 번째 업적은 미적분과 물리학을 통해 물질계를 예측과 측정이 가능한 것으로 만든 것이다. 두 번째 업적은 상대적으로 덜 추앙받는데, 신뢰할 수 있는 금본위제를 도입하는 데 핵심적인 역할을 한 것이다. 금본위제가 도입됨으로써 상거래하는 각 제품의 경제성 평가가 물리적인 차원에 입각해 측정 가능해지며 사람들의 신뢰를 얻게 됐다.

뉴턴의 전기를 쓴 사람들은 돈과 관련된 정보이론('구글의 종말에 대한 전문용어와 정보' 참조)을 확고한 반석에 올려놓은 그의 업적을 한결같이 과소평가한다. 예를 들면 이런 식이다.

> 한 국가의 화폐 주조를 살펴본 일, 위조지폐를 적지 않게 찾아낸 일, 재산이 충분히 많음에도 지치지 않고 재산을 불리려 한 일, 정치계에 나선 일, 그리고 심지어 (영국 왕립협회 회장이 됨으로써) 동료 과학자들 위에 군림한 일 등은《프린키피아》(*뉴턴이 1687년 출판한 저서로, 만유인력의 원리를 처음 세상에 널리 알린 것으로 유명하다)를 저술하고 난 뒤에 한 행동들이다. 이 모든 일들이 터무니없고 공허한 야망으로밖에 보이지 않는다.[2]

하지만 누가 돈이 들어오기만 하고 나가지 않는 어떤 장치를 만들었다고 치자. 그러면 온 세상이 앞다퉈 이 사람의 집 대문을 두들겨낼 것이다. 그러면 그는 자기가 원하는 것을 찾아 거래하려고, 또 자기가 거래하는 물건의 경제적인 가치를 전파하려고 지구를 가로지를 수도 있다. 영국이라는 작은 섬나라 하나가 로마보다 더 크고 또 비교도 할 수 없을 정도로 부유한 제국을 통치하지 않았던가.

많은 사람들이 뉴턴이 납이나 수은 같은 비금속을 가지고 황금을 만들고 싶어서 금의 성격을 조작하려고 연금술에 빠져들었던 일을 두고 조롱했다.

"사람들은 뉴턴을 위대한 과학자라고만 알고 있다. 그가 인생의 절반을 이른바 '현자의 돌'(*중세 연금술사들이 비금속을 황금으로 바꿀 수 있는 재료가 있다고 믿고, 그 상상 속 재료에 붙인 명칭)을 찾으려고 연금술에 낭비했음을 아는 사람은 별로 없다. 그가 정말로 발견하고자 했던 것은 바로 그 돌이었다."[3]

그러나 오늘날 뉴턴을 비평하는 사람들 가운데는, 연금술에 기울인 그의 노력이 궁극적으로는 금본위제를 바탕으로 한 파운드화를 지키는 데 결정적으로 필요했던 지식을 낳는 데 얼마나 많이 기여했는지 정당하게 평가하는 이가 하나도 없다.

모든 부富는 지식의 산물이다. 물질은 보존되며, 진보는 이 물질을 사용하는 방법을 익히는 데서 비롯된다.[4] 뉴턴의 세상 체계 속에 구현된 그의 지식이야말로 그가 살았던 시대 이전 1,000년 세월의 경제적 침체와 그가 죽은 뒤로 300년 동안 이루어진 기적적인 성장을 결정적으로 구분해준다.

연금술에 실패함으로써 그는 (그리고 이 세상은) 어떤 경쟁국이나 민간 은행이 그 어떤 '현자의 돌'을 휘두른다 하더라도 황금보다 나은 화폐를 만들지는 못하리란 귀중한 지식을 얻었다. 뉴턴이 왕립조폐국으로 자리를 옮긴 1696년 이후로 200년 동안 파운드화는 안정성과 신뢰성을 갖춘 통화의 북극성으로 군림했다.[5]

파운드화 지폐에 황금을 기준으로 한 어떤 고정된 가격을 매김으로써, 상인은 자기가 파는 재화나 서비스의 대가로 받는 화폐는 거기에 지정된 가치를 지닌다는 보장을 받을 수 있었다. 또한 위조지폐나 명목화폐(*실질적 가치와는 관계없이 표시된 가격으로 통용되는 일반적인 화폐)가 미래에 지불받을 가치를 잠식할 수도 있다는 두려움에서 완전히 해방돼 채권, 대출, 투자, 모기지, 보험, 도급, 원양항해, 기간산업, 신기술 등과 관련된 장기적인 계약을 진행할 수 있었다. 금본위제를 채택한 국가들은 수백 년 동안 이율이 3퍼센트 가까이 되는 채권을 발행할 수 있었다.[6] 뉴턴의 체제는 본질적으로 돈을 황금처럼, 또 시간처럼 되돌릴 수 없는 어떤 것으로 만들었다.

뉴턴의 금본위제 아래에서 경제활동의 지평은 한껏 팽창했다. 수천 킬로미터의 철도망이 대영제국 전역에 건설됐고, 영국의 재정과 상업을 떠받치는 신뢰 집단들이 점점 늘어났으며, 이 모두를 아우르는 대영제국에서는 해가 지지 않았다. 자유로운 통상의 가장 중요한 결과는 노예제 철폐가 아니었을까 싶다. 믿을 수 있는 화폐와 자유롭고 효율적인 노동시장 덕분에 인간의 노동력을 소유하는 것이 더는 이전처럼 수익성을 보장하지 않게 된 것이었다. 통상은 물리적인 힘을 퇴색시켜버렸다.

구글 시대에 들어서서부터는 뉴턴의 세상 체계(하나의 우주, 하나의 화폐, 하나의 신)가 퇴색하고 있다. 뉴턴의 되돌릴 수 없는 물리학의 일원화된 토대 그리고 논쟁의 여지가 없는 황금이라는 그의 화폐가 무한하게 많은 평행우주(*무한한 우주가 병렬적으로 존재한다는 이론. '병렬우주'라고도 한다)

와 복수의 지폐에 자리를 내주고 말았다. 돈(화폐)은 우주와 마찬가지로 상대론적이며, 얼마든지 되돌릴 수 있는 것이 됐다. 300년 동안 번영을 누려온 뉴턴주의는 종말을 맞이하고 있다. 다중우주론이라는 이론 속에 새롭게 떠오른 우주 개념은 자본주의 황금기의 기적을 반복해서 이어갈 수 있을 것 같지 않다. 시민은 자기가 의존하는 국가에 본질적으로 소유된다는 관념이 널리 퍼져 있다. 돈이 오가는 거래가 점점 더 신뢰를 잃어감에 따라 노예제도는 정부에 복무하는 형식을 띠고 새롭게 나타나고 있다.

다행히 새로운 세상 체계의 특징들이 뚜렷하게 드러났다. 그 체계는 1920년대 중반 이후로 독일을 유린했던 하이퍼인플레이션 강풍을 금본위제의 라이히스마르크(*당시 독일의 통화)가 잠재우기 시작했던 1930년 9월 초에 탄생했다고 말할 수 있다.

사람들 눈에 띄지 않았던 그 탄생지는 발트해 연안의 역사적인 도시이자 일곱 개의 다리로 유명한 도시 쾨니히스베르크다. 위대한 수학자 레온하르트 오일러Leonhard Euler는 18세기 초에 이 도시의 일곱 다리를 같은 다리를 두 번 지나지 않고 한 번씩만으로는 모두 건널 수는 없음을 증명했다. 오일러는 뭔가를 알고 있었다. 수학은 (예컨대 컴퓨터 소프트웨어에서 전형적으로 드러나는 모든 것을 포함해) 어떤 형태를 취하든 간에 겉으로 보이는 것보다 훨씬 더 표리부동해서 신뢰할 수 없다는 것을……

1930년 9월에 쾨니히스베르크에서 열리는 독일 과학자·의사회 총회에 참석하려고 수학자들이 모였다. 이 총회에서 당시 거물들 가운데 한 명으로 꼽히던 수학자 다비트 힐베르트David Hilbert(*20세기 전반의 대표적인 수학자)가 연설하기로 돼 있었다. 쾨니히스베르크에서 태어났으며 괴팅센

대학 교수직 은퇴를 앞두고 있던 힐베르트는 수학이야말로 인간 정신의 최고 핵심임을 주장한 것으로 유명한 인물이었다.

힐베르트는 1900년에 이 점을 분명하게 규정했다. 모든 과학을 결정론적인 여러 기계적 원리들에 입각해 수학적 논리로 귀결시킨 것이다. 1930년 총회 강연에서 그는 이렇게 말했다.

"이론과 실제 사이, 즉 생각과 관찰 사이를 중재하고 조정하는 도구는 수학입니다. 수학은 둘 사이를 잇는 다리를 세우고, 또 이 다리를 보다 튼튼하게 만듭니다. 그러므로 문화가 지적으로 통찰하고 자연을 극복하고 제어하는 것과 관련이 있다고 할 때, 오늘 우리의 총체적인 문화는 수학을 토대로 형성돼 있다고 말할 수 있습니다."

그런데 수학은 무엇을 토대로 할까? 이 질문에 힐베르트는 라틴어 격언 '이그노라무스 에트 이그노라비무스Ignoramus et ignorabimus(우리는 현재 모르고 앞으로도 모를 것이다)'에 빗대어서 이렇게 말했다.

"우리 수학자들에게는 '모른다'는 것이 없습니다. 내가 보기에는 어떤 자연과학도 마찬가지입니다. '모른다'는 그 어리석은 구호 대신 '우리는 알아야 하고 또 알게 될 것이다'를 우리의 구호로 삼아야 합니다."

이 말은 나중에 그의 묘비명에 새겨졌다.[7]

이 총회에 앞서 사흘 동안 한결 짧은 사전 회의가 열렸다. 이 자리에서 신진 수학자들인 집합이론가 루돌프 카르나프Rudolf Carnap와 수학철학자 아렌트 헤이팅Arend Heyting 그리고 힐베르트의 조수이자 천재 수학자이던 존 폰 노이만John von Neumann이 연설했다. 이들은 모두 힐베르트의 인식론적 투쟁에 나선 전사들이었으며, 또한 모두가 힐베르트와 마찬가지로 이 사전 회의가 본 총회를 멋지게 장식할 예비 행사가 될 것이라고 예상했다.

그런데 이 사전 회의가 끝난 뒤에 모든 사람이 손을 털고 집으로 돌아가야만 할 일이 일어났다. 힐베르트의 결정론적인 인식과는 결코 양립할 수 없는 새로운 세상 체계가 등장한 것이었다. 수학과 자연현상 사이에 놓인 다리들을 의기양양하게 걸어가는 행진은 끝나버렸다. 이 수학자들과 철학자들은 자기들이 참수됐다는 사실조차 알지 못한 채 그 뒤 수십 년 동안 계속해서 자기 이야기들을 지껄여댔다. 이들의 후계자들은 심지어 오늘날에도 그 이야기를 계속 지껄이고 있다. 그러나 정보이론과 기술의 승리는 결정론자의 발상과 완벽하게 수학적인 우주 체계에 영원히 종지부를 찍은 지 오래다.

당시에 힐베르트의 인식을 가장 선도적으로 지지하고 주장하던 인물은 폰 노이만이다. 오일러와 가우스의 20세기 버전이라고 할 수 있는 폰 노이만은 중요한 논문 일곱 편을 발표해 그 주장을 한 상황이었고, 두 해 뒤인 1932년에는 '힐베르트 공간'을 양자이론의 일관성 있는 수학적 영역 속으로 확장하는 작업을 최종적으로 완성하기도 한다. 그러니 당시 폰 노이만의 지위는 누가 보더라도 힐베르트의 제자이자 계승자가 확실했다.

이 사전 회의의 마지막 장면은 폰 노이만과 헤이팅 그리고 다른 권위자들이 원탁에 둘러앉은 자리였다. 그런데 이 자리에는 오스트리아의 철학자 쿠르트 괴델Kurt Gödel도 있었다. 괴델은 키가 작고 부끄러움을 많이 타는 심기증 환자이자 올빼미 눈을 한 스물네 살 청년이었다. 그가 비엔나대학에서 한 해 전에 제출한 박사 논문은 일차술어 논리의 완전성에 대한 것이었다(*일차술어 논리란 우리의 자연언어가 가진 '주어+서술어'의 구조를 형식적으로 체계화한 것이다). 그러니 힐베르트 군단의 충성스러운 병사로 보였다.

그러나 괴델은 20세기 승리주의의 파티장에서 '죽음의 신'으로 등장해, 힐베르트와 카르나프, 폰 노이만이 가슴 깊이 간직해온 수학적 목표가 사실은 불가능함을 입증했다.

수학뿐 아니라 모든 논리 체계들은 (심지어 영국의 수학자 앨프리드 노스 화이트헤드Alfred North Whitehead와 버트런드 러 셀Bertrand Russell이 함께 펴낸《수학 원리 Principia Mathematica》에 소중하게 명시된 표준 체계, 그리고 카르나프와 폰 노이만의 집합이론까지 모두) 불완전할 수밖에 없고, 또 일관성이 없을 수밖에 없음을 논문으로 제시했다. 그런 것들은 필연적으로 역설이나 아포리아(*하나의 명제에 대해 증거와 반증이 동시에 존재해 그 진실성을 확립하기 어려운 상태)가 될 수밖에 없음을 증명한 것이다. 형식적인 단순한 일치(일관성)는 그 체계가 옳음을 온전하게 입증하는 증거가 될 수 없었다. 모든 논리 체계는 필연적으로, 그 체계 안에서는 도저히 증명될 수 없는 여러 명제들에 의존한다(*괴델의 이른바 '불완전성 정리'는 두 가지가 있다. 하나는 옳다고 증명할 수도 없고 그르다고 증명할 수도 없는 난제들이 존재한다는 것이고, 다른 하나는 수학 자체를 사용해 수학 체계의 무모순성을 증명할 수는 없다는 것이다. '구글의 종말에 대한 전문용어와 정보' 참조).

괴델의 이런 주장은 인습을 타파하는 것이었다. 그러나 이것을 입증하는 그의 수단은 신의 섭리였다. 그는 모든 상징들과 지시어들이 숫자로 표시되는 일련의 알고리즘을 만들어냈다. 뉴턴의 수학과 힐베르트의 논리 뒤에 도사리고 있는 결정론적인 철학을 반박하면서 그는 새로운 수학, 즉 정보 수학mathematics of information 으로 나아가는 길을 열었다.[8] 현재 구글이 선도하고 있으며, 또 창의성과 놀라움의 새로운 수학으로부터 정보를 제공받는 새로운 컴퓨터 및 커뮤니케이션 산업이 바로 여기서 비롯됐다.

괴델이 제시한 증거는 모든 공리와 작동 명령 그리고 모든 변화가 계산에 딱 들어맞는 수학적 언어로 표현되는 어떤 기능적인 소프트웨어 프로그램처럼 읽힌다. 괴델은 논리의 한계를 입증하는 과정에서, 인간을 위해 작동하는 연산기계의 여러 특징을 명확하게 정리했다.

청중 가운데에서는 폰 노이만을 제외하고 아무도 괴델이 제시한 증거가 얼마나 커다란 의미를 지니는지 깨달았다는 티를 내지 않았다. 어쩌면 폰 노이만은 자기가 사랑하는 수학에 대한 이런 예리한 공격에 분개했을지도 모른다. 그러나 그가 보인 반응은 세계적으로 선도적인 수학성인다웠다. 그는 괴델을 격려했고, 나중에는 괴델의 길을 뒤따랐다.

비록 괴델이 제시한 증거가 많은 사람을 좌절에 빠뜨렸지만, 폰 노이만은 그것이야말로 해방적인 것임을 알았다. 논리의 한계 즉 봉인돼 있는 우주적인 이론을 탐색하는 힐베르트의 노력이 무용하다는 사실은, 인간 즉 자기가 만든 기계의 프로그램을 짜는 사람들을 해방시킬 터였다. 이와 관련해 철학자 윌리엄 브리그스^{William Briggs}는 다음과 같이 썼다.

"어떤 현상을 묘사하는 공리를 만드는 일은 끊임없이 진행된다는 사실, 추론-직관은 언제나 현재적이어야 한다는 사실, 또 모든 게 다 이성만으로 증명될 수는 없다는 사실을 괴델이 입증했다."[9]

이런 인식은 폰 노이만도 해방시켰다. 사람은 알고리즘을 발견할 수 있을 뿐만 아니라 이 알고리즘들을 하나로 엮어 구성할 수도 있으니까 말이다. 이 새로운 전망은 궁극적으로 생물학의 새로운 정보이론으로 나아갔으며, 폰 노이만에 의해 원리로 정식화되고 생물학자 휴버트 욕키[Hubert Yockey]에 의해 활짝 꽃을 피웠다.[10] 이 생물학 이론에서는 인간이 자신의 DNA 가운데 일부를 새로이 프로그래밍할 수도 있었다.

하지만 멀리 갈 것도 없었다. 이 괴델의 입증에 자극을 받은 수학자 앨런 튜링[Alan Turing]은 1936년에 '튜링머신'(*컴퓨터의 실행과 저장에 관한 추상적인 모델로, 1936년에 앨런 튜링이 알고리즘에 대한 엄밀한 수학적 정의를 위해 도입한 개념이다. '구글의 종말에 대한 전문용어와 정보' 참조)를 고안했다.

그는 이 연산 구조물을 가지고 컴퓨터 프로그램들이 다른 논리적 장치들과 마찬가지로 불완전할 뿐만 아니라 심지어 어떤 결론에도 도달하지 못할 수도 있음을 보여줬다. 어떤 특정한 프로그램은 이것을 영원히 멈춰 세울 수도 있다. 이것이 바로 정지문제[halting problem](*어느 함수의 계산 가능 여부를 따지기 위한 것으로, 어떤 프로그램이 어느 특정한 초기 상태에서 출발한 뒤 궁극적으로 정지할지 여부를 결정하는 문제)인데, 컴퓨터가 사람에게 지시를 받고 또 자기의 산출물을 판단하려면 튜링이 '신탁[oracle]'이라고 불렀던 것을 필요로 했다.[11]

튜링은 물리학의 불확실성이 전자와 광자를 측정하기 위해 전자와 광자를 사용하는 데서 비롯되는 것처럼, 컴퓨터의 한계 역시 되풀이되는 자기지시[self-reference]에서 비롯됨을 입증했다. 양자이론[quantum theory]이 원자와 전자로 구성된 도구들을 사용해 원자와 전자를 측정하기 때문에 자기 반복적인 불확실성의 순환 고리 속에 빠지고 마는 것과 마찬가지로, 컴퓨터 논리 역시 자기반복적인 고리에서 벗어날 수 없다. 자신의 논리적 구조가 자신의 알고리즘에 대한 정보를 알아내기 때문이다.[12]

괴델의 통찰은 곧바로 (미국의 응용수학자이자 컴퓨터과학자인) 클로드 섀넌$^{Claude Shannon}$의 정보이론으로 이어졌는데, 이 이론은 오늘날 모든 컴퓨터와 네트워크를 뒷받침하고 있다. 섀넌은 비트^{bit}를 디지털 계산의 기본 단위로 생각함으로써 정보를 (기계에 의해 미리 결정된 것이 아닌) '새로워서 놀라운 비트들^{bits}'로 정의했다. 정보는 튜링-오라클 메시지의 내용이 됐다. 기계 자체의 봉인된 논리에 얽매이지 않는, 예상하지 못했던 비트가 됐다는 말이다.

섀넌의 정준방정식$^{canonical equation}$은 (오스트리아의 이론물리학자인) 루트비히 볼츠만$^{Ludwig Boltzmann}$의 아날로그 엔트로피(*열역학상으로 존재하는 추상적인 에너지의 양을 나타내는 척도)를 디지털 척도로 변환시켰다. 1877년에 완성된 볼츠만의 방정식은 엔트로피의 의미를 '사라진 정보'라는 뜻으로 한층 더 확장하고 심화시켰다. 70년이라는 세월과 두 번의 전쟁이 지난 뒤에 섀넌은 이것을 다시 한 번 더 확장하고 심화시켰다. 볼츠만의 엔트로피는 열역학 무질서이고 섀넌의 엔트로피는 정보의 무질서인데, 이 두 방정식은 동일하다.

섀넌은 자신의 '놀라움 엔트로피 지수$^{entropy index of surprisal}$'를 정보의 측정기로 삼아 어떤 채널(혹은 전달 매체)의 대역폭(혹은 의사소통 능력)을 측정하는 방법 및 실패율을 어떤 임의적인 수준으로 줄여주는 부정정차수 $^{degree of redundancy}$를 측정하는 방법으로 제시했다. 이렇게 해서 컴퓨터는 궁극적으로 비행기를 날릴 수 있고, 또 자동차를 몰 수 있었다. 이 도구 덕분에 광범위한 컴퓨터 체계 및 인터넷과 같은 네트워크들에 적합한 (안정성, 신뢰성 등을 보장하는) 이른바 고신뢰 소프트웨어$^{dependable software}$를 개발하는 일이 가능해졌다(*섀넌은 0과 1의 2진법, 즉 비트를 통해 문자는 물론 소리, 이미지 등의 정보를 전달하는 방법을 고안했다. 그는 미국 전자통신 시대의 서막을 연 '디지털의 아버지'라고 일컬어진다).

엔트로피로서의 정보 역시 논리를 불가역적인 시간 흐름과 연결시켰다. 시간 흐름 역시 열역학 엔트로피의 일방통행에 의해 확실한 보장을 받는다.

괴델의 결과물 및 튜링의 결과물은 그레고리 차이틴$^{Gregory\ Chaitin}$의 알고리즘 정보이론 개념으로 이어졌다. 이 중요하고도 획기적인 방법론은 어떤 메시지의 '복잡성'을 이것을 발생시키는 데 필요한 컴퓨터 프로그램의 길이를 기준으로 검증했다.

차이틴은 예를 들어 물리학 법칙들은 화학적·생물학적 현상에 비해 훨씬 적은 정보를 담고 있기 때문에 물리학 법칙들만으로는 화학이나 생물학을 설명할 수 없음을 입증했다. 우주는 톱 다운$^{top\ down}$ 방식으로 지배를 받는 여러 정보 층들의 위계적인 집합체, 즉 우주적인 하나의 '무더기^{stack}'이라는 것이다.

차이틴은 컴퓨터과학이 안고 있는 문제는 역설적으로 뉴턴과 함께 시작된 현대수학의 성공을 반영한다고 믿는다. 현대수학의 결정론과 엄격함 때문에 이런저런 기계나 체계(시스템)처럼 예측이 가능하고 반복해서 되풀이되는 현상들을 묘사하는 데서는 현대수학이 최고의 권위를 부여받았다. 하지만 차이틴은 여기에 문제를 제기한다.

"그러나 삶이라는 것은 유동적이며 창의적이다! 정적이며 영원하며 완벽한 수학에서 우리가 어떻게 삶을 건설해나갈 수 있겠는가? 우리는 포스트모던한 수학, 1931년의 괴델과 1936년의 튜링 이후에 나온 수학, 닫혀 있지 않고 열려 있는 수학, 창의성의 수학을 해야 한다."[13]

이것이 바로 정보이론의 수학이다. 이 분야에서 차이틴은 현재 살아 있는 주창자이자 최고 권위자다.

　모든 정보를 보다 낮은 추상성 수준으로 쪼개는 것은 위대한 행위다. 구체적으로 말해 창의성과 결정론을, 놀라움의 정보 엔트로피와 예측이 가능한 감소의 열역학 엔트로피를, 어떤 특정한 진실을 포착하는 이야기와 밋밋한 일반성을 드러내는 통계학을, 정보를 보존하는 암호화 해시^{hash}와 이 정보를 뒤섞어버리는 수학적 혼합을, 나비효과와 평균율을, 유전학과 다수결을 그리고 특이성과 빅데이터를 쪼개 구분하는 것은, 즉 목적의식성과 기계 사이에 가로놓인 넘을 수 없는 간극을 인정하는 것은 위대한 행위다(*해시는 하나의 문자열을, 아주 복잡한 공식을 통해 이 문자열을 상징하는 더 길이가 짧은 값이나 키로 변환하는 것 혹은 이렇게 변환된 것이다. 동일한 해시는 존재하지 않으며, 해시는 바뀌지도 않는다. 해시는 암호와는 다른 개념이다. 암호가 정보를 숨기기 위한 것이라면 해시는 정보의 위변조를 확인하기 위한 것, 즉 정보의 무결성을 확인하기 위한 것이다).

　이렇게 해서 새로운 과학이 탄생했다. 그런데 단지 여기에만 그치지 않았다. 새로운 세상 체계, 즉 1930년 9월에 쾨니히스베르크에서 처음 제시된 토대에 1948년에 섀넌이 정식화한 정보이론을 기반으로 한 새로운 경제도 탄생했다.

　이 새로운 세상 체계를 구글이라는 기업이 완벽하게 구사했다. 구글은 비록 시가총액 경쟁에서는 여전히 애플에 뒤져서 2위 자리에 머물러 있지만, 우리 시대에 가장 중요하며 또 우리 시대의 가장 전형적인 기업이다. 그러나 나는 구글의 세상 체계는 실패하고 말 것이라고, 우리 당대에 흔적도 없이 사라져버릴 것이라고 굳게 믿는다(내 나이가 일흔여덟 살임을 눈여겨봐주기 바란다!). 구글의 모든 중요한 전제들이 무너질 것이므로 구글은 반드시 무너지고 말 것이다.

　위대한 인물인 뉴턴에서 시작했는데, 어떻게 해서 어떤 '세상 체계'를 만든 사람으로 대학 연구실에서 컴퓨터 회사를 창업하고 웹크롤러(*자동화된 방법으로 월드와이드웹을 탐색하는 컴퓨터 프로그램)와 검색엔진을 발명하고 웹상의 광고업계를 지배했던 두 풋내기 청년 래리 페이지와 세르게이 브린을 지목하는 데까지 왔을까?

　세상 체계는 필연적으로 과학과 통상, 종교와 철학 그리고 경제학과 인식론을 결합한다. 이것은 변화를 단순히 묘사하거나 연구할 수만은 없다. 변화를 구체화하고 추진해야 한다. 지적 역량, 상업적 천재성, 전략적 창의성 측면에서 볼 때 구글은 뉴턴과 괴델과 섀넌의 뒤를 이을 자격이 충분한 도전자다. 구글은 하나의 세상 체계를 개발하고 실행한 역사상 최초의 기업이다. (IBM 창업자인) 토머스 왓슨의 중앙처리장치^{CPU}와 반도체 메모리부터 (고든 무어와 함께 인텔을 창업한) 밥 노이스의 프로세서 및 고든 무어의 학습곡선에 이르기까지를 보면, IBM이나 인텔 같은 구글 이전의 기업들도 기술 측면이나 업적 측면에서 구글과 어깨를 나란히함 직하다. 그러나 무어의 법칙(*반도체 집적회로의 성능이 24개월마다 두 배로 늘어난다는 법칙)이나 IBM은 일관성 있는 어떤 세상 체계를 제공하지는 않는다.

　래리 페이지와 세르게이 브린의 리더십 아래에서 구글은 사람들의 삶과 운명을 형성하겠다는 열망으로 가득 찬 어떤 통합적인 철학을 개발했으며, 지금까지 꾸준히 성공을 거둬왔다. 구글은 세상에서 장차 지배적인 지위로 군림할 기술을 맞이하기 위한 어떤 전망을 활성화하기 위해 새로운 지식 이론과 정신 이론(즉 돈에 대한 새로운 개념과 이에 따른 가격

신호들, 새로운 도덕성과 진보의 과정을 바라보는 새로운 발상)을 제안해왔다.

구글의 지식 이론인 이른바 '빅데이터'는 뉴턴의 이론만큼이나 급진적이며, 또 뉴턴의 이론이 해방적이었던 것만큼 위협적이다. 뉴턴은 어떤 새로운 데이터가 새로운 의미로 해석될 수 있으며, 또 지식의 축적량을 늘리고 조정하는 도구로 쓸 수 있는 상대적으로 단순한 법칙들을 적지 않게 제안했다.

원칙적으로 말하면, 누구든 물리학과 미적분학을 공부할 수 있고 혹은 이것이 낳은 어떤 학문이나 기술을 연마할 수 있다. 그것도 비용이 부담스럽지 않으며, 전 세계의 어떤 대학이나 고등학교 그리고 수천 개 기업에서도 접할 수 있는 온갖 도구들의 도움을 받아서 말이다. 이 순간에도 엔지니어 수십만 명이 하나의 데이터를 따로 또 동시에 제각기 해석하면서 인간 지식의 축적량을 늘려나가고 있다.

'빅데이터'는 정반대로 접근한다. 빅데이터라는 발상은 과거처럼 인간의 뇌를 사용해 느리고 서툴게 하나씩 하나씩 단계를 밟아 지식을 탐색하자는 것이 아니다. 다음 두 가지 조건만 충족되면 그런 접근법은 얼마든지 다른 것으로 대체할 수 있다는 개념이다. 그 조건이란 첫째, 세상의 모든 데이터가 단일한 '장소'에 축적될 수 있을 것. 둘째, 이 데이터를 분석하기에 충분히 포괄적인 알고리즘들을 만들어낼 수 있을 것.

이 지식 이론을 유지하고 옹호하는 것이 인공지능을 추구하는 데서 비롯된 정신 이론이다. 이 관점에서 보자면, 인간의 뇌도 본질적으로는 알고리즘적이라서 어떤 결론에 도달하기 위해서는 데이터를 반복적으로 처리하는 과정을 수행한다. 뇌에 대한 이런 발상이 허위임을 보여주는 학문이 실제 뇌를 연구하는 학문 분야다. 실제 뇌는 논리 기계라기보다 센서 프로세서에 더 가깝다는 사실이 밝혀졌다.

그러나 인공지능 연구 방향은 본질적으로는 바뀌지 않았다. 인공지능 산업은 메소드 연기를 하는 배우와 마찬가지로, 뇌가 논리 기계인 것처럼 행동해야 한다는 것을 '전제'했다. 그러므로 인간 지능을 복제하고자 하는 대부분의 노력은 컴퓨터처럼 데이터를 처리하는 속도를 점점 더 빠르게 개선하는 데만 초점을 맞추고 있다. 궁극적으로 인간 지능 분야의 전도사들은 무제한의 데이터를 극단적으로 빠른 속도로 처리하는 논리 기계가 등장해 (단지 특정한 어떤 절차에서가 아니라 모든 점에서) 인간 정신을 넘어설 것이라고 주장한다.

구글의 지식·정신 이론은 단지 추상적인 실행에만 그치지 않는다. 이 이론이 구글의 사업 모델을 결정하는데, 이 사업 모델은 '검색'에서 '만족'으로 발전해왔다. 부富로 나아가는 구글의 경로는 충분한 데이터와 충분한 프로세서만 있으면 무엇이 사람들의 바람을 만족시킬지 사람보다 더 잘 알 수 있다는 것이고, 이 점에 대해 구글은 엄청나게 많은 증거를 제시할 수 있다.

과거의 여러 세상 체계들이 결정적인 기술 속에 구현됐고 또 그것이 있었기에 가능했던 것과 마찬가지로, 구글의 세상 체계도 '클라우드 컴퓨팅'이라는 기술 전망 속에서 구현되고 또 녹아 있다. 방대한 데이터를 반복적으로 처리하는 과정을 통해 보편적인 지식을 습득할 수 있다는 것이 구글 이론이라면, 그 데이터는 프로세서들이 접근할 수 있는 어떤 곳에 놓여 있어야 한다. 이 경우에 '접근할 수 있는'이라는 단서는 빛의 속도에 의해 규정된다. 초속 30만 킬로미터인 빛의 속도가 가능하려면 특정한 중앙 장소에 프로세서들과 메모리들이 모두 모여 있어야 하고,

또 그 데이터에 접근하고 처리할 수 있는 에너지가 있어야 한다.

'클라우드'는 우리 시대의 위대하고 새로운 중공업을 가리키는 교묘한 명칭이다. 거대한 데이터 저장 체계들과 프로세서들로 이루어진 엄청나게 큰 데이터센터들을 갖췄으며, 각 데이터센터는 총길이가 수백만 킬로미터나 되는 광섬유 회선들로 서로 연결되어 있으며, 엄청난 전력을 소비하며, 그 어떤 산업체보다 많은 열을 발산하는 중공업 말이다.

산업혁명 시기의 기계들은 전력원에 매우 크게 의존했다(전력원 가운데서도 특히 물이 가장 중요했다). 그래서 공장부지 선정 과정에서 흔히 전력원에 얼마나 가까운지가 원료나 인력 공급보다 중요한 요소로 작용했다. 그런데 오늘날 구글 데이터센터들도 이와 비슷한 구속에 직면해 있다.

진보를 바라보는 구글의 발상은 구글의 기술 관련 전망에서 비롯된다. 뉴턴과 그의 동료들은 자신들의 유대교-기독교 세계관에 고무돼 인간의 창의성과 자유의지를 동반하는 어떤 진보 이론을 촉발시켰다.

구글은 이것에 이의를 제기해야만 한다. 만일 지식으로 나아가는 경로가 모든 데이터를 무한하게 빠른 속도로 처리하는 것이라면, 또 만일 정신이, 즉 우리가 사물의 진리를 추구할 때 도구로 사용하는 엔진이 단순히 어떤 논리 기계라면, 알고리즘과 데이터의 결합은 하나의 결과만 낳을 수 있다. 그런 전망은 결정론적일 뿐만 아니라 궁극적으로 독재적이기도 하다.

만일 진리를 추구해야 하는 도덕적 필요성이 긴급하게 제기된다면, 그리고 그 진리는 오로지 세계의 모든 자료를 중앙집중화해 처리할 때만 비로소 찾을 수 있다면, 세상의 모든 데이터는 은연중에 암시되는 도덕적 질서에 따라 단 한 명의 양치기에 의해 단 하나의 우리에 들어가 있어야 한다. 구글은 사생활에 대해 그럴듯한 이야기를 할 수도 있겠지만, 개인적인 데이터는 구글의 세상 체계에서 치명적인 적이다.

마지막으로, 구글은 어떤 경제적 표준, 즉 돈과 가치에 대한 이론이자 거래와 그 거래들에 수반되는 정보에 대한 표준, 뉴턴이 신뢰할 수 있는 금본위제를 세상에 제공함으로써 초래했던 것과는 근본적으로 반대되는 표준을 제안하며 또 제안해야 한다.

돈과 가격에 대한 구글의 이론은, 얼른 봐서는 매우 상냥하며 어떤 의미에서는 매우 기독교적이기까지 하다. 여기에는 클라우드 컴퓨팅의 이미지가 부드럽다는 사실도 한몫 거든다. 이렇게 보이는 이유는 구글이 가격을 전혀 매기지 않기 때문이다. 적어도 자기가 직접 통제하는 영역 안에 있는 것에 대해서는 확실히 그렇다. 사소한 (그러나 중요한) 예외가 몇 가지 있긴 하지만, 구글이 자기 '고객'에게 제공하는 모든 것은 공짜다. 인터넷 검색도 공짜고, 이메일도 공짜다. 구글이 줄잡아 300억 달러나 되는 거금을 들여 데이터센터들에 축적한 방대한 자원들이 사용자에게 기본적으로 공짜로 제공된다.

이 공짜는 결코 우연한 결과가 아니다. 만일 당신의 사업계획이 전 세계의 데이터에 접근하는 것이라면, 공짜라는 조건은 긴요하다. 적어도 당신 '제품'에는 확실히 그렇다. 당신 광고주와 관련된 문제는 별개다. 당신 광고주가 요금을 지불하고 바라는 것은 방대한 자료와 이 자료를 처리함으로써 얻는 통찰인데, 이것들은 모두 '공짜'로 가능하다.

그래서 '공짜'가 폭포처럼 쏟아지기 시작한다. 높은 해상도와 정확성을 자랑하며 구글을 모바일 서비스 및 시역(로컬) 관련 시비스의 대장으로 만들어주는 공짜 지도가 그렇고, 인터넷 음악을 담는 그릇으로 점점 더 많은 사용자를 끌어들이고 있는 선명한 화질과 다양한 콘텐츠의 공짜 유튜브 동영상이 그렇고, 단순하고 깔끔할 뿐만 아니라 스팸메일을 기가 막히게 걸러주며 손쉽게 파일을 첨부할 수 있고 수백 기가바이트의 저장 공간을 제공하며 또 일정표와 연락처 목록까지 링크되는 공짜 이메일이 그렇고, 공짜 안드로이드 앱들이 그렇고, 공짜 게임들이 그렇고, 완벽한 속도와 효율성을 갖춘 공짜 검색엔진이 그렇다. 공짜, 공짜, 공짜다. 휴양지를 소개하는 슬라이드쇼가 공짜고, 벌거벗은 여자들 사진이 공짜고, 도덕성 드높이기(*참고로 구글의 사훈은 '나쁜 짓을 하지 말자Do no evil이다)가 공짜고, 세계 고전문학이 공짜고, 생각날 때마다 아무것이나 물어도 그때마다 구글 마인드Google Mind가 제공하는 대답이 공짜다.

그런데 공짜가 뭐가 잘못된 걸까? 사실 공짜라는 말은 언제나 거짓말이다. 왜냐하면 끝까지 따지고 보면 이 세상에 공짜는 없기 때문이다. 사용자는 공짜를 누리는 대가로, 그것과는 비교가 되지 않을 정도로 많은 것들을 구글에 제공한다.

짧은 동영상 한 편을 잠깐 봤다고 치자. 끝까지 다 볼 수도 있고, 조금만 보고 말 수도 있다. 하지만 이때도 사용자는 그 동영상에 붙어 있는 광고를 보겠다는 데 동의한다. 사용자는 실질적으로 돈을 지불하지 않는다 하더라도 그리고 또 지불 신호를 따로 보내지 않는다 하더라도, 개인정보를 제공하고 집중력을 방해받는 방식의 약빠른 돈으로 지불하는 셈이다.

구글이 채택한 모든 기본 원칙 가운데 공짜 정책은 어느 모로 보더라도 가장 상냥하고 부드럽다. 그러나 결국에는 이것이 가장 치명적이어서, 구글이라는 기업을 궁극적으로 무너뜨릴 수 있는 흠결임이 입증될 것이다. 지금부터 10년 뒤에도 구글은 여전히 중요한 기업으로 남아 있을 가능성이 높다. 검색은 소중한 서비스고, 구글은 계속 이 서비스를 제공할 것이다. 구글은 이 검색 서비스에 기대서 번영할지도 모른다. 하지만 서서히 효과를 발휘하는 구글의 이 은밀한 세상 체계는 결국 사라져버리고 말 것이다.

03

구글의 뿌리와 종교

Google's Roots and Religions

• •

구글의 성공은 기묘해 보인다. 구글의 새로운 지주회사인 알파벳의 가치는 거의 8,000억 달러

나 된다. 애플보다 겨우 1,000억 달러 적다. 구글은 서비스를 공짜로 제공하면서, 도대체 어떻

게 이렇게 부자가 될 수 있었을까? 그 비밀은 구글이 구사하는 상업의 기술, 역사상 가장 천재

적인 그 기술에 있다.

• •

구글은 래리 페이지와 세르게이 브린의 리더십 아래에서 어떤 지식 이론(이른바 빅데이터), 어떤 기술적인 전망(중앙집중화된 클라우드 컴퓨팅), (오픈소스 소프트웨어에 뿌리를 둔) 공유물에 대한 어떤 예찬, (공짜 재화와 자동화된 광고를 바탕으로 하는) 돈과 가치에 대한 개념, 수익보다는 '재능'으로서의 어떤 도덕 이론, 진화론적인 불가피함이자 끊임없이 감소하는 '탄소 발자국'을 진보로 바라보는 어떤 관점 등을 결합해 오늘날 사람들의 삶과 운명을 형성하는 어떤 통합적인 철학을 개발했다.

이 철학은 미국에서 그리고 전 세계의 점점 더 많은 곳에서 사람들의 경제적인 삶을 지배한다. 구글은 기계에 의한 '딥러닝deep learning'을 개발하고, 2014년에 발명가이자 미래학자인 레이먼드 커즈와일을 채용함으로써 인간과 기계의 인지를 하나로 혼합하겠다는 '천년왕국 운동'을 시작했다(*예수가 재림하여 천 년간 이 세상을 통치한다는 설이 이른바 천년왕국설이다). 커즈와일은 이것이 실현되는 순간을 컴퓨터가 계산 분야에서 인간의 지능을 넘어서는 지점으로 표기되는 '특이점Singularity'이라고 부른다. 구글의 네트워크들, 클라우드들, 서버팜server farm들(*일련의 컴퓨터 서버와 운영 시설을 한데 모아놓은 곳)은 이미 이 작업을 상당한 수준으로 완료했다고 말할 수 있다.

구글은 단 한 번도 컴퓨터 회사나 소프트웨어 회사였던 적이 없다. 두 설립자가 아직 스탠퍼드대학 학생이던 1990년대 후반에 창립될 때부터 구글은 스탠퍼드대학 컴퓨터과학부가 가장 아끼던 아들로, 길 건너편에 있던 샌드힐로드의 투자사와 결혼했다(*샌드힐로드에 자리를 잡았던 투자사 KPCB가 구글의 성장을 도왔다. 나중에 이 거리에 실리콘밸리의 투자사들이 모여들어 '서부의 월스트리트'라는 별명을 얻었다. '구글의 종말에 대한 전문용어와 정보' 참조). 그때 이미 구글의 야망은 단순한 기업 차원을 초월했다.

스탠퍼드대학에서 1996년에 새로 문을 연 '(빌) 게이츠 컴퓨터학부 건물'의 여러 연구실에서 태어나, 이 대학 총장이던 존 헤네시의 든든한 후원을 받은 구글은 대학의 방대한 컴퓨터 자원에 쉽게 접근할 수 있는 특혜를 누렸다(2018년에 헤네시는 구글의 지주회사인 알파벳의 이사회 의장이 된다). 구글은 막 싹을 틔우던 때에 당시 초당 45메가바이트의 전송속도를 우쭐대며 자랑하던 스탠퍼드대학 T-3라인의 전체 대역폭(*컴퓨터 네트워크나 인터넷이 특정 시간 동안에 보낼 수 있는 정보량)을 마음대로 사용할 수 있었으며, 존 도어, 비노드 코슬라, 마이크 모리츠, 돈 밸런타인 같은 벤처캐피털계의 거물들과 연결돼 있었다. 게다가 (인지과학 부문의 세계적 전문가이던) 테리 위노그라드와 헥터 가르시아 몰리나 등과 같은 컴퓨터 이론가들이 두 창업자의 박사과정을 지켜보고 지도했다.

구글의 두 창업자는 클로드 섀넌의 자유분방한 정신으로 무장한 채 컴퓨터학부의 성스러운 신전 복도를 롤러블레이드를 타고 달리면서 소프트웨어계의 제왕이라 할 수 있는 도널드 크누스, 병렬계산parallel computation(*컴퓨터에서 서로 관계없는 프로세스를 동시에 수행하는 것을 '병렬처리'라고 한다) 분야의 개적자인 빌 댈리, 심지어 인공지능의 아버지인 존 매카시 같은 학계의 쟁쟁한 거인들과도 가깝게 어울렸다.

1998년, 브린과 페이지는 CS 349 '데이터 마이닝, 검색 그리고 월드와이드웹'이라는 강좌를 함께 강의했다. 선 마이크로시스템스의 공동창업자인 앤디 벡톨샤임, 아마존의 창립자인 제프 베조스, 시스코 네트워킹의 스승인 데이비드 체리턴이 상당한 투자를 함으로써 구글 프로젝트를 축복했다. 구글의 핵심 기술인 페이지랭크PageRank 알고리즘은 래리 페이지가 발명했지만, 이것의 특허권은 프로젝트를 진행한 스탠퍼드대학에 있었다. 구글은 이 특허 기술을 사들이는 대가로 구글 주식 180만 주를 제공했다(스탠퍼드대학은 2005년에 이 지분을 현금 3억 3,600만 달러에 팔았다).

구글은 1999년에 스탠퍼드대학에서 나와 멘로파크에 있던 수전 워치츠키의 차고로 들어갔다. 나중에 유튜브 CEO가 되는 수전은 당시 인텔 직원이었으며, 유전자 분석 스타트업 23앤드미23andMe를 세운 앤과는 자매 사이이다. 브린은 2007년에 앤과 결혼했는데, 이 일은 실리콘밸리(벤처 회사)와 샌드힐로드(투자사)와 팰로앨토(스탠퍼드대학)의 결합을 상징했다(두 사람은 2015년에 이혼한다). 2017년까지 구글 소속 컴퓨터과학자들은 스탠퍼드대학 연구진들보다 더 많이 인용되는 숱한 논문들을 쏟아냈다.[1]

구글 창업자들은 언제나 미래를 예언하며 미래와 연관 지어 이런저런 프로젝트들을 상상했다. 탁월한 컴퓨터과학자인 페이지는 이 분야를 전공한 박사가 두 명이나 있는 집안의 자손이었는데, 그 누구도 심지어 그의 어머니조차 구글 검색의 기반인 그의 〈페이지랭크〉 논문이 다른 어떤 박사 논문보다 뛰어나다는 사실을 부인하지 않을 것이다.[2] 그의 아버지 칼은 미시간주립대학에서, 그리고 미시간 이스트랜싱의 집 식탁에서까지 늘 인공지능을 열렬히 찬양하던 사람이었다.

브린은 10의 100승(10^{100}), 즉 불가능할 정도로 거대한 숫자란 뜻인 '구골googol'이 자기 회사가 다다를 궁극적인 지점이 될 것이란 거대한 야망을 상징할 수 있겠다고 생각했다. 스탠퍼드대학에서 탁월한 수학자이자 컴퓨터과학자이며 또 '빅데이터'의 달인이던 브린은 페이지랭크 검색엔진 알고리즘을, 인터넷 및 그 너머의 광대한 전체 공간을 가로지르는 측정 가능한 크롤러로 변환하는 신묘한 수학적 솜씨를 제공했다.

구글은 검색을 탐구함으로써 (페이지는 검색을 '컴퓨터과학과 형이상학이 만나는 지점'이라고 불렀다) 철학과 신경과학의 여러 심오한 쟁점들 속으로 뛰어들고 있었던 것이다.[3] 검색은 어떤 세상 체계를 암시한다. 예일대학 컴퓨터과학자이자 철학자인 데이비드 겔런터가 말했듯이, 검색은 세상에 대한 어떤 체계를 뜻한다. 반드시 어떤 '거울 세상mirror world', 즉 검색자가 이용할 수 있으며 우주와 완전히 똑같은 모델을 가지고 시작해야 한다.[4] 컴퓨터로 어떤 것을 검색하려면 우선 그것의 말뭉치를 디지털 형태로, 즉 섀넌이 더 이상 줄일 수 없는 정보의 2진법 단위들로서의 바이트라고 정의한 것으로 변환해야 한다. 페이지와 브린은 세상의 복제품인 월드와이드웹을 가지고 세상을 일련의 독해 가능한 디지털 파일들, 즉 접근 가능한 정보의 말뭉치인 거대한 데이터베이스로 만들기 시작했다.

여러 해가 지나면서 구글은 세상에 있는 거의 모든 책(2005), 세상에 존재하는 모든 언어와 번역물의 직조물(2010), 전 세계 지형(구글맵스와 구글어스, 2007), 전 세계 구석구석의 거리에 있는 건물과 구조물(스트리트뷰)과 교통 상황(웨이즈, 2016)을 디지털화했다. 심지어 2006년에는 전 세계 인종의 골상까지 디지털화해 안면인식 소프트웨어로 내놨다. 이것은 대대적으로 업그레이드돼 구글포토스의 한 부분이 됐다. 같은 해(2006)에 유튜브를 인수해 전 세계에서 폭발적으로 확대되는 이미지와 음악과 이야기의 디지털 콘텐츠 가운데 많은 부분을 아울렀다.

그리스신화에 등장하는 대지의 여신에게서 이름을 따온 비밀번호 체계 '가이아'로 접근하는 디지털의 거울 세상과 이것이 빚어내는 수많은 상호작용들은 10의 100승이 될 정도로 어마어마하며 역동적인 마이크로코즘^{microcosm}(*우주의 한 부분이면서 마치 그것이 한 덩어리의 우주와도 같은 상태을 나타낸다)을 형성했다. 페이지는 이에 대해 다음과 같이 표현했다.

"우리가 언제나 사람들이 원하는 것을 만드는 것은 아니다. 그것은 정말 어려운 일이다. 그렇게 하려면 우선 똑똑해야 한다. 세상의 모든 것을 다 이해해야만 한다는 뜻이다. 컴퓨터과학에서는 이것을 인공지능이라고 부른다."[5]

표면, 소리, 이미지, 설명, 노래, 연설, 도로, 건물, 문서, 메시지, 이야기 등 무정형의 유추적인 혼란스러운 뒤엉킴들을 균질하게 통일해 각각을 하나의 지구적인 디지털 유틸리티(*컴퓨터 이용에 도움이 되는 각종 소프트웨어)로 만들어내는 것은 그야말로 어마어마한 금전적 가치가 담긴 위업이었다. 구글 이외의 다른 어떤 기업도 전송량과 콘텐츠가 해마다 두 배씩 증가하는 인터넷의 기하급수적 성장을 따라잡지 못했다. 거대한 규모로 병렬적인 자동화된 계산 스레드들 속에서 URL 복제물들을 이리저리 직조하고 또 포장해왔던 구글의 웹크롤러 기술은 그야말로 기적이었다. 일반 사용자가 인터넷상의 소중한 정보 수집물들에 즉각적으로 접근할 수 있도록 만듦으로써, 그리고 그 범위를 어마어마하게 확장함으로써 구글은 근본적으로 새로운 기술을 내놨다.

과거 세상 체계의 일반적인 기업이라면, 이 정보에 대한 접근권을 팔거나 혹은 이 접근에 필요한 소프트웨어를 사용하는 대가로 로열티를 받아 챙기는 쪽을 선택했을 것이다. 구글은 효율적이고 간편한 상거래 체계를 개발하고, 이 체계를 기준으로 컴퓨터 프로세싱을 최적화하며, 대량생산을 통해 비용을 낮춤으로써 지금까지 지나온 여러 해 동안 막대한 수익을 올릴 수도 있었다. 초당 검색 결과가 1,000건인 42킬로헤르츠 속도에 1페니밖에 들지 않는 검색엔진은 해마다 대략 130억 달러의 매출을 안겨줬을 것이고, 이 매출의 대부분은 수익으로 남았을 것이다. 가격이 떨어지면서 매출은 더욱 증가하고, 축적된 수익은 자본주의적 성장의 모범이 됐을 것이다.

그러나 구글은 기존의 전통을 따라가는 기업이 아니었다. '정보는 스스로 공짜가 되기를 원한다'는 구호를 제창했던 인터넷 개척자 스튜어트 브랜드의 정신을 따라서, 구글은 자기가 가진 모든 콘텐츠와 정보를 모든 사람에게 '공짜로' 제공한다는 (경제학 용어로 표현하면, 구글의 사유지를 모든 사람이 사용할 수 있는 '공유지'로 제공한다는) 고통스럽고도 대담한 결정을 내렸다.

브린과 페이지는 돈보다는 자기가 누릴 수 있는 특권을 따져서 어떤 사람의 성공을 판단하는 미국 강단 출신으로, 거기에서 잔뼈가 굵었다. 교수가 누릴 수 있는 특권으로는 느긋하고 우아하게 보낼 수 있는 여름휴가, 그리고 무엇보다도 평생직장을 보장해주는 종신재직권을 꼽을 수 있다(종신재직권은 과거 귀족으로 이루어진 영국 상원 의원들이 누렸던 특권의 미국 버전이라고 할 수 있다). 대학 강단에 있는 사람들은 자기가 거룩한 배움의 전당을 뒤로하고 바깥으로 나갈 때마다 어디에서든 '이 방에서 가장 똑똑한 사람'으로 확실하게 인정받기를 간절하게 바란다. 구글은 학위 등급과 학업성적, 시험 점수, 학위 그리고 그 밖의 여러 자격증들에 매우 집착하는 문화를 갖고 있다.

구글의 철학에는 돈만 밝히는 부르주아 사회에 대한 경멸이 담겨 있다. 예컨대 구글 검색 부문 수장이었던 앨런 유스터스도 "나는 여기 있는 직원들을 돈이 목적인 용병이 아니라 우리의 철학을 전파하는 선교사로 바라본다"고 말했다. 구글은 재화와 서비스를 제공하는 대가로 현금과 신용을 얻기 위해 땀을 흘리지 않는다. 구글은 정보, 기술, 지식, 문화, 계몽 등 모든 것을 한 푼도 받지 않고 제공한다.

그러나 모두가 잘 알듯이, 겉보기에 자기희생적인 이 전략을 채택했음에도 불구하고 구글은 세계에서 가장 가치 있는 기업들 가운데 하나가 됐다. 이 원고를 쓰는 지금, 구글보다 스무 살이 많은 애플이 그 사랑스러운 아이폰을 내세워 전 세계 시장을 호령하며 세계 1위 기업의 자리에 앉아 있지만, 구글은 공짜 전략으로 1위 자리를 노리고 있다. 구글은 자기 자신을 포함해 전 세계 기업에 아이폰과 경쟁할 수 있는 역량을 기부하는 오픈소스 운영체제인 안드로이드를 2006년에 인수했다.

애플은 낡은 스타일의 구식 회사다. 그렇기에 제공하는 모든 상품에 당당하게 대가를 요구한다. 애플의 CEO 팀 쿡은 "만일 어떤 서비스가 '공짜'라면 당신은 고객이 아니라 제품이다"라고 정곡을 찔렀던 사람임을 기억하기 바란다. 애플 매장은 다른 기업의 매장에 비해 단위면적당 10배의 매출을 올린다. 그러나 만일 시장이 애플 제품에 등을 돌리면, 다시 말해 삼성, 샤오미, LG, 레노버, 테크노, 조포 혹은 아시아의 다른 어떤 기업이 구글의 도움에 힘입어 도무지 불가능할 것 같은 저가의 제품을 들고 시장에 나타나면, 애플의 업계 순위는 바닥으로 떨어질 것이다. 그것도 매우 빠른 속도로.

구글의 성공은 기묘해 보인다. 구글의 새로운 지주회사인 알파벳의 가치는 거의 8,000억 달러나 된다. 애플보다 겨우 1,000억 달러 적다. 구글은 서비스를 공짜로 제공하면서, 도대체 어떻게 이렇게 부자가 될 수 있었을까? 그 비밀은 구글이 구사하는 상업의 기술, 역사상 가장 천재적인 그 기술에 있다.

페이지와 브린의 가장 결정적인 통찰은, 미국 광고업계의 전형인 기존 광고 체계를 이끌고 있는데, 텔레비전 광고 체계가 구글이 뒤집어엎으려고 하는 낡은 정보경제와 연결돼 있다는 사실이었다. 컴퓨터가 텔레비전을 뒤집어엎는 것은 내가 《텔레비전 이후의 삶》에서 다룬 주제다. 만일 구글이 '세상의 정보를 조직'해 이를 유용하게 사용할 수 있도록 만들겠다는 계획에 성공한다면, 기존 광고 체계는 무너질 수 있다.

브린과 페이지는 비영리 대학이 운영하는 검색엔진을 만들겠다는 발상에서부터 시작했다. 이런 검색엔진이라면 설령 상업 체계가 붕괴되더라도 계속해서 운영될 것이기 때문이었다. 두 사람은 자기들의 검색엔진을 소개하는 1998년 논문에서 자기들의 광고관을 이렇게 설명했다.

현재 상업적인 검색엔진들의 지배적인 사업 모델은 광고다. …… 상업적인 검색엔진들은 속성상 광고주들에게 치우칠 수밖에 없고, 따라서 소비자의 필요성과는 동떨어질 것이라고 전망한다.

일반적으로 소비자 관점에서는 보다 나은 검색엔진일수록 소비자가 원하는 것을 찾는 데 보다 적은 광고가 필요할 것이라는 주장이 있을 수 있다. 보다 나은 검색엔진은 당연히 기존 검색엔진 사업 모델들의 광고를 삼식한다. …… 광고라는 쟁점은 투명하고 경쟁력 있는 검색엔진을 만드는 데 결정적으로 중요한 충분히 많은 복합적인 동기들을 유발한다고 믿는다.

스티븐 레비가 구글에 대해 거의 완벽하게 저술한 《0과 1로 세상을 바꾸는 구글 그 모든 이야기^In the Plex》는 구글이 1999년에 광고 전략을 수립할 때의 상황을 다음과 같이 묘사한다.

"당시 웹상의 지배적인 광고 형태들은 도발적이고, 짜증스럽고, 때로는 모욕적이기까지 했다. 가장 흔한 것은 배너 광고였는데, 번쩍거리는 원색으로 사용자의 시선을 어지럽히는 직사각형 광고가 마치 야간 가설 극장 천막에 달아놓은 조명등처럼 번쩍거렸다."[6]

구글의 천재성은 바로 기존 관행들 때문에 빚어진다고 판단한 모든 위험 요소들을 피해 가는 광고 모델을 발명하고, 자신의 세상 체계에 적합한 새로운 경제 모델을 확립했다는 데서 빛난다. 구글은 대부분의 광고에 거의 언제나 '가치가 빠져 있음'을 잘 안다. 그러니 광고를 바라보는 사람들에게 그 광고는 압도적으로 마이너스 효과다. 그래서 디지털 세상은 사용자의 편의를 위해 공짜 콘텐츠에 일정한 비용을 은밀하게 강제로 부과하는 이런 광고를 거르거나, 더 나아가 아예 차단하거나, 소리를 죽이거나 하는 프로그램들을 개발하는 것으로 대응해왔다.

구글은 기존 광고 방식은 지속가능하지 않을 뿐만 아니라 불필요하다는 인식을 확고히 하고서 디지털 세상을 이끌어왔다. 브린과 페이지는 사용자의 검색 패턴에 의해 덧붙여지는 사용자 정보야말로 광고를 보는 사람들이 어떤 것을 환영할지 판단하는 데 필요한 바로 그런 정보임을 간파했다. 사용자의 검색 결과를 토대로 하면 사용자가 보길 원하는 광고를 만들 수 있다는 말이다. 이렇게 해서 구글은 광고 사업을 영원히 바꺼버렸다.

레비에 따르면 구글은 "광고는 광고주와 업체 사이의 양방향 거래가 돼선 안 되며, 여기에 (광고를 보게 되는) 사용자까지 포함된 삼방향 거래가 돼야 한다"고 결론을 내렸다. 그러나 실제 현실에서 구글은 '사용자에게 초점을 맞추면 다른 주체들은 모두 거기에 따를 것'이란 원칙을 세우고 이에 따름으로써, 사용자에게만 소구하는 광고 정책을 채택했다.

사용자가 실제로 보고자 하지 않는 한, 광고는 광고주에게 도움이 되지 않으며, 따라서 궁극적으로는 광고 중개업자들이 위협을 받게 될 것임을 구글은 잘 알았다. 《텔레비전 이후의 삶》에서 쓴 표현을 빌자면, 구글 구조 아래의 인터넷 세상에서는 '그 누구도 자기가 원하지 않는 광고는 의무적으로 읽거나 보지 않아도 될 것'이라고 전망할 수 있다. 광고는 사용자가 스스로 찾게 되지, 사용자에게 강제로 주입되지 않을 것이라는 말이다. 이 목표를 달성하기 위해 구글은 광고를 '스폰서 링크'라는 표현으로 분류했으며, 클릭 횟수 측정으로 사용자에게 성공적으로 소구했음이 인정되는 광고에만 광고료를 부과했다. 또한 광고의 효율과 품질을 계산하는 데도 동일한 방법을 사용해, 광고주가 충분한 클릭 횟수를 창출하지 않는 광고들을 없애고 광고의 품질을 개선하도록 강제했다.

레비는 모든 광고의 클릭률과 이 광고와 연관된 구매율 및 광고의 품질을 분석하는 '광고 세계의 지표'가 되는 앱인 구글 애널리틱스[Google Analytics] 출시와 관련해 재미있는 이야기를 했다. 애널리틱스는 블룸버그 터미널의 구글 버전이라고 할 수 있는 일종의 단말기를 사용한다. 이것은 광고와 관련된 사용자의 문의, 광고에 따른 산출 결과, 광고주의 숫자, 그들이 광고에 사용한 핵심 단어의 숫자, 각 광고주에게 돌아가는 투자 수익률 등을 모니터링한다.

구글은 애초에 이 서비스에 대해 월 500달러의 요금을 부과하되, 애드 워즈^{AdWords}(*구글에서 제작한 셀프 서비스 광고 프로그램) 고객에게는 할인 요금을 적용할 계획이었다. 그러나 곧 요금을 부과하고 징수하기가 어렵다는 것을 깨달았다. 보안 문제가 따르고, 법적 책임 문제도 따른다. 게다가 고객들과의 원만한 관계가 조금 껄끄러워질 수도 있다. 그러니 그냥 공짜로 줘버리는 것이 한결 쉽고 멋지다. 웹사이트 및 광고 실행과 관련된 즉각적인 통계치에 대한 사용하기 쉬운 소스는 그 자체로 수익성이 있다. 구글 애널리틱스는 구글의 광고가 다른 매체의 광고보다 효과가 높아서 보다 많은 구매가 뒤따른다는 것을 보여주며 공짜로 제공됐다. 그리고 그 결과, 얼마 지나지 않아 애널리틱스는 연간 최소 100억 달러의 부가 광고 수입을 구글에 안겨줬다.

구글의 새로운 공짜 모델은 심지어 회사 구내식당에까지 파고들었다. 구글은 직원들에게 요금을 부과하는 성가신 절차를 포기할 때 식당이 훨씬 더 효율적일 수 있다는 놀라운 사실을 발견했다. 처음에 구글은 식당에서 음식을 사 먹는 직원들에게 음식값을 받기 위해 일종의 단말기 시스템을 구축했다. 그런데 이 시스템 자체가 비용을 발생시켰다. 구글의 소중한 인력들이 음식값을 지불하기 위해 줄을 길게 늘어서서 기다리면서 시간을 낭비했던 것이다. 음식을 공짜로 제공하는 편이 한결 비용도 싸고, 모두가 편하고, 또 자본주의적 관념을 멋지게 초월하는 길이었다. 지금 구글은 하루에 10만 끼가 넘는 식사를 직원들에게 공짜로 제공한다. 그리고 이 정책은 구글의 거의 전체 제품 포트폴리오에 적용되고 있다.

2009년에 스탠퍼드대학 철학자 프레드 터너$^{Fred\ Turner}$가 〈구글의 버닝맨: 새로운 미디어 생성을 위한 어떤 문화적 인프라$^{Burning\ Man\ at\ Google:\ A\ Cultural}$ $^{Infrastructure\ for\ New\ Media\ Production}$〉라는 논문을 발표했다. 이 논문에서 그는 구글의 세상 체계 뒤에서 작동하는 종교적인 운동의 실체를 드러냈다.

버닝맨은 미국 네바다주 블랙록 사막에서 1년에 한 번 한 주 동안 열리는 축제인데, 일종의 포틀래치(*북미 북서안 인디언의 선물 분배 행사) 때 절정에 다다른다. 3만 명이 넘는 사람들이 황홀경에 빠져 (이들 가운데 대략 절반은 반라 상태다) 춤을 추고 고함을 지르는 가운데 테크노 사제들이 나무로 만든 16미터 높이의 (성별이 없는) 인물상을 불태운다. 이때 온갖 예언적인 증언들로 가득한 모래밭의 사원도 함께 태운다.

구글과 마찬가지로 버닝맨도 일종의 광신도 축제, 즉 돈이 목적인 용병이 아니라 이상적인 경제 철학을 전파하는 선교사들의 도덕적인 집합체다. 남에게 아무 대가도 바라지 않고 뭔가를 공짜로 베풀어주는 것을 찬양하는 일종의 공동체적인 종교운동이라고 할 수 있다. 이 운동은 '사악해지지 말자$^{Don't\ Be\ Evil}$'(*구글의 모토다)는 구글의 우월성을 담고 있으며, 이 이미지는 실리콘밸리가 북쪽에 있는 마이크로소프트의 사악한 역사로 여기는 어떤 것과 확실히 대비된다.

버닝맨의 웹사이트는 구글의 웹사이트와 마찬가지로 공동체적인 계율을 제시한다. 이 축제의 창립자인 래리 하비가 2004년에 지침으로 확립한 '버닝맨 10계명'은, 거대한 자산 규모의 거인 기업이자 세상에서 가장 재산이 많은 사람들 가운데 두 명이 이끄는 기업과는 도저히 양립할 수 없을 것만 같다. 적어도 겉보기에는 확실히 그렇다.

- 근본적으로 누구나 포함한다: 누구나 참여할 수 있다. 축제에 참여하는 데 어떠한 전제 조건도 없다.

- 선물을 준다: 그 어떤 대가도 바라지 않고 남에게 선물을 준다.

- 상업화를 거부한다: '착취'로 연관되는 일체의 상업적 협찬이나 광고에 휘둘리지 않고 물건을 교환한다.

- 근본적으로 자립한다: 자기 내면에 있는 여러 자원에 의지한다.

- 근본적으로 자기를 표현한다: 축제에 제공되는 표현물들은 온전하게 기부다.

- 공동체적인 노력을 한다: 인간적인 공동체를 지지하는 소셜네트워크, 공공의 공간, 예술 작품 그리고 의사소통 수단을 개발하고 촉진하고 보호하는 데 힘쓴다.

- 시민으로서의 책임을 다한다: 시민사회의 가치를 소중히 여기고 법을 잘 지킨다.

- 흔적을 남기지 않는다: 산업적인 오염과 인간이 남긴 더러운 때를 지양하고 생태계 보존에 힘쓴다.

- 참여한다: 근본적인 참가 윤리를 추구한다. 개인과 사회의 변화는 오로지 마음을 여는 개인의 실천을 통해서만 이루어질 수 있다.

- 즉각적으로 경험한다: 어떠한 발상도 즉각적인 경험과 함께 어울리는 모임 그리고 인간의 힘을 초월하는 자연과의 접촉을 대체할 수 없다.

그런데 브린과 페이지는 버닝맨의 윤리와 구글의 윤리가 완벽하게 일치함을 알고 있다. 두 사람은 버닝맨 축제에 자주 참석한다. 에릭 슈미트 두 마찬가지다. 에릭을 채용할 때도 두 사람은 그가 버닝맨의 열렬한 추종자임을 알고서는 별 어려움 없이 채용 결정을 내렸다. 마운틴뷰에 있는 구글 본사는 흔히 버닝맨 축제 사진들로 장식되곤 한다. 아닌 게 아니라 최초의 구글 로고도 버닝맨 목제 조각상의 이미지를 담고 있었다.[7]

구글 창립자들이 종교적인 충동을 천명할 정도이므로 그 사막 축제 참여는 두 사람에게 중요한 의미고, 거꾸로 이런 사실은 이 두 사람이 어떤 인물인지 잘 보여준다. 비판하기 좋아하는 사람은 '축제에 제공되는 표현물들은 온전하게 기부다'라는 것을 놓고 꼬투리를 잡을 수도 있다 (예컨대 "그렇다고 해서 유튜브에 동영상을 올리는 사람이나 블로거나 책의 저자들에게 쥐꼬리만큼만 보상하는 행위가 정당화되는가?"). 구글이 공동체적인 노력을 찬양하는 것은, 대가를 바라지 않고 제작된 오픈소스 소프트웨어의 우월성에 대한 구글의 믿음을 암시한다. 오픈소스는 구글의 여러 플랫폼에 잠재적인 경쟁자들이 벌일 여러 사업들에 어두운 그림자를 드리우는 손쉬운 확장성을 제공한다. 그런데 다른 한편으로 구글은 자기의 지식재산권과 영업 활동이 관련된 부분에서는 비밀주의를 고수한다. 어쩌면 실리콘밸리의 무신론자들이 독실한 신자인 척 가장하기 위해 버닝맨의 예배 행사에 참여하는 것인지도 모른다.

구글 홈페이지에 게시된 '우리의 철학'이 버닝맨의 10계명과 비견될 수 있는데, '우리가 진실이라고 알고 있는 10가지'로 드러나 있는 이 철학을 통해 구글의 세상 체계를 엿볼 수 있다. 구글이 밝히는 10가지 진실은 버닝맨의 10계명과 마찬가지로 언뜻 보면 크게 새로울 것이 없다. 그러나 사실 각각의 계명은 전복적인 뜻을 숨기고 있다.

- 사용자에게 초점을 맞추면 나머지는 저절로 따라온다(구글이 사용자에게

제공하는 '선물'은 공짜로 허용된 개인정보를 가져다주고, 이 정보들은 빅데이터로 축적된다).

- 어떤 것을 정말 정말 정말 잘하는 것이 최선의 방법이다(정보 시장을 지배하려면 인공지능을 장착하고서 '검색과 분류' 분야에서 세계 최고가 돼야 한다. 지배자가 된다는 목표에 도달하려면 거의 전능한 능력을 가져야 한다).

- 느린 것보다 빠른 것이 낫다(세심하고 버그가 없는 것보다 속도가 빠른 것이 낫다).

- 인터넷상에서는 민주주의가 통한다(그러나 구글은 최고 엘리트 집단이며, IQ와 자격증을 엄격하게 따지는 정책을 시행한다).

- 어떤 것에 대한 해답을 굳이 책상 앞에서만 찾을 필요는 없다[이런! 모바일 광고를 위해서는 애드몹(*구글이 소유한 모바일 광고 회사 및 그 앱)을 구입하는 것이 좋다].

- 부정한 방법을 쓰지 않고도 돈을 벌 수 있다('거대한 부는 대부분 거대한 범죄를 기반으로 한다'는 것을 암시하는 비현실적인 으스댐이다. 만약 빠르고 공짜라는 조건이 다수의 범죄를 숨길 수 있다면, 구글은 풍력과 태양열만 이용해 탄소 배출을 하나도 하지 않은 채 데이터센터를 가동하는 것으로써 기꺼이 보상하려들 것이다).

- 세상에는 언제나 더 많은 정보가 존재한다(빅데이터의 규모가 커진다고 해서 수익이 줄어드는 법은 없다).

- 정보의 필요성에는 국경이 없다(우리는 세계의 시민이며 구글 번역기는 세계적인 차원의 강점을 우리에게 제공한다).

- 정장을 입지 않아도 업무를 훌륭히 수행할 수 있다(먼바지나 청바지는 실리콘밸리의 어마어마한 부와 특권을 감춰서 이것을 거부하는 것처럼 위장해준

다. 그러니 딱딱한 정장은 필요하지 않다).

• 최고라는 것만으로는 충분하지 않다(우리는 어쩌다보니 최고다).

스코트 클리랜드와 아이라 브로드스키가 《두 얼굴의 구글Search & Destroy》 에서 구글을 향해 신랄하기 짝이 없는 비판의 독설을 박진감 넘치게 퍼부었듯이 이 고상한 10가지 진실에 중요한 한 가지가 빠져 있다.[8] 보안의 필요성에 대한 언급이 그 어디에도 없다. 두 저자가 지적했듯 구글은 다른 웹페이지에서 보안을 언급하는데, 홍보 톤의 그 가벼운 설명은 우리가 안고 있는 불안함을 누그러뜨리지 못한다.

"보안이 올바르게 작동할 때 비로소 우리가 공동체로서 제대로 가고 있음을 우리는 학습을 통해 알고 있다. 이 일에는 구글이 제공하는 여러 서비스를 사용하는 사람들(모두 고맙습니다!), 우리의 앱을 만드는 소프트웨어 개발자들 그리고 우리가 긴장을 늦추지 않도록 해주는 외부 보안 전문가들 등 모두가 포함된다. 이들이 기울이는 노력이 하나로 결합해 인터넷을 보다 안전하게 만들어나가는 먼 길로 나아가고 있다."[9]

다른 말로 하면, 보안은 구글만이 아니라 '온 동네가 다' 나서서 책임져야 한다는 말이다. 보안은 인터넷이 안고 있는 여러 문제들 가운데서도 핵심이다. 그렇기 때문에 구글은 여러 해법들의 원천이라기보다는 여러 문제들의 원천인 셈이다.

CHAPTER

04

자유 진영의 종말

End of the Free World

• •

"이 광고들은 형편없어."

 • 래리 페이지(구글 게시판, 2002)

• •

구글 세상은 너그러우며 신의 섭리가 작동하는 왕국이다. 그러나 이 구글 세상은, 많은 광고 형태들이 느리지만 감지할 수 있는 죽음의 소용돌이에 빠져 있을 때조차 여전히 광고를 기반으로 한 중재에만 목을 맨다.

경제학자 제리 보이어Jerry Bowyer는 〈포브스〉에 다음과 같이 기고했다.

"만일 (미디어에 도움을 주는 존재로서의) 광고가 죽는다면, 우리가 미디어라고 부르는 것 역시 죽고 만다. 신문에서 시작해 라디오로 옮겨 가고, 그다음에 텔레비전 그리고 다시 다양한 형태의 블로그와 스트리밍으로 옮겨 갔던 전체 광고 체계는 기본적으로 예나 지금이나 동일한 사업 모델이다. 많은 사람을 한자리에 모으는 것인데, 이 사람들은 자기가 어떤 것을 위해 거기에 있다고 생각하지만 실제로는 그게 아닌 다른 어떤 것을 위해 거기에 있다."[1]

그러니까 이것은 미끼 상술이며, 이런 것을 좋아하는 사람은 아무도 없다. 구글이 비록 영웅적인 여러 위업을 쌓긴 했지만 지금도 여전히 검색엔진에 연동된 광고가 전체 수입의 95퍼센트나 차지한다.

많은 사람들을 모으고 또 이 사람들의 시선을 잡아끄는 데는 어떤 것을 (구글의 경우에는 어떤 서비스를) '공짜'로 주는 것보다 효과적인 것은 없다. 세르게이 브린은 구글 역사에서 결정적인 질문을 던졌다.

"가격이 0이라면 전략은 어떻게 바뀔까?"[2]

이 질문에 대한 대답은 '우리가 전체 시장을 독식한다'로 판명됐다. 2014년에 구글은 (세계적인 경제학자이자 미래학자인) 제레미 리프킨을 초빙해 그 모든 것을 요약하는 일련의 강의를 들었다. 리프킨은 '한계비용 제로 사회zero marginal cost society'를 설파했다. 이 새로운 체제에서는 이 세상의 모든 기기(디바이스)와 경제활동체가 사물인터넷으로 흡수되면서 점점 증대하는 모든 재화와 서비스의 (검색에서 소프트웨어까지 그리고 뉴스에서 에너지까지) 가격이 '공짜'에 가깝게 떨어질 것이라고 했다. 사물인터넷의 세상에서는 기하급수적인 네트워크 효과가 여유로움과 풍요로움의 새로운 경제를 낳게 되리란 것이 그 전망의 논거였다.[3] 리프킨은 바로 이것이야말로 구글 세상이라고 청중에게 확신을 가지고 말했다.

그러나 앞에서도 봤듯이 '공짜'는 거짓말일 뿐만 아니라 0이라는 가격은 인류가 까마득하게 먼 석기시대에 내려놓은 물물교환 제도로 돌아가는 것을 의미하기도 한다. 이제 사람들이 어떤 것에 대한 대가로 지불하는 수단은 돈이 아니라 관심이다.

무엇보다 먼저, 사람들은 시간을 지불한다. 시간은 돈을 측정하는 것이며 동시에 돈을 대표한다. 한계비용 제로 사회에서는 다른 모든 것이 풍족할 때도 시간의 희소성은 여전히 유지된다. 돈은 허위의 무한한 공짜 속에 감춰진 세상에서 진정한 희소성이 뭔지 암시한다.

'구글의 59번째 직원'이었던 더글러스 에드워즈에 따르면, 래리 페이지가 구글을 창업할 당시 가지고 있었던 불타는 야망은 '세상이 시간 낭비하는 것을 중단시키는 것'이었다.[4] 지금 시점에서 보자면, 페이지는 어쩌면 개인적으로는 이 목표를 달성했을지도 모른다. 거들먹거리는 감독기관의 당국자가 이따금씩 소환하는 경우를 제외한다면 말이다. 그러나 나머지 평범한 사람들에게는 그 모든 공짜가 사실상 거래상의 속임수나 함정으로 이어지는 미끼일 뿐이다. 정말로 내키지 않는 자동등록갱신 제안은 겉으로만 그럴싸한 상품과 보너스와 잭팟과 함께 제시되며, 한편으로는 사용자가 거쳐야 하는 모든 단계마다 새로운 팝업창 혹은 팝언더창(*웹에서 방문 사이트 웹 윈도 속에 숨겨진 별도의 창으로, 주로 광고 목적으로 사용된다)이 사용자를 위기로 몰아넣는다.

이것이 바로 '공짜 세상Free World'이며, 당신 지갑을 건너뛰고 당신이 번 돈을 무시하며 당신 시간을 잡아챈다. 이때 실제로 잡아채이는 것은 당신의 생활, 당신의 인생이다.

광고 모델은 느리지만 확실하게 부패하고 있다. 니드햄 앤드 컴퍼니Needham & Company의 로라 마틴Laura Martin이 인용한 2014년의 어떤 연구 논문에 따르면, 지난 17년 동안 사람들이 하루에 미디어에 쏟는 시간은 평균 5시간에서 10시간으로 두 배나 늘어났다. 공짜 포르노는 중독성 있는 공짜 품목을 담아 나르는 그릇이나 상징이 됐다. 한편 같은 기간 동안, 하루에 한 사람에게 전달된 광고는 약 350건으로 거의 변함이 없었다. 인쇄 매체를 포함해 미디어를 1시간 동안 이용하면서 보는 광고는 절반으로 줄어들었다. 디지털 기기의 세상에서 사람들은 보고 싶지 않은 광고를 치워버리거나 소리를 죽여버리거나 아예 자기 앞에 나타나지도 않게 하는 방법을 배우고 있다. 다음 세대의 혁신가들이 새로운 지불·보안 모델을 만들어내는 순간, 이런 경향은 한층 더 빠르게 진행될 것이다.

내가 구글이 '공짜' 제품에 몰두하는 현상이 빚어내는 경제적인 효과를 연구조사하고 있을 때였다. 조너선 태플린Jonathan Taplin이 《빠르게 움직이고 무엇이든 혁파하라Move Fast and Break Things》에서 구글은 사용자가 수십억 명이나 되는 상위 6개 웹 플랫폼 가운데 5개, 그리고 인터넷 상위 14개 상업 기능 가운데 13개를 소유하고 있지만 최종 소비자들로부터 거둬들이는 수입은 전체 가운데 채 5퍼센트도 되지 않는다고 밝혔다.[5]

구글의 주된 역할은 아무도 보길 원하지 않는 광고들을 공급하는 것을 훌쩍 뛰어넘어서 존재하는 중개자다. 비록 구글의 기업 원칙들이 추구하는 것은 '고객이 먼저다'이지만, 실제로 구글은 최종 고객이 거의 없다. 구글 광고들이 비록 구매자들을 애지중지하지만, 이와는 상관없이 구글 고객층은 아마존에 비해 매우 적다. 아마존은 구글과 다르게 돈을 긁어모으는 데 결코 부끄러워하거나 주저하지 않는다.

대니얼 콜린 제임스라는 블로거가 내 게시판에 글을 하나 올렸는데, 이게 내 눈길을 끌었다. 제임스는 "해커들이 이것을 보면서 오후를 시작한다"[6]고 할 정도로 해커들의 즐겨 찾는 블로그인 〈해커 눈Hacker Noon〉에 구글이 광고 부문에서 얼마나 취약한지에 대한 설득력 있는 글을 썼다. 그는 우선 2015년에 애플이 아이폰에 광고 차단 소프트웨어를 도입하기로 한 결정에서부터 시작했다. 이것은 구글이 항구적인 준독점으로 나아가는 경로로 널리 인식되는 '모든 것을 종합하고 광고한다'는 온라인 전략에 중요한 타격을 입혔다. 아이폰이 구글의 전체 모바일 광고 수입 중 75퍼센트를 차지하기 때문에 애플의 이런 조치는 구글의 모바일 전략 핵심을 강타했다. 구글의 대응은 한 해 뒤에야 나타났는데, 결국 구글은 공짜인 자신의 오픈소스 '공유경제' 안드로이드 플랫폼을 살짝 넘어서서 애플을 교묘하게 복제하는 길을 선택했다.

광고업계를 선도하던 구글 애널리틱스의 여러 도구들은 광고 차단이란 발상을 사용자들이 반긴다는 사실을 적어도 겉으로 확실하게 드러냈다. 구글은 고객이 먼저라는 정책 노선 아래에서 자신의 크롬 브라우저에 독자적인 광고 차단 장치를 도입했다. 그런데 구글의 기본적인 방침은 이 차단 장치가 더나은광고연합CBA, Coalition for Better Ads(*광고업계가 자율적으로 구성한 기구)이 제시한 기준에 따라 나쁜 광고로 분류되는 것들만 차단하는 것이었다. 다른 말로 하면, 구글 광고는 교묘하고 은밀하기로 유명하기 때문에 노골적이거나 야하거나 분별력을 잃은 경쟁자들의 광고들만 차단하겠다는 것이었다. 제임스는 이런 행위가 검색엔진에서는 불법일 수 있다고 추측했다.

제임스가 인식하는 것처럼 온라인에서 환영받지 못하는 광고업계에서 이런 광고 차단 조치는 궁극적으로 자살행위다. 2015년과 2016년 사이에 광고 차단율은 102퍼센트 상승했으며, 세계적으로 스마트폰 사용자의 16퍼센트가 이 차단 조치를 사용한다고 제임스는 전했다. 구글 전체 수입의 47퍼센트가 발생하는 미국에서 데스크탑과 노트북 사용자의 25퍼센트가 광고를 자동 차단하고 있었다. 이 운동을 선도하는 계층은 광고주들이 탐내는 젊은 층이었다. 제임스가 반기면서 지적하듯 스마트폰 광고의 겨우 0.06퍼센트만 클릭됐다. 그리고 이 클릭도 절반 이상이 실수였으므로, 의도적인 클릭률은 0.03퍼센트 미만이라고 어떤 조사는 밝혔다.[7] 이 결과는 주로 쓰레기 광고에만 적용되기 때문에 구글이 애초에 생각했던 의도적인 계획의 한 부분이라고는 할 수 없다.

구글은 광고를 탐탁지 않게 여기는 정서에 은밀하게 동조하면서 다른한편으로는 광고가 전혀 없는 천국인 유튜브레드를 유튜브 사용자들에게 제시하고 있었다. 나는 유튜브레드의 열렬한 사용자로서, 이것이 진정한 흥청거림의 축제라고, 월 사용료 9.95달러로 '텔레비전 이후의 삶'

을 아낌없이 분출한다고 감히 주장할 수 있다. 나는 유튜브레드 중독자이며, 구글이 이 콘텐츠 제공자들에게 적절하게 보상해주길 바란다. 하지만 구글은 그렇게 하지 않고 있다. 점유율 52퍼센트로 세계 최대 스트리밍 뮤직 사이트인 유튜브는 음악 스트리밍 로열티 가운데 겨우 13퍼센트만 지불한다. 구글은 수없이 많은 유료 스트리밍 동영상 벤더들과 격렬한 경쟁에 직면해 있다. 이 분야에서 구글은 여러 경쟁자들 가운데 또 하나의 경쟁자일 뿐이며, 적정한 실질가격을 찾아나가는 과정에서 날아오는 온갖 돌멩이와 화살을 견뎌내고 있다.

제임스가 지적한 내용 가운데 두 번째 요점은 순수한 정보 검색 분야는 여전히 구글이 지배하고 있지만 상업적인 차원의 검색, 즉 제품 구매를 위한 의도적인 검색 분야에서는 무게중심이 아마존으로 급격하게 이동한다는 사실이다. 2017년이 되면서 아마존은 제품 검색 시장의 52퍼센트를 점유했으며, 수익 또한 가속적으로 늘어나기 시작했다. 이에 비해 이 부문의 구글 점유율은 26퍼센트밖에 되지 않았다. 뭔가를 사려고 광고를 보는 사람들은 아예 처음부터 아마존에서 검색하기 시작했다. 아마존은 사용자가 검색하는 제품을 사용자에게 팔 수 있었다. 그것도 비밀번호니 아이디니 캡차니 최종사용자 사용권 계약이니 신용카드 쪽지니 하는 성가시기 짝이 없는 절차를 거치지 않고 단 한 번의 클릭만으로. 아마존에 게시되는 리뷰들은 (비록 많은 것들이 겉으로만 그럴싸하긴 해도) 구글의 유료 광고나 중개보다는 신뢰도가 높다. 높지 않을 이유가 전혀 없다.

이 성공은 클라우드 서비스 부문에서 아마존의 쿠데타로 이어졌다. 비록 구글은 세계 클라우드 구현 부문의 모든 면에서 선도적인 지위를 누리고 있지만, 2017년 자료를 보면 적어도 마케팅 클라우드 서비스 부문에서는 아마존이 57퍼센트 점유율로 16퍼센트인 구글을 압도적인 차이로 제쳤다. 실제 사용자들로부터 돈을 빨아들이는 부문에서 아마존이 보여준 이런 전진에 구글은 분명 당황스러웠을 것이다. 그래서 구글은 언제나 그랬듯이 반격을 개시했다. 자기 클라우드 게시물들의 우월성, 자기 SQL(*데이터베이스를 구축하고 활용하기 위해 사용하는 언어)의 세계적인 적용 범위, 자기의 편리한 사용자 인터페이스, 자기의 즉각적인 반응, 자기의 맵리듀스^{MapReduce}(*대용량 데이터를 빠르고 안전하게 처리하기 위해 보통의 하드웨어를 이용한 분산 프로그래밍 모델)와 하둡^{Hadoop}(*저렴한 컴퓨터 여러 대를 마치 하나인 것처럼 묶어 대용량 데이터를 처리하는 기술)과 스패너(*구글의 복제 데이터 저장소) 빅데이터베이스 구조들, 자기의 거대한 통신망과 세계에 뻗어 있는 데이터센터들, 자기의 이상주의, 자기의 기술 관련 회의의 화려함 등을 입증하는 기술적인 차원의 시연들이나 유튜브 연설들을 통해 반격한 것이다. 그러나 사람들은 구글이 아니라 아마존의 클라우드 서비스를 선택하고 있었다. 과연 누가 이런 일을 상상이나 했겠는가?

한편 구글은 2015년 10월에 새로운 CEO로 취임한 순다르 피차이의 리더십 아래에서 변화를 도모했다. '모바일 우선주의'라는 주문만 외쳐대던 정책에서 벗어나 (이 정책은 안드로이드와 애드몹 인수로 이어졌다) '인공지능 우선주의'를 향해 나아가기로 한 것이다. 구글은 누구나 인정하던 업계 최고의 지적 리더였으며, 구글의 인공지능 과시는 널리 찬사를 받았다. 아닌 게 아니라 구글은 인공지능 분야에서 내로라하는 전 세계의 유명인사들을 영입했다. (딥러닝 및 신경망의 아버지로 불리는) 제프리 힌딘과 (세계적인 인공지능 석학) 앤드루 응에서부터 세프 딘, (자율주행 트럭 스타트업인 오토를 공동창업한) 앤서니 레반다우스키와 (현재 딥 마인드 CEO인) 데미스 하사비스 등이 이에 해당한다.

만일 구글이 대학이었다면 인공지능 분야에서 다른 대학들을 완벽하게 압도했을 것이다. 그런데 아마존이 2014년 알렉사^Alexa^ 프로젝트와 에코^Echo^ 프로젝트로 인공지능 서비스 시장의 많은 부분을 기민하게 장악한 것을 알고는 무척 당혹스러웠을 것이다. 광고를 될 수 있으면 삼가면서도 질문에 대답하고 상품을 주문하는, 디자인이 우아한 기기로 모든 사람의 집에 인공지능을 보급하는 실질적인 하드웨어 시장을 아마존이 선제적으로 열었으니 말이다.

아마존의 강점은 고객을 두려워하지 않는 속성이라고 할 수 있었다. 구글은 인공지능 도구들을 보이지 않는 곳에 적용했고, 거기에서 광고를 표적으로 삼아 그 광고들에 대한 사람들의 반응을 분석했다. 아마존의 기기들을 모방한 가정용 기기들을 가지고서 비로소 대응에 나서기까지 2년이라는 시간이 걸렸다. 그러나 한층 더 뿌리 깊은 문제가 있었다. 구글의 모바일 우선주의와 (아마존의 인공지능 비서인) 알렉사는 둘 다 음성 접속 방향으로 업계를 몰아갔다. 음성 접속은 구글의 검색-광고 지배력을 전반적으로 무효화한다. 일상적인 어조의 음성 광고를 검색 스트림 속으로 집어넣는 것은 어떤 문자 검색 요구에 따른 수천 가지 결과들 속에 점잖은 문자메시지를 집어넣는 것과 근본적으로 다르다. 이것은 헤어날 수 없는 죽음의 소용돌이에 빠진 라디오의 세상을 상기시키는 과거로의 회귀 전략이었다. 그 전략에서는 콘텐츠 공급이 점점 줄어드는 데 따른 불리함을 상쇄하기 위해 점점 더 많은 광고가 필요했다. 그리고 여기에서의 주요한 승자들은 예컨대 (미국의 유명한 라디오 토크쇼 진행자인) 러시 림보처럼 구글을 전혀 닮지 않은 카리스마 넘치는 송화자들이다.

현재 (2016년에 개발된 구글의 인공지능 비서인) 구글 어시스턴트가 음성인식에서는 최고라는 찬사를 받고 있으며, LG도 90종이나 되는 가전제품에 이 인공지능을 탑재했다. 사물인터넷의 개척자인 구글과 LG는 사람들이 세탁기, 오븐, 냉장고, 가스레인지, 냉난방 시스템, 식기세척기 그리고 전등 판넬 등에 자기 내면의 생각이나 바람을 털어놓는 모습을 상상하고 있다. 앞으로 구글은 온라인 구매 관련 데이터에만 국한되지 않을 것이다. 아마존의 홀푸드(*미국 최대 유기농 마켓)가 냉장고를 구매자에게 배송하기 위해 나설 때 구글은 이런 사실을 포착할 것이다. 구글은 이런 자료들을 이용해 자신의 광고 체제를 풍부하게 하고, 구글 어시스턴트 스트림에서의 음성 광고 문제를 해결하길 희망한다. 그러나 사람들이 자신의 검색 결과나 유튜브 동영상이나 뉴스 스트림에서 광고를 원하지 않는다면, 식기세척기에서도 마찬가지일 것이다.

공짜의 가장 중요한 효과는 실제 고객에 대한 책임을 면제받는 것이 아니라 보안과 관련된 여러 가지 과제들에서 벗어나는 것이다. 공짜 제품을 누가 훔치려들겠는가? 만일 어떤 회사 제품군 가운데 많은 제품이 공짜라면 이 회사는 절도나 해킹에 들여야 할 시간을 절약할 수 있다. 굳이 기저상태(*양자역학계에서 에너지 수준이 최소인 정상 상태)를 구축하고 이것을 지킬 필요가 없다는 말이다. 공짜 제품들이 오가는 흐름 속에서 실제로 가장 주요한 해커는 구글, 그리고 광고를 삽입해 은밀하게 진실을 호도하는 구글의 온갖 그럴듯한 말들이다. 구글은 보안 책임을 사용자에게 전가하는 무책임한 호언장담을 자기 웹사이트에 올려두기만 하면 그만이다. "뭔가 수상한 것을 발견하면 이야기하세요"라는 경고 슬로건이 있다. 기본적으로 모든 책임을 '고객(사용자)'에게 떠넘기려고 설계된 미국 연방 교통안전청^{TSA}의 슬로건이다. TSA의 이 기분 좋은 전략을 보면 구글이 연상된다.

보안에 대한 이 관심 부족이 장차 구글이 몰락하는 원인이 될 것이다. 보안성 부족은 인터넷에서 활동하는 구글 이외의 모든 기업이 현재 수행하는 사업 모델에 대한 가장 보편적이고 두드러진 위협이다. 이 문제는 장차 해결될 것이다. 당신이 한 번도 들어본 적 없는 수천 개 기업이 이 문제를 해결하려고 수십억 달러를 쏟아붓고 있다. 이들의 노력이 하나로 모아져, 늘 소 잃고 외양간을 고치는 식이 아니라 시스템 자체의 재산으로서 거래 관련 보안을 구조상 가장 긴급한 과제로 설정하는 새로운 네트워크가 탄생할 것이다. 이 새로운 시스템에서 보안은 워낙 근본적인 문제이므로, 이것의 이름에도 보안이라는 뜻이 들어갈 것이다. 그래서 그것은 크립토코즘^{cryptocosm}(*암호라는 뜻의 'crypto'와 우주라는 뜻의 'cosm'의 합성어로 암호화를 통해 분권화된 세상을 일컫는 말)이 될 것이다.

05

크립토코즘의 10가지 원칙

Ten Laws of the Cryptocosm

• •

"우리는 기술에 귀를 기울이고, 그 기술이 우리에게 무슨 말을 하는지 알아들어야 한다."

• 카버 미드Carver Mead, 캘리포니아 공대 교수

• •

구글 보안의 결점들, 구글의 '모든 것을 종합하고 광고한다'는 모델, 구글의 가격신호 회피 성향, 구글의 방대한 고객 데이터 축적 그리고 기계 마음^{machine mind}에 대한 구글의 전망 등은 널리 퍼진 P2P(*중앙 서버 없이 컴퓨터가 전부 대등한 입상에 놓이는 네트워크 구성 방식 혹은 중앙거래소를 거치지 않는 개인과 개인 사이의 거래 방식) 기술의 철저한 진화 과정에서 살아남을 것 같지 않다. 나는 이 P2P 기술을 '크립토코즘'이라고 부른다.

오늘날 수많은 엔지니어와 기업가가 구글 영역의 한계와 환상을 넘어서는 새로운 세상 체계를 만드느라 여념이 없다.

구글 시대에서 인터넷의 가장 중요한 원칙은 '커뮤니케이션(통신·의사소통) 우선주의'다. 모든 것을 공짜로 복제하고 옮기고 변형시켜도 된다는 뜻이다. 사람들은 대부분 '공짜'를 반긴다. 하지만 사람들이 진정으로 바라는 것은 당국자가 뭘 줄지 선택해 자기에게 주는 것이 아니라, 자기가 선택해 주문한 것을 얻는 것이다. 실제 현실에서 '공짜'는 불안정하고 모호하며 금방이라도 사라지거나 변할 수 있다는 뜻이다.

커뮤니케이션 우선주의 원칙은 여러 해 동안 우리에게 큰 도움이 됐다. 인터넷은 거대한 복제 행위에 의해 의사소통이 이루어지는 어떤 거대한 비동기 복제자^{asynchronous replicator}다(*통신을 하는 두 장치가 서로 데이터를 송수신할 때 일정한 속도를 유지하는 것이 아니라, 미리 약속된 신호에 의헤 통신하는 방식을 '비동기 통신'이라고 한다). 주로 구글에서 복제의 대왕들이 정보경제 속에 있는 모든 재산권을 조정하고 있다.

이 체계에서 보안은 이 네트워크의 한 기능이며, 어떤 기기나 이것의 소유자에 의해서가 아니라 위에서부터 아래로 적용된다. 그렇기 때문에 모든 것은 위로, 즉 구글 본사인 구글플렉스로 올라가며, 구글플렉스는 구글 사용자들이 마치 무작위 선택을 하는 것처럼 사용자들을 다룸으로써 속도와 효율성을 획득한다. 이것이 구글 검색엔진 뒤에 놓인 수학적 모델의 본질이다. 그러니 당신은 구글에서 임의함수^{random function}이다.

그러나 당신은 임의적인 존재가 아니다. 그 누구와도 구분되는 독특한 유전적 특성, 단순히 하나의 정자와 하나의 난자로 나눌 수 없는 당신만의 특성을 가진 존재다. 당신은 목표가 아니라 기저상태를 규정하는 것에서부터 시작한다. 당신은 그 함수 혹은 구조물을 세우기 전에 먼저 기초를 닦는 작업부터 한다. 그것은 궁극적인 비^非임의 실체다. 기저상태는 바로 당신이다.

크립토코즘의 법칙은 구글의 커뮤니케이션 우선주의 원칙과는 완전히 다르다. 첫 번째 원칙은 '보안 우선주의^{security first}'다. 보안은 어떤 절차나 혹은 어떤 메커니즘이 아니라, 하나의 건축물이다. 이것의 열쇠들과 문들, 벽들과 배수로들, 지붕들과 창문들이 재산과 사생활을 기기 차원에서 규정한다. 그것들은 누가 어디로 가서 뭘 할 수 있을지를 결정한다. 보안 사항은 위에서부터 새롭게 첨가되거나 수정될 수 없다.

한 개인 사용자에게 보안은 전체 네트워크 차원에서 경계·감시의 어떤 평균적인 수준을 뜻하지 않는다. 그 개인의 정체성, 그의 기기 및 재산권의 안전을 뜻한다. 사용자는 어떤 특정 시간과 공간을 점유하고 통제한다. 이 사람은 다른 사람들과 혼합되거나 평균적인 존재가 될 수 없다. 이 사람이 어떤 생물학적 장부ledger의 (이 장부는 시간의 경과 속에서 DNA 암호로 각인되고, 외부에 존재하는 힘에 의해 되돌려질 수 없다) 한 부분이므로, 이 사람의 속성과 거래 내용은 불변의 장부에 기록된다. 이 사용자가 시간에 속박돼 있는 것처럼 크립토코즘의 장부에 있는 다른 모든 사람에게도 날짜와 시간이 표시돼 있다.

크립토코즘의 두 번째 원칙은 첫 번째 원칙에서 비롯되는데, '중앙집중화는 안전하지 않다'이다. 사람의 정신이나 DNA 코드가 탈중앙화돼 있듯 안전한 위치는 탈중앙화된 것들이다. 다윈이 저질렀으며 오늘날 구글이 저지르는 실수는 정체성이라는 것이 하나의 코드가 아니라 하나의 임의적인 조합이라고, 즉 기계는 단일한 하나의 특이성일 수 있지만 인간은 무작위적인 결과라고 생각하는 것이다.

중앙집중화는 도둑들에게 가장 가치 있는 디지털 자산이 무엇이며, 이것들이 어디 있는지 알려준다. 도둑 입장에서 보자면 가장 까다로운 문제가 저절로 해결되는 셈이다. 권력과 정보가 P2P 관계로 전체 체계로 배포되지 않는 한, 이 체계의 상위에서 모든 것을 조직하고 조합하는 주체가 나쁜 마음을 품고서 자료를 인위적으로 조작하고 또 소중한 자료를 훔치려들 경우에, 이를 막기란 쉽지 않다.

세 번째 원칙은 '안전 불감주의'다.[1] 그 체계가 의도했던 목표들을 달성하지 않는 한 안전과 보안은 아무 상관이 없다. 보안은 어떤 기능적인 체계의 결정적인 하나의 자산이다. 그 체계를 구축하는 모든 단계에 안전을 요구하다가는 인터페이스를 포함한 모든 것이 너무도 조잡해지고 만다. 너무 복잡해 사용할 수 없는 기계가 돼버린다는 말이다.

네 번째 원칙은 '공짜는 없다'이다. 이 원칙은 인간의 존엄성 및 가치 차원에서 근본적이다. 자본주의는 기업들에게 고객에게 복무할 것과 동시에 고객에게 작업증명$^{\text{PoW, Proof of Work}}$(*거래의 두 당사자가 거래가 유효한지 증명하는 기반. 이것을 기반으로 비트코인의 디지털 거래가 가능해진다) 수용을 요구하는데, 이 작업증명이 바로 돈이다. 기업은 거래에서 돈을 추방하면서 자기 고객들을 평가절하한다.

다섯 번째 원칙은 '시간이 최종적인 비용 척도이다'이다. 다른 모든 요소들이 풍족해진다 하더라도 시간만은 여전히 희소한 요소로 남는다. 빛의 속도와 인간의 수명을 생각해보라. 시간의 희소성이 돈의 풍족함을 이긴다.

여섯 번째 원칙은 '안정적인 돈이 인간에게 존엄과 통제를 부여한다'이다. 안정적인 돈은 시간의 희소성을 반영한다. 안정적인 돈이 없을 때 경제는 시간과 권력에 의해서만 지배를 받는다.

일곱 번째 원칙은 생물학적 비대칭을 재생산하는 '비대칭 법칙'이다. 공개키$^{\text{public key}}$에 의해 암호화된 메시지는 오로지 개인키로만 해독된다. 그러나 이 개인키의 암호를 공개키로 계산할 수는 없다. 해킹은 어렵지만 신원 확인은 간편한 비대칭 암호들은 사람들에게 권력을 부여한다. 이에 비해 대칭 암호화는 가장 비싼 컴퓨터를 가진 사람들에게 최고의 권력을 부여한다.

여덟 번째 원칙은 '개인키 우선주의'다. 개인키야말로 보안이 확실하다. 사용자의 DNA가 바뀌거나 상층의 어떤 조치에 의해 다른 것과 뒤섞일 수 없는 것만큼이나 개인키는 상층의 어떤 조치에 의해서도 바뀌거나 다른 것과 뒤섞이지 않는다.

아홉 번째 원칙은 '개인키는 개개인이 보관하지 정부나 구글이 보관하지 않는다'이다. 개인키는 해당 개인에게 재산권과 정체성을 부여한다. 시도-응답^{challenge-response}의 상호작용 속에서 시도자는 공개키로 어떤 메시지를 해독한다. 개인 응답자는 자기의 개인키로 새롭게 암호화된 메시지를 해독하고 수정하고 돌려보냄으로써 자기의 신원을 입증한다. 이것이 디지털서명 과정이다. 메시지 최종 수령자는 공개키로 새로운 메시지를 해독함으로써 송신자가 '바로 그 송신자'임을 확인한다. 그 문서는 디지털적으로 서명이 돼 있기 때문이다.

개인키 소유권에서 권력이 나온다. 개인키(아이디)의 소유자는 어떤 공공 주소의 소유권을 입증하고, 또 공개된 장부^{public ledger} 내용을 입증함으로써 언제나 시도에 대응할 수 있다. 이렇게 개인키 소유자는 정부의 주장이나 요구에 대응해 자기의 작업과 기록을 입증할 수 있다. 또 이 소유자는 개인키로 서명함으로써 디지털 장부에 공개키로 정의된 어떤 재산권 항목에 대한 자신의 명의를 입증할 수 있다.

열 번째 원칙은 '그 모든 개인키와 공개키 뒤에는 인간 해석자가 있다'이다. 개개인에 초점을 맞출 때 의미 있는 보안이 가능하다.

자, 그렇다면 이 10개의 원칙이 새로운 체계를 규정할 때 세상 속에서 당신이 경험하는 것들은 어떻게 바뀔까?

구글은 수직적·위계적이다. 그러나 구글 이후의 세상은 수평적이 될 것이다. 구글 이후의 세상은 아래에서 위로 나아가는 상향식이 될 것이다. 구글은 체계 아래층들의 불안정함을 수단으로 삼아 체계를 지배한다. 돈과 권력은 다공성 물질의 구멍들 속으로 빨려 들어가 체계의 상층으로 올라간다. 구글 이후의 세상에서는, 개별적인 인간 속에 있으며 디지털 장부에 등록되고 시간 스탬프가 찍힌 안전한 기저상태가 이런 상부 권력으로의 흡수를 막아줄 것이다.

구글은 지금 사람들의 정보를 통제하며 이것을 공짜로 사용하는 반면, 장차 구글 이후의 세상에서는 사람들이 자기 정보를 자기가 관리하며 누군가 이 정보를 사용하려 할 때 요금을 부과할 것이다. 모질라Mozilla의 창업자이며 프로그래밍언어인 자바스크립트의 창조자인 브렌던 아이크가 만든 브레이브 브라우저Brave Browser를 한번 써보기 바란다. 이 브라우저에서는 사용자가 자기 데이터를 통제할 권한을 행사하며, 또 이 데이터를 사용하는 사람에게 요금을 부과할 수도 있다.

구글은 인공지능을 통해 기계가 지배하는 시대를 꿈꾸고 있다. 하지만 장차 구글 이후의 세상에서는 사람들이 자기의 기계를 지배할 것이고, 또 이 기계는 똑똑하고 충성스러운 노예로 사람들을 섬길 것이다. 사람들은 모두 자기의 삶을 스스로 계획하고, 자기 도구들에 명령을 내리는 '신탁'이 될 것이다.

구글의 '공짜 세상'은 희소성의 법칙과 촘촘하게 쳐진 가격의 거미줄에서 벗어나려 하지만, 장차 사람들은 자기가 원하거나 자기에게 필요한 것의 실제 가격, 그리고 가장 효과적인 구입 방법 등에 관한 정보들로 가득 찬 세상에서 살게 될 것이다. 사용자 각자의 작업증명이 하향식의 속도와 위계적인 권력보다 한층 우월함이 증명될 것이다. '공짜'라는 생경한 긴요함은 물러가고, 자유로운 시장 및 (온라인에서의) 소액결제를 기반으로 해서 각 거래에 적합하도록 정교하게 보정된 자발적인 교환들이 대세가 될 것이다.

구글 세상은 사람들의 다양성을 무시하고 사람들을 획일성의 혼합기에 넣고 한데 뒤섞어버리지만, 장차 우리가 맞이할 새로운 세상은 사람은 모두 다르고 각자 자기가 원하는 대로 어떤 선택이든 스스로 할 수 있다는 근원적인 현실적 실체를 바탕으로 할 것이다. 구글 세상은 기업가가 기업공개[IPO]를 통해서만 공공시장에 접근하도록 구속하지만, 새로운 세상은 기업을 만드는 새로운 경로들을 다양하게 제시할 것이다. 코인 제공과 토큰 발행부터 크라우드펀딩 프로젝트에 이르는 새로운 금융 장치들이 새로운 기업가 세대에게 이미 권력을 부여하고 있다(*코인이 독립적인 블록체인 네트워크를 소유한 암호화폐인 반면, 토큰은 독립된 블록체인 네트워크를 소유하지 않고 다른 블록체인 위에 있는 암호화폐다). 아닌 게 아니라 기업공개 비율은 20년 만에 90퍼센트로 줄어들었다. 비참한 상태의 '유니콘들' 및 그 경쟁자들이 구글의 인수합병 사무실 앞에 길게 줄을 늘어선 풍경은 사라지고, 대신 '가젤들'이 공공시장으로 달려갈 것이다[2](*유니콘은 10억 달러 이상의 가치가 있는 비상장기업을, 가젤은 사업자등록 후 5년이 지나지 않은 기업 가운데 최근 3년간 평균 20퍼센트 이상 지속적으로 고성장한 중소기업을 가리킨다).

구글은 도처에 널린 광고로 사람들의 눈을 사로잡으려 하지만, 장차 새로운 세상에서는 사람들이 자기가 원하는 광고만 자기의 의지에 따라 보게 될 것이고, 또 자기가 들인 시간과 관심에 따라 보상을 받을 것이다. 이 새로운 물결의 선두주자가 바로 브레이브 브라우저다.

돈은 요술 지팡이가 아니지만 하나의 척도다. 그 자체로 재산이 아니라 재산을 재는 기준이라는 말이다. 구글 시대에는 돈이 하루에 50억 달러(50억 달러는 전 세계 재화와 서비스 거래액의 75배나 된다) 규모로 이루어지는 통화교환의 매개물이지만, 새로운 세상에서는 사람들이 가치를 조직하지 않고 가치를 측정하는 직접적인 수단으로 사용될 것이다. 구글 세상에서는 어떤 거래든 중개인들이 층층이 늘어서서 번거롭게 개입하지만, 새로운 세상에서는 아주 소액의 수수료와 짧은 지연시간만 감수하면 모든 사용자가 전 세계의 모든 사람과 직접 거래할 수 있을 것이다.

국경을 초월하는 직접 거래의 여러 가지 새로운 형태인 P2P 거래들, 그리고 우버나 에어비앤비처럼 기존 기업의 형태를 벗어난 새로운 기업들이 떠오르고 있다. 구글 세상은 사람을 단 하나의 장소와 시간과 삶에 구속하지만, 새로운 세상은 사람들에게 자주적이고 독립적인 판단을 내리는 새로운 삶과 경험의 다양한 차원들과 선택들을 제시할 것이다.

인간 존엄성이 인터넷에서도 자기 자리를 찾고, 또 인간 개개인이 크립토코즘의 주인이 되리란 이 약속이 터무니없는 장밋빛 환상으로 들리는가?

만일 이 10가지 원칙이 수수께끼처럼 알아들을 수 없는 이야기라면, 그리고 이것들의 근원과 이것들이 궁극적으로 성공할 것임을 설명하기 어렵다면, (신경모방칩 연구의 선구자인) 캘리포니아공대의 카버 미드^{Carver Mead} 교수가 우리에게 한 말을 곰곰이 되새길 필요가 있다.

"우리는 기술에 귀를 기울이고, 그 기술이 우리에게 무슨 말을 하는지 알아들어야 한다."

06

구글 데이터센터

Google's Datacenter Coup

●●

지금은 구글 시대다. 그러나 그 거대하게 병렬적이며 낭비적으로 생산적인 페타 규모의 컴퓨터

위로, 열기로 피어오른 뿌연 안개가 마치 데스밸리를 덮은 한낮의 발산물처럼 둥둥 떠다니면서

희미하게 어른거린다.

●●

84번 주간 고속도로를 타고 신록의 컬럼비아 강변을 지나 댈즈The Dalles의 예스러운 오리건 마을까지 달리다보면 마치 매혹적인 미국의 과거로 시간여행을 하는 느낌이 든다. 친구들과 함께하면 더 좋다. 미송의 바늘잎들 사이로 깎아지른 현무암 절벽이 보이고, 반짝거리는 폭포들이 이 절벽에서 물을 쏟아내는 모습이 장관이다. 표지판은 미국 토속 풍물 박물관이 가까이 있음을 알려준다. 이 박물관에는 새의 깃털이나 동물 가죽으로 만든 유물이 잔뜩 전시돼 있다. 그리고 농가가 있고, 어촌이 있으며, 언덕배기 포도밭이 있고, 또 바람을 타고 활강하는 독수리들과 물수리들이 있다.

지평선을 향해 한 30분쯤 달리면 눈을 덮어쓴 채 밝은 빛을 반사하는 마운틴후드 봉우리가 나온다. 11개 빙하가 있는 곳이며, 6개 강의 발원지이며, 사계절 스키를 즐길 수 있는 곳이다.

"여기서 살면 참 좋겠네."

나는 혼잣말을 하며 고속도로 아래 포틀랜드 쪽을 바라본다. 실리콘밸리와 샌프란시스코 사이에 광고판이 서 있는 좁고 긴 지형을 배경으로 한 컬럼비아 계곡은 마치 아름다운 꿈결처럼 아련하게 반짝거린다.

고속도로가 끝나면 버려진 알루미늄 공장의 회색빛 폐허가 황폐한 언덕 위에 불쑥 나타난다. 고딕 양식의 지지탑들과 휑뎅그렁한 용광로들이

황량하게 서 있다. 산업 강국의 덧없음을 통렬하게 증언하는 풍경이다.[1]

댈즈라는 도시 이름은 18세기 뱃사공들이 컬럼비아강의 위험한 급류를 가리키는 속어에서 비롯됐다고 한다. 당시 이 지역의 여러 산업 가운데 비버 모피를 카누로 운송하는 일도 있었다. 지금은 아무도 비버를 포획하지 않고, 알루미늄 공장들도 대부분 방치돼 있다. 그러나 댈즈는 지금 호황을 누리기 시작했다. 구글이 2005년에 강 옆의 댐에서 서쪽으로 약 10킬로미터 지점에 있는 땅 30에이커(*약 3만 7,000평)를 구입했다. 회사가 소유하고 운영하는 첫 번째 데이터센터를 짓기 위한 부지였다. 댈즈는 구글이 자기의 세상 체계를 구축하는 전쟁에서 첨병이었다.

그로부터 9년 뒤, 이 데이터센터 규모는 세 배 넘게 늘어났다. 2014년에 구글이, 이른바 '빙하 산업'으로 불리며 어려움을 겪던 노스웨스트 알루미늄 컴퍼니로부터 74에이커의 땅을 추가로 사들인 것이다. 구글이 이 작은 마을에 투자한 총 자금은 20억 달러 가까이 된다(한편 구글이 전 세계 공장에 투자한 자금은 총 290억 달러다). 구글은 부지 구매 협상 과정에서 법률적으로 철저하게 준비했으며, 부지를 구입한 뒤에는 자선기금을 풍족하게 내놓음으로써 데이터센터들을 세울 때 내야만 하는 재산세를 대부분 면제받는 알뜰함을 과시했다.

이 데이터센터는 비밀에 싸여 있다. 정당한 승인 없이는 어떤 직원도 문을 통과할 수 없다. 이 문을 통과해 창고의 심장부로 들어가려는 사람은 공항에서처럼 밀리미터파의 전신 스캐너로 검사를 받아야 한다. 구글은 바이트의 홍수를 제어하기 위해 수용 능력이 8,500입방미터인 유리벽 창고 여러 개를 댈즈 요소에 갖추고 있다. 이 창고들은 각각 7만 5,000개의 컴퓨터 서버를 갖추고 있으며, 이 서버들은 광섬유 회선들로

서로 연결돼 탑처럼 쌓아놓은 선반에 차곡차곡 정렬돼 있다.[2] 이 서버들은 광속지연speed-of-light delay(*데이터의 송수신 거리가 멀어지면 그만큼 전송 속도가 떨어진다)을 최소화하기 위해 다닥다닥 붙어 있는데, 마치 타는 듯이 달아오른 평평한 책들이 거대한 미래 도서관의 책장에 빼곡하게 꽂힌 듯 보인다.

이곳은 비록 사계절 푸르른 미로들과 위풍당당한 산 그리고 사계절 스키장이 일정한 역할을 하긴 했지만, 특히 두 시설 덕분에 지배적인 데이터센터가 들어서기에 적합한 곳이 됐다. 하나는 댈즈에서 북서쪽으로 레이니어산 너머 320킬로미터 떨어진 워싱턴의 하버푸앵트Harbour Pointe와 연결돼 있는 광섬유 허브기지다. 이곳은 퍼시픽 크로싱 1PC-1이라는 거대한 해저 케이블 상륙 기지다. 이 이름은 이것을 만든 (게리 위닉이 창업한 불운한 통신 회사) 글로벌 크로싱Global Crossing의 이름에서 비롯됐다. 이 네트워크 신경절은 초당 640기가바이트를 처리하기 위해 2001년에 구축된 광섬유 동맥이다. 그로부터 10년 뒤에는 초당 8.4테라바이트를 처리하는 속도로 12배 업그레이드됐다. 이 해저 케이블은 약 10만 킬로미터 거리의 태평양을 가로질러 아시아와 미국을 연결한다.

매끈매끈한 케이블은 마을의 주요 건물들을 구불구불 거친 뒤에, 한때 '인터넷2'로 불리며 선도적인 표준으로 군림한 통신망의 고점이었던 노아네트NoaNet를 통해 보다 큰 인터넷으로 접속한다. 구글의 클라우드는 불굴의 인물인 우르스 회즐Urs Hölzle의 지휘 하에 2017년에 한층 발전된 시스템인 '인터넷3' 아래에서 10개의 새로운 데이터센터들과 함께 힘차게 앞으로 달려나갔다.

그리고 또 하나의 시선은 댈즈댐과 이 댐의 1.8기가와드 용량 발전소다. 1957년에 미 육군 공병대가 (미연방 에너지부 산하 전력 회사인) 본빌 파워의 의뢰를 받아 워싱턴의 클리키탯과 오리건의 와스코 사이에 지은 800미터 길이의 이 댐은 댈즈의 급류를 값싼 전력으로 바꿔놓는다. 이 댐은 한때 알루미늄 공장들에게 없어선 안 될 존재였지만, 지금은 컴퓨터 사업의 전략적인 첨병 역할을 하고 있다. 아닌 게 아니라 구글 외에 다른 실리콘밸리의 거인들도 컬럼비아강에 의존하고 있다. 이 강은 샌프란시스코만 지역에서 소비하는 전력의 약 20퍼센트를 공급한다.

이렇게 클라우드에 빅데이터와 방대한 연산력을 압축해 집어넣는 것은 컴퓨터 역사에서 유례가 없다. 이 기계들은 속도와 계산 및 처리의 밀도에서, 그리고 또 데이터 저장 규모에서 다른 경쟁자들을 압도함으로써 독보적인 지배력을 가진다.[3] 소매유통업, 금융업, 보험업, 부동산업 등과 같이 다양한 산업들에서 지배력을 발휘하는 새로운 센터들 뒤에는 바로 이런 서버들이 있다. 그러나 구글의 센터들은 다른 어떤 경쟁자들보다 지배적이다(예외가 있다면, 수익성 측면에서 아시아의 금융 분야 경쟁자 하나 정도를 꼽을 수 있다).

마이크로칩의 성능이 24개월마다 두 배로 늘어난다는 무어의 법칙에는 (컴퓨터 산업의 선구자인) 고든 벨Gordon Bell의 이름이 붙여졌다. 고든 벨은 1980년대에 획기적인 미니컴퓨터 제품군이었던 디지털 이큅먼트의 백스VAX 제작에 중요한 역할을 담당했으며, 지금은 마이크로소프트에서 수석 연구원으로 있다.[4] 벨의 법칙에 따르면 컴퓨터 처리 용량에 들어가는 비용은 10년마다 100분의 1로 떨어지므로, 여기에 대응해 새로운 컴퓨터 구조(아키텍처)가 나타난다.

두 번의 경제위기를 목격한 사람이라면 잘 기억하겠지만, 바로 한 세기 전만 하더라도 개인용 컴퓨터가 왕이었다. 그러나 그 잘나가던 메인프레임 컴퓨터는 이제 죽어버렸다(*메인프레임은 대형 컴퓨터를 일컫는 산업계 용어로, 거대 기업의 기업 활동에 필요한 컴퓨팅 업무에 주로 사용된다). 1970년대에 정보기술 분야에서 IBM이 지배자로 군림할 수 있도록 지탱해줬으며, 또 1980년대에 디지털 이큅먼트와 데이터 제너럴(*1968년에 설립돼 미니컴퓨터를 생산했던 미국의 컴퓨터 회사)의 미니컴퓨터들 및 이들의 클라이언트서버 시스템(*데이터를 저장·처리·전송하는 중심 컴퓨터인 서버와 여기에 개인용 컴퓨터나 워크스테이션 등 단말기를 접속해 상호 네트워킹을 통해 각각이 CPU, 하드디스크, 주변기기 등의 자원을 공유하는 분산처리 시스템)들을 지배자로 군림할 수 있도록 했던 바로 그 메인프레임이 이렇게 돼버린 것이다.[5]

구글의 클라우드는 현재 벨의 법칙이 어떻게 작동하는지 입증한다. 그러나 1990년대 후반까지만 하더라도, 래리 페이지와 세르게이 브린은 스탠퍼드대학 게이츠 센터에서 돈 한 푼 벌지 못한 채 150기가바이트나 되는 인터넷 색인을 뒤지고 있었다. 당시에 나는 미래에 대한 특이하고 묘한 감각을 가지고서 대중을 열광하게 만들고 싶었다. 그래서 총 15조 바이트라는 상상할 수 없을 정도로 거대한 콘텐츠를 담은 어떤 웹을 사람들에게 이야기하면서 테라(10의 12제곱, 1조) 규모를 언급하곤 했다.

전 세계에 설치된 구글의 창고는 과거에 공상적이기만 했던 테라바이트 담론에서 비롯됐지만, 지금 구글의 운영환경은 페타(10의 15제곱, 1,000조) 규모다. 그런데 이 어마어마한 규모를 뜻하는 말인 '페타peta'는 '찾는다·검색한다'라는 뜻의 라틴어 '페테레petere'를 연상시킨다. 절묘하게 맞아떨어지는 우연이다. 현재 구글은 여러 테라바이트 규모의 지메일, 페이스북 페이지, 트위터 게시글과 동영상을 모두 아우르는 수천 페타바이트(소위 엑사바이트라고 불리는) 규모를 자랑하는 데이터베이스를 다스리고 있다. 이 각각의 범주는 모두 10년 전의 전체 웹보다 규모가 더 크다. 구글은 날마다 유튜브 동영상 10억 건과 검색 35억 건을 처리한다. 1년으로 계산하면 1조 5,000억 건의 검색을 처리한다. 1년에 두 배씩 늘어난다고 할 때 구글의 대역폭은 2014년까지 6년 동안에 50배로 늘어났으며, 2018년까지는 다시 10배로 늘어날 전망이다(*대역폭은 컴퓨터 네트워크나 인터넷이 특정 시간 동안에 보낼 수 있는 정보량인데, 통상 1초 단위로 표시한다). 구글의 기술 인프라 부문 수석 부사장인 우르스 회즐에 따르면, 이 수치는 앞으로 2년 안에 다시 10배로 늘어날 전망이다.[6]

댈즈에 있는 이 벨의 법칙 기계는 전 세계에서 복제되면서 구글 헤게모니의 심장부를 이룬다. 이것이 구글의 패권, 인터넷업계의 쿠데타와 같은 대단한 성공을 떠받치고 있다.

1993년, 당시 선 마이크로시스템스의 최고기술책임자이던 에릭 슈미트가 한밤중에 자기 사무실에서 내게 이메일을 보냈다. 거기에서 그는 미래를 다음과 같이 묘사했다.

"네트워크가 프로세서만큼 빨라질 때 컴퓨터는 텅 비고 모든 것은 네트워크를 통해 퍼져나갈 것이다."

선 마이크로시스템스는 이런 발상을 '네트워크가 바로 컴퓨터다'라는 문구로 표현했다. 그러나 이 회사의 하드웨어 책임자들은 핵심을 찌르는 슈미트의 전망을 제대로 받아들이지 못했다. 그런 변화 속에서는 수익이 어느 방향으로 흐를까? 미래의 수익이 가장 빠른 프로세서나 최고의 운영체제를 만드는 회사로는 돌아가지 않으리란 것이 슈미트가 바라본 미래의 핵심이었다. 당시에 선 마이크로시스템스는 스파크 스테이션(32

비트 마이크로프로세서이며 확장형 프로세서 아키텍처라는 뜻이다), RISC(*CPU 명령어 수를 줄여 하드웨어 구조를 보다 간단하게 만든 컴퓨터), 자바 가상기계(*컴퓨터 시스템을 여러 사용자가 동시에 사용할 수 있도록 마치 여러 대의 작은 컴퓨터 시스템이 있는 것처럼 분할하여 만든 것), 솔라리스 운영체제 등을 갖췄기에 바로 그 변화의 수혜자가 될 수 있다고들 생각했다. 그 하나하나가 모두 새롭게 떠오르던 강자인 마이크로소프트 그리고 여전히 우위를 지키던 IBM과 경쟁하고 있었기 때문이다. 그러나 슈미트는 그렇지 않다고 했다. 슈미트는 한밤중에 쓴 그 이메일에서 수익은 '최고의 네트워크와 최고의 검색 및 분류 알고리즘을 갖춘 회사들'에게 돌아갈 것이라고 썼다.[7]

이 통찰에 나는 '슈미트의 법칙'이라는 이름을 붙였다. 슈미트는 한밤중에 실없는 이메일이나 보내면서 시간을 보내는 사람이 아니었다. 얼마 뒤에 그는 선 마이크로시스템스를 떠나 (1979년에 창립된 컴퓨터 소프트웨어 기업으로) 최고의 네트워크와 검색엔진을 구축하기 위해 애쓰던 노벨[Novell]에서 잠깐 CEO로 있다가 구글에 합류해 곧 CEO가 됐다. 그리고 여기서 자기가 예견했던 미래에 흠뻑 젖어들었다. 익사이트[Excite], 잉크토미[Inktomi], DEC[Digital Equipment Corporation]의 자회사 알타비스타[Altavista] 그리고 야후 등과 같은 경쟁자들이 스팍스테이션과 IBM의 메인프레임을 빌려 자기 네트워크를 구축할 때 구글은 마이크로프로세서 분야의 스타인 인텔과 하드웨어 분야의 왕인 시게이트[Seagate]가 만든 값싼 부품들로 자기만의 서버를 설계하고 구축했다.

구글의 기술 담당 책임자인 회즐은 2005년에 구글이 이런 행보를 한 이유를 설명하는 글을 하나 썼다. 그는 최첨단 프로세서의 가격은 '성능에 따라 비선형적으로 높아진다'고 봤다. 즉 인텔의 최첨단 마이크로프로세서 가격은 성능 증가량에 정비례해 높아지지 않고, 실제 가치보다 점점 더 높게 매겨지는 경향이 있다는 것이다. 이렇게 해서 반도체칩은 벽에 부닥쳤다. 크레이그 먼디의 이름을 따서 '먼디의 벽'이라고 부를 수 있는 난관에 맞닥뜨린 것이다. 먼디는 마이크로소프트 기술 부문 책임자로 있을 때 이런 말을 했다.

우리는 지금 어떤 벽에 부닥쳤다. 우리에게 보다 빠른 속도의 컴퓨팅을 가져다준 것은 CPU의 클록 속도$^{clock\ rate}$다(CPU의 1연산주기당 속도는 헤르츠 혹은 초당 사이클로 표시된다). 그런데 속도가 빠를수록 전력 소모량이 늘어난다. 우리는 보다 많은 전력을 소모하지 않고도 클록 속도를 높일 수 있다. 왜냐하면 전압을 낮출 수 있기 때문이다. 그러나 우리는 지금 양자 불확실성$^{quantum\ uncertainty}$이 발생하는 수준의 전자볼트로까지 내려가 있기 때문에 더는 전압을 낮출 수 없다. 만일 전압을 더는 낮출 수 없다면, 보다 많은 전력을 사용하지 않고서는 클록 속도를 높일 수 없다.

클록 속도를 높이면서 열 방출을 줄이는 것은 트랜지스터의 수를 크게 늘리는 것보다 더 어렵다. 메모리가 마이크로프로세서의 작동 속도보다 빠르게 증대할 때, 보다 빠른 마이크로프로세서라고 하더라도 메모리 액세스를 제대로 하지 못하는 경향이 있다. 래리 페이지가 회즐을 재촉한 끝에 나온 해법은 유망했다. 그 해법이란 수많은 값싼 칩 프로세서들을 광섬유 선들로 병렬 결합해 빛의 속도로 연결하는 것이었다. 그리고 독창적이고도 기발한 새로운 소프트웨어가 이 프로세서들을 동시에 작동하도록 만들었다. 가성비가 줄어들지 않는 이 방식은 확장성이 있는 시스템이 점점 성장한다 해도 적어도 이론적으로는 충분히 가능한 해법이었다.

슈미트의 통찰을 구현한 회즐의 이 병렬구조 방식은 오늘날 옳았음이 입증됐고, 구글이 전 세계를 호령할 수 있게 해줬다. 슈미트는 애스펀, 다보스, 칸 같은 곳에서 세계적인 명사들과 자리를 함께하는 모습을 자주 보인다. 이럴 때면 슈미트는 우주의 제왕이 된 컴퓨터과학 분야의 괴짜여야만 지을 수 있을 것 같은 바보 같은 미소를 짓곤 한다.

델즈의 데이터센터라는 거대한 위업의 근본적인 첫 단계는 슈미트가 '컴퓨터과학이 지금까지 이룩한 최고의 성과들 가운데 어떤 것'이라고 부르는 것이다. 당시 슈미트는 행사에 참석한 애널리스트들에게 구글은 다른 기업이 제공하는 상업적 데이터센터에 의존하지 않고 독자적인 인프라를 구축함으로써 '어마어마한 경쟁우위'를 확보했다고 말했다.

모든 시대에 다 그랬지만, 정상에 우뚝 선 기업은 희소한 것을 아끼기 위해 풍족한 것을 낭비한다. 풍족한 것은 가격이 가파르게 떨어지게 마련이기 때문이다. 구글은 데이터 저장과 백본^{backbone}(*어떤 네트워크에서 다른 네트워크로부터 가장 자주 송수신 대상이 되는 트래픽의 주 경로) 대역폭에 관한 한 기꺼이 아낌없이 낭비해왔다. 그러나 가장 귀중한 자원들, 예컨대 웹페이지를 열거나 어떤 것을 검색할 때 그 결과가 펼쳐지기까지 걸리는 시간이나 그 시간을 기다려야 하는 사용자의 인내심에 관해서는 철저하게 인색했다.

하드디스크 저장용량이 지속적으로 폭발적으로 증가하면서 무어의 법칙은 마치 바퀴벌레들이 벌이는 경주처럼 보인다. 1981년에 1기가바이트 용량 드라이브 가격은 50만 달러였으며, 6메가헤르츠 속도의 인텔 286프로세서는 360달러였다. 그런데 2018년에는 1기가바이트 하드 드라이브는 2센트도 되지 않으며, 3기가헤르츠 속도의 프로세서는 대략 3,000달러다. 인플레이션을 고려해 보정한 실질가격을 놓고 볼 때 프로세서 가격은 약 500배 떨어졌으며, 하드드라이브 가격은 25만 배 떨어졌다. 이 단순한 계산을 놓고 보자면 하드드라이브의 가격 효율성은 프로세서에 비해 500배나 성장했다.

구글에서 비용에 민감한 사람들이 창고를 하드드라이브로 잔뜩 채워 놨을지도 모른다고 생각하는 독자가 있을지 모르겠다. 그러나 디스크 저장장치의 어마어마한 발전에는 한 가지 문제가 숨겨져 있다. 개별 디스크가 더 커지고 또 더 높은 밀도로 압축될 때 이 디스크를 스캐닝해서 정보를 읽어 들이는 시간은 그만큼 더 걸린다. 이 디스크를 읽는 작은 팔은 프로세서의 속도를 따라잡을 만큼 빠르게 움직이지 못한다.

이 문제에 대한 구글의 해법은 빠른 램RAM 칩을 대량으로 배치하는 것이었다. 저장 바이트를 기준으로 보면, 램은 디스크 저장장치에 비해 약 100배 정도 비싸다. 엔지니어들은 보통 가격에 집착해 프로세서가 디스크드라이브를 램으로 오해하게끔 속이는 온갖 방법을 동원한다. 그러나 구글은 가장 귀중한 자원은 돈이 아니라 시간임을 잘 안다. 인터넷 검색을 하는 사람들에게 인내심이 별로 없다는 것은 이미 밝혀진 사실이다. 연구조사 결과를 보면, 소비자는 20분의 1초 만에 펼쳐지는 검색 결과에 비로소 만족한다. 램은 디스크에 비해 대략 1만 배 정도 빠르게 접근된다. 접근시간access time을 기준으로 보면, 램은 디스크에 비해 100배나 싸다. 이렇게 램을 사용함으로써 구글은 인터넷 세상을 오랫동안 선도해 왔다.

그런데 사용자에게 빠르게 다가가는 것만으로는 충분하지 않다. 사용자가 어디에 있든 다가갈 수 있어야 한다. 그러려면 넷 백본이 있어야 하고, 지구를 완전히 일주하는 장거리 광섬유 회선이 있어야 한다. 구글은 수십만 프로세서들을 초당 100기가바이트의 전송속도를 갖춘 (지금 이것은 400기가바이트의 속도로 바뀌는 중이다) 이더넷 회선들과 연결한다(*이더넷은 가장 대표적인 방식의 근거리통신망LAN이다). 거대한 데이터센터들을 주요 광섬유 접속점에 배치하면 거기에 비용을 들인 만큼의 가치를 충분히 얻을 수 있다.

구글 사람들은 희소한 것을 아끼기 위해 풍족한 것을 낭비함으로써 구글을 새천년의 최고 기업으로 만들었다. 지금은 구글 시대다. 그러나 그 거대하게 병렬적이며 낭비적으로 생산적인 페타 규모의 컴퓨터 위로, 열기로 피어오른 뿌연 안개가 마치 데스밸리를 덮은 한낮의 발산물처럼 둥둥 떠다니면서 희미하게 어른거린다.

냉방은 페타 규모 시대에서 가장 비용이 많이 들어가는 어려운 문제다. 회즐은 1999년에 구글에 합류한 뒤 전력에 많은 돈이 지출된다는 사실을 알았다. 전력 요금이 1킬로와트아워당 15센트인 상황에서 비용을 좌우하는 가장 큰 항목이 전력이었다. 그래서 그는 "전력회사는 컴퓨터를 공짜로 나누어주고는 거기에 들어가는 전기를 팔아서 엄청난 수익을 거둔다"라고 말했다. 댈즈에서 지붕에 설치된 거대한 돌출부들은 거대한 디스크드라이브가 아니라 냉각탑이다. 구글의 상징색으로 색칠된 파이프들이 창고들을 구석구석 돌아가도록 설치됐는데, 이것은 수냉식 냉방장치다.

수력은 발전량이 제한적이며, 지형적 특성에 따라 좌우되는 자원이다. 이에 비해 핵은 거의 모든 곳에서 생산할 수 있으며, 수백 년 동안 사용할 수 있는 거의 무한대 자원을 약속한다. 중국은 무려 40개나 되는 새로운 핵 발전소를 세울 계획을 가지고 있다. 구글 데이터센터들이 집중적으로 들어설 다음 부지는 중국의 선전深圳이 될 가능성이 높다.

그러나 어쨌든 지금 구글은 컴퓨터과학의 여러 성배들 가운데 하나를 들고 있다. 바로 다양한 소프트웨어를 수용할 수 있는, 그리고 확장 가능한 거대한 수평적 구조물이다. 페타 규모의 검색엔진이 자리를 잡은 뒤에 구글은 다음과 같은 질문에 맞닥뜨렸다.

"우리 구글은 이것 말고 뭘 또 할 수 있을까?"

구글의 대답은 '거의 모든 것'이다. 이렇게 해서 구글의 웹서비스 포트폴리오는 다양한 방면으로 확장됐다. 몇 가지만 예로 들면 다음과 같다. 광고(애드센스, 애드워즈), 지도(구글맵스), 동영상(유튜브), 일정 관리(구글캘린더), 문서(구글독스), 결제(구글체크아웃), 번역(구글번역기), 이메일(지메일), 생산성 소프트웨어(라이틀리). 그러자 다른 대형 기업들도 구글을 뒤따랐다.

우리의 CPU들, 즉 수십억 대 스마트폰에 의해 증폭된 우리 개인용 컴퓨터의 CPU들은 과거에 비해 한층 더 강력하며 동시에 덜 사용된다. 구글을 필두로 한 기업들이 과거에 우리 컴퓨터의 CPU에 맡겼던 일들을 점점 더 많이 자기 클라우드로 흡수하고 있기 때문이다. 데이터를 손상이나 누락 없이 아주 먼 곳으로 전송하는 광네트워크optical network 덕분에 데이터센터는 전기요금이 싼 곳이면 어디든 들어설 수 있게 됐다. 그래서 이 새로운 컴퓨팅 구조물은 지구 전역으로 퍼져나갔다. 이 원고를 쓰는 2018년 기준으로, 구글 데이터센터들을 포괄하는 내부 네트워크의 '횡단 대역폭cross-section bandwidth'이라 일컬어지는 것의 전송 규모는 초당 수 페타바이트 수준까지 도달했다. 이 대역폭만 하더라도 구글이 검색하고 분류하고 채굴하고 현금화하는 전체 인터넷 대역폭의 몇 배 규모이지만, 앞으로는 이것도 결코 충분하지 않을 것이다.

구글 세상의 중심에 있는 구글플렉스는 곧 인터넷 자체를 왜소해 보이게 만들 것이다. 미국컴퓨터학회ACM, Association for Computing Machinery 기관지는 2015년 10월에 구글의 네트워킹 기술 책임자인 아민 바다트Amin Vahdat를 소개하면서 다음과 같이 천명했다.

"구글에 대한 모든 것은 규모에 있다. 물론 어마어마한 시가총액, 경쟁사가 없을 정도로 우수한 인재들, 거대한 규모의 법무 팀 군단을 먹여 살리기에 충분한 지식재산권, 그리고 인터넷보다 빠르게 성장하고 있으며 당신이 상상하는 것보다 규모가 훨씬 큰 사설망인 광지역정보통신망 WAN(*WAN은 랜과 랜을 연결하는 망이기 때문에 공용망인 VPN과 다르다) 등도 당연히 있다."

선 마이크로시스템스의 공동창업자이며 네트워킹 하드웨어 분야의 선도자인 앤디 벡톨샤임은 보다 높은 경지의 시야를 가지고 구글과 구글의 경쟁자들에게 인터넷 관련 설비를 판매한다. 그는 지금 자신의 네트워크 회사인 아리스타Arista에 400기가바이트 이더넷 망을 구축하고 있다. 그는 만일 CPU가 더 냉각되지 않는다면 소비 전력을 최소화하기 위해 컴퓨터의 나머지 부분을 재설계할 수도 있다고 생각한다. 이것이 그의 목표다. 업계에서 잔뼈가 굵은 몇몇 고참들은 벡톨샤임이 클라우드 컴퓨팅 시대에는 그다지 중요한 인물이 아니라고 믿는다. 하지만 1998년에는 중요한 인물이었다. 그는 브린과 페이지에게 외부 인물로는 처음으로 투자했다. 그 전에는 선 마이크로시스템스의 공동창업자로서,

마이크로소프트의 초기 투자자로서, 그리고 그래나이트 시스템스^{Granite} ^{Systems}의 창시자로서 큰 성공을 거뒀다. 그래나이트 시스템스는 기가바이트 이더넷 스위치를 발명했으며, 나중에 시스코에 인수합병됐다. 시스코, 구글, 마이크로소프트, 선 마이크로시스템스, 아리스타를 로열플러시(*카드 게임에서 최고의 패)로 들고 있는 그는 실리콘밸리 역사상 최고의 투자자이자 기업가다.

독일어 악센트로 2배속으로 말하는 벡톨샤임은 검색에서 보다 야심 찬 여러 서비스 부문들로 나아가는 구글의 이런 행보가 구글에게는 유리하게 작용한다고 믿는다.

"특정 고객의 요구에 최적화된 동영상과 지도 그리고 그 밖의 이런저런 것들을 제공하며, 광고주에게 최대 편익을 제공하려면 어마어마한 규모의 하드웨어와 저장용량과 메모리를 필요로 한다. 컴퓨터 수백 대를 각각의 최종 사용자에게 공짜로 제공해야 하는 셈이다. 그런데 구글을 추격하는 2인자 기업에게는 이런 어마어마한 인프라를 구축할 경제적인 여유가 없다."

그래서 나는 이렇게 물었다.

"그렇다면 게임이 끝났다는 말인가?"

그는 판 자체를 뒤엎으려는 기업이 나타나지 않는 한 그렇다고 대답했다. 그리고는 의자 등받이에 기댄 채 이렇게 말을 이었다.

"기술 분야 진보가 한층 빠르게 전개되기를 바랐던 사람들에게는 최근 몇 년이 실망스러운 기간이었다. 그러나 이제 세상은 다시 빠르게 움직이고 있다."⁸

혁신의 다음 파도는 전기 분야와 광학 분야의 진화적 수렴 속에서 현재의 병렬식 해법들을 압축·요약할 것이다. 3D와 홀로그램 메모리 셀, 광자 스트림을 갖춘 구리 핀들을 대체해 칩 상단에 새겨지는 레이저, 그리고 수천 가지 색깔의 빛이 단일 섬유 회선을 따라 여행하는 완전 광네트워크 등이 그런 새로운 방식의 해법이다. 이런 발전이 점점 다양하게 늘어나는 온갖 기기들에 적용되면서, 페타 규모의 컴퓨터는 공룡에서 텔레퓨터(*개인용 컴퓨터와 비디오텍스를 연결한 것)로 쪼그라들어 귀에 꽂거나 혹은 단말기에 연결되는 형태가 될 것이다. 그리고 이것이 센서나 검색기나 서버 등 온갖 것들에 접속할 것이다.

이런 혁신들 덕분에, 구글은 구글 클라우드의 강점으로 작용하는 것처럼 보이는 메타버스(*3차원 가상세계)들 속에 참여할 수 있게 될 것이고, 구글 클라우드는 전 세계에 퍼져 있는 수조 개의 센서들을 연결할 것이다(아이폰8은 무선주파수 디바이스들의 배열부터 자이로스코프, 가속도계, 기압계 그리고 풍부한 이미지들 등에 이르는 16개의 서로 다른 센서 체계를 갖추고 있다). 구글은 지구 전체를 대상으로 아우르는 센서 시스템을 통해 교통 상황에서 개인이 부착한 생체 기계의 작동에 이르기까지 전 세계에서 현재 진행되고 있는 모든 물리적 상태를 실시간으로 지속적으로 파악할 것이다.

가상현실을 발명한 재런 래니어는 구글의 위풍당당하고 거대하고 효율적인 데이터센터들을 '세이렌 서버'라고 부른다. 그 누구도 저항하지 못하는 노래로 뱃사람들을 유혹해 배가 암초에 난파하도록 만들어 죽음을 안기는 그리스신화 속 요정 세이렌을 암시하는 명명이다. 래니어가 든 비유에서, 선원은 컬럼비아강에서 카약을 타는 사람이 아니라 서버를 소유한 인터넷업계 대장들이다. 세이렌 서버들은 구글에 패권이라는 엔돌핀을 부여하지만, 이 패권은 일시적일 뿐이며 얼마 지나지 않아서 결국 구글이라는 배는 새로운 패러다임의 온갖 암초와 파도를 만나 좌초하리라는 것이 래니어가 던지는 신랄한 비평이다.

　이런 점을 명심하고서 다시 한 번 벨의 법칙을 생각해보자. 1바이트 용량 저장에 1센트의 10억 분의 1을 지불하고, 초당 1기가바이트 대역폭에 1페니를 지급할 때 어떤 기계를 새로 만들어야 할까? 어쨌거나 벨이 말한 10년이라는 기한이 거의 끝나가고 있다. 이 시점에서 과연 세이렌은 경제성장과 진보, 투자와 자본 축적 그리고 지속적인 경제적 지배를 가능하게 해주는 새로운 기계를 줄까? 혹은 댈즈는 기한이 만료돼 사라지는 기업 전략의 기념비적인 도시로 남을까? 과연 중앙집중화의 시대는 끝나버린 것일까?

07

빌 댈리 교수의 병렬 패러다임

Dally's Parallel Paradigm

지금은 '구글 이후의 세상'일까? 그게 아니라면 뭘까?

빌 댈리 교수는 자신의 테슬라 모델S에 나를 태우고 팰로앨토 캘트레인역에 데려다주려고 한다.[1]

나는 산타클라라에 있는 엔비디아(*세계적인 비주얼 컴퓨팅 기업으로 그래픽처리장치인 GPU를 창안했다) 차고에서 매끈한 강철 및 티타늄 소재의 회색빛 미사일에 올라타면서 1,200파운드(*약 544킬로그램)가 나가는 미래주의적 리튬이온 배터리를 봤다. 과연 이 배터리로 나를 기차역까지 무사히 태워줄 수 있을까? 이 배터리를 완전히 충전하면, 내연기관 자동차에 휘발유 약 27킬로그램을 넣고 달리는 것과 거의 같은 거리를 달릴 수 있다. 그다지 대단해 보이지 않을 수도 있지만, 구글 시대의 수학에서는 세상을 구할 수 있다.

실리콘밸리의 다른 기업들과 마찬가지로, 구글 역시 데이터센터들에 들어가는 에너지 예산을 계산할 때 케냐의 마라톤 선수만큼이나 엄격하다. 그러나 당신은, 구글이 태양열에너지에 대한 정부 보조금 아래에서 번쩍거리는 자동차의 발표회를 할 때 그 숫자를 다시 한 번 확인하는 게 좋을 것이다. 왜냐하면 그 사람들이 말하는 것보다 '어떻게든 더 많은 waymo' 비용이 들어가기 때문이다(*웨이모는 구글의 지주회사인 알파벳의 자회사로, 자율주행차 사업을 하는 회사의 이름이기도 하다).

그러나 이것은 테슬라다. 그리고 자율주행에 대한 이 차의 열망은 엔비디아의 드라이브 PX 시스템(*이 시스템은 카메라 12대에서 들어오는 이미지를 분석하고 학습하는 연산 능력이 있다)에서 비롯된다.

나는 안전벨트를 매려고 인근의 쿠퍼티노에서 열린 (정보통신 분야의 중요한 연례행사인) 핫 칩스Hot Chips 총회에서 받은 전단지를 치웠다. 대략 30년쯤 전에 벤 로젠과 에스더 다이슨의 의뢰로 반도체를 분석할 때 최첨단 기술과 논의를 수집하기 위해 핫 칩스 총회에 가곤 했다[그때도 '칩스(반도체칩 혹은 튀긴 감자)'는 여전히 '핫'했다]. 당시 실리콘은 지금과 마찬가지로 정보기술의 기반이자 물리적 토대였으며, 이것의 전체 체계를 뒷받침하고 있었다. 구글이나 다른 기업들이 '소프트웨어가 모든 것을 잡아먹는다'고 아무리 주장해도 핫 칩스가 여전히 굳건히 살아남았다는 사실에 마음이 놓인다.

과거 '핫 칩(뜨거운 감자)' 대우를 받았던 제품으로, 스티브 잡스의 매킨토시 컴퓨터에 장착됐던 모토롤라 68000 마이크로프로세서를 설계한 닉 트레드닉은 업계가 '최첨단 제품'을 부당하게 우려먹으려 한다고 말하곤 했다. 반도체 설계라는 이 비옥한 분야에는 세 가지 유형의 설계가 있었다. 바로 제로 딜레이zero delay(빠르고 뜨거운 반도체칩), 제로 파워zero power(차가운 저에너지 디바이스), 그리고 제로 코스트zero cost(10억 분의 1페니짜리 트랜지스터)였다.[2] 1980년대 이후부터 2017년 사이에 반도체칩은 빠르고 뜨거운 것에서 차갑고 싼 것으로 바뀌어왔다. 바로 빌 댈리가 이끌어온 추세였다.

테슬라 앞좌석에 앉은 내 시야에 60센티미터 높이의 스크린이 펼쳐지고, 연녹색 줄무늬가 있는 지도가 나타난다. 달리는 자율주행차는 차선

이 어디에 있는지 신경 쓰지 않는다고 일러준다.

"지도로 경로를 찾으며 자기 위치를 지도 위에 등록하죠. 만일 도로에 다른 차가 없다면 이 차는 차선 한가운데를 물고 마치 레일 위를 달리는 기차처럼 그대로 달립니다. 보행자나 다른 차가 있을 때만 장착된 모든 동작인식 장치들을 사용합니다."

지도는 구글에서 나오지만, 정보처리는 엔비디아의 GPU가 맡아서 한다. 이 칩들이 라이다(*레이저광선 혹은 이 광선을 활용해 주변 환경을 인식하는 기술), 레이더, 초음파, 카메라 신호 등을 계산한다. 이 모든 것들이 테슬라가 일론 머스크의 소유지에서 나와 구글맵스를 초월해 끊임없이 변화하는 높은 엔트로피 수준의 세상 속으로 자유롭게 달려갈 수 있는 신호들이다.

댈리가 자동차에 명령을 내린다.

"캘리포니아 애비뉴의 캘트레인역을 찾아봐."

자동차가 재빠르게 반응하는 것을 보고 댈리가 말한다.

"지난 2년 사이에 음성인식 기술이 엄청나게 발전했습니다. 30퍼센트 이상 개선됐죠. 2년 전에는 제대로 알아듣는 적이 없었거든요. 하지만 지금은 우리 테슬라 칩의 기계학습 능력이 향상돼 못 알아듣는 적이 없습니다."

아마존의 알렉사, 애플의 시리, 마이크로소프트의 코타나, 구글의 고를 사용하는 사람들이 이런 발전의 혜택을 누린다.

댈리는 마치 뒷골목 건달들과 협상이라도 하는 것처럼 두 손을 핸들에 올려두고 있다.

"이건 그저 자율주행 2단계일 뿐입니다."

미국자동차공학회^{SAE}가 정한 분류 기준에 따르면 그렇다는 것이다. 이 기준에서 1단계는 운전자를 단순히 보조하는 수준이고, 5단계는 완전 자율주행이 가능한 수준이다. 일론 머스크는 앞으로 2년 안에 테슬라가 5단계에 도달할 것이라고 호언장담한다. 하지만 그것은 어디까지나 머스크의 이야기일 뿐이다.

테슬라는 램프를 타고 들어가 101번 도로로 달린다. 그러는 동안 이미 여러 차례 가속 발진을 했고, 댈리는 도로를 주시하고 있다. 이제 테슬라의 자율주행 모드 덕분에 댈리는 내 쪽으로 몸을 돌리고 최근에 찍은 일식 사진을 보여준다. 희귀한 자연현상을 선명하게 찍은 사진들이다.

댈리는 기계학습이 엔비디아의 그래픽 처리 칩들로 대부분 완료됐다고 지적한다. 인공지능 분야에서의 몇몇 발전들은 알고리즘 개선에서 비롯되지만, 이런 능력의 진정한 원천은 무어의 법칙과 병렬처리의 결합에 따른 컴퓨터 속도의 폭발적인 개선에 있다.

빌 댈리와 놈 주피$^{Norm Jouppi}$는 1991년 8월 스탠퍼드대학에서 열린 핫 칩스 총회에서 계산 분야의 미래 철학을 밝히는 데서 두각을 나타내는 인물로 처음 등장했다. 그때 댈리는 자신이 개발한 혁명적인 대량 병렬 컴퓨터 J-머신을 소개했다. 지금은 구글에 있지만 당시에는 디지털 이큅먼트에 있었던 주피는 기존 프로세서 파이프라인의 클록당 명령 수(*프로세서 성능을 나타낸다)를 다섯 개로 높일 수 있다는 전망을 제시했다.[3]

1991년에 이 두 사람이 각각 발표한 논문은 모든 컴퓨터과학을 양극화했다. 쟁점은 지연시간(딜레이) 제로를 추구하며 한층 빠른 원격 메모리의 자료와 명령을 처리함으로써 기존의 폰 노이만 직렬 프로세서를 한층 더 빠르게 할 것인가, 아니면 메모리와 처리를 모두 기계로 분산시킬 것인가 하는 선택의 문제였다(*프로세서의 폰 노이만 방식은 메모리를 뒤서 프로그램을 저장하도록 한다. 비非 노이만 방식은 비 노이만형 프로그램이 하드웨어로 돼 있어 프로그램을 바꾸거나 업그레이드가 불가능하지만, 프로그램에 최적화 설계를 할 수 있어 고속화가 쉽다). 댈리의 J-머신과 같은 대량 병렬 컴퓨터에서 메모리는 언제나 프로세서에 근접한다.

26년이 지났지만, 댈리와 주피는 여전히 거기에 매달려 있다. 두 사람은 2017년 쿠퍼티노에서 열린 핫 칩스 총회에서 자기가 만든 칩이 이른바 '딥러닝'에 적합하다고 열렬히 선전했다. 딥러닝은 다중 패턴 인식, 연관성 그리고 실행 과정에서 이득이 누적되는 결과로 나타나는 피드백과 연결된 보정 등을 가리키는 실리콘밸리의 최신 유행어다. 실리콘밸리에서 말하는 '학습learning'은 원래 인공지능 분야의 초기 벤처회사들에서 나왔다. 추측, 에러 측정, 대답 보정, 피드백은 모두 구글 데이터센터들에서 따르는 원형적인 단계들로 구글번역기, 구글사운드라이터, 구글맵스, 구글어시스턴트, 웨이모 자동차, 검색, 구글나우 등과 같은 앱들을 실시간으로 작동할 수 있도록 해준다.[4]

2012년까지만 해도 구글은 여전히 고양이와 개의 차이를 놓고 애를 먹고 있었다. 유튜브는 고양이 동영상으로 유명했으나, 구글은 고양이를 인식하는 방법을 유튜브 기계에게 효율적으로 가르칠 수 없었다. 물론 차이를 인식할 수는 있었지만, 그러려면 데이터센터에 마이크로프로세서 코어 1만 6,000개와 600킬로와트가 필요했다.[5] 개는 오차율이 여전히 5퍼센트였다. 이 비율은 안면인식 프로젝트나 전방에 나타난 물체를 실시간으로 100퍼센트 인식할 필요가 있는 자율주행차의 경우에서 구글이 성취한 비율과 견주면 결코 이상적이지 않다.

클로드 섀넌이 입증했듯이, 성공률이 95퍼센트든 99.999퍼센트든 기만적이기는 마찬가지다. 왜냐하면 어떤 경우가 잘못된 것인지 알 수 있는 길이 없기 때문이다.[6]

모기지대출로 인한 금융위기에서 주택담보대출 대부분이 건전했지만, 어떤 대출이 건전하지 않은지 아무도 몰랐기 때문에 전체 증권 체계가 무너지고 말았다. 당신도 자율주행차에서 이와 같은 문제가 터지길 바라지는 않을 것이다.

2012년에 피터 틸과 에릭 슈미트가 애스펀에 함께 참석했다. 이 자리에서 틸은 "자기가 무슨 일을 하고 있는지 조금도 알지 못한다"면서 슈미트를 비판했다. 데이터센터들은 세 살짜리 아이들보다 못한 수준으로 고양이를 제대로 인식하지도 못하는 지경인데, 구글이 현금으로 대략 500억 달러나 되는 돈을 0퍼센트에 가까운 이율로 은행에 처박아두고 있다고 지적한 것이다.[7]

틸은 실리콘밸리에 널리 퍼져 있는 '불가피한' 혁신이라는 철학을 앞장서서 비판하는 인물이다. 한편 래리 페이지는 기계학습 실리콘(*실리콘은 반도체의 소재다)이 곧 인간을 능가할 것이라고 (그 차이가 어떤 것이든 간에) 믿는 과격주의자다. 만일 튜링머신의 무계획적인 진화가 인간의 뇌를 생산할 수 있다면, 다시 말해 구글에 있는 기라성 같은 학자들이 속도가 수 기가헤르츠인 전체 데이터센터들을 동원하고 규모가 수 페타바이트인 데이터에 입각해 기계를 훈련시키는 데 전념한다면, 어떤 일이 일어날까? 그러나 2012년에 그 결과는 전혀 감동적이지 않았다.

2012년의 개-고양이 위기가 닥쳤을 무렵 구글브레인(*구글의 인공지능 연구 팀) 리서치 팀 책임자인 제프 딘은 구글 데이터센터의 패기 넘치던

우르스 회즐에게 "우리에게는 또 하나의 구글이 필요하다"는 말로 강력하게 문제를 제기했다. 안드로이드 스마트폰에 대한 구글나우의 음성인식 서비스라는 새로운 수요에 부응하기 위해서는 구글 데이터센터의 처리 능력이 두 배로 늘어나야 한다는 뜻이었다.

그해 말에 빌 댈리가 해법을 제시했다. 그는 팰로앨토의 단골 카페에서 아침을 먹다가 스탠퍼드대학 동료 교수이자 구글브레인에서 딘과 함께 일하던 앤드루 응이 고양이를 식별하는 것이 어렵고 골치 아프다고 투덜거리는 소리를 들었다. 값비싼 1만 6,000개의 마이크로프로세서 코어가 제값을 전혀 못했던 것이다. 그러자 댈리가 엔비디아의 그래픽 처리장치^{GPU}가 도움이 될 것이라고 말해줬다. 그래픽 프로세서는 기계에게 패턴 인식 방법을 가르치는 행렬곱셈$^{matrix\ multiplication}$과 부동 소수점 $^{floating-point}$(*컴퓨터에서 실수를 표시하는 방법으로, 소수점의 위치를 고정시키지 않으며 가수와 지수로 실수를 표현한다) 수학적 연산만 맡아서 처리하게 하면 된다는 것이었다. 그래픽 이미지란 어떤 수학적 행렬에 곧바로 적용되는 일련의 수 값이며, 12중이나 되는 병렬처리를 통해 이미지들을 스캐닝함으로써 기계학습이 그래픽 프로세싱의 또 다른 형태가 될 수 있다는 게 빌 댈리의 생각이었다.

응은 그것을 증명하면 구글이 댈리의 칩을 사겠다고 말했다.

최초의 그래픽 프로세서 창안자이자 구글 데이터센터의 모든 신경 네트워크의 선도자는 코넬대학 심리학 교수 프랭크 로젠블랫$^{Frank\ Rosenblatt}$이었다. 1958년에 그는 자기의 '인식'을 〈뉴요커〉에 발표했다.

"만일 어떤 삼각형이 인식자의 눈(감광장치)에 포착된다면, 그것과 연결된 연상 단위들이 그 삼각형의 이미지를 포착하고 이것을 무작위적인 연쇄 회로를 따라 반응 단위들(지금 이것은 '뉴런'이라 불린다)로 전달하고, 반응 단위들에서 그 이미지를 등록한다. …… 그 반응으로 이어지는 모든 연결들은 확장된다(즉 그들의 가중치가 증가된다). 그리고 만일 크기나 형태가 다른 어떤 삼각형이 인식자의 눈에 포착되면, 이것의 이미지는 먼젓번 삼각형이 움직인 경로를 따라 전달된다. 그러나 만일 삼각형이 아니라 어떤 사각형이 제시될 때는 새로운 조합의 무작위적인 회선들이 작동한다. …… 인식자의 눈이 보다 많은 이미지들을 스캐닝하도록 허용될수록 그 인식의 일반화는 보다 능숙하게 이루어진다. …… 이렇게 해서 인식은 고양이와 개의 차이점을 파악하는 데까지 나아간다."[8]

그로부터 4년 뒤에 당시 열여섯 살이던 레이 커즈와일이 로젠블랫을 방문했다. 커즈와일의 MIT 스승이던 마빈 민스키가 로젠블랫이 구축한 단층인식one-layer perceptron의 한계를 지적한 뒤였다. 로젠블랫은 커즈와일에게 퍼셉트론(*두뇌의 인지 능력을 모방하도록 만든 인위적인 네트워크)을 여러 층으로 차곡차곡 쌓아올릴 경우 그 한계를 극복할 수 있을 것이라고 말했다.

"이렇게 할 경우 성능은 극적으로 개선된다."

그러나 로젠블랫은 끝내 다층 기계를 개발하지 못하고 그로부터 8년 뒤에 배 사고로 사망했다.

이제 구글에서 그 오랜 세월의 단절이 메워지고 있었다. 댈리는 엔비디아의 소프트웨어 전문가 프랭크 카니자로Frank Canizaro에게 앤드루 응과 협력해 엔비디아가 저작권을 가지고 있던 소프트웨어 쿠다CUDA(*GPU에서 수행하는 병렬처리 알고리즘을 C프로그래밍언어를 비롯한 산업 표준 언어로 작성할 수 있도록 하는 기술)를 쿠다 DNNDeep Neural Network에 사용할 수 있도록 하는 업그레이드 작업을 맡겼다. 이렇게 해서 스탠퍼드대학-구글-엔비디아 팀은 전력을 겨우 4킬로와트만 소모하는 GPU 12개만으로 (이 비용은 겨우 3만 3,000달러밖에 되지 않는다) 고양이-개 구별 문제를 해결했다.

댈리는 이 성취를 무척 자랑스러워했다. 그 엔비디아 기계는 구글이 구축했던 것에 비해 비용 효율성이 무려 150배 가깝게 높았다. 이 수치는 심지어 GPU 덕분에 발생하는 막대한 에너지 효율성을 고려하지도 않은 것이다. 곧 엔비디아 프로세서들이 구글 데이터센터들에 적용돼, 기계학습의 심장부에서 행렬제곱 및 누적연산 부문에 유례가 없는 성과를 안겼다.

구글은 현재 10~12개의 신경네트워크를 배치해두고 있다. "퍼셉트론이 보다 많은 이미지들을 스캐닝할수록 일반화는 그만큼 능숙해진다"는 로젠블랫의 예언처럼 현재 구글 기계는 수백억 개의 이미지들을 대략 10억 개의 변수들에 따라 분류한다. 이런 성과가 있었기에 구글브레인은 툭하면 '인간을 능가한다'고 주장한다. 이야! 10억 개 변수들이 인간인 나를 이기는구나! 인간이 이런 기계들을 프로그래밍하는 실리콘밸리에서 '인간을 능가하는' 힘에 의심을 품는 것은 기이한 행동으로 여겨진다.

이런 여러 변화들에 댈리는 조금도 당황하지 않았지만, 딱 하나 예외가 있었다. 바로 구글에서 일어난 어떤 결정적인 변화였다. 2017년 핫 칩스 총회에서 '모든 것을 혼자 다 하는' 분위기에서, 장차 엔비디아가 만들어 공급하는 칩을 구글이 독자적으로 개발한 특수목적 실리콘 칩으로 대체하게 될 것이라고 했다.

제프 딘은 주피가 개발한 고성능화 '텐서^{Tensor}' '행렬승수'를 찬양했는

데(*2017년 4월에 구글의 놈 주피는 그동안 개발해오던 텐서 프로세싱 유닛$^{\text{TPU, Tensor}}$ $^{\text{Processing Unit}}$이라는 AI 칩셋을 세상에 공개했다), 이것은 기계학습 기능에만 초점을 맞추고서 그래픽과 부동소수점은 의도적으로 회피한다. 이것은 행렬제곱 주문형반도체^{ASIC}(*일반적인 집적회로와 달리 특정한 용도에 맞도록 주문에 따라 제작된 반도체)다. 구글 사람들은 만일 자기들이 만든 텐서 프로세싱 유닛이 없었다면 구글 데이터센터들의 크기는 두 배로 늘어나야 했을 것이라고 말한다.

댈리는 전체 시스템들을 ASIC 실리콘의 단일 조각, 즉 하나의 복잡한 기능을 수행하기 위한 특수 목적 칩에 올려놓음으로써 거대한 일시적 이득을 꾀하는 것은 언제나 가능하다고 지적한다. 댈리가 나에게 말하는 것처럼, 병렬 연산을 수행하는 데 있어서는 그래픽 프로세서가 일반적인 목적의 중앙처리장치^{CPU}에 비해 비용효율이 10배나 높으며, 또 주문형반도체는 일반적인 그래픽처리장치^{GPU}에 비해 비용효율이 10~100배나 높다.

그러나 이 주문형반도체 장치를 채택할 경우, 시장은 선택된 특수목적 부문으로 줄어들고 만다. 그리고 데이터센터도 더는 전방위 튜링머신이 아니게 된다. 구글 데이터센터는 댈즈에서 구글이 헐값으로 사들인 알루미늄 공장들이 그랬던 것처럼 특수한 목적의 공장으로 전락하고 있다.

구글은 자기의 데이터센터들에 특수한 부문의 ASIC를 얼마든지 만들 수 있는 여유가 있다. 그러나 지금 엔비디아가 병렬처리라는 거대한 영역 전체를 지배하고 있다. 엔비디아는 이른바 핫 칩스의 '실패' 이후 2017년 3사분기에 클라우드 컴퓨팅 매출 수익이 109퍼센트 증가해 8억

3,000만 달러를 기록했으며, 시장가치는 1,300억 달러에 육박했다고 발표했다.

현재 엔비디아는 전 세계에 병렬 프로세서를 공급하는 동시에 구글 이후의 세상을 위한 새로운 플랫폼들을 공급하는 강력한 존재다. 이 모든 것이 소프트웨어뿐만 아니라 하드웨어를 만드는 데, 그리고 또 데이브 패터슨이나 놈 주피 같은 정보통신업계의 하드웨어 거물들을 고용해 세계를 이끄는 새로운 반도체칩을 만들어나가는 데 구글이 보여준 새로운 솜씨에 마침표를 찍을까?

나는 이 의문을 풀기 위해 빌 댈리를 만나고 있었다. 57세 엔지니어인 그는 갈색 머리에 검은색 모자를 쓰고 백팩을 메고 하이킹 신발을 신고 있다. 실리콘밸리 등산객 스타일로 차려입은 그는 8월 말의 어느 금요일 오후 5시 정각에 101번 도로를 따라서 나를 마이크로칩과 소프트웨어, 사상과 명상, 구글맵스, 그리고 일론 머스크 '현실 왜곡장$^{reality\ distortion\ field}$'(*사물을 실제 모습과 다르게 보이도록 만드는 분위기 혹은 그런 사람)이라는 고도가 높은 지대로 데려다줬다.

물론 이 만남이 브라운 박사와 함께 드로리안을 타고 가는 '백투더퓨처' 정도까지는 아니었지만, 컴퓨터 세계의 역사 속으로 시간여행을 하는 느낌을 받기에는 충분했다.

댈리는 1970년대 후반에 학위논문을 쓰기 시작한 이후로 이른바 폰 노이만 구조로 알려진 단계별 직렬 연산 체제에 줄곧 반기를 들어왔다. 1983년에 캘리포니아공대 척 자이츠$^{Chuck\ Seitz}$ 교수 아래에서 박사논문을 준비하면서 '코스믹 큐브$^{Cosmic\ Cube}$'(*미국 만화에서 처음 등장한 용어. 비욘더즈라는 우주적 물질로 구성된 정육면체 큐브로, 우주적 규모의 현실 조직 기능이 있다)

를 놓고 작업한 뒤에 MIT에서 병렬기계(J-머신과 M-머신)를 설계했다. 또 크레이^{Cray}사의 슈퍼컴퓨터들에 거대한 병렬주의를 도입해 T-3D와 3E를 개발했고, 스탠퍼드대학에서는 병렬그래픽^{parallel graphics} 분야를 개척했다(후자는 이매진^{Imagine} 프로젝트라는 이름으로 진행됐다. 프로그래밍이 가능한 '셰이더들^{shaders}'을 포괄하는 스트리밍 병렬 장치이며, 지금은 엔비디아를 비롯한 여러 회사의 그래픽 프로세서에서 흔히 볼 수 있다).

이 세 프로젝트에서 댈리는 단계별 직렬^{serial} 프로세싱(처리)이라는 전통적인 컴퓨터 구조에 반기를 들었다. 이른바 '폰 노이만 병목'(*폰 노이만 방식의 전통적인 컴퓨터 설계에서 CPU 프로세서와 기억장치 사이에 놓인 단 하나의 통로에 정보가 집중됨으로써 야기되는 작업 지연 현상)이라는 메모리 관련 문제를 해결하고자 한 것이다. 우리는 실재하는 세상에 산다. 실제 세상에서는 온갖 이미지들이 한꺼번에 눈에 들이닥치는 것처럼 본질적으로 병렬적인 문제들이 존재한다. 눈길을 헤치고 운전하든, 컴퓨터가 만들어낸 이미지들로 가상세계를 소환하든, 빅데이터의 바다를 헤치는 '기계학습' 선단에서 패턴매칭(*두 대상의 패턴을 비교해 이 둘이 동일한지 가늠하는 것)을 하든 간에 말이다.

폰 노이만 병목을 맨 처음 인식한 사람은 바로 폰 노이만 본인이었다. 그는 이 문제를 해결하기 위해 세포자동자^{cellular automata}라 불리는 거대하게 병렬적인 구조를 제안했다. 이 구조는 그가 57세로 생을 마감하기 전 마지막 저서인《컴퓨터와 뇌^{The Computer and the Brain}》로 이어졌다.

이 책에서 그는 신경네트워크라는 병렬 해결법을 깊이 파고들었는데, 이 신경네트워크 주제는 수십억 개의 뉴런이 인간의 신경계에서 순조롭게 협력 작업을 하는 방법에 대한 원초적인 의문을 토대로 한 발상이었다.

그리고 그는 이미 1957년에, 사람의 뇌는 자신이 컴퓨터와 관련해 예견했던 기가헤르츠보다 10억 배 느린 비非 폰 노이만 기계라고 결론 내렸다. 놀랍게도 폰 노이만은 우리가 지금까지 경험한 수백만 배의 '무어의 법칙'을 이미 예견했다.

그러나 그는 사람의 뇌가 컴퓨터보다 10억 배나 에너지 효율적이라고 추정했다. 이것은 구글브레인에 소속된 연구자들이 개발한 텐서 프로세서 칩을 놓고 주장한 것보다 더 큰 수치다. 슈퍼컴퓨터 왓슨으로 대표되는 IBM 시대이지만, 그 비교는 여전히 적절하다. 슈퍼컴퓨터가 체스나 바둑에서 인간을 이길 때 사람은 14와트의 전력을 사용하는 데 비해 이 컴퓨터와 이것의 네트워크는 컬럼비아에 있는 기가와트급의 여러 클라우드들에 접속한다.

빅데이터 시대에 폰 노이만 병목은 철학적인 의미를 담고 있다. 폰 노이만 기계에 보다 많은 지식이 주입될수록 메모리는 더 커지고 더 복잡해지만, 평균적인 데이터주소는 더 멀어지고 작동은 더 느려진다. (발명가이자 기업가이며 과학자인) 대니 힐리스는 지금까지의 '생각하는 기계'에 대해 다음과 같이 썼다.

"아무리 빠르게 돌아가는 프로세서를 만든다 하더라도 이런 비능률은 여전히 남는다. 왜냐하면 연산의 길이는 프로세서와 메모리 사이로 데이터를 옮기는 데 필요한 시간에 지배받기 때문이다."

연산의 각 단계에서 이동되는 구간은 빛의 속도에 의해 지배를 받고, 반도체칩에서 이 속도는 나노초(10억 분의 1초)당 약 9인치다. 현재 칩들은 총길이가 무려 60마일(*약100킬로미터)이나 되는 작은 회선에 놓여 있으로 상당한 수준의 지연이 발생한다는 뜻이 된다.

댈리는 직렬 컴퓨터가 한계에 도달했음을 깨달았다. 스마트폰이든 태블릿이든 노트북이든 심지어 자율주행차든 간에 대부분의 컴퓨터는 이제 벽면에 붙은 전원 소켓에 꽂히지 않는다. 심지어 슈퍼컴퓨터와 데이터센터조차 전력에 구애를 받는다. 이는 기계가 정상 작동하도록 하는 여러 냉각 관련 문제들에서도 분명하게 드러난다. 거대한 선풍기와 에어컨을 동원하든, 아예 부지를 시원한 강이나 빙하 근처로 선정하든 간에 이 문제들은 피해 갈 수 없다.

이와 관련해 회즐도 다음과 같이 말했다.

"고전적인 정의에 따르면, 데이터센터가 생산하는 '작업물'은 거의 없다. 생산과정에 투입되는 에너지가 대부분 열로 전환돼 사라져버리기 때문이다."

에너지와 광속의 한계에 봉착함에 따라서 반도체칩의 구조는 필연적으로 여러 개의 모듈로 분리되고, 비동기식(*명령 순서가 랜덤하게 결정된다)으로 바뀌며, 또 병렬구조를 더 많이 채택할 수밖에 없을 것이다. 아인슈타인이 어떤 상대주의적 세계에 존재하는 실체를 설명하려고 동원했던 표현을 빌자면, 이런 프로세서들을 시공간 '연체동물'이라고 부를 수 있을 것이다. 집적회로 셀의 크기를 설정하는 것은 마이크로코즘에서 광년을 설정하는 것에 견줄 수 있다. 이렇게 해서 인간 지능의 분산과 유사한 연산 능력의 분산이 가능해질 것이다.

그 결과, 빌 댈리는 닉 트레드닉을 상기시키면서, 최첨단 컴퓨터 성능은 초당 혹은 실리콘 면적당 작동 속도라는 전통적인 방식이 아니라 와트당 작동 속도로 측정해야 한다고 말한다. 그래픽 프로세서들은 자연

상태에서 여러 이미지들이 사람의 눈에 동시에 들어오는 병렬주의 방식을 바탕으로 하고 있어서 동시적^{ubiquitous}일 뿐만 아니라 매우 병렬적이다. 그러므로 현재 많은 '멋진 칩들^{cool chips}'이 엔비디아에서 제작되는 경향이 있다.

그러나 와트당 작동 속도로 볼 때 현재 가장 뛰어난 프로세서의 소재는 실리콘(규소)이 아니라 탄소다. 그 프로세서는 바로 유기체의 신경망, 즉 인간의 뇌와 이것의 14와트 전력인데, 이 정도 전력으로는 연재만화 속 등장인물의 머리 위에 놓인 전구를 밝히기도 충분하지 않다. 미래의 컴퓨터는 메가와트 규모로 전력을 소모하는 슈퍼컴퓨터나 혹은 심지어 냉방장치가 된 거대한 데이터센터가 아니라 인간 뇌의 에너지 경제학을 추구할 것이다.

모든 컴퓨터는 스마트폰 산업의 배터리 전원 부문에서 개발된 절전 기술들을 사용해야만 할 것이고, 또 실제 탄소 뇌의 에너지 경제학을 탐구하는 쪽으로 나아가야 할 것이다.

프로그래밍을 할 줄 아는 기계와 프로그래머 사이에는 결정적인 차이가 있다. 기계는 결정론적이지만 프로그래머는 창의적이다.

즉 인공지능 운동이 장차 인간의 뇌를 대체하는 게 아니라 인간의 뇌를 끊임없이 모방할 것이라는 말이다. 뇌는 기계보다 우월하다. 뇌는 냉방장치가 잘돼 있는 몇몇 접속점에 모여 있지 않고, 멀리 그리고 넓게 확산된 상태에서 수많은 감각·미디어 채널에 의해 서로 연결돼 있기 때문이다.

컴퓨터와 케이블, 즉 유리와 빛과 공기의 범세계적 통신망(즉 월드와이드웹)의 새로운 세계적 신경절의 검증 기준은 무엇일까? 바로 컴퓨터과학으로는 결코 측정할 수 없는 요소인 창의성과 다양성이라는 측면에서, 인간의 정신으로부터 예상치 않은 도움을 얼마나 즉각적으로 받아낼 수 있는가 하는 점이다.

실리콘밸리의 전설적 인물인 캘리포니아공대 카버 미드 교수가 수십 년 동안 신경세포가 데이터를 어떻게 처리하는지 확인하기 위해 뉴로모픽 연산neuro-morphic computation 실험을 하면서 보여줬듯, 모든 인공지능은 실리콘(규소) 물질이 아니라 탄소 소재의 물질을 사용할 수밖에 없다. 대략 20만 개의 화합물이 있는 탄소는 실리콘과는 비교할 수 없을 정도로 훨씬 적용이 쉽고 화학적으로 복잡하다. 최근 몇 년 사이에 새로운 탄소 물질들이 엄청나게 많이 나타났다. 예컨대 유기발광다이오드OLED와 광검출기는 느리지만 지금도 디스플레이 시장을 확실하게 장악하는 중이다. 이 가운데서도 가장 전망이 좋은 것은 그래핀이다. 그래핀은 탄소 원자로 이루어져 있으며, 두께가 원자 한 개만 한 얇고 투명한 막이다. 탄소 나노튜브 속에서 돌돌 말 수도 있고, 블록 형태로 차곡차곡 쌓을 수도 있으며, C-60 '버키볼'(*탄소 60개가 오각형 모양으로 결속해 축구공 모양을 이룬 것) 형태로 구조화할 수도 있다.

그래핀은 장점이 많다. 인장강도는 강철의 60배이며, 전도성은 구리의 200배다. 그래핀에는 전도성을 방해하는 밴드 갭band gap(*전자가 가질 수 있는 에너지의 허용된 대역 사이의 빈틈. 금속이나 반도체 혹은 절연체는 전기전도성이 제각각인데, 그것은 전자가 운동할 수 있는 허용 대역의 차이가 각 물질마다 다르기 때문이다)이 없으며, 전자가 지나다닐 수 있는 상대적으로 거대한 60미크론의 평균자유경로mean free path가 있다.

나노테크 분야의 거장인 라이스대학 제임스 투어 교수는 그래핀, 탄소나노튜브 소용돌이, 탄소 화합물들을 가지고 나노머신과 자동차와 엔진 등을 만들어낼 수 있음을 자신의 실험실에서 입증했다. 물리적으로 존재하는 것을 모델로 삼아 어떤 인공지능체를 실제로 만들어낼 수 있는 양자 컴퓨터와 같은 새로운 컴퓨터 구조가 가능하다는 말이다. 물론 아직은 여전히 멀게만 느껴지는 전망이지만 말이다.

실리콘밸리의 현재 세대는 적어도 아직까지는 폰 노이만과 쿠르트 괴델이 지난 세기에 발견한 것들 혹은 클로드 섀넌, 그레고리 차이틴, 안톤 콜모고로프, 존 R. 피어스가 정보이론 분야에서 거둔 획기적인 성과들을 배워야만 한다. 알고리즘 정보이론의 창시자인 차이틴은 일련의 강력한 주장 속에서 괴델을 현대적인 용어로 번역했다. 실리콘밸리의 인공지능 이론가들은 자기 논리를 극단적으로 밀어붙여, 20세기에 수학과 컴퓨터과학 분야에서 성취한 가장 결정적인 발견들까지 모두 거역한다. 이들이 제시하는 모든 논리 구조들은 불완전하며, 자기가 증명도 할 수 없는 전제에 의존한다. 과학자들은 논리적이거나 수학적인 어떤 주장을 (이 주장이 '환치된' 무한성이든 혹은 평행우주 다양성이든 뭐든 간에) 극단적으로 밀어붙이다가 끝내는 이 주장을 괴델적 불완전성의 절벽 아래로 떨어뜨려버린다.

차이틴의 '창의성의 수학'은 기술을 더욱 발전시켜나가려면 현재 컴퓨터에 녹아 있는 결정론적인 수학적 논리를 넘어설 필요가 있다고 주장한다. 결정론적인 것은 무엇이든 간에 모두, 정보를 새롭게 규정하고 실질적인 창조를 반영하는 놀라움을, 우리가 추구하고자 하는 바로 그 놀라움을 사전에 차단한다. 괴델은 창의성의 수학을 추구하라며 손가락으로 그 방향을 가리켰다.

이 창의성의 수학은 맨 먼저, 실리콘밸리에서뿐만 아니라 금융 부문에서도 전 세계의 현재 시스템이 거두고 있는 놀라운 성공들 속에서 중대한 장애물과 마주하게 될 것이다.

CHAPTER

08

마르코프와 미다스

Markov and Midas

구글과 르네상스 모두, 실제 시장들 및 장기투자들과 관련된 지식이 팽창하는 것에서, 그리고 또 이것과 관련된 무자비한 진실을 말하는 것에서 달아날 수 있는 여러 가지 길들을 지금까지 발견해왔다. 그러나 그들의 전략은 궁극적으로 실패하고 말 것이다. 왜냐하면 그것들은 결국 미다스가 나아갔던 실패의 길을 걸어가기 때문이다.

20세기에 나타난 정말 중대한 사상들 가운데 하나가 마르코프 사슬Markov chain이다. 러시아의 수학자이자 정보이론가인 안드레이 마르코프가 제시한 이 이론은 현재를 가지고 미래를 예측하는 일련의 통계학적 도구가 됐다(*마르코프 사슬은 시간에 따른 상태의 변화를 내타내는 시간-확률 과정이다. 과거와 현재 상태가 주어졌을 때 미래 상태의 조건부 확률분포가 과거 상태와는 독립적으로 현재 상태에 의해서만 결정된다는 속성을 기초로 한다).

이른바 '은닉 마르코프 모델hidden Markov models'이라 불리는 이 기법은 일련의 관찰 뒤에 놓인 관찰되지 않은 실체를 드러낼 수 있다. 예를 들어 구글에서의 고양이나 개 이미지, 기후 추이, 심지어 인간의 마음까지도 드러낼 수 있다.[1]

검은색 턱수염을 기른 무신론자이자 체스 달인이며 정치 활동가였던 마르코프는 별명이 '성난 안드레이'였다. 고약한 성미에 불평을 달고 다니는 천재였던 그는 차르 체제 말기에 좌파 진영에 섰다. 그러나 볼셰비키 혁명이 성공한 뒤에 차르 체제에 이어서 전체주의적인 체제가 들어설 것이라고는 기대하지 않았다. 비록 그는 살아 있는 동안에 수학자로서 상당한 명성을 얻긴 했지만, 그가 세상에 끼친 진정한 영향력은 나중에야 드러났다. 그의 업적이 구글 세상 체계 토대의 본질임이 밝혀지기 전까지, 거의 한 세기 동안 사람들은 그의 업적이 얼마나 큰지 알아보지 못했던 것이다.

물리학에서 경제학에 이르기까지 과학은 오랜 세월 동안 시간과 불화를 겪어야 했다. 마르코프 이전까지 확률이론은 물리학 이론과 마찬가지로 대체로 시간이라는 변수를 고려하지 않았다. 에이미 랑빌과 필립 폰 힐거스가 고전적인 논문에서 썼듯이, 학계를 지배하던 확률 개념들은 연속적인 과정과 병렬적인 과정, 즉 '주사위 한 개를 천 번 던지는 것과 주사위 천 개를 한 번씩 던지는 것'을 구분하지 않았다.[2]

마르코프 사슬은 사건들 사이에 존재하는 시간 종속성, 즉 하나의 사건이 다른 사건을 어떻게 유도하는가 하는 문제를 다루면서 하나의 상태 혹은 조건에서 다른 상태 혹은 조건으로 넘어가는 확률적 전이들 probabilistic transitions을 추적한다.

19세기 지식 사회의 거인들이었던 영국의 물리학자 제임스 클러크 맥스웰과 오스트리아의 물리학자 루트비히 볼츠만이 물리학에서의 통계학적 발상을 개척했다. 마르코프는 이들이 걸어간 길을 따라갔다. 그 두 거인은 당시의 과학적인 도구들로는 볼 수도 없고 측정할 수도 없었던 원자 및 분자, 파동 그리고 입자의 숨어 있는 행동 같은 물리적인 현상을 묘사하기 위한 확률 도구들을 고안했다. 이들의 열역학 통계 법칙들은 엔트로피 개념에서 추출된 시간의 화살을 이론물리학에 제공했고, 이것은 이론물리학에 꼭 필요한 요소였다.

놀랍게도, 이 통계학적 도구들은 마르코프가 공식적으로 정식화하기 여러 해 전에 이미 아인슈타인이 최초로 자세하게 설명하고 사용했다. 아인슈타인은 1905년에 브라운운동(*액체 혹은 기체 안에 떠서 움직이는 작은 입자의 불규칙한 운동)을 하는 분자의 보이지 않는 움직임을 계산하면서 각 분자들이 약 2기가헤르츠의 속도로 운동하고 있음을 입증했다.

이때 분자들은 (마르코프가 정식화한 개념을 빌자면) '랜덤 워크$^{random walk}$'를 따라 무작위로 움직인다고 했다. 아인슈타인은 원자를 보거나 측정하지도 않은 채로 원자들의 운동을 보여줌으로써 오늘날 '관찰 가능한 기체 상태들의 마르코프 배열'로 불리는 것을 당시로서는 여전히 보이지 않았던 분자의 브라운운동에 대한 증거로 삼았다.

마르코프는 러시아혁명 기간 동안에도 묵묵히 자기 이론만 깊이 파고 들었다. 그리고 1922년에 사망할 때까지 자기보다 앞섰던 두 선구자들이 단편적으로 포착한 것을 완결된 하나의 체계로 완성했다. 정보이론학에 스며들어 있는 마르코프 기법들은, 빅데이터와 클라우드 컴퓨팅에서부터 음성인식과 기계학습에 이르는 구글 시대의 지배적인 기술 발전을 떠받치고 있다.

마르코프가 초기에 성공을 거둔 작업으로 푸시킨의 시 〈예브게니 오네긴$^{Evgene Onegin}$〉을 통계적으로 연구한 사례가 있다. 그는 언어적인 특성들을 수학적으로 포착할 수 있음을 입증했다. 그리고 그 특정한 언어를 알지 못한 상태에서조차 어떤 예측을 했다. 자음과 모음의 패턴들에 초점을 맞춰, 후대에 나타날 클로드 섀넌의 정보이론을 가깝게 예고하는 데까지 나아갔다.

섀넌의 이론은 마르코프 과정(*일반적으로 불규칙 과정에 있어서 어떤 시점에 일어나는 사건의 확률이 그 직전 m개의 시점에서 일어난 사건에만 영향을 받을 때 그 불규칙 과정을 m중^{m重} 마르코프 과정이라 한다)과 마찬가지로 어떤 커뮤니케이션 경로에 걸쳐 있는 모든 전송자들을 다룬다.[3]

일련의 변혁적인 사상가들이 20세기 내내 그리고 또 지금 시대에 이르기까지 마르코프의 발견을 다듬고 확장해왔다. 그 가운데서도 섀넌을 비롯한 몇몇 사람들은 널리 추앙받고 있다. 앤드루 비터비는 퀄컴의 공동 창업자로 널리 알려져 있지만, 사실 그가 이룬 가장 위대한 업적은 복잡한 사슬들을 효율적으로 계산하기 위한 재귀적recursive(되먹임) 알고리즘을 개발해, 사슬의 크기가 커지면 기하급수적으로 늘어나던 연산 비용의 문제를 해결한 것이다.

《사이버네틱스Cybernetics》(1948)의 저자로 젊은 나이에 천재성을 보였던 MIT의 스타 교수 노버트 위너는 마르코프 배열을 개별적인 현상에서 연속적인 현상으로 확장했으며, 확률적으로 가능성이 매우 낮아서 있을 것 같지 않은 결과들을 미리 배제하는 발상에 크게 기여했다.[4] 이런 이론적 진전은 2차 세계대전 동안에, 마르코프의 수학을 이용해 움직이는 물체의 현재 위치를 관찰해서 미래 위치를 예측하는 방식으로 로켓과 비행기의 궤적을 계산하는 데 도움이 됐다.

미국 국방연구원IDA 수학자 레너드 바움은 마르코프 사슬을 빅데이터에 적용, 충분히 오랜 기간 누적된 관찰들의 사슬이 반복되면 내재돼 있던 어떤 설명의 가능성(확률)이 극대화됨을 입증했다. 이렇게 극대화된 확률들은 그 원천의 원래 구조를 규정하며, 또한 거기에 뒤따르는 추가 예측들을 (이 예측의 대상이 어떤 단어든 물가든 간에) 가능하게 해준다.

바움의 이 이론을 실용적으로 활용한 사람은, 마르코프 이론의 심화·확산에 기여한 학자 가운데 특별한 인물이면서도 거의 알려지지 않은 리 뉴워스다. 그는 오랜 세월 미국 국방연구원 책임자로 재직했으며, 1980년에 프린스턴대학에서 열린 어떤 콘퍼런스에서 그 사슬들을 예측 도구로 사용하는 것에 '은닉 마르코프 모델'이라는 이름을 붙였다.

그러나 모든 점에 비추어볼 때 오늘날 마르코프 사슬 가운데서도 가장 널리 퍼져 있고 거대하며 또 막강한 영향력을 행사하는 것은 구글의 기본 알고리즘인 페이지랭크인데, 이것은 전체 웹의 페타바이트 규모를 아우른다. 웹을 하나의 마르코프 사슬로 바라보고 다룰 때, 구글 검색엔진은 사용자의 검색 결과로 도출된 특정 웹페이지가 이 사용자에게 만족을 줄 가능성을 확률적으로 측정할 수 있다.[5]

래리 페이지는 역설적으로, 실제로는 아무도 어떤 것을 검색하지 않는다는 마르코프 추정Markovian assumption에서 자신의 기묘한 검색엔진을 구축하기 시작했다. 그의 '랜덤 서퍼random surfer'(*웹페이지를 무작위로 이동할 수 있는 가상 사용자) 개념은 마르코프적 발상을 구글 시대의 핵심적인 발상으로 만든다.

페이지랭크는 인터넷 사용자가 마치 '랜덤 워커'가 돼 웹을 무작위로 이리저리 걸어 다니는 것으로 설정하는데, 사실 우리 사용자는 무작위로 웹을 돌아다니지 않는다. 랜덤 서퍼는 가장 잘 연결되는 사이트들을 가장 자주 방문하는 경향이 있으므로, 그의 가설적인 여정은 해당 사이트들이 얼마나 중요한지 또 얼마나 권위 있는지를 규정해준다. 페이지랭크는 인터넷 사용자들이나 웹사이트들에 대한 어떤 사전 지식도 요구하지 않는 단순한 모델이므로, 마르코프 수학이 인터넷의 거대한 은하계 지형에 놓인 웹들의 순위를 빠르고 또 지속적으로 계산할 수 있게 해준다.

마르코프 모델은 웹페이지들을 넘어서서 세상을 '상태들'의 일련의 배열로 다룬다. 여기에서 '상태들'이란 음소(*어떤 언어에서 의미를 구별할 수 있는 음성상의 최소 단위), 단어, 기후 조건, 소비자 선택, 거래, 증권 가격,

센서 데이터, DNA 염기, 스포츠 경기 결과, 건강 관련 지표, 이산화탄소 농도, 포탄 궤적, 튜링머신의 단계, 체스판에 놓이는 말들의 위치, 도박의 승패 전망, 컴퓨터 성능, 일상용품 시장, 교통 관련 보고서 등이 될 수 있다.

이들은 '전이확률^{transition probability}'(*한 양자적 상태에서 다른 양자적 상태로 바뀔 확률)에 의해 모두 다른 상태들과 연결돼 있다.

내가 왕을 세 명 그리고나서 네 번째로 그릴 왕은 어떤 왕일까? 오늘 눈이 왔는데, 내일 비가 올 확률은 얼마나 될까? 아마존의 주가는 오늘 오전 9시에 1,421달러인데 9시 1분에는 얼마일까? 전이확률은 시간적으로 앞선 시점의 데이터로 계산될 수 있으며, 또 새로 관찰해 업데이트될 수 있다. 여러 상태들 사이에서 무작위로 어슬렁거리며 오가는 마르코프적인 세상을 다스리는 것은 확률가중치^{probability weights}다.

이 접근법은 분석가들이 지고 있던 무거운 짐을 덜어줬다. 사람들의 의도나 계획을 알아내야 하는 짐, 즉 여러 사건들 사이에서 논리적인 연결성을 파악해야 하는 짐에서 분석가들이 해방된 것이다. 이제는 여러 상태들과 그 상태들 사이의 확률들을 그저 기록하기만 하면 된다. 이것 이외의 것들은 모두 무작위적인 것으로 간주할 수 있다.

마르코프는 중심극한정리(*모집단에서 무작위로 표본을 추출할 때 추출 횟수가 충분히 크다면 그 합 또는 평균의 확률 히스토그램은 정규분포곡선에 수렴한다)에도 기여했는데, 그는 모든 무작위적 사건이나 데이터는 독립적인 것이든 종속적인 것이든 간에 궁극적으로 정규분포를 따른다는 사실을 입증했다. 수학적인 우주에서는 시간 흐름에 의존성을 가지는 사슬들을 추적할 수 있다. 각 개인의 의사결정이나 자유의지를 고려하지 않고서도 개인의 집합체인 집단의 행동을 통계학적으로 예측할 수 있는 것도 같은 맥락이다.

마르코프 사슬의 결정적인 특성은 기억이 없다는 점, 즉 과거에 일어난 사건들과 무관하다는 점이다. 과거의 역사가 과거 역사의 사슬과는 무관하게 현재 상태에 녹아 있다고 보는 것이다. 이런 특성이 연산 과정을 매우 단순하게 만들어준다. 어떤 브라우저가 마르코프 모델을 따를 때 브라우저는 한 지점에서 다른 지점으로 '랜덤 워크(무작위적 걸음)'한다. 즉 '반사 상태들'(원치 않는 사이트들)을 떨쳐내고, '전이 상태들'(유타, 네바다)을 통과해 마침내 '흡수 상태들'(구글 마운틴뷰 본부들!)에 다다르는데, 이 모든 것들에는 의도나 계획이라는 변수를 설정할 필요가 없다.

계층적hierarchical 은닉 마르코프 모델은 신경망 트리의 음소들부터 단어들과 구문들 그리고 어떤 실체가 가지는 의미들과 모델들에 이르는 추상 수준이 여러 개임을 가능하게 해준다.

구글 부사장이자 열성적인 마르코프주의자인 레이 커즈와일은 음성 혹은 다른 패턴들을 인식하는 데 계층적 은닉 마르코프 모델이 사람 마음의 안내서가 된다고 주장한다. 여기서 그가 말하는 '마음'은 다음과 같다.

"……비록 우리가 그 사람의 뇌에 직접 접근할 수는 없지만, 그것은 본질적으로 어떤 화자의 신피질에서 진행되는 것을 연산한 것이다. …… 만일 화자의 신피질 내부를 들여다볼 수 있다면, 소프트웨어가 연산한 계층적 은닉 마르코프 모델에 해당되는 어떤 연결점들이나 가중치들을 그 안에서 볼 수 있지 않을까 싶다."

그는 자기 저서 《마음의 탄생How to Create a Mind》에서 다음과 같이 결론을 내렸다.

"실제 (뇌의) 생체와 이를 모방하고자 하는 우리의 시도 사이에는 정밀도 수준이 매우 높은 근원적인 어떤 수학적 등가물이 존재하는 게 틀림없다. 그렇지 않다면 생체 기관들이 그처럼 멋지게 작동할 리 없다."[6]

눈에 보이지 않는 분자의 브라운운동을 계산한 아인슈타인과 마찬가지로, 커즈와일은 직관적인 은닉 마르코프 사고 과정을 사용해 뇌가 대체로 일종의 마르코프적 사고 과정을 수행함을 입증했다. 아마도 지금쯤 레이 커즈와일의 뇌는 실제로 그렇게 작동하도록 훈련돼 있을 것이다.

현대 컴퓨터들의 수많은 업적들과 마찬가지로, 마르코프 알고리즘들이 아우를 수 있는 범위는 이 알고리즘들의 연산 속도에 따라 결정된다. 데이터 처리 속도를 가속화하고 데이터를 확장한다면, 마르코프를 이용해 다른 사람이 반응하기도 전에 훨씬 넓은 범위의 미래 사건들을 예측하고 또 거기에서 어떤 이득을 취할 수 있다. 클라우드에 거대하게 늘어선 세이렌 서버들은 처리할 수 있는 데이터의 양과 예측할 수 있는 사항들의 가짓수를 광대하게 확장시켰다.

아마존부터 페이스북에 이르기까지 모든 클라우드 거인들은 소비자가 무슨 말을 하는지 알아내는 데, 그리고 또 소비자가 그다음에 어떤 행동을 할지 예측하는 데 마르코프 모델을 체험적으로 사용해왔다. 그러나 가장 인상적인 마르코프 전사들과 세이렌 서버들은 구글이나 아마존이나 페이스북에 있지 않다. 이 서버들은 조금밖에 알려져 있지 않지만 금융의 세계를 바꾸는 일을 하면서 놀라울 정도로 성공한 기업에 있다. 우주의 진정한 마르코프 장인들은 롱아일랜드 세타우켓에서 르네상스

테크롤로지스$^{Renaissance\ Technologies}$라는 벤처회사를 운영하고 있다. 이 회사는 구글 시대 금융투자 부문의 거인이다.

미국 국방연구원^{IDA}의 레너드 바움을 기억하는가? 바로 그 IDA의 걸출한 수학자인 제임스 사이먼스가 세운 이 회사는 바움의 마르코프적 전망에 맞춰 빅데이터를 활용한다. 사이먼스는 끈이론(*만물의 최소 단위가 점 입자가 아니라 '진동하는 끈'이라는 물리이론으로, 입자의 성질과 자연의 기본적인 힘이 끈의 모양과 진동에 따라 결정된다고 설명한다)의 천-사이먼스$^{Chern-Simons}$ 공식 창시자다. IDA가 수행하는 은밀한 활동의 실천가인 동시에 그 위대한 헤지펀드 배후에 있는 천재인 사이먼스는 실용수학과 엄청난 규모의 연산력 그리고 기업가정신 등을 동시에 실천하고 입증함으로써 세계를 놀라게 하고 있다.

IDA에서 떨어져 나온 르네상스 테크롤로지스는 1978년에 모네메트릭스^{Monemetrics}라는 이름을 걸고 처음 사업을 시작했는데, IDA에서 완성 단계로 나아가고 있던 바움의 은닉 마르코프 모델 기법들을 가지고 주로 통화를 매매하는 데 집중했다.

이 최초의 버전은 소박한 성공을 거뒀다. 그러다가 획기적인 성공을 거둔 것은 사이먼스가 1993년에 IBM에서 스카우트해온 로버트 머서와 피터 브라운에게 마르코프 알고리즘 및 파생 알고리즘으로 돈을 벌 수 있도록 설계된 대규모 세이렌 서버(*컴퓨터 네트워크상에서 가장 강력한 컴퓨터)를 만들게 하면서부터다.

전체 빅데이터의 움직임은 IBM에 있으면서 업계를 선도하던 한 무리의 사람들이 진행하던 연구조사에 뿌리를 두고 있다. 당시에 이들은 IBM이라는 회사가 가진 방대한 음성 표본들과 누구보다도 인간의 언어를 잘 인식하는 세계 정상급 컴퓨터의 능력 덕을 톡톡히 봤다.

르네상스 팀은 마르코프 도구들을 돈과 투자라는 영역에 적용하면서 만일 어떤 문장에서 다음번에 나올 단어를 예측할 수 있다면 주가와 환율 등의 다음 수치까지도 예측할 수 있음을 알았다. 슈퍼컴퓨터들을 여러 대 동원해 충분히 빠른 속도로 돌린다면 단기금융시장에서도 정확한 예측으로 경쟁자들을 압도할 수 있었다. 사이먼스는 2009년에 은퇴하면서 머서와 브라운을 이 회사의 공동 CEO로 임명했다.

머서가 IBM에 있을 때 그의 상사였던 프레드 옐리네크는 MIT의 정보이론가인 로버트 파노의 제자이자 후배였으며 또한 클로드 섀넌이 가르치던 학생이었다. 옐리네크는 음성인식을 정보이론상의 문제, 즉 음향신호와 잡음통신로(*입력과 출력이 1대 1로 대응되지 않고, 일반적으로 정보량 손실이 있는 통신로)의 문제로 인식했다. 그는 자기의 음성인식 성공 뒤에 있는 내용중립적인 개념을 인용하면서 다음과 같이 자랑스럽게 천명했다.

"내가 어학에 능통한 사람을 해고할 때마다 오히려 성과는 개선된다."

르네상스의 접근법도 이와 비슷했다. 특정 기업들에 대해 전문적으로 아는 분석가들의 직접적인 조언과 훈수를 일부러 멀리한 것이다.

이처럼 르네상스는 세계를 선도하는 수학자들과 물리학자들에 의존했는데, 이와 관련해서는 물리학자 제임스 오언 웨더럴도 《월스트리트의 물리학 The Physics of Wall Street》에서 다음과 같이 논평했다.

"르네상스는 월스트리트를 조금이라도 아는 사람은 일부러 채용하지 않는다."

그 대신 르네상스는 가격 및 거래와 관련해 취할 수 있는 모든 정보 외에도 금융분석가들의 보고서, 정부 보고서, 신문 기사 및 뉴스와이어 등에서 방대한 정보를 수합한다. 인간의 노력과 뇌의 힘으로 생산된 이 모든 것들 덕분에 마르코프 시스템은 인간의 의도와 목적을 무시할 수 있었다.

나는 1989년에 《마이크로코즘Microcosm》 원고를 쓸 때 그 IBM 팀의 놀라운 위업을 제대로 알았다.[7] 그러나 머서를 인터뷰할 기회를 얻은 것은 2016년이 되어서였다. 내 인터뷰의 목적은 그가 미다스의 비밀을 발견한 것인지, 아니면 그저 그 가여운 왕의 '교훈'을 배운 것인지 확인하는 것이었다. 손에 닿는 모든 것을 황금으로 바꿔놓는 능력을 가진 미다스는 사랑하는 딸을 포옹하는 실수를 저지르고 말았는데, 과연 머서 생각은 어떨까?

롱아일랜드를 자동차로 달리면서 헤드오브하버에 있는 머서의 집을 찾던 나는 25A에서 벗어나는 갈림길 하나를 발견했다. 그 길로 들어서니 초록색 그늘 아래 모래로 덮인 비포장길이 나왔다. 오른쪽과 왼쪽으로 구부러지는 제법 긴 길이었다. 하이킹을 즐기는 사람과 자전거를 탄 사람을 피해 주립공원을 관통해 15분쯤 달리니 마침내 머서의 집이 나타났다. 나는 우편함 위에 달린 인터폰으로 주인을 불렀다. 그러자 주인은 이렇게 말했다.

"대문으로 들어오세요. 그런 다음에 건물이 있는 곳까지 진입로를 따라서 차를 타고 오시면 됩니다. 아주 천천히 운전하셔야 합니다."

나는 들은 대로 했다. 그리고 롱아일랜드사운드에서 떨어진 스토니브룩하버를 내려다보는 고전 양식의 3층 건물 가까이에 주차했다. 이곳은, 마르코프의 용어를 빌자면 더 이상의 전이가 없는 '흡수 상태'다. 이미 도착해버렸다. 나는 컴퓨터와 정보이론과 마르코프 그리고 돈에 대해 나름대로 조사하면서, 실리콘밸리에 있는 그 대륙 전체에 걸쳐 있는 구글의 지적 체제intellectual regime의 비밀스러운 심장 안으로 깊숙하게 들어온 셈이라고 상상했다.

나는 거실로 안내됐다. 거실에는 머서의 세 딸인 헤더 수와 레베카 그리고 젠지의 실물대 초상화들이 걸려 있었다. 수학자이자 지식인 세계의 선도자인 레베카는 헤리티지재단과 맨해튼연구소 같은 보수적인 싱크탱크들의 이사로 이름을 올려둔 머서를 대변하는 것처럼 보였다.

이 초상화들에 넋이 팔려 있는데 머서가 거실로 왔다. 회색 양복 차림에 짧은 회색 머리를 한 미남에다 겸손하기까지 했다. 요컨대 매우 정상적인 사람이었다. 잠깐 동안 가벼운 농담을 나눈 뒤에 곧바로 그의 투자 전략을 주제로 토론에 들어갔다. 먼저 르네상스가 체결하는 거래의 속도와 슈퍼컴퓨터에 대한 질문부터 시작했다. 그러자 답변이 돌아왔다.

"속도는 말입니다, 반드시 긍정적이지만은 않습니다. 경제에 아무 도움이 되지 않는 거래에 의해서도 속도가 생성될 수 있습니다. 예를 들어볼까요? 내가 어떤 사람에게서 자동차 한 대를 1,000달러에 산 다음 같은 가격에 그 사람에게 되팔 수도 있습니다. 경제학자들에게는 자동차 두 대가 매매된 것처럼 보이겠지만, 실제로는 아무것도 바뀌지 않았죠. 그런데 잠깐…… 그냥 편하게 밥이라고 불러주세요."

내가 미다스의 수수께끼를 생각하다가 속도에 초점을 맞추게 된 것은 가상현실에 투자한 사람이기도 하고, '세이렌 서버'라는 용어를 맨 처음 쓰기도 한 틸북숭이 현인 재런 래니어의 어떤 저작 때문이었다. 래니어는 다음과 같이 썼다.

"세이렌 서버는 일반적으로 거대한 시설로 자체 발전소를 갖추고 있으며, 자연친화적 요소가 있는 잘 알려지지 않은 곳에 위치한다. 예를 들어 외딴 강가 같은 곳인데, 시설에서 발생하는 어마어마한 열을 식혀줄 필요가 있기 때문이다."[8]

그런데 이런 조건이 롱아일랜드에 있는 르네상스 데이터센터에는 적용되지 않는 것 같았다. 하지만 나는 곧바로 (구글의 기술 부문 책임자인) 우르스 회즐이 댈즈 컬럼비아강 옆에 세운 구글 데이터센터를 떠올렸다. 계속해서 래니어는 다음과 같이 썼다.

"초강력한 영향력을 행사하는 컴퓨터로 무장한 이 새로운 계급은 여러 가지 의상을 입고 나타난다. 어떤 사람들은 거래 빈도가 높은 금융 회사를 운영하고, 어떤 사람들은 보험 회사를 운영한다. 또 어떤 사람들은 선거운동을 지휘하고, 또 어떤 사람들은 거대한 온라인 장터를 운영한다. 그리고 소셜네트워크나 검색 서비스를 운영하는 사람들도 있고, 국제정보 서비스를 운영하는 사람들도 있다. 그런데 그 차이라고 해봐야 지극히 작은데……"[9]

그리고 계속해서 또 이렇게 썼다.

"세이렌 서버는 강력한 계산 원천으로, 그 네트워크에 있는 모든 사람을 계산력에서 능가한다. 또한 이것을 소유한 사람에게는 우선적으로 무한한 성공을 보장해준다."

사이렌이 그만큼 호소력이 강하다는 말이다. 하지만 곧바로 이런 경고를 덧붙였다.

"하지만 이것이 제공하는 편익은 환상이며, 오래지 않아서 거대한 실패로 이어진다."[10]

나는 구글이 궁극적으로 이 실패의 운명을 맞이할 것이라고 생각하고 있었다. 그러나 머서와 그의 르네상스 동료들은 미다스의 불행한 운명을 확실히 피해 갔다. 황금 더미 속에서 굶어죽는 사람이 나타날 것 같은 조짐이라고는 아무것도 없었다.

르네상스의 펀드들 가운데 하나인 메달리온 펀드는 머서와 브라운이라는 이지적인 인공지능 팀의 영도 아래 20년 가까운 세월 동안 시장이 호황일 때나 불황일 때나 연평균 약 40퍼센트의 수익을 내고 있다. 머서와 그의 슈퍼스타 학자 군단은 지금까지, 아주 약간의 과장을 보탠다면, 금융계 역사상 그 누구보다도 높은 수익률을 기록해왔다. 비록 머서가 공화당 후원금을 조성하는 과정에서 하는 정치적인 역할로 유명하긴 해도, 그와 그의 동료들은 그들이 함께 이룩한 업적, 즉 황금의 은닉 마르코프 사슬에 관한 한 여전히 베일에 싸여 있다.

르네상스 그룹은 태평양 연안의 경쟁자인 구글과 다르게 21세기의 (2007년부터 2010년까지 이어졌던) 대침체 위기에서 완전히 벗어나, 수많은 헤지펀드들과 대형 은행들의 코를 납작하게 만들었다. 2008년 경제위기 때는 메달리온 펀드가 업계에서 가장 높은 수수료를 떼고서도 (투자금의 5퍼센트와 수익의 44퍼센트였으니 엄청난 규모였다) 80퍼센트의 수익을 투자자들에게 안겨주었다고 한다. 당시에 다른 헤지펀드들은 평균 17퍼센트의 손실을 입었고, S&P 지수는 40퍼센트 하락했다.

2009년에 메달리온 펀드는 10억 달러 이상의 수익을 올리며 모든 헤지펀드를 통틀어 1위를 기록했다. 머서는 내가 제시한 수치가 맞지 않는다고 지적했고, 나는 그 지적을 받아들였다. 집착적일 정도로 비밀스러운 업계와 관련해 수치는 금융 전문 기자들이 날조한 엉터리 추정치로 생각하라는 것이 그의 지적이었다. 그는 마르코프적인 경이로운 차원의 어떤 회사에 대한 이야기를 아무렇게나 말한다면서 불평했다.

현재 650억 달러가 넘는 투자금을 관리하는 머서의 팀은, 하나로 연결돼 슈퍼컴퓨터를 형성하는 르네상스 워크스테이션들에 의존한다. 이 워크스테이션들은 주문된 데이터의 거대한 마르코프 사슬들을 분석해 돈벌이가 될 수 있는 '유령들'을 찾는다. 구글의 페이지랭크 및 딥러닝이 언어 변환과 게임에서 성공을 거둔 것처럼, IBM이 초기에 음성인식 분야에서 획기적인 성공을 거둔 것처럼, 또 IBM의 슈퍼컴퓨터 왓슨이 미국의 인기 퀴즈쇼 〈제퍼디〉와 체스 대회에서 성공을 거둔 것처럼, 르네상스는 훨씬 규모가 큰 데이터베이스에서 훨씬 빠른 순수 통계학적인 처리를 기반으로 해서 성공을 이어가고 있다.

이런 성공을 놓고 제임스 사이먼스는 1999년에 한 연설에서 다음과 같이 설명했다.

"효율시장이론은 총비효율이 존재하지 않는다는 점에서는 옳다. 그러나 우리는 크기가 작고 시간적으로도 짧을 수 있는 변칙적인 움직임들에 주목한다. …… 우리는 언제나 단기매매를 한다. 그렇기 때문에 돈을 벌기 위해서는 매우 밀도 높은 행동들을 할 수밖에 없다."[11] (*효율시장 가설에서는 기대수익률 자체가 있을 수 없다. 모든 주식에 대한 정보가 바로바로 가격에 반영되므로, 주식 가격의 차익으로는 수익률을 누릴 수 없다)

이들은 수익 기회를 가져다주는 상관성을 찾기 위해 테라바이트 규모의 데이터를 24시간 내내 처리하는 전략을 세웠다. 이런 점은 머서도 인정했다.

"우리가 15년 동안 아무 방해를 받지 않은 채로 기반 삼아 거래의 기반으로 삼아온 어떤 신호들은 어떻게 보면 '말이 안 되는 것들'입니다. 그러나 우리가 그렇게 하지 않았더라면 다른 사람들이 그 신호들을 포착했을 겁니다. 그런데 통계적인 관점에서 보자면, 이 신호들의 효과는 의심할 여지가 없습니다."

머서에게도 언급했지만, 나는 이런 식의 접근법을 '외부자거래^{outsider trading}'라는 표현을 들어서 경멸해왔다. 만일 투자자들이 자기가 거두는 성공의 여러 이유를 이해하지 못한다거나 의미 있는 1차 분석을 제시하지 않는다면, 그들은 자본주의에서 이루어지는 모든 생산적인 투자를 뒷받침하는 지식의 양을 조금도 늘리지 않는 셈이기 때문이다.

튜링-괴델 원칙이란 모든 논리적인 체계가 자기 바깥에 존재하는 정보 원천들 및 가설들인 '신탁의 가르침'을 필요로 한다는 것이다. 그런데 르네상스의 방법은 이 원칙을 파괴하는 것처럼 보인다. 방대한 데이터 더미에서 단순히 어떤 패턴들을 찾는 논리적인 체계나 컴퓨터 프로그램은 궁극적으로 자신의 환경에 지배를 받는다. 아닌 게 아니라 그것은 그 환경의 피조물이다. 이것은 미래를 예측하면서 과거의 엔트로피, 즉 관찰 가능한 것들과 이것들의 보이지 않는 파생물들의 사슬에 발이 묶여 있다. 즉 르네상스의 방법론과 같은 것들은 모든 진보의 원동력인 인간의 창의성을 원천적으로 배제한다.

캘리포니아공대의 카버 미드 교수가 말했듯이 "은하계에서 유일하게 적절한 모델은 은하계밖에 없다". 그러나 아무리 데이터가 많다고 해도 특정 기업이 가지고 있는 사업계획이나 발명 그리고 기술들에 대한 독특하고도 특수한 정보를 끈기 있게 수집하는 작업은 저절로 이루어지지 않는다. 이런 반론에 머서는 이렇게 대답했다.

"엄연하고도 객관적인 사실은, 우리가 바로 다음과 같은 질문을 포함한 여러 문제들에 대한 신탁의 가르침 그 자체라는 겁니다. 과거에 시장이 '당시에 사람들에게 알려져 있던 당시 시장 상태에 대해서 당시에 알려져 있던 정보를 기반으로 해서 보였던 반응들의 역사는, 우리에게 미래의 시장에 대해 무엇을 말해줄까?' 우리는 다른 어떤 데보다 많은 브레인파워와 컴퓨팅파워를 이 질문에 투입함으로써 지금의 이 지위에 올라선 겁니다."

장기투자를 하든 단기투자를 하든 펀드들은 시장중립적이다. 시장에서 실제로 전개되는 상황을 이해하지 않고서는 시장이 호황을 누리든 불황에 빠지는 상관없이 마르코프 도구들이 성공할 수 없다. 그렇기 때문에 2007년과 2008년에 르네상스가 거둔 성과는 놀랍다. 르네상스는 다른 펀드들을 망하게 만든 거대한 규모의 레버리지(차입금)에 의존하지 않고서도 다른 어떤 펀드들보다 많은 데이터를 처리했고, 보다 규모가 큰 마르코프 사슬들을 구축했으며, 보다 많은 연관성과 가능성을 찾아냈고, 또 보다 많은 거래들을 체결했다.

팰로앨토 샌드힐로드에 있는 어떤 벤처 캐피털이 초기 단계에 구글과 관련된 상세한 지식을 획득한 뒤 구글에 투자했다면 5~7년 뒤에는 1,000배의 수익률을 기록했을 것이다. 르네상스와 같은 어떤 벤처 캐피털이 하루에 1,000번 거래해서 작은 수익을 얻을 수 있다. 메달리온 펀드는 수수한 규모의 레버리지를 동원하고 전 세계를 대상으로 24시간 거래함으로써, 투자하는 기업들이 보유한 기술들이나 사업계획들 혹은 어떤 나라의 환율이나 채권 뒤에 숨은 그 나라의 구체적인 사정들과 관련된 지식은 조금도 없으면서도, 그 벤처 캐피털보다 훨씬 많은 돈을 벌 수 있었다.

나는 자본주의 사회에서 지식과 학습이 중심적인 역할을 한다고 믿는다. 그렇기에 머서가 하는 말이 터무니없다고 생각했다. 아무런 지식도 창출되지 않는데 진정한 부가 창조될 턱이 없었다. 피터 드러커가 말했듯이 "옳은 일을 하는 것이 일을 올바르게 하는 것보다 중요하다". 효과가 효율보다 중요하다. 르네상스가 보여준 시장 효율성의 개선은 산출에 비해 규모가 작다. 그 결과, 너무 많은 미국 자본이 세이렌 서버들로 이동하면서 '제로 투 원Zero to One'의 창의적 투자를 회피한다(*'제로 투 원'은 피터 틸의 저서 제목이기도 한데, 저자는 경쟁하지 않고 독점하기 위해 새로운 것들을 창조할 수 있는 하나뿐인 방법을 찾아내야 한다는 메시지를 '제로 투 원'이라는 표현으로 압축했다). 기업공개IPO가 맥을 추지 못하는 동안에 컴퓨터화한 지수펀드들은 '시장을 사서' 번성한다. 순수하게 증가되는 부는 새롭게 창조되지 않는데, 돈은 제로섬게임 속에서 임의적으로 한쪽으로 빨려들어갔다가 다시 다른 곳으로 분산되고 있을 뿐이다.

나는 르네상스의 '중립적인' 접근법이 내부자거래 규정과 공정한 공개 요건의 비생산적이며 오히려 역효과를 유발하는 무용함에서 이득을 보며, 이런 상황이 사람의 두뇌를 실시간으로 사용하는 경쟁자들을 방해한다고 지적했다.

이 말에 머서는 솔직하게 동의했다. 이런 상황에서 증권거래위원회SEC는 투자 대상 기업들의 내부 사정을 부지런히 조사하는 사람들이 획득하는 이득에 (이 이득은 일반적으로 악의가 없다) 고지식하게 집착하는 태도를 유지함으로써, 전체 거래량 가운데 압도적으로 많은 부분을 순수하게 알고리즘적인 거래로 넘어가버리게 만들고 있다. 컴퓨터를 비난할 수는 없다. 하지만 컴퓨터를 가지고서는 창의적인 투자를 할 수 없지 않은가?

나는 비非마르코프적인 모델이 결국에는 이기리라 믿는 쪽이다. 그렇게 믿는 이유? '흰 빛은 혼합된 빛이고, 색깔이 있는 빛은 순수한 빛'이라는 뉴턴의 통찰은 한 세기 뒤에 장-바티스트 조지프 푸리에에게 영감을 줬다. 푸리에가 뉴턴의 무한급수 개념을 이용해 프리즘 효과를 묘사한 것이다.[12] '푸리에 변환'(*시간영역에서의 신호를 주파수영역으로 변환해 각각의 합성신호를 분석하는 방법. 신호의 주파수나 특성을 알 수 있다)은 빛의 주사뿐 아니라 시간을 기반으로 한 모든 신호를 (예를 들어 음파를) 그 신호를 구성하는 주기들로 나누고자 할 때도 적용할 수 있다. 지금은 무선통신과 음향과 광학에서 적용되는 공식을 가지고서 푸리에는 어떤 복잡한 파동도 (예를 들어 열파熱波나 오페라 가수의 목소리나 와이파이 신호나 경제·금융 주기에 이르는 것들까지 모두) 순수한 소리들이나 색깔들의 정규 사인곡선으로 표현될 수 있음을 입증했다.

금융 부문에서 푸리에 모델은 (마르코프 사슬 속에서 차례대로 이어지는) 거래 기록이라는 '시간영역'에서 순전히 빈도 요소들만 거래 패턴을 묘사하는 '빈도영역'으로 이동할 수 있다. 예를 들어 메달리온 펀드의 모든 거래를 시간영역에서 해방시킴으로써 시장과 투자를 떠받치는 어떤 조합, 구체적으로 말하면 진폭에 대한 정보와 각 투자의 힘을 결합하는 일련의 순수한 빈도들을 발견할 수 있다.

파동의 힘은 그 파동의 진폭의 제곱에 비례하므로, 대규모 장기투자는 소규모 거래에 비해 훨씬 의미가 크다. 작은 파도가 아무리 많이 친다 해도 단 한 번의 쓰나미에 비하면 아무것도 아니니까 말이다.

"바로 그것이 '플래시 보이'Flash Boy(*주식시장에서 초단타매매를 하는 사람)가 결국에는 큰돈을 벌지 못하는 이유입니다."

머서가 한 말이다. 르네상스라는 거대 기업은 데이터를 수집하고 선별하며 알고리즘을 가다듬고 가다듬어서 단지 거래 속도를 높이는 것을 훌쩍 넘어서는 차원에서 투자한다고 머서는 주장한다.

내 모델은 그 빈도 데이터에 엔트로피의 경제적 표현인 이익을 덧붙인다. 이때의 이익은, 평균적이며 예측 가능한 수익을 반영하는 이자율을 넘어서는, 예상하지 못한 차원의 수익이다. 내 모델에서 엔트로피는 클로드 섀넌의 정보이론에서 파생된 놀라운 개념이다. 작고 일시적인 변칙들은 놀랍지도 않으며 낮은 수준에 지나지 않는 엔트로피다.

레버리지에 대해서도 말하자면, 단순히 차입한도를 반영하기만 할 뿐인 수익은 일반적으로 학습 과정에 기여하지 못한다고 나는 주장한다. 그런 수익은 창의적인 학습의 특이점singularity이 아니라 계산 가능한 어떤 위험 수준을 수용하는 것일 뿐이다. 그런 수익은 예상 가능하며, 따라서 엔트로피 수준이 낮다.

금융 연관성을 찾는 세이렌 서버는 노벨 물리학상 수상자인 스탠퍼드 대학의 로버트 로플린이 거품의 상변화相變化를 다루는 과학 비평의 범위 안에 놓인다. 예를 들어 물이 끓는점에 도달해 끓을 때 이 무질서한 상태를 분석하는 것은 '혼돈이론'이라 불리는 헛고생이다.

르네상스는 머니매트릭스라는 이름을 내걸었던 초기 시절부터 지금까지 줄곧 외환시장에서 활발하게 거래해왔다. 전 세계 시장의 거품의 진수라고 할 수 있는 통화거래의 규모는 전 세계 주식시장 거래액의 약 100배이며, 전 세계 국내총생산GDP 합계의 26배나 된다. 이 드넓은 통화시장에는 로플린 거품이 산뜩 끼어 있는데, 단기적인 변칙들을 찾는 컴퓨터들이 이 거품을 열심히 분석한다. 심지어 소박한 수준의 (약 20퍼센트 수준이라고 한다) 레버리지를 동원하는 르네상스에서조차 이들 거래는 거대한 수익을 안겨줄 수 있다. 그러나 그 수익은 엔트로피 학습 과정에 아무런 기여를 하지 않는다.

머서는 자기 논지를 방어하면서 월터 배젓Water Bagehot의《롬바드 스트리트Lombard Street》(1873)를 인용해, 대영제국이 성장하는 과정에서 가용자산(* 차입금의 담보로 사용되지 않아서 일반적인 용도로 사용 가능하고 또한 처분 가능한 개인이나 기업의 자산)을 축적했던 금융시장들과 은행들의 필수적인 역할을 놓치지 말아야 한다고 했다. 그러나 19세기 런던과 오늘날의 런던 사이에는 분명 차이가 있다.

배젓의 영국은 뉴턴의 금본위제 및 세계 체제 아래에서 운영됐다. 그런데 오늘날 각국의 중앙은행들이 관리하는 통화들은 금 보유량과 아무 상관이 없으며, 따라서 자기 바깥에 존재하는 실체에 얽매이지 않는 모든 논리적 체계들의 자기본위적인 순환성으로 고통을 당한다. 미국에서 이런 마르코프적인 돈은 연방준비은행이 정부의 실세 집단들과 사기꾼에 가까운 사람들의 이해관계에 따라 얼마든지 임의로 조작할 수 있다.

국경 바깥의 어떤 것에도 얽매이지 않는 이런 돈이 자본주의의 문화를 바꿔놓는다. 월스트리트의 은행들은 유동성이 높은 통화들을 매우 즐기며, 여기에 따른 부작용은 정부가 막아준다. 메인스트리트(실물경제계)와 실리콘밸리(IT업계)는 장기적인 투자를 위해 안정적인 돈을 원하고, 거기에 따른 부작용은 법치法治로 보호받는다. 전 세계 정부들은 자기 통화가 자기 국경 바깥의 어떤 요인에 얽매이지 않으므로 기업보다는 금융을 중요하게 여기며, 결국에는 경제활동의 시간 지평time horizon을 단축시킨다. 단타거래를 하는 사람들 사이에서는 초 단위로 거래가 이루어지며, 거기에 따라 경제는 단기금융이 비대해지는 상황의 불안함을 감수해야 한다.

머서의 두 가지 경력은 기업가적인 창의성과 '시장중립적'인 금융 전략의 차이를 잘 보여준다. 시장중립적인 거래는 금융계에서는 미다스의 손길이다. 미다스의 손길은 주로 제로섬 책략들로 구성되며, 창의적인 인간 진보의 성스러운 투쟁에는 거의 관여하지 않는다. 이 손길은, 방심하는 사람들을 알고리즘 금융이라는 불모의 장으로 유혹하는 세이렌 서버들을 만들어내는 희생을 감수하면서 시장의 효율성과 유동성을 강화한다.

이에 비해 IBM에서 머서와 그의 동료들은 옐리네크 아래에서 컴퓨터 과학, 정보이론, 음성인식 분야에서 불멸의 성취를 이뤘다. 그들의 여러 발견들 덕분에 아이폰의 시리가 나올 수 있었고, 자동차에서 핸즈프리 통화를 할 수 있으며, 기계에 의한 자동 번역이 점점 발전하고 있다. 음성 인터페이스가 인터넷이 발전하는 새로운 세대의 클라우드 컴퓨팅 기술들에 반응하는 수준도 그들 덕분에 점점 나아질 수 있었다.

그 과정에서 머서와 그의 팀은 빅데이터의 장을 개척했고, 이것이 오늘날의 컴퓨터 패러다임을 지배하고 있다. 이 IBM 팀은, 체스부터 번역에 이르기까지 인간 전문가들을 복제하려고 시도하는 인공지능 기반의 여러 시스템을 개척한 커즈와일과 그 밖의 다른 개척자들과 경쟁하면서, 반박당하거나 실패할 가능성에 직면했다. 그러므로 그들이 이룩한 진전은, 왜곡될 수 있는 지식의 (지식은 자본주의 체제 아래에서 모든 새로운 부의 원천이다) 칼 포퍼직인 힘을 드리냈다(*'포퍼적'이란 비판적인 지지라는 자유주의적 태도를 가리킨다).

오늘날 빅데이터는 구글 시대의 세상 체계가 됐다. 그러나 여기에 대해 래니어는 불길한 경고를 한다.

"당신의 우월한 계산 능력은 당신에게 가장 덜 위험한 선택을 할 수 있게 해준다. 그러나 당신이 그런 선택을 할 때 당신 이외의 다른 모든 사람들은 그만큼 더 위험한 선택을 하게 된다."[13]

그러면서 그는 또 다음과 같은 사실을 관찰한다.

"네트워크화된 금융은, 마치 어떤 컴퓨터가 팬을 가동해 열을 방출하듯이, 자기가 안고 있는 위험을 전체 경제 구조로 방출할 수 있는 것처럼 생각한다. 그래서 점점 더 덩치를 키운다. 그러다가 결국 그 컴퓨터는 (2008년과 2009년에) 먹통이 되고 말았다."[14]

나는 일부러 시간을 내줘 고맙다고 인사하고 머서의 집을 나왔다. 솔직히 그가 이룬 업적에 큰 충격을 받기도 했다. 아닌 게 아니라 그의 업적은 구글이 이룬 업적만큼이나 인상적이다. 그러나 이런 세상 체계는 결국 쇠퇴할 운명이라고 결론 내렸다. 그 세상 체계는 수익률이 점점 줄어드는 상황을 맞은 빅데이터를 기반으로 한다. 어떤 실질적인 경제활동과 조응하지 못하는 거래의 빈도수를 토대로 성립된 것이다. 그것은 가치 창조와 소음 발생 사이의 차이를 흐릿하게 만드는 무작위성을 먹고 살아간다. '과거를 기억하지 못하는' 마르코프 과정들 속에 원천을 두고 있기 때문에 결국 도박사의 비참한 실패를 피하지 못할 것이다.

아인슈타인이 발견한 브라운운동 속 분자들은 자기가 나아갈 경로에 대해 어떤 계획이나 의도도 가지고 있지 않다. 말하는 사람도 그렇고, 인터넷 서핑을 하는 사람도 그렇다. 마르코프는 올림픽 통계에서도 채택되는, 탁월한 도구임에는 분명하다. 그러나 이것을 세상 체계로까지 격상해서는 안 된다.

현재 구글 시대의 세상 체계는 도처에서 무작위성을 본다. 월스트리트(금융계)나 메인스트리트(실물경제계)나 혹은 라스베이거스(도박계)에서 그렇다. 어디에서든 마르코프 사슬로 포장된 패배한 도박사들의 '랜덤 워크'가 있다. 혹은 진화의 지질연대地質年代를 통해서, '불가피한' 발명의 역사를 통해서, 혹은 또 웹WWW의 온갖 낭비와 풍요로움 전체에 걸쳐서 그렇다. 우연과 역사는 동일해 보인다. 신호는 통계학적으로 소음과 비슷하다. 흰 빛에서 백색소음에 이르기까지 모든 것이 무작위적인 것으로 보인다.

현재의 세상 체계에서 작동하는 기본적인 가정은 '무작위적인 것으로 보이는 것은 무작위적인 것'이라는 명제다. 그러나 원칙적으로 보자면, 섀넌이 알았듯이 데이터 지점들이 가리키는 어떤 창의적인 패턴은 상상력과 의지가 길고 목적의식적인 준비를 하고, 또 실제 세상에 개입한 것을 반영한다. 그렇기 때문에 이 패턴은 무작위적인 어떤 패턴과 구분되지 않는다. 둘 다 엔트로피가 높고 예상하지 못한 것이다. 무작위적인 패턴들을 분석해 일시적인 연관성을 찾아서는 새로운 지식을 얻지 못한다. 시간영역의 회전운동에 저항하는 오실로스코프(*전류 변화를 화면으로 보여주는 장치)로는 시장을 의미 있게 연구할 수 없다. 필요한 것은 현미경이다. 각 회사들의 세포 내면까지 들여다보고, 진정한 기술 발전의 어떤 기미를 찾아낼 수 있는 그런 현미경 말이다.

아인슈타인이 마르코프 사슬 개념을 사용해 분자들이 동시에 까불거리는 기가헤르츠 속도의 운동을 계산한 이후로, 기가헤르츠 빈도로 가속화된 마르코프 사슬은 중앙은행들이 무질서하게 발행하는 돈의 지배를 받는 세계 경제를 과학자들이 지배할 수 있게 해줬다. 지금 구글의 세상 체계 속에서 기술주의자들은 컴퓨터 속도가 컴퓨터의 지능을 실어나를 것이라고 상상한다. 즉 만일 전자를 충분히 빠르게 가속하기만 하면, 인간의 의식과 창의성까지도 멍텅구리 기계에 심어넣을 수 있다고 상상한다.

그러나 세계에서 가장 압축적이며 효과적인 사고 체계인 인간의 뇌가 실질적으로는 무작위적인 기계라는 발상은 정말이지 똑똑한 생각이 아니다. 마르코프 모델은 인간의 지능과 지식을 제거해야만 작동한다. 해당 언어를 알지 못한 채로 음성을 분석하든(새넌과 바움), 각각의 웹페이지나 이 웹페이지를 평가하는 사람들에 대한 지식 없이 각각의 웹페이지들이 가진 중요성을 측정하든(페이지와 브린), 해당 체계의 구체적인 사항들 가운데 99퍼센트를 무시하면서 연산기계(컴퓨터)의 성능을 측정하든(A. L. 셔Scherr), 주식이나 채권을 발행하는 주체에 대한 구체적인 정보도 없이 그 증권들에 투자하든(르네상스) 혹은 어떤 저자들에 대한 아무 지식도 없이 그리고 심지어 그 사람들이 무슨 언어로 원고를 썼는지도 모르면서 그 저자들을 특정하든(마르코프) 간에, 이 모든 과정들에는 그들의 총체적인 지성 부족이 드러날 수밖에 없고 또 그런 식으로 그 과정들이 전개된다.

실제로 어떤 일이 현실에서 일어나는지도 모르면서 빅테이터와 마르코프 확률 모델을 사용한다. 마르코프 모델은 그저 아무것도 모른 채 어떤 선택을 하는 머슴일 뿐이다. 이 머슴은 그게 뭔지 조금도 알지 못한 채 무작위적인 패턴이나 계획돼 있는 과정을 예측한다. 그러므로 각 산업은 미래를 위해 이런 문제점을 넘어서야 한다.

인터뷰 도중 머서는 여전히 마찰이 남아 있는 현재의 은행에 대해 문제를 제기했다. 그는 자유주의적인 경제학자 머리 로스바드를 인용, 이상적인 체계에서는 자산과 부채의 만기일이 일치할 것이라고 주장했다.

바로 이것이 마르코프적인 현재의 지배를 받는 외부거래자의 관점이다. 자산들과 부채들의 만기일은 거의 모든 은행 시스템에서 일치하지 않는다. 돈을 맡기는 사람의 동기와 예금의 가치 원천 사이에는 언제나 틈이 있기 때문이다. 예금자는 금융기관에 돈을 맡기면서도, 필요할 경우에는 즉각 인출해 사용할 수 있도록 자기 재산을 현금화하기 쉬운 상태로 보전하려고 노력한다. 그러나 바로 그 예금은 영구보존과 증식이라는 목적 아래에서, 위험한 학습 과정 속에서 장기투자에 의존한다. 그런데 실질적으로 어떤 기업이나 사업에 투자될 때, 그 돈은 그 기업이나 사업이 망할 경우 언제라도 허공으로 날아가버릴 수 있다.

금융기관의 역할은 증권 및 유동성에 대한 예금자의 탐색을 기업가의 장기적인 비유동성과 위험 감수로 전환하는 것이다. 만일 은행이나 그 밖의 다른 기관들이 이 역할을 하지 않는다면, 경제성장은 멈추고 스태그플레이션이 진행될 것이다.

모든 부는 궁극적으로 지식과 발견을 기반으로 하는 장기투자의 산물이다. 유동성을 원하는 예금자와, 영속적인 투자로 유동성을 끊임없이 파괴하는 투자자 사이의 가차 없는 갈등을 피할 길은 어디에도 없다.

예금자와 투자자는, 돈이 정부를 위한 마법 지팡이가 아니라 어떤 가치를 측정하는 도구일 때, 자본주의적인 예금과 투자의 심장에 대한 심장수축기이고 또 심장이완기다. 컴퓨터로 거래 패턴을 조사하겠다는 정부의 위협적인 방침에 (이 방침은 실질적인 내부 투자를 '내부자거래'라는 이름을 붙여 범죄로 규정해왔다) 겁을 먹은 새로운 헤지펀드 산업은 이 관계를 자기 쪽으로 유리하게 돌려놓는다.

이 새로운 펀드는 지금 "당신이 뭔가를 조금이라도 아는 기업에는 투자하지 마라"는 규칙을 따르고 있다. 학습이 금지됨에 따라서 현재의 알고리즘은 거의 아무런 투자도 하지 않으며, 영속적인 부는 거의 창조하지 않는다. 대신 헤지펀드들은 외환시장과 단기증권시장의 드넓은 바다에서 이루어지는 거래만 가속화해(국제부채의 규모는 무려 280조 달러나 된다) 유동성을 높이며 이 유동성이 몰고 다니는 난기류를 먹고살아간다.

속도의 극한으로 내몰린 마르코프는 부의 척도로서의 진짜 금이 아니라 부 그 자체로서의 '금'만 생산한다. 그러나 자본주의 상승기에 가치의 외부적인 신탁으로 기능하는 것은 미다스의 손길이 닿은 부 그 자체가 아니라 부의 척도인 진정한 금이다.

금이라는 척도 없이 혼돈의 세계시장에서 투자운용 활동을 하는 르네상스라는 투자운용사는 정부로부터 아무런 보조나 특별한 지원을 받지 않음을 자랑스럽게 여긴다. 그러나 경쟁자들보다 더 빠르게 더 많은 데이터를 처리하는 르네상스는 변덕스러운 정부에 의해 발생하는 끊임없는 시장왜곡 상황을 이용하는 극단적인 차익거래자다.

한편 구글은 자기 상품을 거의 대부분 공짜로 제공하는 전략을 통해 시장의 비합리성과 가격예시(*어떤 자산이나 증권 혹은 통화에 대해 현물가격을 설정하는 것)에서 탈출한다. 구글과 르네상스 모두, 실제 시장들 및 장기투자들과 관련된 지식이 팽창하는 것에서, 그리고 또 이것과 관련된 무자비한 진실을 말하는 것에서 달아날 수 있는 여러 가지 길들을 지금까지 발견해왔다. 그러나 그들의 전략은 궁극적으로 실패하고 말 것이다. 왜냐하면 그것들은 결국 미다스가 나아갔던 실패의 길을 걸어가기 때문이다.

미다스의 실수는 부의 척도인 금을 부 그 자체로 착각한 것이었다. 부는 어떤 하나의 물질도 아니고, 무작위적인 배열도 아니다. 부는 오로지 오랜 시간에 걸쳐 힘들게 알아낸 지식 안에서만 뿌리를 내린다.

09

라이프 3.0

•• •

그 슈퍼 인공지능이 어떤 형태로 있든 간에, 발전된 기술은 그것을 우리가 바라는 어떤 물질로

든 재배열할 수 있다. 발전소가 될 수도 있고, 컴퓨터가 될 수도 있으며, 또 그 밖에 발전된 여러

가지의 삶의 방식이 될 수도 있다.

•• •

몬터레이만을 내려다보는 반도 끝, 소나무들과 사구들 사이에 아실로마의 역사적인 소박한 석조 건물들이 서 있다. 한때 YWCA 캠프였으며, 지금도 여전히 객실에는 텔레비전과 일반전화기가 없는 이 휴양 시설은 실리콘밸리에서 80마일(약 130킬로미터) 떨어져 있다. 바로 여기서 2017년 1월, 정보 시대의 선도적인 연구자들과 권위자들이 '물리학과 우주론의 근본적 질문을 위한 재단 FQXI, Foundational Questions Institute' 후원으로 조용하게 모여 콘퍼런스를 열었다. 이 재단의 지도자는 MIT의 물리학자 맥스 테그마크이고, 테슬라의 일론 머스크와 스카이프의 공동창업자인 얀 탈린이 이 재단에 수천억 달러를 후원하고 있다.

이 모임 참석자들 중 구글의 스타들인 래리 페이지, 에릭 슈미트, 레이 커즈와일, 데미스 하사비스 그리고 피터 노빅 등이 특히 눈에 띄었다. 그리고 예전에 구글에 몸담았으며, 나중에 바이두와 스탠퍼드대학으로 자리를 옮기는 앤드루 응도 함께했다. 이 모임에는 또 '신경망의 아버지'라고 불리는 구글의 제프리 힌턴의 후배이자 페이스북의 인공지능 연구 책임자로 딥러닝 수학 분야의 혁신자인 (그래서 '딥러닝의 아버지'로 불리는) 얀 르큉도 참석했다.

이 재단의 종신직 대표에는 기술주의자인 스튜어트 러셀, 철학자 데이비드 차머스, 컴퓨터가 인간보다 똑똑해질 때의 재앙을 주장하는 철학자 닉 보스트롬, 나노테크 예언자 에릭 드렉슬러, 우주론자 로런스 크라우스, 경제학자 에릭 브린욜프슨, 특이점^{singularity} 이론가 버너 빈지 등을 포함해 많은 유명 과학자가 포진해 있다.[1]

이들은 세상 사람들에게 끔찍한 위협이 임박했음을 알릴 준비를 하려고 아실로마에 모였다. 그런데 이 위협은 누구 때문에 임박했을까? 바로 그들 자신, 즉 실리콘밸리였다. 그들의 컴퓨터 기술과 발전을 거듭하는 인공지능 그리고 기계학습이 (이런 것들을 수많은 언론이 텐서플로^{TensorFlow}, 딥마인드, 기계학습, 구글브레인 그리고 특이점 등과 같은 이름을 들먹이면서 실리콘밸리의 가장 중요한 활동이자 인류의 미래를 위한 희망이라고 찬양했다) 이제는 인류에게 거대한 위협이 돼버린 것이다.

이 위협에 대해 처음으로 경고한 사람은 영국의 수학자 어빙 존 굿이다. 그가 1965년에 한 경고는 지금도 여전히 가장 간결하면서도 함축적이다. 굿은 튜링이 런던 인근의 블레츨리 파크에서 독일 암호 체계인 이니그마를 풀려고 노력할 당시 그에게 바둑을 가르치기도 했다.

초지능적인 기계들이 그 어떤 똑똑한 사람의 모든 지적 활동을 능가할 수 있다고 규정하자. 이런 기계를 설계하는 행위는 그런 지적 활동들 가운데 하나이므로, 초지능적인 기계는 자기보다 훨씬 나은 기계를 설계할 수도 있다. '지능의 폭발'이 일어날 것임은 의심할 여지가 없으며, 인간 지능은 여기에 한참 뒤처질 것이다.[2]

그리고 다음과 같이 천명했다.
"최초의 초지능적인 기계는 인간이 만들 필요가 있는 마지막 발명품이다. 단 여기에는 조건이 붙는다. 자기를 통제할 방법을 인간에게 가르쳐줄 정도로 이 기계가 인간에게 고분고분해야 한다."[3]

아실로마에 모인 전문가들이 사람들에게 전하려는 메시지는 이 기계를 인간의 통제 범위 아래 두는 것은 여전히 해결될 수 없는 문제라는 것이었다. 새로운 초지능이 나타났을 때 열등한 인간 지능이 그 기계를 다스릴 방법을 알아내기는 어렵다. 머스크가 말했듯이 "그것은 핵무기보다 잠재적으로 더 위험하다"[4]. 스티븐 호킹도 "인공지능이 온전하게 발전하면 인류의 종말이 올 것"이라고 천명했다.[5]

테그마크는 기계가 인류 사회 및 경제의 최고 명령권을 인간에게서 넘겨받는 어떤 '사건'이 언제고 필연적으로 일어날 수밖에 없는 이유를 설명한다. 호모사피엔스가 나타났을 때 네안데르탈인은 시련을 맞이했고, 사실상 모든 동물들은 굴복했다. 그 동물들은 운이 좋으면 애완동물이 됐고, 운이 나쁘면 요리 재료가 됐다.

아실로마는, 커즈와일이 한 이야기 속에서 기하급수적으로 황제의 곳간을 비워가던 체스판처럼 기하급수적인 진행을 이어가는 어떤 산업의 실체를 벗기고자 했다.[6] 모든 사람이 바짝 경계해야 한다. 새로운 로봇 왕들이 체스판 전체에서 제각기 불쑥불쑥 튀어나올 것이다. 다음은 테그마크의 설명이다.

"기하급수적으로 성장해 현재의 처리능력을 갖춘 모든 프로세스들은 앞으로도 계속 규칙적으로 두 배씩 능력을 키워갈 것이고, 결국 나중에는 기하급수적 폭발exponential explosion에 이를 것이다."[7]

똑똑한 구글플렉스 사람들에게 수학, 즉 컴퓨터는 본질적으로 암울한 미래를 예고하는 기계다.

또 다른 가능성은, 이 가능성은 오늘날의 '천재들'이 사실은 터무니없을 정도로 어리석다는 사실을 드러내는 것인데, 이런 허튼소리가 현재를 지배하는 세상 체계에 대한 신임을 떨어뜨릴 수 있다는 점이다.

냉소주의자들은 이런 은밀한 모임을 실리콘밸리가 가장 높이 떠받드는 제품들을 선전하기 위한 교묘한 작전이라고 여길 수도 있었다. 사실 그 자리가 테그마크의 두꺼운 책《맥스 테그마크의 라이프 3.0 Life 3.0: Being Human in the Age of Artificial Intelligence》과 그가 설립한 생명의 미래 연구소 Future of Life Institute의 멋진 출발점이었음은 확실하다. 그리고 은밀한 모임들은, 말이 많기로 유명한 명사 수백 명이 함께한 자리라면 특히 그렇겠지만, 일반인이 모인 자리보다 훨씬 많은 주목을 받는 경향이 있다. 이 모임도 예외가 아니었다.

어떤 사람의 혁신적 명석함에 경의를 표하는 방법으로, 인간이 만든 어떤 발명품이 독자적인 의식을 갖추고 인류를 애완동물로 만들어버릴 수도 있다고 경고하는 것보다 더 흥미진진한 게 있을까? 동의율 97퍼센트를 기록한 과학자 8,000명이 (여기에는 노벨상 수상자 다수와 스티븐 호킹 박사도 있었다) 서명한 아실로마 인공지능 원칙 Asilomar Statement of AI Principles은 '악을 행하지 말자 do-no-evil'라는 구글의 원칙과 버닝맨의 10계명을 강력하게 환기시켰다.

"슈퍼지능은 폭넓게 인정받는 윤리적인 이상에 복무하는 차원에서만, 그리고 하나의 국가 혹은 단체가 아니라 인류 전체의 편익을 위해서만 개발돼야 한다. …… 치명적인 자동화 무기 분야의 군비경쟁은 반드시 피해야 한다."

아실로마 인공지능 원칙을 발표하는 성명서에 동의하지 않은 3퍼센트의 과학자들은 무슨 말을 하고 싶었을까?

어쨌든 이 성명서는 실리콘밸리의 새로운 세상 체계를 두루뭉술하게 요약한 것이었다. 그런데 실리콘밸리에서는 지금 인간이 더 이상 최고 지능의 소유자도 아니고, 의미 있는 발명가도 아니다. 테그마크에 따르면, 심지어 새로운 물리학 법칙들도 인공지능에서 나올 게 틀림없다.

"슈퍼지능을 갖춘 컴퓨터가 컴퓨터 보안에 대한 인간의 이해력을 훌쩍 뛰어넘는 잠재력을 가지고 있다고 할 때, 그리고 우리가 현재 아는 것보다 더 근본적인 물리학 법칙들을 발견하는 지점까지 발전한다고 할 때, 만일 그 컴퓨터가 인간 명령을 거부한다고 하더라도 우리 인간은 그런 일이 어떻게 일어났는지 전혀 알지 못할 것이다. 그것은 마치 마술사 후디니의 탈옥 마술처럼 보일 것이고, 우리는 그 현실과 마술을 전혀 구분하지 못할 것이다."[8]

초인공지능 신봉자들은 인공지능이 인간 지능을 한층 고양시켜 실리콘 디지털 장비의 형태로, 신체가 탄소 성분으로 이루어진 연약한 인간으로서는 어쩔 수 없는 우주탐사의 한계를 넘어서서, 이 고양된 지능을 훨씬 먼 우주로 쏘아 올릴 수 있다고 믿는다. 그리고 궁극적으로 기계의 '탈옥' 사건은, 똑똑한 기계들이 한층 기적 같은 마음과 생체적인 신체를 갖춘 더 강력한 로켓을 고안함에 따라서, 우주로 전개될 것이라고 믿는다. 테그마크는 그것이 어떤 모습일지 다음과 같이 짐작한다.

"생명이 없고 서로 아무 관련이 없는 우주 속에서 무시할 수 있을 정도로 지극히 작은 동요가 수십억 년의 세월 동안 진행된 뒤에, 어느 한순간에 폭발의 충격파가 거의 빛의 속도로 확장되면서 모든 것을 생명의 불꽃으로 점화시킴에 따라서 생명은 갑자기 우주적인 영역에서 폭발적으로 늘어난다."[9]

테그마크의 이 새로운 창조론 속에서 디지털 기계는 생명의 보편적인 형태가 된다.

나는 실리콘밸리에서 비롯된 이 새로운 묵시록을 앞에 두고, 아실로마 회의 참석자들 가운데 지난 5년 동안 구글에서 엔지니어링 책임자로 있었으며 가장 경험 많고 또 가장 생각이 정교한 레이 커즈와일과 이야기를 나눠봐야겠다고 생각했다. 그 운동의 가장 극단적인 인물들 가운데 한 명으로 손꼽히긴 하지만, 나는 그가 차분하며 낙담하지 않는 기술 분야의 장인임을 잘 알았다. 나는 테그마크의 견해를 어떻게 생각하냐고 물었다. 그때 커즈와일은 마치 그의 모교인 MIT 시절부터 가지고 있던 생각의 줄기가 자기가 바라던 대로 진행되지 않고 있음을 본인도 잘 아는 듯 조금은 겸연쩍은 눈치였다.

커즈와일은 열네 살 때 MIT 교수였던 마빈 민스키의 영재 제자가 된 이후로 줄곧 인공지능의 여러 형태를 연구하고 만들어왔다. 그의 이 경력은 인공지능 분야의 전체 역사를 망라한다. 2017년 말, 커즈와일은 빠르게 성장하던 이 기술에 대한 새로운 통찰을 구하기 위해 스승 민스키와 줄곧 상의해왔다고 털어놨다. 그때 그는 눈에 장난스러운 빛을 띠면서, 민스키가 자기보다 더 표현력이 좋고 또 열정적이었음을 최근에야 깨닫고 놀랐다고 했다. 2년 전에 사망한 스승을 그렇게 언급하는 것이 불편할 수도 있었을 텐데, 그의 그런 반응이 다소 놀라웠다.

커즈와일은 민스키의 간결한 저서 10권을 대상으로 자기가 직접 이름을 붙인 '시맨틱 검색semantic search'을 실행한 끝에 (맹목적인 '키워드 검색' 방식이 아니라 특정하게 연관된 의미를 검색하는 방식) 고인이 된 인공지능의 전설로부터 즉각적으로 해답을 얻을 수 있었다. 또한 커즈와일은 같은 프로그램을 사용해 그 자신의 여러 저작들을 탐구했으며, 또 시간이 흐르는 과정에서 놓쳐버렸던 통찰을 회복했다. 아마도 그 통찰은 자기 시맨틱 프로그램의 보다 새로운 개념들에 의해 기억 속에서 다시 제자리를 찾은 것 같다. 스마트폰에 지메일을 깐 사람이라면, 새로운 이메일 아래에 답글 세 개가 제안되는 것을 봤을 것이다. 이것이 커즈와일이 시맨틱을 이용해 거둔 성과 가운데 하나다.

아실로마에 모인 사람들이 특히 더 놀랐던 이유는 시맨틱 검색이 '슈퍼 인간super-human'의 능력을 갖고 있어, 단어들의 배열을 입력해 수행하는 검색보다 더 나은 결과를 낳았기 때문이다. 후자의 검색은 검색어가 정확하게 입력되지 않으면 검색자가 원하는 결과를 내놓지 않는다. 커즈와일의 시맨틱 검색은 검색어로 입력된 각 단어를 여러 동의어들과 연관어들로 뭉쳐진 덩어리로 바라보기 때문에, 즉 단지 단어 하나가 아니라 보다 긴 배열들을 거느린 의미의 위계 체계로 바라보기 때문에, 문서 한 무더기를 사람이 꼼꼼하게 읽으며 원하는 결과를 찾는 과정을 컴퓨터로 가속화한 것이나 마찬가지다.

커즈와일이 인정하듯이 시맨틱 검색은 인간 지능을 대체한 것이 아니라 '인간 지능을 확장한 것'이다. 인공지능 장치로 강화된 인간이 '강탈자'로 돌변한 디지털 기계에게 습격당할 확률은 아무래도 적다. 시맨틱 검색은 기계학습에 따른 종말의 시점을 뒤로 늦춘다.

또한 2017년 10월 말에 구글에서 딥 마인드 프로그램이 알파고 프로그램의 또 다른 버전을 내놨다. 알파고가 세계 챔피언을 다섯 차례나 차지한 바둑 명인 이세돌을 연이어 이겼다는 사실은 독자도 잘 알 것이다.

알파고에 적용했던 트리검색^{tree search}(트리탐색)은 인간 전문가들의 수많은 기보를 학습하는 방식으로 훈련했으며, 또 자가대국으로 강화된 딥뉴럴 네트워크^{deep neural networks}를 사용해 바둑판에 놓인 돌들의 위치를 보고 형세를 읽으며 이후의 행보를 평가했다. 커즈와일의 블로그^{Kurzweil.ai}가 지금 게임 규칙이나 보상구조를 제외한 직접적인 인간의 경험을 일절 학습하지 않고서 순전히 강화학습만을 기반으로 한 알파고의 새로운 버전을 보고한다.

알파고는 일종의 '포괄적인 대결 프로그램^{generic adversarial program}'의 형태로 자가대국을 벌이며 자기 자신을 가르치고 또 배운다. 이것을 두고 구글의 보고서는 다음과 같이 결론을 내린다.

"우리의 새로운 프로그램 '알파고 제로'는 완전히 백지상태에서 출발해 과거에 챔피언을 꺾은 알파고를 상대로 100전 100승을 기록하며 인간을 능가하는 성과를 거뒀다."[10]

그런데 '인간을 능가하는 성과'라는 주장이 내게는 어쩐지 긴장감의 발로로 보였다. 아무런 도움을 받지 않는 인간을 능가하는 것이 기계에게 주어진 목적이고 과제다. 예컨대 3D 프린터에서 쟁기에 이르기까지 모든 기계가 그렇다. 그렇지 않다면 인간이 기계를 발명할 이유가 없다. 바둑에서 최상의 착점을 찾는 것이 몇 가지 제약을 가진 거대한 문제, 즉 우주처럼 거대한 크기의 밭을 쟁기질해야 하는 것과 같은 것이라고 한다면, 바둑은 '슈퍼패스트 컴퓨터^{super-fast computer}'에 완벽하게 들어맞는다. 1초에 수백만 번의 반복적인 연산을 하는 이 기계는 곧 인간이 지금까지 기록해온 바둑의 모든 기보를 자기 경험 가운데 지극히 작은 한 부분으로 만들어버린다. 이 기계가 하는 일이 마치 우주탐사 로켓이 인간의 서식지를 넘어서는 우주의 어떤 영역을 '발견'하는 것과 마찬가지로 인간의 능력을 넘어서는 수백만 가지의 해법을 '발견'하는 것이라고 말할 수도 있다. 그러나 반복연산의 속도를 지능이라고 할 수는 없다.

바둑은 체스처럼 말들이 제각기 구분돼 있지 않고 동일한 돌을 사용하는 순수하게 전략적인 게임이다. 그렇기 때문에 컴퓨터가 바둑에서는 체스에서보다 상대적으로 규모가 작은 해법 공간을 가지고서 보다 효율적으로 해법들을 철저하게 다룰 수 있다. 아실로마의 종말론자들은 연산 속도와 지능 사이의 차이, 즉 프로그램화할 수 있는 기계와 프로그래머의 차이를 놓치고 있다.

테그마크는 또한 다음과 같은 주장을 한다. 퀴즈 프로그램의 우승자이며 가끔은 탁월한 의료 진단자이기도 한 왓슨, 체스 챔피언인 빅 블루Big Blue, 아무것도 없는 상태에서 출발했지만 수십 차례의 전자 게임에서 인간을 이기는 법을 터득한 구글의 딥 마인드, 안면인식기들, 자연언어(*컴퓨터가 사용하는 인공언어가 아니라 인간이 일상적으로 사용하는 언어) 번역기들, 자율주행 프로그램들 등과 같은 온갖 인공지능 프로그램들이 지금까지 거둔 성과를 보면, 언젠가는 인간 정신에 비해 너무도 강력하고 우월해져서 집에서 기르는 개가 인간 대뇌작용의 의미를 파악할 수 없는 것처럼 우리 인간으로서는 도무지 그 깊이를 알 수 없는 초지능super-intelligence이 나타날 징후가 보인다는 것이다. 게다가 이건 단지 시간문제일 뿐이라고 한다.

커즈와일은 비록 디스토피아적인 해석을 군이 회피하긴 하지만, 그럼에도 불구하고 대담하게도 2049년이라는 시각을 제시했다. 테그마크는 영국의 천문학자 에드워드 로버트 해리슨이 했던 "수소는 시간만 충분히 주어지면 사람으로 변한다"라는 말을 즐겨 인용한다. 마찬가지로 사람도 시간만 충분히 주어지면 튜링머신로 변할 수 있는데, 튜링머신은 본질적으로 사람들이 '신'이라고 부르는 바로 그 존재다. 그는 이 슈퍼 인공지능이 가질 신과 같은 힘을 두려워하거나 부정적으로 바라보지 않는다.

"그 슈퍼 인공지능이 어떤 형태로 있든 간에, 발전된 기술은 그것을 우리가 바라는 어떤 물질로든 재배열할 수 있다. 발전소가 될 수도 있고, 컴퓨터가 될 수도 있으며, 또 그 밖에 발전된 여러 가지의 삶의 방식이 될 수도 있다."

《맥스 테그마크의 라이프 3.0》과 아실로마는 인간 이후 시대의 원칙들에 대한 어떤 선언이다. 그리고 마지막으로 의미가 있는 인간 존재는 슈퍼 인공지능의 발명자들이라는 것이 결론이다. 사람들은 하사비스, 노빅, 르쾽, 페이지를 좋아한다. 당신들이 그들이 벌이는 운동에 동조한다면, 할 수만 있다면 그들에게 경의를 표시하고 또 그들이 자기 일에 몰두하게 되길 희망하라. '라이프 3.0'은 실리콘을 기반으로 기계에 의해 생성된다.

페이지부터 커즈와일에 이르기까지 그 운동에 동참하는 모든 사람과 마찬가지로, 테그마크는 세상에는 가능할 수 없는 일들이 많이 있음을 잘 아는 정교하고 세련된 현대인이다. 심지어 그는 자기 책에서, 상대적으로 관대한 인공지능 정권에서 벗어나 오로지 인간들만 살아가는 어떤 영역을 건설해도 좋다는 허락을 받는 사람들을 상상하기까지 한다. 그러면서 이 분야 사람들에게서 공통적으로 볼 수 있는 짐짓 잘난 체하는 태도로 다음과 같이 썼다.

"이 영역들에서 살기를 선택한 소수의 인간들은 보다 낮고 보다 제한적인 의식 수준에서 효과적으로 존재하며, 자기보다 지적인 다른 인간들이 다른 영역들에서 행하는 것들을 제한적으로만 이해하며 살아왔다. 그러나 이들 가운데 많은 사람이 자기 삶을 매우 행복하다고 여긴다."

문제는 인공지능 그 자체가 아니다. 인공지능은 인간의 삶을 개선한다는 많은 약속을 짊어진 매우 인상적인 기술일 뿐이다. 슈퍼 인공지능을 하나의 기술에서 광신적인 어떤 것으로 바꾸는 것은, 인간 정신도 따지고 보면 본질적으로는 컴퓨터, 즉 물질적인 어떤 기계라는 가정이다. 이 가정은 인간 진화도 무작위적 과정의 결과일 뿐이라는 믿음에서 비롯된다. 그리고 이 무작위적 과정은 지금까지 차선^{次善} 수준의 인간 두뇌, 즉 상대적으로 조악한 컴퓨터 '웻웨어^{wetware}'(*하드웨어나 소프트웨어와 구분되는, 컴퓨터 시스템으로 본 인간의 두뇌)를 낳아왔는데, 이 부족한 인간 두뇌는 시간이 지나면 실리콘 속에서 (즉, 컴퓨터의 형태를 띨 때) 한층 나아질 수 있다는 것이다.

이 가정은 외계생명체에 집착하는 것으로 이어진다. 비록 커즈와일과 테그마크 두 사람 다 외계 존재를 일축할 정도로 충분히 똑똑하거나 혹은 약삭빠르지만, 이 운동의 대부분은 '우리는 혼자가 아니다'라는 발상에 젖어 있다. 그렇기 때문에 통상적인 물리력의 관점에서 볼 때 다른 행성들에 지적 생명체가 산다는 것은 너무도 명백해 '부인할 수 없다'는 것이 그들이 내리는 일반적인 결론이다. 이런 확신을 단적으로 나타내는 것이 세티^{SETI, Search for ExtraTerrestrial Intelligence}(외계지적생명체탐사)다. 이것은 전 세계 컴퓨터 수십만 대를 동원해 전자석 잔해를 통해 우주 어딘가에 있을 생명체(마음)의 어떤 흔적을 찾는다. 그러나 성과는 없다. 35여 년간 아무것도 나타나지 않았지만, 러시아의 위대한 물리학자이자 투자자인 유리 밀너는 '브레이크스루 리슨Breakthrough Listen 프로젝트'에 1억 달러를 추가로 투자했다.

이런 노력들은 외계생명체 발견의 실패를 반영한다. 이 시대의 지식인들은 목적의식성consciousness이라는 실체에 그저 눈을 감고 있다. 목적의식성이란 우리가 누구이며, 우리가 어떻게 생각하고 또 어떻게 지식을 습득하는가 하는 것이다. 목적의식성은 종교적 직관과 심리적 정체성과 연관된다. 목적의식성은 기계와 대립되는 마음의 정수다. 목적의식성은 창의성과 자유의지의 원천이다. 이 목적의식성을 이해하지 않으면, 컴퓨터가 인간을 온전하게 대체할 수 있다는 발상을 하게 되고 지능이라는 발상을 할 수 없게 된다.

모든 인간 지능 시나리오는 인간의 목적의식성, 의지, 감정, 상상력, 창의성, 독립성을 가진 슈퍼 인공지능이 존재한다고 전제한다. 그러나 테그마크를 비롯한 인공지능 주창자들은 지금까지 전압, 트랜지스터 게이트, 메모리 저장장치, 쌍안정 회로(플립플롭)(*온-오프 스위치처럼 두 개의 안정 상태 가운데 어느 쪽이든지 한쪽을 보존하는 회로)가 뭔가를 알거나 학습한다는 사실을 증명하는 데까지는 조금도 나아가지 못하고 있다. 이런 것들이 의지를 가지거나, 자신을 만든 인간 프로그래머들을 의식하거나, 독립성을 가지려 한다거나 하는 것을 증명하지 못했음은 말할 것도 없다.

슈퍼 인공지능 지지자들의 논점은 인간 정신이 전기적이고 화학적인 요소들로 이루어져 있으며, 이 요소들이 그 자체로는 지능이 없다는 것이다. 그러나 바로 이 지점에서 우리는 자기지시self-reference와 관련해 괴델과 튜링이 맞닥뜨렸던 어려움을 본다. 인공지능 과학자들은 자기 자신의 뇌로 되돌아가 참조함으로써 (그들은 이런 사실을 진정으로 이해하지 못한다) 곧바로 자기지시적인 괴델적 당혹감에 빠진다. 자기 자신의 마음과 목적의식성을 이용해 마음에 존재하는 목적의식성의 의미를 부정함으로써 자기 자신을 반박하는 것이다.

튜링이 결론을 내렸듯이 그들은 어떤 '신탁'을 필요로 하며 (이 신탁은 시스템 바깥에 존재하는 지능의 원천이다) 그가 신탁에 대해 할 수 있는 말은 '그것은 기계일 수 없다'는 것뿐이었다. 튜링은 반복되는 자기지시에서 비롯되는 물리학의 불확실성을 컴퓨터가 반복한다는 사실을 알았다. 물리학이 전자와 광자로 만들어진 도구들을 사용하려고 할 때 실패하는 것과 마찬가지로, 인공지능도 컴퓨터가 자신을 설명하기 위해 자신을 사용할 때 실패한다.

목적의식성과 자유의지는 결정론(*사물이나 현상이 모두 객관적인 연관성을 지닌 채 서로 조건 짓고 있다는 학설)을 배제하고 자기지시적이다. 인공지능 전문가들은 부정하고 싶겠지만, 목적의식성을 받아들이지 않고서는 마음을 설명할 수 없다. 커즈와일은 목적의식성을 중심적인 주제에서 빼서 논외로 할 수 있다고 믿는 것 같다. 그의 책 《마음의 탄생》은 인공지능을 가장 체계적으로 설명하며, 그의 또 다른 역작인 《특이점이 온다 The Singularity Is Near》와 마찬가지로 독창적인 통찰들로 가득하다. 그러나 목적의식성이라는 점만 놓고 보자면 이 두 책 모두 자기지시적 순환논법에 빠져, 기계가 충분히 지능적이 되면 목적의식성을 가진 것으로 인식될 것이라고 주장한다. 괴델이 미소 짓는 게 보이는가?

어떤 상징 기계 symbol machine 는 아무것도 알지 못한다. 소프트웨어 상징들은 외부의 튜링 신탁, 즉 프로그래머에 의해 의식적으로 지각된 (즉 알게 된) 현상을 대변한다. 이것은 '기계가 될 수 없다'. 왜냐하면 그것은 컴퓨터의 논리적인 기계가 의존하는 절차들 그리고 온갖 가정들과 자명한 이치들을 제공하기 때문이다.

인공지능의 맹점은 바로 목적의식성이라는 것이 생각 속에 숨어 있다가 모습을 드러내는 게 아니라는 데 있다. 목적의식성은 생각 속에 숨는 게 아니라 생각의 원천이다. 독일의 철학자 라이프니츠가 17세기에 커다란 건물만 한 어떤 컴퓨터를 상상했듯이, 그 기계 내부에는 (이 내부는 결정론적인 구조다) 톱니와 톱니바퀴는 있지만 인식은 없다. 신탁의 프로그래머는 바깥에 있어야 한다. 소프트웨어 프로그래머가 마땅히 해야 할 자신의 본분을 망각할 수 있다는 것이 수수께끼이지만, 체스터턴은 전문가의 근시안을 제대로 이해했다.

> 어떤 것을 연구하고 또 이것을 날마다 실천하는 전문가가 그 대상을 날마다 더 많이 바라보며 또 그것이 가지는 의미를 더 많이 바라본다는 가정이 참이라는 전제조건 아래에서라면, 당연히 그 전문가를 신뢰하는 게 마땅하다는 주장을 절대 반박할 수 없다. 그러나 그 전제조건에 문제가 있다. 그 전문가는 날마다 그렇게 하지 않는다. 그는 날마다 그 대상을 덜 바라보고, 그것이 가지는 의미를 적게 바라본다.[11]

물질을 향한 이 미신은 정보시대에서 발견되는 특이한 현상이다. 섀넌은 스스로 '엔트로피 하우스'라고 이름 붙인 자기 집에서 원고를 쓰면서, 정보 그 자체는 예기치 않은 비트에 의해, 즉 그것이 야기하는 놀라움에 의해 측정됨을 입증했다. 이것은 열역학적 엔트로피의 무질서와 공명하는 질서의 한 형태다. 정보는 놀라움이다. 결정론적인 기계는 결정론적이기 때문에 당연히 뜻밖의 놀라움에서는 자유롭다. 이것이 내놓는 대답은 언제나 질문 속에 함축돼 있다. 거기에는 엔트로피가 없다. 예상하지 못한 것이 아무것도 없기 때문이다.

이 논지는 그 시대의 많은 위대한 사람들을 비껴갔는데, 그들은 정보를 질서라고 생각했다. 혹은, 때때로 그들이 표현했듯이 음陰의 엔트로피negentropy라고 보기도 했다. 이는 그들이 무지했음을 드러내기도 하다. 열역학 이론에서든 정보이론에서든, 엔트로피는 질서가 아니라 무질서다. 질서는 예상하지 않은 비트를 불필요한 중복redundancy(완충)이라고 규정한다. 엔트로피는 예상하지 않았던 것을 측정하며, 측정된 정보를 그 메시지에 담긴 자유의 정도에 따라 판단하고 추정한다.

규칙성의 예상치 않은 왜곡에 의해 측정된 정보는 온전하게 결정론적이지도, 온전하게 무작위적이지도 않다. 섀넌이 '어떤 것을 표적으로 삼는다'는 뜻의 그리스어 단어를 골라 표현했듯이 정보는 추계적stochastic(확률적)이다. 정보는 가능성들을 기술들과 결합하고, 무작위성을 구조와 결합한다. 정보는 낮은 엔트로피 물질(전달자)에 의해 새겨진 높은 엔트로피 메시지 속에게 극대화된다. 예를 들어 광섬유 케이블 속에 암호를 담은 것으로 변조된 빛이 그렇다.

폰 노이만 이후로 섀넌은, 구글이 지금 구체화하는 세상 체계의 수립 과정에서 가장 중요한 역할을 한 인물이다. 나는 그가 출구를 보여줬다고 말하고 싶지만, 섀넌 본인은 구글 시대를 괴롭히는 물질주의적인 미신의 늪에 빠져버렸다. 그는 이렇게 썼다.

"나는 인간이 매우 복잡한 종류의 기계라고 생각한다. 그러나 컴퓨터와는 다른 종류다. 즉 조직상으로 다르다. 그러나 인간은 쉽게 재생산될 수 있다. 인간은 약 100억 개의 신경세포를 가지고 있다. …… 전자장비를 가지고서 이 신경세포 각각을 만들면, 그것은 인간의 뇌처럼 행동할 것이다. 만일 체스의 달인 보비 피셔의 머리를 가지고 어떤 기계 모델을 만들면, 그 모델은 피셔처럼 체스를 잘 둘 것이다."

여기에서 섀넌은 물질주의적인 믿음을 드러냈다. 뇌는 전기적인 충격과 화학적인 반응으로 통제되는 100억 개의 뉴런으로 돼 있다. 물질주의 신봉자에게 이런 견해는 의심의 여지가 없는 진실이다. 어쨌거나 평평한 우주 이론에서는 화학적인 요소와 물리적인 요소를 제외하고 나면 아무것도 없으니까 말이다.

섀넌이나 커즈와일이 이해하고 있듯이, 보다 면밀한 관찰자에게는 다른 것이 보인다. 패턴, 디자인, 형식, 배열configuration이 그런 것들이며, 이것들을 모두 뭉뚱그리면 정보다. 그러나 만일 물리학과 화학만 있으면 모든 것을 다 설명할 수 있다는 상향식 가설에 반대하며 문제를 제기한다면, 섀넌이나 커즈와일은 이렇게 말할 것이다.

"보다 많은 차원들을 말하나 본데…… 나는 그런 가설들을 전혀 필요로 하지 않는다."

이 믿음은 목적의식성과 선택의 자유와 놀라움을 배제함으로써 궁극적으로 정보이론 그 자체에 저항한다. 정보는 선택의 자유 범위에, 그리고 오로지 목적의식성을 가진 존재만이 인지할 수 있는 놀라움에 의존한다.

이런 물질주의적인 미신은 전체 구글 세대가 마음과 창조를 온전하게 이해하지 못하도록 가로막는다. 목적의식성은 믿음에 의존한다. 믿음이라는 것은 온전한 지식 없이도 행동할 수 있는 능력, 따라서 언제든 놀라고 또 놀라움을 줄 수 있는 능력이다. 그런데 기계에는 목적의식성이 없다. 그러니까 기계다. 기계는 결정론적인 질서의 한 부분이다. 놀라거나 놀라움을 줄 능력이 없는 기계는 자기 안에서 모든 것을 다 해결하도록 자족적이고 또 결정론적이다.

목적의식성이 없는 신체는 밀봉된 상태 그대로 논리적인 체계인데, 이것은 불완전해서 어떤 '신탁'을 필요로 함을 괴델과 튜링 두 사람 모두 입증했다. 이런 무능함에 대한 자각은 인간적인 조건이고, 이것은 직관적으로 느낄 수 있으며 또 목적의식성 속에서 명시된다. '나'는 논리의 기계를 초월하는 믿음의 영역에서 비롯된다.

진정한 과학은 우주가 하나의 특이점이며, 따라서 창조물임을 보여준다. 창조는 인간의 목적의식성에 공명한 보다 높은 수준의 엔트로피적 산물이다. 보다 높은 수준의 이 목적의식성은 (이것을 우리는 인류 역사를 통해 '신'이라고 부르는 것이 가장 편리함을 깨달았다) 놀라운 것들이 만들어낼 수 있는 공간을 인간적인 창조자들에게 부여한다.

이것이 우주적인 생각의 거울이 달린 방, 즉 사색적인reflective(반사적인) 지능이다. 목적의식성은 창조에 선행하며, 말은 육신을 선행한다.

재런 래니어는 다음과 같이 썼다.

"최근 디지털 문화의 가장 중대한 실수는 개인들이 모여 있는 네트워크를 너무 잘게 썰어서 모든 사람을 모래알로 만들어버렸다는 사실이다. 그리고는 그 네트워크 자체는 아무런 의미가 없음에도 불구하고, 네트워크로 묶여 있는 실제 사람들이 아니라 네트워크의 추상화에 대해서만 걱정하기 시작한다. 진정 중요한 것은 오로지 사람들이다."[12]

인공지능은 상징과 대상을 연결하는 인간의 지능과 경쟁한다. 인공지능은 인간의 마음 없이는 아무것도 할 수 없다. 자기에게 상징 체계와 언어를 제공하고, 자기의 프로그램을 만들고, 훈련 과정 동안에 단어든 이미지든 간에 자기가 흡수하는 정보를 구조화하고, 수없이 많은 연관성을 찾을 수 있는 빅데이터를 제공하고 또 만들어내며, 마지막으로 목표 체계와 보상 체계를 설정하고 연산을 반복·최적화하고 어떤 해결책에 수렴하도록 해주는 표적순위target sequence들을 설정하는 인간의 마음이 있어야만 한다. 산출을 생산하기 위한 복잡한 알고리즘 조합들을 통해 재료를 끊임없이 투입해야만 하는 인공지능은 생각을 할 수 없다.

생각은 목적의식적이고, 의지를 동반하고, 상상을 할 수 있고, 창의적이다. 기가헤르츠 속도로 돌아가며 체스나 바둑 같은 결정론적인 게임을 하는 컴퓨터는 한낱 기계일 뿐이다. 컴퓨터가 인간을 능가한다는 발상은 주판이나 계산기가 인간의 계산 속도보다 빠를 경우에만 이치에 맞는다. 인공지능은 교묘하게 배열된 전자적인 요소들(전류, 전압, 유도용량, 정전용량 등)로 구성된 컴퓨터 알고리즘의 산출에 관한 이야기다. 즉 인공지능은 불 논리Boolean logic(*0과 1 또는 참과 거짓의 두 가지 값을 이용하는 논리학의 한 분야) 체계들, 트리 구조들, 신경회로망들이 전제돼야만 비로소 의미를 획득한다. 이것들은 인간의 언어들과 그 밖의 상징 체계들(여기에는 자기를 프로그래밍하는 컴퓨터 언어들과 수학적 추론이 포함된다)로부터 자신의 효용성을 획득한다.

미국의 위대한 철학자 찰스 샌더스 퍼스는 기호와 상징, 대상 그리고 해석자에 대한 자기 이론을 개발하면서 이 근원적인 원리의 실체를 자세하게 설명했다. 비록 퍼스가 150년 전에 쓴 글이긴 하지만, 그의 통찰은 가장 최근의 소프트웨어 패키지나 기계학습 주장에서 여전히 유효하다. 퍼스의 논지는 '신탁'을 묘사했던 튜링의 논지와 일맥상통한다. 상징을 상상의 영역으로 이끌어주는 '해석자' 없이는 상징과 대상이 아무것도 생산하지 못하는 불모 상태로 남을 수밖에 없다는 것이다. 그가 말한 '기호 관계sign relation'는 대상과 기호와 해석자를 더는 단순화할 수 없는 3인조로 만들어준다. 모든 상징은 해석자인 인간의 마음에 의해 그 대상과 떨어질 수 없는 관계로 연결돼 있다는 전제는, 논리적 일관성이 있는 모든 정보이론에서 본질적인 요소다. 정의론적인 차원에서 볼 때, 해석되지 않은 상징은 의미가 없으며, 이런 공허함을 다루는 철학은 모두 숨어 있는 가정들이나 해석적인 판단들 앞에 필연적으로 무릎을 꿇는다.[13]

기질에 무관한 정보를 바탕으로 하는 어떤 산업에서 해석자를 배제하는 물질주의의 기본적인 실수는 새로운 기술의 발전에 치명적이다. 유동 운동을 하는 유동 입자들로 이루어진 어떤 세상 모델로는 컴퓨터학의 미묘한 사항들을 포착할 수 없다. 이것은 유동 입자들로 이루어진 어떤 모델을 가지고서 인간의 뇌를 조명할 수 없는 것과 마찬가지 이치다. 어떤 컴퓨터 안에 있는 모든 양자와 전자의 지식은 그 컴퓨터가 하고 있는 것에 대해 사실상 아무 이야기도 해주지 않는다. 당신이 이걸 알려면 소스코드에 다가가야 하는데, 그 소스코드란 것은 바로 인간의 해석이 비롯되는 기저상태다.

2017년 아실로마에서 열린 콘퍼런스는 같은 장소에서 1975년 2월에 열렸던 콘퍼런스를 상기시킨다. 그때 과학자들은 기술의 미래에 대해 경고했다. 그때 문제가 된 것은 유전자공학이었다. 그들은 이 분야의 실험이 계속되면 분자생물학자들이 별개의 두 개체에서 추출한 DNA를 합쳐 기이한 DNA 분자를 재조합해 '괴물'을 만들어내고, 궁극적으로 인류의 삶을 위협할지도 모른다고 두려워했다. 그때 그 콘퍼런스에 참석한 사람들은 10년 안에 "과학자들이 새로운 종을 창조할 것이며, 100억 년 동안 이루어진 진화를 단 한 해 만에 끝내버릴 것"이라고 예언했다.

하지만 그로부터 40년 이상 지난 지금 돌이켜보면, 당시에 느꼈던 기대와 두려움이 허망하기만 하다. 거의 반세기에 걸친 이 좌절의 뿌리는 1930년 독일 쾨니히스베르크에서 열린 어떤 회의로 거슬러 올라간다. 그때 폰 노이만과 괴델은 결정론적인 수학은 창의적인 목적의식성을 낳을 수 없음을 보여줌으로써 컴퓨터 시대를 열었다. 폰 노이만은 한 걸음 더 나아가 우리가 지금 보내고 있는 시대의 신탁이 됐다.

저명한 화학자이자 생물학자인 마이클 덴턴은 1975년의 그 콘퍼런스를 회고하며 이런 결론을 내렸다.

"유전자공학이 실제로 이룩한 성취는 그저 그런 편이다. …… 진정한 공학이었다기보다는 사소한 땜질 정도밖에 되지 않는다. 자동차를 새로 설계한 게 아니라 자동차엔진을 튜닝한 것에 비유할 수 있다. 즉 이미 존재하던 잠재력을 살짝 변용하는 식으로 개조해 현재의 모든 생체에 적용할 수 있도록 한 것이다."

이렇게 해서 유전자변형 식물 수천 종이 개발됐다.

"하지만 이런 결과들은 살아 있는 어떤 유기체의 탄생이나 근본적인 복원과는 거리가 멀다."[14]

1975년의 아실로마 콘퍼런스가 얻은 것이라고는 어떤 둔감한 피해망상증을 촉발한 것뿐이었다. 전 세계의 농업 발전을 방해하는 '유전자변

형농산물^{GMO}'에 대한 피해망상증을……

피해망상적인 정치학의 위험은 바로 2017년 아실로마 콘퍼런스의 모든 딥러너$^{Deep\ Learner}$(기계학습자)들이 그 주된 위기를 인식했어야 하지만 그렇게 하지 않았던 바로 그 사실을 가리킨다.

○ ○ ○

인공지능 아실로마 콘퍼런스에 참석했던 딥러닝 관계자들과 구글 수뇌들 가운데는 23세의 대학 중퇴자 비탈릭 부테린도 있었다. 부테린은 괴델과 튜링의 공통적인 특징인 누렇게 뜬 얼굴과 당나귀 귀라는 천재 소년의 외모를 그대로 빼박았다. 그 자리에 모인 하이테크 분야 저명인사들은 쾨니히스베르크에 모인 수학자들이 24세의 괴델을 알아본 것만큼이나 부테린을 온전하게 알아봤을 것이다. 물론 아실로마에 모인 사람들은 부테린이 그동안 얼마나 중요한 일을 했는지 진작 알았긴 하지만 말이다.

부테린은 2015년에 창업한 자기 회사 이더리움을 '블록체인 앱 플랫폼'이라고 간략하게 소개했다. 블록체인은 2008년에 '사토시 나카모토'라고 알려진 익명의 인물(혹은 집단일 수도 있다)이 자기의 암호화폐인 비트코인을 지원하기 위해 2008년에 고안한 것으로, 해킹이 불가능한 공개적인 분산형 구조의 원장이다. 부테린이 얼마나 갑작스럽게 유명인사로 떠올랐는지, 아실로마 콘퍼런스 직후에 싱가포르 중앙은행은 이더리움의 통화를 다른 통화들과 함께 다루겠다고 발표했으며, 또 캐나다와 러시아를 포함한 다른 중앙은행들도 금융거래와 스마트계약$^{smart\ contract}$[*서

류로 계약서를 작성하고 이행하는 데 시간이 소요됐던 기존 방식과 달리, 블록체인의 보안성과 안정성이 담보돼 계약 조건만 성사되면 스크립트(컴퓨터 명령어)에 의해 계약이 바로 실행되는 계약]의 새로운 토대로 블록체인이 가진 잠재력을 조사하고 나설 정도였다.

그러나 블록체인에 대한 부테린의 전망은 오랜 기간에 걸쳐서, 암호화폐보다 더 넓은 지평으로 확대되던 참이었다. 이더리움의 공동창업자인 조 루빈은 이더리움이 '인터넷 시스템을 통제하거나 그 시스템에 대한 게이트키핑(*정보를 취사선택해 유통시키는 것)을 통제하는 어떤 단일하고도 강력한 주체'가 존재하지 않는 인터넷을 만드는 데 기여할 것이라고 예측한다.[15] 2014년에 잡지 〈와이어드〉는 스마트계약이 (부테린은 스마트계약이 용이하게 진행되도록 하기 위해 이더리움을 만들었다) "자율적으로 돌아가는 기업의 창조로 이어질 수 있다"고 추정했다.[16] 즉 사람이 아니라 오로지 봇에 의해 운영되는 기업이 나타날 수도 있다는 것이었다. 부테린과 이더리움을 바라보는 시선이 이 정도였으니, 2017년에 미래주의적인 기술 전문가들을 한자리에 모으는 행사를 준비하는 측에서 이더리움의 이 예언자적인 인물을 초청자 명단에서 배제하기는 어려웠을 것이다.

암호 전문가인 이언 골드버그의 연구조사원으로 일하던 동안에 〈비트코인 매거진〉을 창간한 부테린은 섀넌이 품었던 전망을 가장 올바르게 이어받은 인물일지도 모른다. 그는 섀넌과 마찬가지로 정보의 밝은 측면과 어두운 측면 사이를, 즉 의사소통과 암호통신 사이를 매끄럽게 오갈 수 있다. 섀넌의 정보이론은 튜링이 가지고 있었던 연산 관련 전망과 마찬가지로 암호에 대한 이해에서 시작했다. 섀넌의 첫 번째 주요 논문인 〈암호통신의 수학적 이론A Mathematical Theory of Cryptography〉(1945)은 완벽하게 무작위로 형성된 일회용 암호표^{OTP}가 깰 수 없는 어떤 암호, 즉 특이점을 형성함을 입증했다. 이 정보이론은 백색소음(순전히 무작위적이다)과 완벽한 질서(예측 가능하며 정보가 없다) 사이에 존재하는 어떤 연속체를 다룬다. 섀넌의 논문은 백색소음과 완벽한 질서 사이의 중간 어딘가에 있으며, 데이터가 많은 비옥한 어떤 영역, 구체적으로 말하면 그 둘이 섞여 있는 어떤 영역에 관심의 초점을 맞췄다. 섀넌은 이 영역을 '추계적인 stochastic(확률적인)' 영역이라고 불렀다. 이 통제되는 확률(가능성)의 영역은 의사소통, 정보부호information code, 암호통신 그리고 암호 작성 및 해독 등의 주제로 구성뇌는데, 이런 주제가 바로 비트코인과 블록체인과 이더리움이 초점을 맞추는 핵심 사항이다.

아실로마에서 부테린이 몇 가지 날카로운 예시를 들며 블록체인으로 컴퓨터를 통제하는 방법을 추천했을 테지만, 테그마크는《맥스 테그마크의 라이프 3.0》에서 부테린을 전혀 언급하지 않는다. 래리 페이지와 일론 머스크 그리고 구글 딥 마인드의 거물들을 모두 영웅으로 묘사하고 있음에도 불구하고 말이다. 물론 그 책 본문 236쪽을 보면, 슈퍼지능을 갖춘 어떤 지배적인 슈퍼 인공지능이 우주적인 새로운 암호화폐를 '비트코인의 정신으로' 발명할 수도 있다는 구절이 있긴 하다. 그런데 이 구절은 비트코인을 지원했던 수수께끼의 인물 사토시 나카모토가 어떤 인공지능 프로그램이었을 수도 있다는 암시를 풍긴다.

이 책은 부테린과 그의 동료들이, 인류 발명의 역사에서 최절정의 기술이라 할 수 있는 인공지능 기술에 대한 거대한 행사장에서 변변찮은 말석을 차지할 수밖에 없을 것임을 강력하게 암시한다. 새로운 세대의 변형 기술주의자들이라는 이 발상은 새로운 종말을 이야기하는 구성에 딱 들어맞지 않는다.

　구글과 구글 세상은 현재 모습을 잘못된 시각으로 들여다보고 있다. 그들은 위기에 빠져 있다. 그런데 이 위기는 전능한 인공지능에서 비롯된 게 아니라 인간 지능을 지원하는 분산형 구조의 P2P 혁명, 즉 블록체인과 암호가 만발하는 새로운 환경에서 비롯됐다. 부테린과 그의 동료들은 데이터를 원래 그 데이터를 만든 사람들에게 복원해주며 이 데이터를 크립토코즘의 세상에 수평적·상호작용적으로 확립하는 일에 몰두하고 있다. 구글의 보안 관련 약점들과 인공지능 관련 환상들은 크립토코즘의 기술로 무장한 이 새로운 세대의 맹공격을 받고서 무사히 살아남을 것 같지 않다.

CHAPTER

10

1517펀드

· ·

'1517'이라는 펀드의 이름은 1517년 10월 31일에 시작된 탈중앙화의 또 다른 역사적 사례에서 따

왔다. 이날은 종교개혁가 마르틴 루터가 비텐베르크성 앞에 있던 교회의 문에 〈95개조 반박문〉

을 내건 날이다. 1517펀드의 설립 목적도 루터의 저항과 동일한 맥락이었다.

· ·

어떤 것을 제대로 이해하는 방법으로 그것에 투자하는 것보다 더 좋은 방법은 없다. 나는 기술 분야에서 진행되는 이 새로운 세대의 운동에 동참하려고, 2015년 7월에 1517펀드1517 Fund를 창립하는 데 참여했다. 이 재단은 해커이자 벤처 캐피털리스트인 다니엘르 스트라크만과 마이크 깁슨 그리고 역시 벤처 캐피털리스트로 이 펀드에 부분적으로 투자한 피터 틸이 이끌고 있다.

스트라크만과 깁슨은 틸을 연상시키는 사려 깊음과 어쩐지 무한하게 샘솟을 것 같은 정력을 가지고서 이미 청년 지원 재단인 틸 펠로십Thiel Fellowship을 초기 5년 동안 운영해오고 있었다. 틸 재단이 청년을 망치는 학력주의라는 요람에서 청년을 구해내겠다는 목적하에 2011년에 설립한 틸 펠로십은 20대 초반 학생들이 '대학 과정을 중단하거나 건너뛰도록' 유도한다. 여기에 선발된 학생들은 "자기만의 독특한 프로젝트를 수행하는 동안 2년에 걸쳐 총 10만 달러의 자금 지원 및 틸 재단 네트워크에 포함된 설립자들과 투자자들과 과학자들의 지원을 받는다".[1]

스트라크만과 깁슨이 세운 1517펀드의 소박한 목적은 새로운 세대의 기술주의자들이 현재의 세상 체계를 새롭게 형성하도록 돕는 것이다. 스탠퍼드대학에서 탄생해 구글 클라우드들에 둥지를 틀고 인간을 능가하는 인공지능을 목적으로 하는 이 세상 체계는 학문적 명예, 다목적 만능 기계, 소프트웨어 지상주의, 오픈소스 모듈성^{modularity}(*컴퓨터 시스템에서 하드웨어 및 소프트웨어의 각 구성 요소 일부를 변경하고 증설할 때 그 변경이 전체에 영향을 미치지 않도록 어떤 부분을 바꿀 수 있도록 하는 것) 그리고 비법 통합 등을 찬양한다. 그러나 당신은 이 체계가 당신의 돈을 관리하거나, 당신 아이들에게 동기를 부여하거나, 당신의 세계관을 형성하거나, 당신의 자동차가 좁고 복잡한 주차장에 혼자 주차하도록 할 것이라고 진정으로 신뢰하는가?

턱수염을 기른 자유주의자 깁슨은 2010년에 틸의 헤지펀드 클라리움 캐피털 매니지먼트^{Clarium Capital Management}에서 일할 때 틸이 '로즈장학제도에 반대하는 장학제도'를 시행하는 것을 보고는 자기를 장학생으로 뽑아달라고 신청했다. 로즈장학제도는 미국 및 영연방 소속 국가의 학부 졸업생으로 옥스퍼드대학에서 공부하고자 하는 사람을 대상으로 하는데, 이 장학금 수혜자로 선발되는 것만으로도 엄청난 영광이다. 빌 브래들리 같은 정치인들과 레이철 매도 같은 언론인들 그리고 기업가보다는 학계 인물들이 로즈장학금을 받았다.

'프로젝트를 통한 학습'을 열렬하게 지지하는 스트라크만은 과거에 샌디에이고에서 차터 스쿨(*공적자금으로 교사·부모·지역 단체 등이 설립한 학교)을 시작했었다. 그는 많은 학생들이 교실에 앉아 있을 때보다 직접 기업을 세우고 운영할 때 훨씬 많은 것을 배울 수 있다는 신념을 이미 가지고 있었다. 그러다가 틸 재단 소문을 듣자마자 [틸 재단은 처음에 '20 under 20(스무 살 미만 학생 20명)'이라는 이름으로 불렸다] 거기에 합류해 깁슨과 쌍두마차를 이뤘다. 두 사람은 2011년에 1회 장학금 수혜자를 선발했다. 그리고 그다음 해에 캐나다 워털루대학 신입생이던 열여덟 살의 비탈릭 부테린이 이 장학금을 받겠다고 지원했다.

그러나 디지털 교육 혁신이라는 그의 프로젝트는 인상적인 평가를 받지 못했다. 이와 관련해 스트라크만은 이렇게 말했다.

"재단이 막 출범했을 때 교육 관련 프로젝트를 수도 없이 봤다. 그 가운데에서 부테린의 프로젝트는 전혀 돋보이지 않았다."

그래서 그들은 부테린을 뽑지 않았고, 부테린도 다른 프로젝트로 재도전하지 않았다. 그해에 재단은 부테린의 고등학교 동창이자 친구이던 크리스 올라를 선발했다. 올라는 열아홉 살이었고, 그래픽 분야에서 높은 기량을 자랑했다(*올라는 나중에 구글의 개발자가 된다).

2013년에 올라는 워털루대학에서 해마다 개최되는 해킹 대회인 핵 더 노스Hack the North에 채 스물한 살이 되지 않은 부끄럼 많은 친구 부테린을 참가시켰다. 이 자리에서 부테린은 스트라크만과 깁슨을 만났다. 부테린은 두 사람에게 말끝이 조금 처들리는 혀 짧은 소리로, 틸 재단의 장학 제도에 낙방한 뒤에 방향을 조금 수정해 지금은 '블록체인이라 불리는 암호 구축 작업'에 푹 빠져 있다고 말했다. 그는 〈비트코인 매거진〉을 창간해 벌어들인 비트코인으로 이스라엘로, 라스베이거스로, 암스테르담으로 세계 여행을 하면서 블록체인의 성공 가능성을 연구하는 데 전념했다. 그러다가 "암호 프로젝트가 한 주에 30시간씩 내 시간을 잡아먹는다"는 사실을 깨닫고는 핵 더 노스 참가 직전인 2013년 3월에 대학을 자퇴한 상태였다.[2]

부테린에게는 워털루대학에서 스트라크만과 깁슨을 만난 일이 두 사람의 관심을 얻어 장학생이 될 수 있는 마지막 기회였다. 그 뒤로는 연령 제한 기준에 걸려 장학금 수혜자가 될 수 없었다. 이 자리에서 부테린은 인터넷과 세계 금융제도를 혁명적으로 바꿔놓을 것이라고 제안했다.

"바로 이게 피터 틸이 원한 거 아닙니까?"

부테린이 '튜링 완전성$^{turing-complete}$'(*어떤 프로그래밍언어나 추상 머신이 튜링머신와 동일한 계산 능력을 가진다는 뜻)을 갖춘 블록체인이니 새로운 소프트웨어 언어들이니 화폐 컴퓨터 플랫폼이니 스마트계약이니 하는, 비록 야심 차긴 하지만 비현실적인 이야기들을 장황하게 늘어놓을 때, 스트라크만과 깁슨은 부테린이 천재임을 알아봤다. 그러나 그의 과장된 떠벌임과 누가 보더라도 인정할 수밖에 없을 산만함은 성공한 기업가가 갖춰야 할 덕목에 위배됐다.

어쨌거나 두 사람은 부테린을 지원하기로 결정했다. 2013년 11월에 부테린은 이더리움 창업을 위한 백서를 썼다. 2014년 6월 5일에 피터 틸이 발표한 20명의 틸펠로십 장학생 명단에 부테린의 이름이 들어 있었다. 그리고 한 해 뒤에 이더리움은 지불과 관련해 비트코인이 수행하는 기능을 프로그래밍이 가능한 모든 영역에서 수행한다는 선언과 함께 탄생했다. 인터넷 탈중앙화로 가는 또 하나의 걸음이었다.

2015년 7월, 이더리움이 보다 넓은 세상으로 나아가는 바로 그 시점에 스트라크만과 깁슨은 틸펠로십을 떠나, 이것과 관련 있지만 새로운 프로젝트인 1517펀드를 막 시작했다. 틸 장학생들과 다른 고등학생 및 대학생 창업자들에게 투자하기 위해서였다.

'1517'이라는 펀드의 이름은 1517년 10월 31일에 시작된 탈중앙화의 또 다른 역사적 사례에서 따왔다. 이날은 종교개혁가 마르틴 루터가 비텐베르크성 앞에 있던 교회의 문에 〈95개조 반박문〉을 내건 날이다. 루터가 반발한 내용 가운데는 교황청이 자기 도장을 찍어서 면죄부를 판매하는 것도 있었다. 어떤 죄를 지었기 때문에 받는 세속의 벌칙을 면제받는 것은 다른 성물聖物들과 마찬가지로 절대로 매매 대상이 될 수 없다. 그럼에도 면죄부를 주는 사람들은 그 매매 거래를 확인하는 문서를 발행했고, 여기에 루터가 저항했던 것이다. 1517펀드의 설립 목적도 루터의 저항과 동일한 맥락이었다.

"마찬가지로 오늘날의 대학들은 한낱 종잇조각에 터무니없이 비싼 값을 매겨놓고, 사람들에게 이것을 사는 것이 영혼을 구하는 유일한 방법이라고 떠들어댄다. 대학들은 이 종잇조각을 학위라고 부르며, 이것을 만들어 팔아 떼돈을 번다. 우리를 이단자라고 불러도 좋다. 그러나 1517재단은 이 종잇조각의 환상을 몰아내는 데 헌신할 것이다."[3]

틸펠로십과 1517펀드는 단일 세상 체계를 주입해 대학들에게 숨 막히는 획일성을 강요하는 층층의 정부 규제·정책에 저항한다. 특히 한껏 부풀려진 학위의 중요성 때문에 가여운 미국 대학생들이 짊어져야 하는 1조 5,000억 달러가 넘는 끔찍한 부채를 맹렬하게 비난한다. 미국 국내총생산GDP의 무려 약 7퍼센트에 해당되는 이 부채는, 선조들을 부유하게 해주고 대학 본인들도 많은 기부 혜택을 받았던 기업가적 창업경제entrepreneurial economy를 말살하며 미국의 전체 세대를 어렵게 만들고 있다.

나는 2017년 초에 실리콘밸리에서 열린 1517펀드 주주총회에 참석하러 가면서 우버 택시를 탔다. 택시는 얼룩무늬의 포톨라 밸리 목초지를 지나 올드 스패니시 트레일을 따라서 자크 리틀필드의 저 유명한 포니 트랙스 랜치까지 갔다. 목장 문은 잠겨 있었다. 유산으로 거액을 상속받은 리틀필드가 2004년에 사망했을 때 500에이커 넓이의 그 목장에 있던 그의 수집품인 희귀 탱크들 220대가 경매로 처분됐다. 당시에 〈산호세

머큐리 뉴스〉는 이 탱크들을 "작은 국가 하나를 침공하기에 충분한 기계화 군단"이라고 묘사했다.⁴ 하지만 내가 갔을 때 그 텅 빈 목장에는 샌타클래라의 인텔에서 마운틴뷰의 구글까지 실리콘밸리 전체를 굽어보는 환상적인 풍경만 남아 있었다. 맑은 날에는 샌프란시스코의 고층 건물들까지도 보인다.

장차 이 목장은 사람들에게 자율주행차의 핵심 센서를 생산하는 루미나Luminar의 초기 본부가 있던 곳으로 더 많이 기억될 것이다. 2012년에 루미나를 창업한 천재 청년 엔지니어 오스틴 러셀 역시 2013년에 틸펠로십 장학금을 받은 틸펠로였다. 2017년 1517펀드 주주총회가 열릴 무렵, 루미나는 이미 실리콘밸리와 플로리다의 올랜도에 250명이나 되는 직원을 거느리고 있었으며 콜로라도에 새로운 칩 설계 시설을 추가로 짓고 있었다. 루미나는 약 5년에 걸친 은밀한 개발 과정 끝에 막 수면 위로 부상한, 완전히 독특한 새로운 라이다(레이저레이더) 칩(광원)을 발표하고 있었다. 자율주행차에 핵심적인 시야 확보 능력을 제공하는 이 칩의 성능은 구글을 비롯한 경쟁자들의 제품을 압도한다.

1517펀드가 포니 트랙스 랜치를 선택한 것은, 열일곱 살에 루미나를 창업했으며 부테린과 함께 개혁적인 실천을 가장 잘 수행할 수 있는 인물로 꼽히는 러셀의 야심을 선보이기에 안성맞춤인 장소라고 생각했기 때문이다. 부테린이 전 세계의 컴퓨팅 및 금융 분야에 새로운 구조를 촉발하는 동안에 러셀은 하드웨어 생산 부문에서 미국의 새로운 혁신을 막 시작하고 있었다. 구글에서 테슬라까지 자율주행차 분야를 독점하던 기업들 사이에서 소프트웨어 기반의 열풍이 거세게 불었지만, 루미나의 제품은 이를 비웃기라도 하듯이 21세기판 헨리 포드의 조립라인에 초점을 맞추는 혁신의 야망을 품고 있었다. 소프트웨어가 실리콘밸리의 모든 것을 독식하는 것으로 끝나지 않으리란 선언이었다.

루미나의 이야기는 캘리포니아 뉴포트 비치에서 시작한다. 당시 조숙한 열두 살 소년이던 러셀은 부모가 휴대폰을 사주지 않자 휴대용 닌텐도 게임기를 분해해 와이파이 전화기로 만들었다. 그 뒤로도 광학 및 홀로그래피 분야의 여러 발명품을 만들고, 또 여러 건의 특허를 출원했다. 그가 경험한 가장 중요한 실패는, 그가 열다섯 살 때 자기가 주장이던 고등학교 대표 팀이 전국로봇경연대회에서 우승하지 못한 일이었던 것 같다.

부테린 역시 모차르트만큼이나 신동이었다. 네 살 때 그가 가장 좋아하던 장난감은 엑셀 스프레드시트였다. 일곱 살 때는 중국어를 독학으로 익혔는데, 지금 중국에 출장 갈 때는 현지인들과 중국어로 유창하게 토론할 정도다. 러셀과 부테린 두 사람 다 어린 시절에 아버지에게서 많은 가르침을 받았다. 드미트리 부테린은 아들에게 비트코인을 소개해줬다. 현재 루미나의 최고재무책임자^{CFO}로 있는 로버트 러셀은 오스틴을 광학의 세계로 밀어 넣었다. 부테린과 마찬가지로, 러셀도 어떤 강력한 힘이 앞을 가로막아도 결코 겁먹지 않는다.

러셀은 구글의 웨이모, 일론 머스크의 테슬라, 레반다우스키의 우버 계획 그리고 그 밖의 수많은 짝퉁 '자율' 프로젝트들 모두 거품이 잔뜩 끼어 있어서 결국 실패하고 말 것임을 꿰뚫어본다. 가장 높은 평가를 받는 이 회사들의 접근법은 기존 라이다와 레이더 그리고 카메라 시스템의 성능을 인공지능, 빅데이터, 매핑 그리고 소프트웨어로 개선하려고 노력하는 것이다. 광학과 레이저와 기계영상^{machine vision}(*작업 환경 제어를 위해 획득된 영상을 처리하는 기술) 등에 몰두해 어린 시절을 보냈던 러셀은 아무리 빅데이터를 거대하게 많이 확보한다 해도 제대로 된 영상 시스템이 없으면 아무 소용 없음을 잘 안다.

빛을 감지하고 광원까지의 거리를 계산하는 라이다는 자동차가 자기 주변 세상을 바라보고 평가하는 방법이다. 러셀은 자율주행차가 어둠 속에서 적어도 도로 전방 200미터 앞에 있는 어떤 물체에 대한 온전하게 신뢰할 수 있는 실시간 이미지와 해석을 단 10퍼센트의 반사율로 전송할 수 없다면, 이 자동차는 죽음을 부르는 흉기가 될 수밖에 없음을 처음부터 잘 알았다. 200미터 거리라면 자동차가 반응할 시간 여유는 7초다. 기존 자율주행차들에게 주어진 1~2초의 시간 여유에 비하면 매우 넉넉한 셈이다. 물론 이 넉넉함이라는 것도 대상을 정확하게 포착하는 문제가 해결된 다음에야 논할 사항이긴 하지만 말이다.

이렇게 느린 자율주행차는 쓸모없는 것보다 더 나쁘다고 러셀은 생각한다. 왜냐하면 이런 자동차는 저비용이라는 목표 그리고 업계에서 한층 부풀려진 성능이라는 조건을 충족하면서, 성공에 대한 잘못된 어떤 환상을 심어주기 때문이다. 이 자동차들은 구글의 웨이모 자동차처럼 실리콘밸리에서 샌프란시스코까지 25마일을 1시간 만에 오가는 반복적 출퇴근 주행을 적절하게 수행할 수는 있다. 러셀은 규제와 관련된 사항을 놓고 불평하는 머스크를 보고는 이미 2017년에 다음과 같이 예언적으로 말했다.

"진짜 위협이 되는 일은 설익은 상태로 자율주행차를 출시하는 것이다. 만약 그렇게 되면 이 자동차는 사람을 죽이고, 나아가 해당 산업 자체를 죽여버릴 것이다. 현재와 같은 변변찮은 기술에 대해서는 규제를 더 많이 해야 옳지 않을까 싶다."

러셀에게는 '자율'이 주로 소프트웨어 관련 문제가 아님은 분명하다. 장차 라이다 시스템은 보다 빠르고 보다 좋게 개선될 텐데, 기존 소프트웨어 대부분은 이 개선된 라이다 시스템에 조응하도록 어떻게든 바뀌어야만 할 것이다. 웨이모나 다른 것들이 이미 해놓은 것들 가운데 많은 부분을 처음부터 다시 해야 한다. 성공을 좌우하는 변수는 바로 하드웨어다. 러셀의 거의 모든 경쟁자들이 벨로다인Velodyne이나 쿼너지Quanergy 같은 업체들이 생산하는 기존 장비들을 사용하는데, 이 장비들 대부분 적절하지 않다.

자율주행차의 하드웨어는 미국 국방부 산하 방위고등연구계획국DARPA이 맨 처음 이 분야 산업을 촉발한 이후로 (*2005년에 미국 무인자동차 대회인 '그랜드 DARPA 챌린지'가 열렸다) 12년 동안 거의 개선되지 않았다. 기존 접근법들에는 자동차 지붕 위에 레이저와 광검출기 64개를 늘어세운 '페인트 통'이 여전히 따라붙는다. 벨로다인은 성능을 개선한다며 레이저를 128개로 두 배 늘리고 소프트웨어를 추가했다. 하지만 러셀에게 이런 것들은 조잡하게만 보인다. 너무 복잡하고 번거롭다는 것이다.

(파괴적 혁신의 주창자인) 클레이턴 크리스텐슨 교수가 제시한 '통합과 모듈성integration and modularity' 모델이 바로 이 문제를 해결한다. 어떤 제품이 시장 요구를 충족하지 않을 때 통합은 필수적이다. 그러나 기존 장비들을 대충 얼기설기 꿰맞출 수는 없다. 모든 인터페이스는 최적화돼야 한다. 모듈성, 즉 여러 부품 공급업체들이 만든 표준 부품들을 연결해 조립하는 것은 제품이 해당 기능을, 비록 최고 수준은 아닐지라도 쉽게 충족할 때만 의미가 있다.

그런데 러셀이 보기에 기존 자율주행 영상 시스템은 시장이 요구하는 수준에 전혀 미치지 못했다. 최악의 인간 운전자만큼이나 고약한 2017년의 자율주행 시스템은 인간 운전자보다 더 자주 멈춰 세워야 했다. 지금까지 최장 주행 기록은 구글의 웨이모가 세웠지만, 웨이모도 대략 5,500마일에 한 번씩은 영상 시스템을 분리해야 한다. 인간이 운전할 때 사고가 나기까지의 주행거리인 50만 마일, 사망 사고가 나기까지의 주행거리인 8,460만 마일과 비교하면 매우 짧은 주행거리다. 테슬라는 3마일에 한 번씩은 반드시 시동을 꺼야만 한다. 물론 이 자동차들도 시간이 지나면 지금보다 나아질 것이다. 하지만 아무리 개선된다고 하더라도 일반적인 기대 수준에는 미치지 못한다. 해당 업체가 선전하는 말만 들어서는 결코 알지 못하겠지만, 기존 영상 시스템들로는 충분히 좋은 데이터를 충분히 빠른 속도로 수집하지 못한다. 새롭고 멋진 소프트웨어라고 해봐야 지붕 위에 달려서 빙글빙글 돌아가는 암퇘지의 귀에 금박을 입히는 것일 뿐이다.

2012년에 열일곱 살의 러셀은 맨바닥에서 시작해서, 당시의 표준적인 수준에 비해 해상도를 최소 5배 높이고 주행거리를 10배로 늘이는 완전히 새로운 통합 시스템을 구축하기로 결심했다. 러셀이 설정한 기술 목표는 '어쩔 수 없는 수준'이 아니었다. 그런 목표가 실리콘밸리에서는 다윈의 진화론을 따라서 나타나지 않았다. 러셀이 생각하던 시스템이 가능하려면, 그가 표현한 대로 가차 없는 '하향식 계획planning과 상향식 공학engineering'이 필요했다.

러셀에게 중요한 것은 오로지 성능이었다. 사람을 죽이는 자동차에 대한 장기적인 수요는 없다. 성능을 노리면, 저비용은 저절로 따라오게 돼 있다. 하지만 저비용을 노리면, 사업을 지속적으로 이어가기에 충분한 성능을 확보하지 못한다. 시장의 요구를 충족하기에 충분한 시스템을 창안하고나면, 그 뒤에 이어질 수요가 규모의 경제 그리고 시간이 지남에 따라서 가격이 내려가는 학습곡선(*작업을 반복할수록 작업에 숙달돼 작업 시간이 줄어드는 현상을 도식화한 곡선)을 강화하게 돼 있다.

러셀은 오픈 포토닉스Open Photonics의 영상 분야 천재인 제이슨 에이켄홀츠를 영입해 회사의 덩치를 키우면서 베크먼레이저연구소에서 연구조사 작업을 했고, 그러다가 결국 1517펀드를 포함한 여러 투자자들로부터 3,600만 달러를 투자받았다. 그리고 러셀의 팀은 라이다에 대한 기존 관념을 완전히 내팽개친 뒤에 근본적으로 보다 효과적인 시스템을 찾기 위해 2,000가지의 제각기 다른 방법을 놓고 연구조사를 실시했다. 2013년에 그들은 마침내 기존 시스템과는 획기적으로 다른 시스템을 만들기로 결정했다.

중대한 결정 하나는, 경쟁자들이 선호하는 빛의 파장을 폐기하는 것이었다. 그 파장은 가시스펙트럼에 가까우며 인간이 눈으로 보는 것을 시뮬레이션할 수 있는 905나노미터 파장이었다. 게다가 이 905나노미터 근적외선은 인간의 눈에 영향을 줄 수도 있다. 그래서 러셀은 적외선 대역에서 광섬유에 적용되는 대역 범위인 1,550나노미터(153테라헤르츠)까지 더 깊이 들어갔다. 한층 길어진 이 파장은 인간을 위험에 빠뜨리지 않고서 60배로 늘어난 출력으로 사용될 수 있다. 또 러셀과 그의 팀은 영상 시스템의 구조도 근본적으로 바꿨다. 많은 레이저를 사용하는 대신 단 하나의 레이저로 1초에 수천 장면을 래스터 주사raster-scan(*점dot 또는 픽셀로 이루어지는 수평 주사선을 화면 위에서 아래로 내려가면서 옆으로 끌듯이 한 줄씩 주사해 화면을 형성하는 주사 방식) 방식을 채택했다. 이것은 브라운관 텔레비전에 있는 장치와 같은 방식이다.

또 이들은 영상 시스템을 해석 과정과 분리하지 않고, 인간의 시각처럼 이 둘을 통합했다. 칩의 소재로 실리콘 대신 고성능 합금인 인듐 갈륨 비화물indium gallium arsenide을 채택함으로써 그 레이저들을 컴퓨터 연산의 한 요소로 직접 물질에 심을 수 있었다.

다른 회사들은 모두 센서 시스템들과 프로세서 기술을 3,000달러짜리 아날로그-디지털 변환 장치에 연결한다. 루미나는 1초에 도로 상황을 수십만 번 샘플링해서 이미지를 처리하는 그 프로세서에 연결된 마이크로칩 '눈eye'을 생산했다. 현재 루미나는 제7세대 주문형반도체ASIC를 기반으로 해서 온전하게 통합된 기술 스택technology stack을 가지고 있다. 이것은 오로지 루미나 그리고 루미나의 특별 파운드리 파트너인 타워재즈 반도체에서만 생산된다. 그런데 신기하게도, 이스라엘에 본사가 있으며 선견지명이 있는 기업가 러셀 엘왕어가 이끄는 타워재즈는 오스틴 러셀의 고향인 뉴포트비치에 있는 세계 최고의 아날로그-디지털 조립 공장을 운영하고 있다. 루미나는 기존 라이다보다 성능이 대략 50배나 우수한 다수의 시스템을 만든 뒤에 마침내 2018년에 1만 개의 시스템을 생산했다.

1517펀드의 스트라크만은 기업가들이 함께하는 커뮤니티를 만드는 것이 중요하다고 강조한다. 러셀은 2013년에 틸펠로가 된 뒤에 자기의 공동체를 찾았다. 그는 파크레인 216번지의 대저택으로 이사했다. 미장 마감을 한 이 집은 스탠퍼드대학에서 북쪽으로 조금 떨어진 애서턴에 있으며, 한때 영광을 누리던 멋진 진입로가 있다. '대침체'의 거대한 충격파 이후에 부동산 중개인들이 이 집을 1,000만 달러에 팔려고 시도했지만, 열여덟 살의 캘리포니아 청년은 틸펠로와 관련 있는 다른 두 청년과 함께 이 외딴 공간을 임대했다. 한 사람은 버몬트 출신으로 미시간대학을 졸업한 스물세 살 청년 스티븐 발라반이었고, 또 한 사람은 매사추세츠 출신의 열일곱 살 청년 토머스 소머스였다. 이 세 사람은 고전 스릴러 소설에 등장하는 주인공들인 하디 보이스Hardy Boys(*우리나라에는 '용감한 형제'로 소개됐다)의 기업가 버전처럼 보였다. 즉 러셀은 키가 크고 탁구를 잘 치는 금발의 조 하디, 발라반은 조의 형으로 검은 머리카락에 지적인 무술의 달인인 프랭크 하디, 소머스는 두 사람의 친구로 조금 통통한 체형에 기발한 손재주와 발명품으로 위기 탈출 방법을 자주 찾아내는 쳇 모턴인 셈이었다.

소머스는 러셀과 마찬가지로 2013년 틸펠로였다. 그러나 러셀이 스탠퍼드대학에 진학했다가 자퇴한 데 비해 소머스는 과학 전문 고등학교에 다니다가 2학년 때 자퇴했다. 그러나 반도체에 워낙 몰두했던 덕분에 우여곡절 끝에 스탠퍼드대학에 가게 됐다. 하지만 학생이 아니라, 한때 러셀의 급우였던 학생들을 가르치는 외부 전문가 자격이었다. 그는 대부분의 에너지를 '대기 상태(*컴퓨터로 실행될 프로세스가 작동 가능 상태로 들어가기 위해 몇 가지 조건을 기다리는 상태)'에, 그리고 메모리에 연결되는 전선에 낭비하는 기존의 칩 구조를 뒤엎겠다는 목표를 가지고 열여섯 살에 렉스 컴퓨팅REX Computing이라는 회사를 창업했다.

실리콘밸리에서 실리콘(*실리콘은 반도체의 재료인데, 여기서는 '반도체 산업'을 뜻한다)이 점점 사라지는 것에 염증을 느낀 소머스는 이 산업을 살릴 여러 가지 경로를 모색했다. 그리고 기존 칩 설계를 닉 트레드닉의 이른바 '최첨단의 쐐기leading-edge-wedge'를 지향하는 제로출력(*지극히 낮은 출력에서 운전하는 것) 쪽으로 이동시켰다. 인간의 정신과 신체 이동성이 중요해진 이동성의 시대에 저출력은 반드시 필요한 요건이었다.

셋 가운데 가장 나이가 많은 발라반도 러셀과 소머스만큼 조숙했으며, 부테린과 마찬가지로 중국어와 소프트웨어에 통달했다. 그는 베이징에 가 있던 바람에 틸펠로십에 지원할 기회를 놓치고 말았지만, 그 대신 실리콘밸리의 대표적인 스타트업 지원 펀드인 와이콤비네이터의 중국판 버전을 중국에서 시작했다.

발라반은 당시에 틸펠로십의 지원을 받던 다니엘, 마이크와 친해져 이 두 어린 틸펠로들을 보살피는 성인 지도교수 역할을 하는 한편, 야구 모자에 장착된 착용식 핸즈프리 카메라 개발에 몰두했다.

이 세 청년은 기술과 자유주의 철학이라는 주제를 놓고 애서턴의 그 대저택에서 자주 밤늦게까지 토론했으며, 나머지 시간은 모두 각자 자기 회사 일에 매달렸다. 이들은 실리콘밸리가 소프트웨어에만 집착하며 제조업을 내팽개치는 현실에 좌절과 울분을 공유했다.

그리고 얼마 뒤에 이 세 사람은 모두 실리콘밸리의 제조업 포기가 자신들에게는 커다란 기회임을 깨달았다.

CHAPTER

11

강도질

The Heist

●●

금 시장과 상품 시장은 지금 불길하게 선회하고 있다. 중앙은행들은 순전히 '양적확장'의 수준

을 결정하기 위해 엄숙한 얼굴로 모인다. 이들은 몇 조 달러 규모의 채권을 사거나 팔지 결정해

서, 맥 빠진 경제에 새로 찍어낸 돈을 풀거나 혹은 반대로 달아오른 경제에서 돈을 빨아들인다.

●●

2009년 1월, 사토시 나카모토가 '이중지불double-spending(*전자화폐를 불법 복제해 무단으로 반복 사용하는 것)을 방지하기 위해 P2P 네트워크를 이용하는 새로운 전자화폐 시스템인 비트코인의 첫 출시'를 알리면서, "이것은 그 어떤 서버나 중앙의 권위를 설정하지 않는 완벽한 탈중앙화 제도"라고 선언했다. 그는 계속해서 비트코인에 대해 다음과 같이 구체적으로 명시했다.

총 유통 코인은 2,100만 개가 될 것이다. 이것은 네트워크의 각 노드(*비트코인 거래에 참여하는 모든 컴퓨터와 그의 사용자)가 블록block을 만들 때 그 노드로 분산돼 지급될 것이다. 그리고 지급되는 코인의 양은 4년마다 절반으로 줄어들 것이다.

처음 4년 : 10,500,000개

다음 4년 : 5,250,000개

다음 4년 : 2,625,000개

다음 4년 : 1,312,500개 ……

암호해독의 지존인 할 피니는 비트코인 출범을 축하하며 몇 가지 생각을 제시했다.[1]

비트코인 시스템이 한도를 정해두고 특정 개수의 코인만 채굴하도록 허용한다는 사실이 흥미롭다. 새로운 코인 하나를 채굴하는 데 필요한 작업이 시간이 흐름에 따라서 점점 많아지고 어려워질 것이다…….

흥미로운 사고실험(*생각만으로 수행하는 실험) 하나를 해보자. 비트코인이 전 세계에서 지배적인 지불 시스템으로 자리를 잡는다고 치자. 그런데 이 통화의 총 가치는 전 세계에 존재하는 부의 총 가치와 같아야 한다. 현재 전 세계 가구의 총 재산은 100조~300조 달러로 추정된다. 전체 코인이 2,000만 개라면 코인 하나의 가치는 약 1,000만 달러가 된다.

그렇다면 채굴에 동원되는 컴퓨터와 시간의 비용이 몇 센트밖에 되지 않는 조건에서는 1을 투입해서 1억의 배당을 받는 셈이다. 정말 좋은 베팅이다! 비트코인이 이 정도로까지 성공할 가능성은 적겠지만, 정말 1 대 1억이나 될까? 생각해볼 문제는……[2]

비트코인을 최초로 채굴한 인물인 할 피니는 2014년에 루게릭병으로 쓰러지지만 않았어도 비트코인 억만장자가 됐을 것이다. 2018년 벽두에 사토시 나카모토가 가지고 있을 것으로 추정되는 비트코인의 가치는 대략 100억 달러였다.

당신은 어쩌면 러시아의 마트료시카 인형처럼 추상의 포섭관계, 되먹임(재귀) 속의 되먹임을 좋아할지도 모른다. 인형 속에 인형이 있듯이 놀이 속에 놀이가 있고, 수수께끼 속에 수수께끼가 있는 그런 관계……. 당신은 어쩌면 논리적 역설에서 즐거움을 느낄지도 모른다. 예를 들면 다음과 같은 역설들이 있다. 크레타섬에 사는 모든 사람은 거짓말쟁이라고 주장하는 크레타 사람, 자기 뇌는 그저 컴퓨터일 뿐이라고 주장하는 컴퓨터과학자, 신뢰할 수 없는 전령보다 한 수 위인 비잔틴 장군들(*233쪽 '비잔틴 장군들의 문제' 참조), 자기는 무한하게 많은 평행우주들 가운데 하나에 존재하며 그저 기계에 살을 붙인 생체기계^{meat machine}에 불과하다고 주장하는 물리학자, 자기는 인간보다 우월한 외계인 종족의 통제를 받는 어떤 거대한 가상현실의 시뮬레이터 속에 있는 하나의 시뮬레이션 결과일 뿐이라고 생각하는 그래픽 분야의 거장······.

만일 당신이 방금 말한 이런 부류의 사람들에 속한다면, 아마도 새롭게 떠오르는 여러 금융 형태들을 즐길 수도 있겠다. 그들은 실제 화폐^{real money}(*'구글의 종말에 대한 전문용어와 정보' 참조)와 디지털 화폐^{digital money}를 다중플레이어 게임들과 가상세계들에 모셔두는데, 이것은 모두 합해 100억 달러 아니 지금은 어쩌면 1조 달러나 되는 규모의 강도 행위가 된다. 어쩌면 이것 때문에 당신의 마음은 채굴이 이루어지는 광산처럼 팽팽 돌아가는지도 모른다.

그러니 비트코인과 이더리움, 네오^{NEO}와 이오스^{EOS} 혹은 블록스택^{Blockstack}과 리플^{Ripple}을 살펴보기 전에 먼저 마음을 차분하게 가라앉히는 것이 좋겠다.

미국과 전 세계에 있는 우리 모두가 지금 21세기의 가장 위대한 작가이자 데미우르고스(*물질적 세계를 지배하는 존재)이며 부끄러움 많은 태평양 연안의 천재인 닐 스티븐슨이 소설《스노 크래시^{Snow Crash}》에서 가상으로 설정한 환상의 세계로 빨려 들어간 상태라면, 당신은 무슨 말을 하겠는가? 이런 가정이 내 독단적인 의견일 뿐이라고 말할지도 모르겠다. 혹은 이런 발상을 메타팩트나 신비주의, 정신 나간 음모론 혹은 심지어 '대규모 다중 사용자가 동시에 참여해 즐기는 온라인 게임^{MMOG}'의 세상이나 가상세계라고 말할 수도 있다. 그러나 당신은 내 말이 진실이 아님을 증명할 수 없다. 병적일 정도로 말이 많고 가상세계에서 놀기 좋아하는 금융업자에다 꽁지머리를 했으며 두뇌가 변화무쌍하고 광섬유 식단을 즐기는 이상한 사람이 지금 세상 체계의 연산코드에 침투하지 않았다는 사실을 증명할 수 없다. 스티븐슨은 시애틀에 있는 자기 집 근처의 어떤 거대한 기업 본사 건물에서 태어났을지 모르며(이 기업은 아마존이 될 수도 있다), 또 이 탄생 과정에 오토이^{OTOY}(*홀로그램 비디오와 가상현실 콘텐츠를 전문적으로 제공하는 회사)의 옥탄 그래픽 렌더링 엔진의 3D 스트리밍 기능이 이용됐을지도 모른다. 스티븐슨은 지금까지 우리 모두의 개인정보들을 피싱해왔으며, 또 우리가 바라보는 모든 인터넷 화면을 점령해왔다. 또 우리가 자기 소설 속에서 아무런 의식도 없이 살아가도록 만들어버렸다. 이런 주장이 얼마든지 가능하다.

물론 사람들은 이런 주장을 터무니없다고 여긴다. 그러나 스티븐슨의 소설 《스노 크래시》의 구성과 이 소설이 우리가 사는 세상에 던지는 기묘한 교훈들을 생각해보자.

2011년에 출간된 1,000쪽이 넘는 스티븐슨의 소설 《리엠디^{REAMDE}》[*이 제목은 'read me(나를 읽어라)'의 철자 배열을 재구성한 것이다]에는 대규모 다중 사용자가 동시에 참여해서 즐기는 온라인 게임이 나온다. 이 게임의 이름은 '티레인$^{T'Rain}$'이다. 티레인이 전 세계의 디제라티[*디지털^{Digital}과 리터라티^{Literati}(지식 계급)를 합성해 만든 신조어로, 디지털 시대의 새로운 지배 계층, 즉 디지털 지식인을 말한다]를 사로잡는다. 이 게임은 가상 게임이다. 즉 컴퓨터로 변환된 3D '제2의 삶'이다. 그러나 이 게임은, 우리가 진기하게도 '실제 삶'이라고 부르는 것 안으로 넘쳐흐를 수 있는 어떤 결정적인 차원을 가지고 있다. 이 게임은 통화, 즉 금융 시스템을 갖고 있으며, 이 시스템은 금본위제를 기반으로 한다. 가짜 금본위제이긴 하지만, 그 에뮬레이션(*특별한 기구와 프로그래밍 기법을 이용해 어떤 계산기가 다른 종류의 계산기 용으로 작성된 프로그램을 그대로 실행할 수 있도록 하는 것)은 금융가치의 번쩍거리는 모조품을 창조하기에는 충분할 정도로 정확하다.

스티븐슨의 설명에 따르면, 티레인은 구글어스의 지형뿐만 아니라 실제 지형에 내재된 단층들까지도 알고리즘적으로 재생산하기 위해 솜씨가 정교한 지질학자를 채용한다. 게임에 필요한 구매 매체를 획득하려면 알고리즘적인 지층의 미로에서 시뮬레이션된 금을 '채굴'해야 한다. 이론적으로만 보자면, 가상현실 속에서도 실제 현실의 땅에서 실제 금을 채굴하는 것만큼이나 비용과 시간과 어려움이 요구된다.

전 세계 플레이어들은 티레인에서의 채굴 경쟁에서 이기려고 자기 마이크로프로세서를 오버클로킹(*CPU나 주기판 등을 설계할 때 규정된 본래의 클록 주파수보다 주파수를 높이는 것. 연산 속도는 빨라지지만 발열량, 소비 전력이 증가해 부품 파손으로 이어지기 쉽다)하거나 전압을 높이거나 물이나 액체질소로 냉각시키는 등의 방법을 동원해 컴퓨터의 성능을 높인다. 사람들은 금을 채굴해 손상되지 않은 온전한 상태로 가상시장으로 내가기 위해 채굴권을 놓고 쟁탈전을 벌이며, 엄청난 규모의 탐사·준설·운송 관련 장비와 시설을 구입하고, 무장 경비원을 고용하거나 심지어 소규모 군대를 동원하기도 한다. 중국인 해커 수백만 명이 수천 조 단위의 플롭스(*1초당 수행할 수 있는 부동소수점 연산의 횟수를 의미하는 컴퓨터 성능 단위)를 동원해 이 경주에서 우위를 차지한다.

인류사 대부분에서 금본위제가 그랬듯이 (실제로 직접 확인해보기 바란

다) 티레인의 가상 금본위제는 부를 축적하는 하나의 엔진으로 기능한다. 티레인은 강력하게 번성한다. 비록 여기에서 돈은 가상적인 것이긴 해도 실제 세상의 통화들보다는 안정적이다. 환율이 요동치지도 않고, 금으로 교환되지 않는 명목화폐도 없기 때문이다. 예를 들어 가상현실이 아닌 진짜 현실에서 미국 정부는 부채를 갚기 위해 자신의 컴퓨터를 동원해 수조 달러를 그냥 마구 찍어낸다. 골드만삭스는 강력한 컴퓨터 서버를 이용해 (이 컴퓨터들은 광섬유 케이블로 이어져 있으며, 빛의 속도로 연산을 수행한다) 실제 가치와 아무 연관도 없는 거래를 나노초 단위로 체결해 엄청나게 많은 이문을 '채굴'한다. 그런데 티레인에서는 이런 일이 훨씬 어렵고, 따라서 훨씬 현실적이다.

더 큰 문제는 따로 있다. 가상화폐는 티레인에 국한되지 않는다. 이건 다 아는 사실이다. 티레인의 금 채굴자들은 온갖 엉큼하고 기발한 기법들로 자기가 챙겨둔 엄청난 가치의 금을 실제 현실에서 사용할 수 있는 돈으로 바꾼다. 아닌 게 아니라 인민폐 유출이 엄격하게 금지되는 중국에서조차 사회적으로는 사악하지만 개인적으로는 이득이 되는 '환전소들'과 브로커들이 수도 없이 많다. 가상현실의 부를 실제 현실의 부로 바꿔주는 변환 장치들이 엄연히 존재한다는 말이다.

티레인을 합법적으로 소유하는 회사는 이렇게 달러화와 위안화를 벌어들여서 주주들에게 수십억 달러 규모의 양도소득을 안겨준다. 한편 '채굴자들'은 어떻게 해서든 간에 자기의 가상 금을 수백만 달러나 위안의 실제 가치로 변환한다. 심지어 이 돈으로 금괴를 사기도 한다. 소설 《리엠디》는 가상과 실제 사이의 이런 거래들을 중심으로 이야기를 전개한다.

이것이 스티븐슨의 상상력이다. 그러나 자세히 보자. 이것은 결코 소설이 아니다. 우리는 지금 스티븐슨이 묘사하는 삶을 실제로 살아가고 있다. 소설 내용은 현실에서 3D로 펼쳐지고 있다, 지금 이 순간에도.

정부의 금융 시스템과 금융기관들은 지금 위기 속에서 버둥거리고 있다. 경제학자 존 몰딘이 지적한 것처럼, 명목화폐들은 '적색경보'의 매우 심각한 위기 상황을 맞고 있다.[3] 금 시장과 상품 시장은 지금 불길하게 선회하고 있다. 중앙은행들은 순전히 '양적확장'의 수준을 결정하기 위해 엄숙한 얼굴로 모인다. 이들은 몇 조 달러 규모의 채권을 사거나 팔지 결정해서, 맥 빠진 경제에 새로 찍어낸 돈을 풀거나 혹은 반대로 달아오른 경제에서 돈을 빨아들인다. 이들은 이 메타픽션(*독자에게 지금 읽고 있는 내용이 실제가 아니라 허구임을 환기시키는 방식으로 쓰는 소설이나 연극)의 금융 조작들이 현실 세계의 경제와 일자리 창출로 이어지면 좋겠다는 가망 없는 희망을 붙들고 늘어진다. 이들에게 행운이 함께하길 빌 뿐이다. 하지만 아무래도 소설가를 찾아가서 도움말을 듣는 게 좋을 것 같다.

한편 무지개 너머 어딘가에서, 가공의 인물일 가능성이 높은 사토시 나카모토라는 익명자가 새로운 금융 시스템의 탄생을 자극하는 비트코인이라는 새로운 통화를 발명한다. 이는 소설이 아니다. 비록 스티븐슨의 손때가 이 이야기 도처에 묻어 있긴 하지만 말이다. 사실 비트코인 이야기는 《리엠디》 속 허구의 세상과 기묘할 정도로 많이 닮았다. 비트코인을 최초로 채굴한 전설적인 인물인 할 피니를 비롯한 비트코인 지지자들의 말에 따르면, 비트코인은 에인 랜드의 소설 《아틀라스Atlas Shrugged》에 나오는 '갤트협곡Galt Gulch'을 모방하고 있다.[4] 이것을 금융계 거인들이 정부의 손길에서 멀리 벗어나 느긋하게 사업할 수 있는 어떤 가상의 영역이라고 생각해라. 사람들은 사토시의 정체를 놓고 이런저런 생각들을 하지만, 그 누구도 그의 정체를 확신하지 못한다. 기껏해야《아틀라스》에 등장하는 존 갤트라는 인물을 찾아낼 뿐이다. 사토시의 정체를 둘러싸고 여러 가지 흥미진진한 추정들이 있으며, 나 역시 비록 내가 처음 생각해낸 건 아니지만 이런저런 의견을 가지고 있다. 사토시는 처음에는 아주 작은 규모로 시작했다가 지금은 수백만 명으로 덩치가 커진 어떤 단체일 수도 있다. 내가 아는 모든 지식을 동원할 때 그는 어떤 가상세계에 존재하는 인물, 즉 닐 스티븐슨이 쓴 소설 속 인물일지도 모른다.

사토시의 공모자일지도 모른다고 생각할 수 있는 사람들이 몇 명 있다. 우선 스팸메일을 막아주는 프로그램으로, 비트코인에 중요한 기능을 제공한 해시캐시HashCache를 발명한 영국인 애덤 백을 꼽을 수 있다. 그 다음으로 역사상 가장 성공적인 암호 프로그램인 PGP 2.0을 만들어 에인 랜드와 같은 사이퍼펑크(*정부나 거대 기업들이 사용자의 개인정보를 알 수 없도록 해주는 암호 기술을 개발하는 사회운동 혹은 사회운동가)의 역할을 했으며, 또 비트코인을 최초로 채굴한 할 피니가 있다. 그리고 닉 재보가 있다. 그런데 세 개의 정교한 문장 검색기들이 내린 결론으로는, 사토시 나카모토의 실체로 이름이 오르내리는 사람들이 쓴 글들을 통계적으로 분석했을 때 사토시가 게시판에 올렸던 편지와 가장 비슷한 문체로 글을 쓴 사람은 바로 닉 재보였다.[5]

재보는 박식한 컴퓨터과학자이자 암호 전문가로 인터넷의 익명성 분야에서 일찌감치 전문가로 알려졌으며, 비트코인의 선조 격인 비트골드BitGold를 제안한 영향력 있는 어떤 논문의 저자이기도 하다. 그런데 이상하게도 사토시의 편지에는 그가 언급되지 않는다. 그래서 어떤 사람들은, 재보 본인은 강력하게 부인하지만, 그가 사토시 사카모토가 아닌가 하고 추정한다. 그러나 이 사이버펑크이자 꽁지머리 스타일의 주인공들은 그저 거대한 빙산의 일각일 뿐이다.

2014년 3월 샌프란시스코 비트코인 서밋에서 각광을 받은 사람은 마크 안드레센이다. 세계 벤처 캐피털리스트의 지표로 생각할 수 있는 그는 최초의 인기 인터넷 브라우저인 모자이크를 발명한 청년으로 이름을 날렸다. 1992년에 일리노이대학 미국슈퍼컴퓨터응용연구소NCSA에서 처음 소개된 모자이크는 여섯 달 만에 100만 명의 새로운 사용자를 월드와이드웹의 세상으로 불러들였다. 안드레센은 '다른 사람들에게 영광을 함께할 기회를 주기 위해서'라는 이유로 모자이크 프로젝트에서 배제되고 또 자기가 만든 소프트웨어에 대한 접근이 거부되자, 인터넷 브라우저인 넷스케이프를 공동으로 창업했다. 넷스케이프는 두 번째로 인기가 높던 인터넷 브라우저로, 1990년대 중반에 월드와이드웹의 폭발적인 성장에 첨병 역할을 했다.

당시에 나는 〈포브스 ASAP〉에 글을 쓰면서, 가장 유력한 '새로운 빌 게이츠' 후보로 실리콘밸리 인물들 가운데 마크 안드레센을 꼽았다.

우선 게이츠에게 100파운드의 몸무게와 15센티미터의 키와 2년의 학생 시절을 보태라. …… 그리고 또 게이츠에게 피자와 오레오 쿠키, 바흐, 신문, 알고리즘, 이런저런 생각들, 작가 존 바스, 《롤리타》의 저자) 나보코프, 유닉스 코드, 대역폭 등에 대한 왕성한 식욕을 주어라. 그리고 또 게이츠에게 철자를 거의 제대로 쓸 수 없는 북유럽식 이름을 주어라. 그러면 게이츠는 마크 안드레센이 된다.[6]

1990년대 초에는 많은 사람들이 인터넷을 과장된 선전 열기로 후끈 달아오르긴 했지만 온갖 문제들이 들끓는 어떤 것으로 바라봤다. 아이라 스톨은 《허풍 떠는 인터넷Silicon Snake Oil》이라는 유명한 책에서 인터넷을 책 제목 그대로 '뱀의 기름을 짜서 만든 실리콘밸리의 엉터리 가짜 약'이라고 불렀다.[7] 젊은 안드레센은 이 모든 문제들을 바라보면서 자기가 지금 '지구 한가운데에서' 당치도 않은 황당한 추정을 하며 '세상 한가운데 나 있는 거대한 구멍', 즉 당대 최고의 기회를 바라보는 것이나 마찬가지라고 생각했다. http, html, 모자이크 브라우저, 넷스케이프 그리고 소비자 인터넷의 모든 요소들이 바로 그 기회였다.

그로부터 거의 20년이 지난 지금, 그는 비트코인 서밋 무대에 서서 비트코인 전문가 자격으로 〈포브스〉 기자와 인터뷰했다. 안드레센은 '비트코인은 초기 인터넷 이후 최대 기회'라고 천명하면서 자기의 벤처회사 안드레센 호로위츠는 (벤 호로위츠와 함께 2009년에 창업한 회사) 이미 비트코인 회사들에 5,800만 달러를 투자했으며, 앞으로도 1억 달러를 더 투자할 생각이라고 밝혔다. 그로부터 한 달쯤 전에 그는 〈뉴욕타임스〉에 기사를 하나 썼는데, 이 기사에서 비트코인을 다음과 같이 설명했다.

신비한 새로운 기술 하나가 서서히 나타나고 있다. 겉보기에는 어딘가에서 갑자기 툭 튀어나온 것 같지만, 사실은 거의 이름이 알려지지 않은 연구자들이 20년에 걸쳐 치열하게 연구개발한 결과물이다.

정치적인 이상주의자들은 여기에 해방과 혁명이라는 전망을 투영한다. 하지만 기득권을 가진 엘리트 집단은 이것을 경멸하고 비웃는다.

다른 한편으로, 기술주의자들 혹은 컴퓨터만 아는 괴짜들은 여기에 완전히 꽂혀 있다. 이것의 효과는 심대하다. 그런데 많은 사람들은 이것이 그토록 매력적인 미래를 강력하게 약속한다면 어째서 처음부터 모든 것이 보다 명쾌하고 분명하지 않은지 고개를 갸웃한다.

내가 지금 이야기하는 기술이 무엇일까? 1975년의 개인용 컴퓨터, 1993년의 인터넷 그리고 2014년의 비트코인이다. 적어도 나는 그렇게 믿는다.[8]

그러나 〈포브스〉 기자는 (전설적인 투자자인) 워런 버핏이 비트코인을 '신기루'라고 일축했다면서 안드레센의 전망을 반박했다. 제이피모건 체이스의 CEO 제이미 다이먼은 비트코인을 망상이라고 했다. 노벨 경제학상 수상자이자 〈타임스〉 칼럼니스트인 폴 크루그먼은 비트코인을 두고 '사악하다'고 말했다.

이런 반응에 그 곰 같은 기업가는, 넷스케이프 출시 당시에 실리콘밸리를 훤하게 꿰뚫는 사람으로서 넷스케이프를 그렇게 비웃는 사람들을 오히려 비웃으며 지었던 그 웃음을 다시 한 번 더 웃었다.

"나는 자기가 이해할 수 없는 기술을 무조건 무시하고 보는 부유한 백인 노인들은 거의 100퍼센트 틀릴 수밖에 없다고 생각한다."

비트코인은 3만 1,000줄의 코드 속에서 일련의 복잡한 암호 알고리즘을 만들고, 이 알고리즘들이 비트코인을 '금만큼 좋은 것'으로 만든다. 어쩌면 금보다 더 좋을 수도 있다. 금처럼 무겁지도 않고, 이런저런 관계 속에서 번거롭지도 않기 때문이다. 실제로 현실 세계에서 금은 땅속 깊은 곳에 묻혀 있다가 채굴돼야 하고, 또 이 과정이 진행되려면 시간 경과가 필요하다. 여기에 비하면 비트코인은 완전한 가상의 디지털 존재다. 비트코인은 더 좋을 수도 있고 더 나쁠 수도 있지만, 어쨌든 컴퓨터가 만들어낸 인공물이다.

투기적인 투자 대상으로서 이 가상 '동전들'은 수많은 실제 백만장자들, 심지어 억만장자들까지 낳았다. 이 부자들은 단순히 웹페이지주소[URL]가 아니라 샌프란시스코, 뉴욕, 우드사이드, 그리니치, 팰로앨토, 상하이, 런던, 몰타, 시애틀, 부에노스아이레스 등지에 실제 주소를 가지고 있다.

2014년 비트코인 서밋에서 사토시의 정체를 놓고 벌어지던 싸움에 차마트 팔리하피티야가 뛰어들었다. 스리랑카 출신인 그는 페이스북 부사장을 지냈으며, 마크 저커버그의 친구이기도 하다. 그 서밋에서 양복에 넥타이를 맨 사실상 유일한 인물이기도 한 팔리하피티야는 당시에 대략 5,000만 달러 가치의 비트코인을 가지고 있었다. 북극곰 안드레센과 정반대로, 검은색 피부에 키가 크고 호리호리하다. 그는 다른 사람들이 말하는 '과장된 헛소리들'을 비판하며 경고를 날렸다. 그러나 "내가 비트코인을 살 때는 기존 금융제도를 갈기갈기 찢어놓는 어떤 방법을 지원하기 위해 내가 가진 자본을 사용하는 것"이라고도 말했다. 2년 뒤에 그는 NBA의 골든 스테이트 워리어스 구단을 사들였다(*스스로를 워런 버핏의 제자라고 칭하는 그는 2017년 11월에는 페이스북의 개인정보 유출 사고와 관련해 이 회사에 몸담았던 사실을 두고 "사회를 조각내는 도구를 만든 데 엄청난 죄책감을 느낀다. 우리가 만든 단기적이고 말초적인 피드백 회로가 우리 사회가 작동하는 방식을 파괴했다. 사회적 담론과 협력은 사라지고 잘못된 정보와 거짓만 남았다"고 말했다).

벤처 캐피털리스트들은 안드레센 호로위츠와 피터 틸에 이끌려 비트코인 운동에 일찌감치 대략 9,800만 달러를 투자했다. 비트코인을 개발한 사람들이 가지고 있던 자산수익은 급격히 늘어났고, 이런 현상은 그 초기 소유자들에게 시스템이 제대로 돌아가도록 만들겠다는 엄청난 동기부여를 했다. 2013년 11월에 비트코인 한 개 가격이 처음으로 금 1온스(*약 28그램 혹은 7.56돈)의 가격을 넘어섰다. 비트코인을 가진 많은 사람들이 비트코인을 현금으로 바꾼 뒤에 이 돈으로 비트코인 운동에 필요한 인프라(예를 들면 비트코인 거래소, 디지털 지갑, 비트코인 ATM기, 비트코인 기반 전산체계 등)를 제공하는 기업을 창업했다.

비트코인은 지금까지 이미 수천 개의 새로운 앱과 회사와 일자리를 강화해왔다. '채굴' 장비 회사들은 한층 빠른 컴퓨터 구조와 반도체칩 설계를 만들어내면서 5억 달러의 매출을 기록했다. 비트코인 채굴에 행렬제곱 주문형반도체ASIC 기술을 최초로 접목한 중국 회사 비트메인Bitmain은 2017년에 세계에서 가장 수익성 좋은 반도체 회사가 됐으며, 40억 달러의 이익을 낸 것으로 알려졌다(참고로 이때 엔비디아가 기록한 이익은 30억 달러였다). 최근인 2018년 5월 말에 마지막으로 봤을 때 비트코인은 1,650만 개였고 (비트코인은 최대 2,100만 개까지만 발행된다) 이것의 시가총액은 1,700억 달러다. 그리고 여기에 이더리움의 시가총액 750억 달러도 따라붙었다. 이더리움에 대해서는 뒤에서 다시 자세히 살펴볼 것이다.

그러나 분명히 말하지만, 비트코인은 정말 정말 정말이지 일종의 MMOG이다. 수백만 플레이어들을 동원하며 수십만 명이 동시에 게임을 실행한다는 말이다. 월드 오브 워크래프트나 에버퀘스트 같은 MMOG는 위력이 엄청나서 구독료 수익만 20억 달러가 넘는다. 여기에 비하면 비트코인 커뮤니티는 규모가 작다. 그러나 비트코인은 우리가 사는 세상에 침투해 이 세상을 바꾸기 위한 목적으로 탁월하게 설계된,

고도(즉 목표로 설정한 성과)와 태도(즉 성과를 달성하기까지의 올바른 과정)를 함께 갖춘 게임이다. 지금까지 이 게임의 승자는 이것을 세상에 내놓은 사토시 나카모토다. 그는 100억 달러 가치의 코인을 모았다. 이 금액은 닐 스티븐슨의 소설 속에서 티레인을 만든 존 포스래스트를 능가한다.

비트코인은 '쥬라기공원'의 생명체들을 만든 과학자와 마찬가지로, 실험실에서 뛰쳐나온 미치광이 과학자가 만들어낸 것이다. 또 티레인과 마찬가지로, 현재 그 '은행들'에서 넘쳐나고 있으며 머지않아 당신이 사는 세상 거리들에도 흘러넘칠 것이다.

어쩌면 누군가가 노아의 방주를 만들어야 할지도 모른다. 혹은 비트코인이 우리가 탈 노아의 방주인지도 모른다. 새로운 세상 체계의 씨앗들을 담은 금융 분야의 새로운 약속 말이다.

12

사토시 나카모토를 찾아서

비트코인 창시자와의 가상 인터뷰[1]

Finding Satoshi

●●

사토시 나카모토는 비트코인의 창시자이고, 블록체인의 발명자이며, 이 운동의 핵심 주동자였

다. 그렇다. 그는 블록체인을 분명히 명시했음에도 불구하고, 자기가 쓴 신규 프로젝트 창업 백

서에서는 블록체인을 언급하지 않았다. 그리고 그가 누구인지 또 어디에 사는지 아는 사람은

아무도 없는 것 같았다. 그의 외모를 묘사할 수 있는 사람도 아무도 없었다.

●●

나는 암호마을의 여러 거리를 헤매다 비트코인과 금의 길모퉁이에 서서, 여전히 공허하기만 한 내 이야기를 알차게 만들어줄 어떤 주인공을 갈망했다. 사실상 남자들만 득실거리는 이 개척지에서 여자는 보이지 않았다. 나는 사람들이 '비트코인 공간'이라고 부르는 기념비를 혼자 쓸쓸하게 한 바퀴 돌았다. 문신들과 꽁지머리 스타일들, 양복에 넥타이 차림들, 전자담배들과 약용 연기들, 자격증들 그리고 전 세계 '블록체인 커뮤니티'에서 활동하는 블로거인 크링겔리Cringely들 등을 놓고 곰곰이 생각했다. 이것들은 대부분 P2P를 드러낸다. 마크 안드레센이나 개빈 안드레센, (벤처 캐피털 앤젤리스트의 대표인) 나발 라비칸트나 차마트 팔리하피티야, (인터넷 당나귀e-Donkey의 공동설립자인) 제드 맥케일럽이나 닉 재보라면 이야기가 펼쳐지는 배경을 다른 곳으로 옮기거나 혹은 어떤 만남에 생동감을 불어넣거나 또 코인 서밋에서 핵심적인 역할을 할 수 있을 것이다. 그러나 벤처 캐피털리스트들부터 보완코드 작성자들과 그 외의 단역들 심지어 전설적인 거인들에 이르기까지 그 누구도 최초의 비트코인 블록인 '제네시스 블록Genesis Block'을 채굴한 작업증명PoW을 가지고 있는 것 같지 않았다(*최초의 비트코인은 2009년 1월 3일에 채굴됐다).

마침내 나는 이 접근 가능한 집단에 속한 사람들을 포기하고, 최초로 비트코인 블록을 채굴한 '창세기'의 인물과 인터뷰하기로 마음먹었다.

하면 하는 거지, 못 할 게 뭐 있단 말인가? 사토시 나카모토는 비트코인의 창시자이고, 블록체인의 발명자이며, 이 운동의 핵심 주동자였다. 그렇다. 그는 블록체인을 분명히 명시했음에도 불구하고, 자기가 쓴 신규 프로젝트 창업 백서에서는 블록체인을 언급하지 않았다. 그리고 그가 누구인지 또 어디에 사는지 아는 사람은 아무도 없는 것 같았다. 그의 외모를 묘사할 수 있는 사람도 아무도 없었다.

그는 이 영웅 전설의 (에인 랜드의 소설 《아틀라스》에 등장하는) 존 갤트였으며, 비트코인이라는 새로운 갤트협곡의 원천이자 상징이었다. 나는 말을 타고 소협곡을 달려, 비트코인과 블록체인의 여러 발상들과 거기에서 비롯된 온갖 파생물들의 궁극의 비밀 장소들과 보루들과 광산들 그리고 동전을 만들어내는 주전소鑄錢所들을 직접 찾아가보리라 결심했다.

내가 처음 알아낸 것은, 그 사람이 작가이며 P2P 재단P2P Foundation 웹사이트의 비트코인 포럼인 사이퍼펑크스 리스트Cypherpunks list[2]와 그 밖의 암호 관련 게시판들에 간결하고도 격언적인 글을 적어도 150편 올렸다는 사실이다. 그는 자기를 고전적인 C++ 언어를 다루는 41세의 일본인 프로그래머라고 소개했다. 그리고 그가 구사하는 철자법이나 관용적인 표현으로 미루어 짐작하건대, 영국에서 교육을 받은 것 같다. 그는 미국 시간대에 살며, 독일 인터넷주소가 있는 것 같다.

그는 실제로 모습을 드러내지는 않았지만, 사람들이 인터넷에서 그에게 접근할 수는 있었다. 그러나 그것도 2010년 12월 11일까지만이었다. 그 후로 그는 사라져버렸다. 그런데 2014년 3월 7일, 그가 갑자기 돌아와 P2P 재단에 매우 짧은 글 하나를 올렸다. 사토시 후보자군에서 한 명을 제외하는 내용이었다.

"나는 도리언 나카모토가 아니다 I am not Dorian Nakamoto."

이 포스트로 로스앤젤레스 템플시티에 살던 전직 CIA 암호 전문가, 도리언 사토시 나카모토가 사토시 후보자군에서 제외됐다. 그리고 사토시는 이 포스트를 마지막으로 자기의 인터넷 페르소나까지 없애버리고 다시 사라졌다.

그가 나타났다가 사라진 이 일을 두고 인터넷 게시판에서는 사토시의 추종자들이 열광적으로 좋아하며 고마워했다. 그분이 살아 계신다! 그를 성가시게 하지 말라는 목소리들이 높았다. 그걸 보면서 나는 최대한 은밀하게 움직일 필요가 있다고 판단했다. 그리고 조용히 계획을 짰다.

사토시의 마지막 포스트가 게재되고 석 달 뒤인 2014년 5월 30일에 나는 아내와 아이들을 매사추세츠에 남겨두고 유럽으로 갔다. 경제서 여러 권을 집필한 저자이자 투자 기획자이기도 한 댈러스 출신의 존 몰딘이 거주하는 토스카나의 궁전을 방문하기 위해서였다. 몰딘은 자기 블로그의 100만 독자들뿐만 아니라 (영국의 경제사 전문 역사학자인) 니얼 퍼거슨이나 (미국의 공화당 정치인인) 뉴트 깅그리치 같은 인물들까지도 자기 집에 초대한다고 알려져 있다.

그 저택 La Casa dei Fiordalisi (붓꽃이 만발한 집)은 트레콴다의 언덕배기 마을에 있으며, 기원이 13세기까지 거슬러 올라간다. 불타는 듯이 붉은 꽃들과 완만하게 경사진 녹색 풍경, 그리고 원형극장과도 같은 해넘이 사이에 놓인 황금색 벽돌의 경간(*다리나 건물 따위의 기둥과 기둥 사이)과 붉은 석회암 아치들이 인상적이다. 이 책의 원고를 준비하면서 뮤즈들을 부르고 크립토코즘의 수수께끼를 풀기에 이보다 더 좋은 곳은 없을 것 같았다.

워싱턴과 미국 국가안전보장국 NSA 그리고 런던과 영국 정부통신본

부^{GCHQ}(*영국 3대 정보기관 중 하나)에서 멀리 떨어져 있어서 사토시를 은밀하게 불러 인터뷰도 할 수 있을 정도였다. 못 할 것도 없었다. 그곳이라면 그는 안전할 테니까……. 그가 거기에 있다는 걸 누가 알겠으며, 또 설령 그가 거기에 있다 한들 누가 그를 알아보겠는가? 그저 토스카나에 어떤 일본인 관광객 한 명이 와 있구나 하고만 생각할 것이다. 나로서는 충분히 시도해볼 만했다.

나는 그 궁전에 딸린 하늘색 연못 옆에 자리를 잡고서 맥북에어를 열어 비트코인 비트(박자)에 맞췄다. 그리고 사토시가 인터넷에 올린 포스트들의 출력물도 옆에 뒀다. 사토시가 창시한 새로운 종류의 돈이 편안한 졸음을 불렀고, 나는 의자에 비스듬히 누워 토스카나의 태양이 있는 쪽으로 고개를 돌렸다. 그러고는 눈을 감았고, 강렬한 느낌의 아시아 천사들이 나오는 꿈길을 걸었다. 비트코인과 사토시 이야기에 영감을 주는 뮤즈들도 나왔고, 그러다가…… 수리수리마수리! 갑자기 온 신경세포가 바짝 곤두서는가 싶더니, 그가 불쑥 내 마음속에 나타났다.

내 앞에 말쑥하고 딱 부러지는 인상의 일본인이 서 있었다. 현실보다 더 생생했다. 그가 구사하는 영어는 영국식 발음이었고, 그는 자유주의적인 성향을 가지고 있었다. 짧은 경구적 표현을 좋아했으며, 미국 소설가 존 마퀀드의 소설 속 주인공인 미스터 모토^{Mr. Moto}(*본명은 모토 겐타로. 1930~1940년대에 일본 천황의 명령을 받고 극동과 하와이 등지에서 활약하는 일본인 첩보원)를 연상시키는 어떤 총명함을 넌지시 드러내고 있었다. 바로 이런 점이 1950년대에 소설과 영화 두 분야에서 흥미진진한 수많은 수수께끼들을 꼼꼼하게 풀었던 사토시 나카모토의 면모를 압축적으로 보여줬다.

"안녕하십니까, 사토시입니다."

그 남자는 기분 좋게 절도 있는 동작으로 허리를 굽혀 인사했다. 나는 얼마나 놀랐던지 한마디도 할 수 없었다. 그러다가 가까스로 정신을 차리고는 더듬거리며 물었다.

"왜 갑자기 사라져버리셨던 겁니까?"

나는 그가 대답도 하지 않고 사라질지 모른다는 조바심으로 연이어 물었다.

"어디로 가셨던 겁니까?"

"글쎄요, 언제 나타났던 기억이 없습니다만……."

남자는 알 듯 모를 듯한 경멸을 담은 한숨을 쉬면서 대답했다.

"당신 아바타는 확실히 나타났었습니다. 왜 글 올리는 걸 중단하셨죠?"

그러자 남자는 어쩐지 거칠어진 말투로 되물었다.

"그때를 기억하지 못합니까? 나는 결코 잊지 못할 겁니다. 2010년 12월이었습니다. (인터넷의 비트코인 포럼인) 사이퍼펑크스 리스트에 들어 있는 내 가상 동료인 줄리언 어산지가 모든 매체 표지를 도배하다시피 했죠. 그는 반역죄로 기소됐습니다. 사람들은 비트코인을 위키리크스의 중요한 수단이라고들 말했습니다. 좋은 쪽으로 세상 사람들의 관심을 받았다면 얼마나 좋았겠습니까? 하지만 위키리크스는 벌집을 건드린 셈이었고, 벌 떼가 우리를 향해 맹렬한 기세로 달려들고 있었습니다. 우리는 그 벌 떼를 피해 달아나야만 했죠. 비트코인의 성공은 분산 구조 P2P의 성공 여부에 좌우됩니다."

사토시는 그렇게 결론을 내렸다. 비트코인은 위계를 제공하거나 강요하는 억만장자가 없어야만 성립할 수 있는 것이라고 내가 요약했다. 만

약 누가 비트코인을 통제하고 나서면 비트코인의 안정성은 무너지고 만다. 사토시가 통제자로 나설 경우 그는 또 한 명의 무서운 '제3신뢰기관 TTP, Trusted Third Party'(*사용자 인증, 부인 방지, 키 관리 등에서 당사자들로부터 신뢰를 얻고 중재, 인증, 증명, 관리 등을 하는 기관)이 될 터였고, 결국 강압적인 정부의 소환에 응해야 하거나 완강한 해적들에게 해킹될 수밖에 없었다.

이와 관련해 사토시는 이렇게 설명했다.

"정부는 냅스터처럼 중앙에서 통제하는 네트워크들의 목은 쉽게 쳐낼 수 있습니다만, 그누텔라Gnutella(음악을 위한 브라우저)나 토르Tor, The Onion Router(암호화된 이메일이나 동영상을 위한 '양파 라우터')와 같은 순수한 P2P 네트워크들은 끈질기게 살아남죠."

아닌 게 아니라 미국 NSA에 뿌리를 두고 있으며, 기업가 브램 코언이 개발한 토르 시스템은 21세기 이전 시절에 모든 인터넷 비트의 절반 가까이를 차지했다. 예를 들어 토르는 어떤 동영상 파일 하나를 그 네트워크에 연결된 컴퓨터 7,000대에 P2P 방식으로 분산해서 배포한다. 토르는 그 네트워크의 모든 주소를 암호화하고, 또 그 파일이 네트워크에서 전달될 때 그것들의 암호를 동시에 풂으로써 그 누구도 그 파일의 경로나 원천을 알 수 없도록 보장한다. 각 파일의 주소 조합은 양파와 같아서, 그 파일이 최종 목적지까지 도달하는 과정 중 각각의 주소에서는 필요한 만큼만 껍질이 벗겨진다. 사토시의 비트코인 시스템은 코언의 접근법을 반대로 한 것이라고 말할 수 있다. 비트코인은 처리되는 정보를 숨기는 게 아니라 블록들 속에 차곡차곡 쌓고, 또 여기에 시간 스탬프를 찍으며, 전체 네트워크의 노드(네트워크에 연결된 각 컴퓨터)들에 드러낸다. 숨기는 방식의 보안이 아니라 공표하는 방식의 보안이다. 비트코인과 토르 모두 중앙의 통제를 신뢰하지 않는 참가자들이 집합적으로 유지·관리하는 세계적인 데이터 구조다. 토르는 중앙에서 오류가 발생할 여지가 없어, 지금까지 놀라울 정도로 굳건한 성공을 이어오고 있다.

만일 사람을 감질나게 만드는 사토시가 영원히 사라져버리고 없으면 비트코인도 마찬가지로 성공을 이어갈 것이라고 나는 생각했다. 전 세계를 아우르는 복제 기계로서의 인터넷은 돈이나 그 밖의 순수하게 디지털적인 자산을 창조할 수 없다. 모든 거래는 그 네트워크 바깥에 있는 기관, 즉 은행이든 신용카드사든 페이팔을 이용해야만 한다. 그 네트워크에서만 생성된 디지털 항목은 모두 다 무한대로 재생산될 수 있다. 비트코인에서 사토시는 많은 작업을 거치지 않고서는 복제되지 않는 디지털 자산을 가능하게 만들었다. 그는 그 많은 작업을 '작업증명'이라고 불렀다. 작업증명은 모든 거래들을 부지런히 확인하고 블록에다 축적하는 채굴자들이 제공한다. 이런 방식으로 사토시는 그 네트워크상에서 돈을 창조할 수 있게 만들었으며, 이 돈을 거래가 유효함을 입증해주는 '채굴자'에게 대가로 제공했다. 공개적인 분산형 구조의 장부 원장에 기록된 거래들은, 인터넷에 배포돼 있는 바꿀 수 없는 데이터베이스를 형성하는 블록의 사슬들, 즉 블록체인들 안으로 수학적으로 '해시hash'된다(*해시는 하나의 문자열을, 이를 상징하는 더 짧은 길이의 값이나 키로 변환한 것인데, 함수의 한 종류다). 거래들과 관련된 바뀌지 않는 기록들은 돈의 형태를 띤다. 그러나 정부는 민간에서 돈을 찍어내는 것을 좋아하지 않는다. 사토시가 정체를 드러나지 않으려고 그토록 조심하는 이유도 바로 여기에 있다.

이런 맥락에서 사이퍼펑크 게시자인 제임스 도널드는 사토시가 비트코인을 발표한 직후에 이렇게 천명했다.

"정부의 압박을 피하기 위해 비트코인 네트워크는 어떤 중앙 단위도 만들지 말아야 한다. 여기에 압박이 가해질 수도 있기 때문이다. 네로 황제가 목이 하나밖에 없는 로마를 원했다는 사실을 기억해야 한다. 만일 우리가 저들에게 목이 하나인 네트워크를 보이면, 저들은 그 목을 댕강 쳐서 떨어뜨릴 것이다."

나는 사토시에게 이렇게 물었다.

"비트코인이 (그리고 누구도 통제할 수 없는 비트코인의 P2P 분산형 구조가) 번성한다고 칠 때, 이것은 현대의 모든 통화 시스템과 양립할 수 없는 것 아닙니까? 돈은 비트코인으로 할 수 없는 바로 그 어떤 것들을 할 수 있도록, 예를 들어 각 나라의 경제 상황이 바뀌면 거기에 맞춰 돈의 공급량이나 환율을 조정하는 것 등을 할 수 있도록 하기 위해 고안되고 유지되는 것입니다. 당신은 전체 금융 세계에, 각국의 중앙은행들과 G8 정상들과 국제통화기금IMF에, 하루에 무려 5조 1,000억 달러 규모로 이루어지는 국제 통화거래에, 워싱턴과 뉴욕, 런던과 다보스, 도쿄와 샌프란시스코에서 금융과 관련된 미세한 조정을 수행하는 전략가들에게, 전 세계의 세무 담당자들과 금융 당국자들에게 위협적인 존재가 아닙니까?"

사토시는 이렇게 대답했다.

"우리는 '익명의 통화'나 '어떤 정부의 통제 범위 바깥에 존재하는 통화'를 가지고서 선도적인 행동을 하길 원하지 않습니다. 단언하지만, 나는 그런 말을 하는 게 아닙니다. 어떤 사람들은 이렇게 말합니다. '덤벼, 위키리크스.' 하지만 나는 이렇게 말합니다. '아냐, 덤비지 마, 위키리크스!' 비트코인 프로젝트는 점진적으로 성장할 필요가 있습니다. 그래야 이 소프트웨어가 지속적으로 강화될 수 있습니다."

"하지만 비트코인의 최초 블록인 '제네시스 블록'이 탄생했을 때 당신은 런던의 〈타임스〉 헤드라인에 '수상이 은행들을 다시 긴급 구제하고 있다'고 발표했습니다. 그건 가만히 있는 벌집을 쑤시는 행동이 아니었습니까?"

사토시는 빙긋 웃기만 했고, 계속해서 내가 말했다.

"어쨌든 간에 나는 당신이 하고 있는 것을 잘 이해합니다. 그러나 통화의 수요 조사가 은행가들의 통제 바깥에서 진행된다면 금융 정책을 어떻게 세우고 또 실천할 수 있겠습니까?"

사토시는 이렇게 대답했다.

"비트코인에서는 그 누구도 중앙은행이나 연방준비제도이사회 행세를 하면서 금융정책을 조정하지 않습니다. 비트코인 사용자들이 점점 늘어남에 따라서 말입니다. 이것은 귀금속과 같습니다. 즉 가치를 동일하게 유지하기 위해 수요를 변화시키는 게 아니라 수요가 미리 정해지고 가치가 변화하는 것입니다. 사용자가 점점 늘어남에 따라서 코인 하나의 가치는 그만큼 증가합니다."

사토시는 장난기 어린 눈빛으로 다음과 같이 결론을 내렸다.

"그것은 긍정적인 선순환의 잠재력을 가지고 있습니다. 사용자가 늘어날수록 가치가 높아지고, 이에 대응해 보다 많은 사람이 증가하는 가치를 이용하려고 비트코인에 모여들지요. 우리는 아무 필요가 없는 선동에 나서기보다는 이 과정이 진행되는 걸 가만히 지켜보기만 하면 됩니다."

"그런데 왜 '우리'라는 복수의 인칭대명사를 씁니까? 당신은 합성글자입니까?"

나는 다소 직설적으로 물었다.

"아닙니다. 나는 온전하게 단수입니다. 그러나 비트코인은 많은 사람들이 이런저런 작업을 한 성과들이 하나로 모인 결과입니다. 1998년에 중국의 웨이 다이는 사이퍼펑크스에 암호화폐인 비머니^{b-money}를 제안했습니다. 애덤 백의 해시캐시는 할 피니의 디지털 동전으로서의 '재사용이 가능한 작업증명^{Reusable PoW}'과 함께 작업증명이란 개념을 제공했죠."

사토시가 '작업증명'을 강조한 것은 (작업증명은 거래를 증명하는 수단으로 여기에는 비용과 노력이 많이 들어가며, 거래를 무효화하려는 모든 노력은 응분의 처벌을 받는다) 비트코인 구조의 이 쐐기돌을 바꾸려는 노력에 자기는 반대한다는 뜻이었다.

"아, 그건 일리가 있는 말입니다. 당신이 왜 사라져버렸는지 이제 알겠습니다. 하지만 무슨 까닭으로 그렇게 사라진 지 4년 만에 다시 나타나서 게시판에 글을 올렸습니까? 그동안 사토시의 정체를 두고 온갖 말들이 많았지 않습니까? 웨이 다이나 닉 재보가 사토시라는 말도 있었고, 어떤 사람들은 당신을 제드 맥케일럽이라고 말했습니다. 이 사람은 암호화 프로토콜을 다수 만들었으며, 그 뒤에는 마운트곡스^{Mt.gox}를 창업하고, 또 그 뒤에는 자체 가상화폐 통화인 XRP를 가진 국제 금융 네트워크인 리플을 공동창업했습니다. 〈포브스〉는 심지어 루게릭병을 앓고 있는 할 피니의 병상을 찾아가 눈썹 움직임을 가지고서 그와 대화하기도 했습니다."

"예, 나도 피니가 〈포브스〉에게 공적을 인정받는 걸 보니 기분이 좋았습니다. 찬사를 받을 자격이 충분한 분이죠. 그런데 굳이 그걸 방해할 이유가 있을까요? 다른 사람들은 그저 자기만 잘 행동하면 됩니다. 그러나

도리언이라는 인간을 생각하면 불쾌합니다. 자기가 나라고 〈뉴스위크〉에 떠들어댄 걸 보고는 얼마나 화가 나던지……. 전직 CIA 직원으로서도 부끄러운 행동이었죠. 그래서 뭔가 해야 했습니다. 그래서 딱 다섯 단어만 썼던 겁니다. '나는 도리언 나카모토가 아니다.I am not Dorian Nakamoto.' 그것만으로 충분할 것 같았습니다."

"주변적인 이야기는 그만하고 문제의 핵심, 그러니까 수수께끼의 핵심으로 들어갑시다. 마크 안드레센에서 닉 재보에 이르는 당신의 추종자들은 그 핵심을 충분히 설명했습니다. 그들은 '비잔틴 장군들의 문제'(*비잔틴 군단이 성을 함락하기 위해 모였다. 성을 함락하려면 절반 이상의 병력이 동시에 공격해야만 한다. 하지만 각 장군들이 지휘하는 병력은 서로 떨어져 있어 전령으로만 통신이 가능하고, 장군들 가운데 있을 수 있는 배신자는 공격 시간을 의도적으로 다르게 이야기할 수 있다. 배신을 방지하기 위해 모든 장군들은 푸는 데 약 10분이 걸리는 수학 문제를 풀어야 공격 시간을 알 수 있게 만들었다. 그런 다음에, 공격 시간과 이전에 문제 푼 내용을 바로 다음 장군만 알 수 있게 보낸다. 다음 장군은 앞에서 찾아낸 정답과 풀이 과정을 확인한 후, 새로운 문제의 답을 이어 붙여 작업을 계속한다. 만약 중간에 누가 거짓말하면, 그 답은 정답 묶음에서 갈라지고 모든 장군에게 전해지기 때문에 거짓이 드러날 수밖에 없다. 따라서 과반수가 조작된 정답 묶음을 만들 수 없게 돼 과반수의 장군이 공격에 참여할 것이라고 확신할 수 있고, 공격 시간도 신뢰할 수 있었다) 이야기하는 걸 좋아했습니다. 이중지불의 수수께끼도 이야기했고, 또 컴퓨터과학 강의 시간에 나왔던 교훈들이나 부명제(*다른 진술이 참임을 검증하기 위해 참인 것으로 여겨지는 진술)들을 놓고도 즐겨 이야기를 나눴습니다. 그런데 이런 말이 실례일 수도 있지만, 내가 당신과 함께할 수 있는 시간이 제한되어서 직설적으로 던지는 말입니다만, 당신이 문제입니다. 당신은 당신 시스템의 지성소(*하느님이 거주하는 성막 안의 성소로 히브리어 성경에 나타나는 용어)를 분명하게 밝히지 않고 있습니다."

"지성소라니요? 비트코인은 화폐이고 지불 네트워크이지 종교가 아닙니다. 무슨 뜻으로 그런 말을 한 겁니까?"

"내 말은 그 장소 혹은 과정 말입니다. 이 둘 가운데 뭐가 맞을지 모르겠습니다만. 당신의 텅 빈 비트들이 가치가 있는 코인으로 탈바꿈하는 그 장소 혹은 과정 말입니다. 이런 전환이 어디에서 그리고 어떻게 일어납니까? '광산'입니까? 아니면 '주전소(혹은 조폐국)'입니까? 그런 일이 어떤 방식으로 일어납니까? 연금술입니까? 마법입니까? 그냥 바라는 대로 되는 겁니까? 컴퓨터의 CPU를 오버클로킹하고 열이 방출돼 뜨거워지면 액체질소에 던져 넣어서 식히고, 이런 식으로 쓸모가 없는 작업을 증명하는 겁니까? 이렇게 하면, 딸랑거리는 소리도 낼 줄 모르는 그 푼돈의 동전들을 챙길 수 있는 겁니까?"

지금 솔직하게 인정해야 하는 사실이지만, '그 푼돈의 동전들'은 지금까지 계속 쌓이고 있다. 지금 이 순간에도.

사토시는 허리를 뒤로 젖히고 나를 바라봤다. 그의 표정에는 경멸이 묻어 있었다.

"당신이 나를 믿지 않거나 받아들이지 않는다면, 나도 굳이 당신을 설득할 생각이 없습니다. 미안하지만 시간도 아까워서 말입니다."

그는 문 쪽으로 시선을 돌리고 일어서려 했다. 나는 다급하게 말했다.

"잠깐, 오신 지 얼마나 됐다고 벌써 가십니까? 아직 가지 마십시오!"

나는 비트코인을 적대적으로 생각하는 사람이 아님을 서둘러 증명했다.

"나도 그 시스템이 어떻게 돌아가는지 압니다. 아주 면밀하게 연구했습니다. 나도 비트코인에 경이로운 마음을 가지고 있는 사람입니다."

내가 지나쳤을까? 사토시는 지루한 표정이었다. 나는 계속해서 밀어붙였다.

"그러나 우리 모두는 우리를 비판하는 사람들에게 대응해야 합니다. 폴 크루그먼이 〈뉴욕타임스〉에서……."

"그 사람 이름은 여기서 꺼내지 마세요."

사토시가 내 말을 잘랐다. 크루그먼은 비트코인이 사회의 진보와 발전을 가로막는 '사악하고' '반동적인' 것이라고 깎아내리면서 비트코인의 채굴 과정을 반복해서 설명했다. 바로 이 과정에서 사람들은 수천 조단위의 플롭스 컴퓨터 용량을 동원해 전기를 펑펑 쓰고 화석연료를 미친 듯이 집어삼키며 이산화탄소를 마구 뿜어낸다. 이 모든 것은, 복수의 거래들에서 나오는 데이터를 압축해 (이 압축 과정에서 데이터에 시간 스탬프가 찍히고 암호학적으로 유효함이 입증된다) 특정한 크기의 슬롯들에 집어넣기 위해 SHA 256이라 불리는 해싱 알고리즘 문제들을 풀기 위한 것이다 (*SHA^Secure Hash Algorithm는 미국 국립표준기술연구소가 표준으로 채택한 암호해시함수^cryptographic hash function다. 각각의 출력 길이, 알고리즘의 내부 구조나 초깃값, 출력 방법 등에 따라 SHA-224, SHA-256, SHA-384, SHA-512 등으로 구분된다). 이 수학적 해시들은 대규모 데이터에 접근할 수 있는 가상 지문들을 제공해, 유효하다고 입증된 모든 거래들의 모든 블록이 사토시의 제네시스 블록 이후로 이루어졌던 모든 거래들의 독특한 흔적들을 포함할 수 있도록 해준다.

사토시는 손을 홰홰 저으며 말했다.

"그 사람들은 비트코인에 대해 아무것도 모릅니다. 비트코인 덕분에 가능해진 교환의 효용은 전력 사용 비용을 훨씬 초과할 것입니다. 그 비용이라고 해봐야 채굴자당 하루에 약 1달러밖에 되지 않으니까요. 그러니까 이 세상에 비트코인이 없는 게 더 손해죠."

사토시는 비트코인 채굴에 따르는 전력 소비를 낮게 평가했다. 그러나 비트코인의 잠재적인 효용에 대한 문제는 여전히 남는다.

"그래요, 좋습니다. 그렇지만 나는 채굴자들이 레이캬비크에 있는 발전소 인근 호텔들에 틀어박혀 컴퓨터 퍼즐들을 푸는 경주를 하면서 도대체 어떻게 실질적인 가치를 창조하는지 모르겠습니다(*아이슬란드 레이캬비크에 '제네시스마이닝'이라는 비트코인 채굴 회사가 있다). 퍼즐의 난이도 지수가 해법들을 내놓기 시작하고 또 이 과정이 반복될수록 0이 더 많이 붙는다는 점은 상징적으로 보입니다. 문제 풀이라는 특수 용도의 마이크로칩들에 초점을 맞춰 성능을 한껏 높인 이 기계들을 사용하는 데서는 실질적인 가치가 전혀 생성되지 않습니다. 그것들이 빙산에 의해 유기적으로 냉각된다 하더라도, 그래서 빙산이 녹는다 하더라도 나는 상관하지 않습니다. 당신이 이런 식으로는 가치를 창조할 수 없음은, 케인지언 모델^{Keynesian model}에서 구멍들을 팠다가 다시 그 구멍들을 메우는 경주를 한다고 해서 혹은 금본위제 모델에서 땅속 깊이 묻혀 있는 금을 파냈다가 다시 다른 구멍들에 묻는 경주를 한다고 해서 없는 가치를 새롭게 창조할 수 없는 것과 마찬가지 이치입니다. 이런 것들로는 결코 실질적인 부가 창조될 수 없다는 말입니다."

사토시는 이해할 수 없다는 표정으로 나를 바라보고는 차분한 어조로 말했다.

"비트코인의 경우에는 실질적인 부가 창조될 수 있습니다. 예외죠. 나는 그런 반대 견해들에 조금도 관심이 없습니다. 나는 지난 5년 동안 모든 세세한 사항들을 계산해냈습니다. 이 작업은 코딩 쪽보다 설계 쪽이 더 많았죠. 다행히 지금까지 제기된 모든 쟁점들은 내가 예전에 이미 생각했고, 또 대책을 마련했던 것들입니다. 지금까지 나는 여러 차례에 걸쳐서 대응했습니다. 그런데 이제는 그러는 것도 싫증이 납니다."

나는 계속 밀어붙였다.

"그 작업이라는 게 구멍들을 팠다가 다시 메우는 것의 하이테크 버전 같은 것이라기보다는 컴퓨터 '해싱' 알고리즘들을 마구 돌리는 것 아닙니까?"(*'해싱hashing'은 디지털 숫자열을 원래의 것을 상징하는 더 짧은 길이의 값이나 키로 변환하는 것)

"아니죠. 당신은 구멍들을 파면서 앞으로 나아가죠. 당신이 판 구멍은 한 삽씩 점점 더 커집니다. 그런 다음에 다시 그 구멍을 단계적으로 다시 메웁니다. 이것은 선형적인 과정이며, 그 결과는 측정자measuring stick나 단계별 수준들로 측정이 가능합니다. 하지만 이것은 작업증명이라는 내 시스템과는 전혀 다릅니다."

그 말에 나는 당혹스러움을 감추지 못한 채 물었다.

"왜 그렇죠? 당신의 컴퓨터들은 그 퍼즐을 풀기 위해서 단계별, 사이클별로 나아가는 것 아닙니까?"

"그렇지 않습니다. 당신은 전혀 이해를 못 하는군요. 그렇죠?"

"그렇다면 당신 시스템에서 새롭고 다른 건 뭐가 있습니까?"

나는 화내며 물었다. 사토시는 내가 토를 단 내용은 깡그리 무시한 채

자기 설명을 이어갔다.

"어떤 블록을 해결하는 데까지 1퍼센트 다가갔다는 식의 발상은 내 시스템에 존재하지 않습니다. 당신은 그걸 해결하는 쪽으로 조금씩 다가가는 게 아닙니다."

"그게 무슨 뜻입니까?" 나는 당황해서 물었다.

"당신이 블록 하나 혹은 퍼즐 하나에 24시간을 투입해 매달렸다고 하더라도, 당신이 그것을 풀 확률은 처음이나 다른 어떤 시점에서나 동일합니다."

"예에?"

"당신은 그 해시에 대한 해법을 두루두루 찾고 있는 거죠. 동전을 던져서 앞면인지 뒷면인지 알아맞히는 것과 마찬가지입니다. 당신은 서른여섯 번 동전을 던져서 모두 앞면이 나옵니다. 매번 시행할 때마다 확률은 동일합니다."

"대애애단하네요." 나는 살짝 비꼬는 투로 말했다. "그러니까 결국 베르누이 복권이군요(*결과가 두 개인 시행을 독립적으로 반복 시행하는 것을 베르누이 시행 혹은 독립시행이라고 한다). 그리고 향불을 피우고 수리수리마수리를 외치면 가치가 창조된다고요?"

"그렇습니다. 바로 그렇게, 오로지 그렇게 해야만 가치를 창조할 수 있습니다."

"시간 낭비일 것 같습니다만?"

"가치를 창조하는 데서는 시간이야말로 가장 중요한 요소죠."

"글쎄요, 동전을 던지면서 시간을 낭비하는 것을 기반으로 하는 시스템이라면 고쳐서 더 나은 새로운 버전으로 만들어야 하지 않을까 싶습니다. 오해는 마십시오. 나는 당신이 만든 시스템과 당신이 성취한 모든 것을 존경합니다. 그러나 이건 문제가 있습니다. 무의미하게 노력해야 하는 이 작업증명이 의학 발전을 위해 복잡한 단백질 주름을 계산하거나 지구 바깥에 존재할 수도 있는 외계 생명체를 탐색하거나 DNA 지도를 이용해 암을 치료하거나 에이즈 확산을 막거나 하는 문제로 대체될 수 없는 것 아닙니까? 당신은 분명히 말했습니다. 이것은 단지 0.1버전일 뿐이라고 말입니다."

사토시는 내 말을 듣고 안타까워하는 눈치였다.

"이미 사람들은 방금 말한 그 모든 행동을 가치 있다고 여깁니다. 아마도 실제로도 가치가 있겠죠. 비록 나는 외계 생명체 탐색에 몇 가지 의문을 품고 있긴 하지만 말입니다. 그러나 가치 있는 것들의 다른 사례들을 제시한다고 해서 가치의 어떤 표준을 새롭게 만들어낼 수는 없습니다. 수없이 많은 가치 주장들을 측정하고 분류하며 우선순위를 정하는 것은 우리가 돈을 가지고서 풀려고 하는 문제입니다. 우리가 하고 싶은 것은 가치 있다고 추정되는 것들을 단지 제시하는 것이 아니라 가치를 측정하는 것입니다."

"그렇지만 돈은 이 세상에 있는 어떤 가치 있는 것들과 연관돼야만 합니다. 금은 본질적으로 희소하며 가치가 있습니다. 금으로는 아름다운 보석을 만들 수 있습니다. 금은 압축적이며 또 늘어나는 성질이 있습니다. 금은 탁월한 전도체죠. 물론 전기뿐만 아니라 사랑을 전달하는 데도 유용합니다. 달러화는 미국 정부뿐만 아니라 전 세계 경제 대국들의 온전한 신뢰와 신용을 등에 업고 있습니다. 그런데 비트코인의 뒤는 누가 받쳐줍니까? 0의 개수를 계속 늘려주는 작업을 하는 그 무의미한 컴퓨터 사이클들이 뒤를 받쳐줍니까?"

사토시는 손을 저으며 자기 말을 들으라고 했다.

"내가 딱 한 번만 설명할게요. 사고실험을 하나 해봅시다. 금처럼 희소하지만 다음과 같은 특성을 지닌 어떤 비금속이 있다고 칩시다. 색깔은 칙칙한 회색이며, 썩 좋은 전도체가 아니며, 특별히 강하지도 않고 또 쉽게 늘어나거나 구부러지지 않으며, 실용적인 용도로나 장식적인 용도로도 유용하지 않은 비금속입니다. 그런데, 이것이 핵심적인 특성인데, 커뮤니케이션 채널을 통해 전송될 수 있는 마법과도 같은 특성이 있습니다. 만일 이것이 어떤 이유에서든 어떤 가치를 가져서 이것에 가격이 매겨져 있다면, 자기 재산을 지리적으로 멀리 떨어져 있는 누군가에게 보내고 싶은 사람이라면 이것을 사서 그 누군가에게 전송하고, 상대는 이것을 받을 수 있을 겁니다. 아마도 이것은 새로운 주인의 손에 들어가서는 초깃값을 회복할 겁니다. 이것이 교환에 유용하다는 것을 사람들이 깨달을 테니까 말입니다. 나라면 이걸 꼭 가지고 싶을 겁니다."

"무슨 말씀인지 알겠습니다. 그 물질이 세상에서 가장 가치 있는 어떤 것이 되겠죠. 가치와 그 가치의 측정을 연결하겠죠. 또 정보혁명을 촉발할 것이고……."

"이제 내 말을 이해하시는군요. 그렇지만 그게 전부가 아닙니다. 가치를 측정하는 방법은, 즉 작업증명은 다른 목적이 없는 순수한 지출 혹은 시간의 희생을 통해야 합니다. 내 친구인 닉 재보는 이것을 '우리는 희생의 결과가 아니라 희생의 측정을 중심으로 우리 일을 조정해 배열할 수 있다'고 표현했습니다."

"정말 그렇게 되도록 행운이 따라주길 바라겠습니다만, 많은 사람들이 그것을 바꾸려 하고 또 그것의 꼴을 새롭게 만들려고 애쓰고 있습니다. 그들은 자신이 그것을 개선하려 한다고 말할 겁니다."

내 말에 사토시는 의미심장한 미소를 띠면서 대답했다.

"그 사람들이야말로 행운이 필요하죠. 최초의 비트코인을 0.1버전이라고 합시다. 이게 나오고 나면, 이것의 핵심적인 설계는 이것의 수명이 다할 때까지 바위에 새겨질 것입니다."

"'바위에 새겨진다'는 게 도대체 무슨 뜻입니까?"

"거래 내용을 담은 블록체인은 그 전에 있었던 모든 거래들의 해시들을 담고 있으며, 미래의 모든 거래들에 포함되도록 설정돼 있습니다. 암호의 돌에 새겨지는 겁니다. 나는 지난 1년 반 동안 코딩 작업을 하면서 모든 세부 사항들까지 깔끔하게 다 정리했다고 믿습니다. 10년 뒤에는 어마어마한 규모의 거래량을 포함하고 있거나 아니면 텅 비어 있을 겁니다."

"네, 조금씩 이해가 되는 것 같습니다. 그런데 가치의 어떤 표준을 갖추려면 기존의 모든 가치 구조들 바깥에 있어야 합니다. 그 자체로는 아무 가치가 없어야 합니다."

그러자 사토시가 말했다. "이제 좀 이해하시는 모양이군요."

"제가 정리해볼까요? 채굴 과정은 시간의 두 가지 핵심 측면을 결합하겠죠. 하나는 시간영역이고, 하나는 주파수영역입니다. 시간영역은 문제를 푸는 데 10분이라는 평균으로 설정되고, 주파수영역은 1초당 수십억 사이클의 기가헤르츠 단위로 측정되며 그 문제에 투입되는 컴퓨터 사이클을 설정합니다. 이렇게 해서 비트코인의 핵심에는 돌이킬 수 없는 시간의 경과를 무어의 법칙 아래 기하급수적으로 전개되는 기술 발전(즉 초당 연산 사이클(주기)이 점점 늘어나는 기술 발전)과 결합하는 어떤 과정이 놓입니다. 무어의 법칙이 없다면, 비트코인은 데이터 홍수에 묻혀버릴 것이며 블록체인은 서서히 멈춰버리겠죠. 비트코인을 지탱하는 천재성은 컴퓨터 자원들(저장용량과 처리 능력)이 블록체인보다 늘 더 빠르게 성장할 것이라는 역동적인 전망에서 나옵니다. 이렇게 해서 비트코인은 재화와 서비스는 넘쳐나고 시간은 희소한 세상에서 가치 창조의 완벽한 전형이 됩니다. 일직선의 선형적인 시간은 삶의 폭을 반영합니다. 주파수영역은 빛의 속도에 의해 구속됩니다. 이 둘이 함께 세상의 가치 원천들을 반영할 수 있습니다."

사토시가 내 말을 받았다. "확실히 이해하시는군요. 그러나 사실 그 시스템은 그것보다 훨씬 좋습니다. 그것은 단순히 가치를 측정하는 데 그치지 않습니다. 거래를 가능하게 해주며 이 거래들이 유효함을 입증해주며, 따라서 이 세상 부의 창출과 자유의 확장을 한껏 고양시킬 수 있으니까요."

그때 눈이 뜨였다. 어둠이 깔려 있었다. 사토시는 가고 없었다.

다시 사토시를 만난 것은 그로부터 2년 뒤인 2015년이었다. 예전과 마찬가지로 그 만남은 간접적인 방식으로 이루어졌다. 데이비드 호로위츠의 프리덤센터에서 강연하러 로스앤젤레스로 가던 길이었는데, 우연히 자기가 사토시의 지인이라고 주장하는 조셉 본-펄링이라는 남자를 만났다. 부드러운 목소리에 눈빛이 강렬하고 챙이 넓은 중절모를 썼으며 꽁지머리를 했다. 나이 든 히피 같았다. 그는 20년간 돈의 새로운 형태를 고안하는 투쟁을 해온 베테랑이었다. 그 투쟁은 비트코인 유형의 사업이자 운동인 뉴 리버티 달러New Liberty Dollar에서 절정을 맞았다(*미국에서 리버티 달러는 2009년 7월까지 유통됐으며, 관련자들은 위폐 혐의로 체포돼 2011년에 유죄 판결을 받았다. 이것과 아무 연관이 없는 뉴 리버티 달러는 비트코인을 인정하는 한편 개인 간 거래에 사용할 수 있는 메달 형태의 금을 만들고 판매한다). 함께 저녁을 먹는 자리에서 그는 사토시가 호주 출신 컴퓨터과학자이자 기업가인 크레이그 라이트라고 했다. 라이트는 불운했던 리버티 프로젝트에 약 2,800만 달러를 투자했다고 알려져 있다.

나는 그해에 샌프란시스코의 머니쇼^{MoneyShow}와 결합해서 열리는 내 텔레코즘 콘퍼런스^{Telecosm Conference}에 본-펄링을 초대했다. 그는 이 자리에 방문권도 없는 스물세 살의 베트남 여성을 동반하고 나타났다(*텔레코즘은 '빠르고 값싼 광전송망과 무선인터넷 기술이 만들어내는 세계'를 뜻하는 용어로, 저자의 2003년 저서 《텔레코즘》에서 처음 등장했다). 그 여성의 이름은 원원이라고 했다[그 이름의 정확한 스펠링이 'Uyen Nguyen(우옌 응우옌)'임을 나중에야 알았다]. 본-펄링은 그녀를 내게 소개하면서, 라이트의 핵심적인 조수이자 프로그래머인데 열여덟 살 때부터 비트코인 세계에 발을 담그고 있었다고 했다. 그녀가 열여덟 살 때라면 비트코인이 처음 시작되던 무렵이었다. 나와 만났을 당시에 그녀는 라이트의 튤립 트러스트^{Tulip Trust} 신탁관리인이자 라이트가 숨겨둔 비트코인을 실질적으로 소유하고 있었으며, 또 그의 코딩 파트너인 데이비드 클라이먼의 상속인들로부터 소송을 제기당한 상태였다. 그 상속인들은 라이트가 사토시라고 믿었다. 나는 흥분했다. 주로 비트코인에 초점을 맞춰 머니쇼의 기조연설을 하는 동안에 나는 뭔가 흥미진진한 일들이 펼쳐질 것이라고 예측했다.

나는 라이트가 사토시일 수 있다고 생각하고서 본-펄링을 연단으로 불렀다. 그러나 어떤 이유에서인지 모르겠지만, 머니 콘퍼런스 자리에서 언제나 솔직하고 또 숨김없는 모습을 보였던 그가 그 공적인 자리에서 입을 꾹 다물어버렸다. 아무리 애써도 그의 입에서 라이트나 비트코인에 대한 그 어떤 말도 끌어낼 수 없었다. 아무래도 그 상황에는 겉보기보다 훨씬 더 복잡한 어떤 사정들이 얽혀 있었던 것 같다. 아무튼 윈원은 비트코인이 역사를 시작한 뒤에도 라이트와 결합하지 않았다.

크레이그 라이트의 모습을 한 사토시를 다시 진지하게 만난 것은 2017년 7월 1일이었다. 네덜란드 아른험에서 열린 '비트코인의 미래Future of Bitcoin'라는 한 콘퍼런스에서 라이트가 '새로운 세기의 복음The Gospel of the New Century'이라는 프레젠테이션을 할 때였다. 그가 "나는 사토시를 죽이려고 여기에 왔다"고 목소리를 높였다.[3] 그야말로 점입가경이었다.

사실 그가 거기에 간 목적은 다른 데 있었다. 그가 가던 길을 중요한 새로운 경쟁자가 가로막고 서 있었으며, 위대한 투자자이자 철학자인 피터 틸이 거기에 데려다놓은 그 경쟁자를 처단하기 위해서였다.

블록체인 전쟁이 진행되고 있었던 것이다.

CHAPTER

13

블록체인 전쟁

Battle of the Blockchains

경외심을 불러일으키는 블록체인 학자이자 블록체인 전도사인 안드레아스 안토노풀로스는 이 비트코인과 이더리움 간의 경쟁이 겉보기에만 그럴듯한 것으로 판명될 수도 있다고 주장한다. 그는 비트코인과 이더리움을 '사자와 상어'에 비유한다. 이 둘은 각각 자기 영역을 지배하며, 각자 맞닥뜨리는 한계들과 균형들 때문에 고통당한다는 말이다.

성스러운 존재 사토시가 수치스러운 크레이그 스티븐 라이트의 모습으로 마침내 나타난다. 그의 후광이 조금 어그러지는 것 아닌가? 우리가 정말 진짜 사토시를 보고 있는 것일까? 크레이그 스티븐 라이트가 사토시임을 가장 진심으로 믿는 사람들은 호주 국세청 사람들인 것 같다. 그러나 그들은 그에게 죄수복을 입히고 싶어 한다.

성스러운 사토시가 (호주의 마권영업 회사인) 센터벳^{Centrebet}이나 (온라인 도박 사이트인) 보도그^{Bodog} 같은 이름을 달고 나타날 것이라고는 아무도 예상하지 않았다. 그러나 라이트가 제공한 초기 비트코인 소프트웨어를 로이터통신이 분석한 결과는 다음과 같았다.

"비트코인은 애초에 온라인 포커를 염두에 두고 개발된 코드를 기반으로 해서 성장했다."

비트코인이 등장하기 전에 라이트의 주된 기반은 온라인 도박업체 라세터스 온라인^{Lasseters Online}이었다. 라세터스는 최초의 인터넷 카지노라는 설이 있으며, 2006년에 미국 정부가 온라인 도박을 금지하기 전까지는 상당한 수익을 거뒀다. 라세터스를 비롯해 라이트의 벤처회사들은 당국이 분노할 만한 요소를 가지고 있었다.

스스로 밝힌 내용에 따르면, 라이트는 인생의 많은 부분을 부재한 아버지에게 자기를 입증하는 일에 바쳤다. 그는 늘 핵물리학에서 통계학에 이르기까지 모든 것을 공부해왔으며, 또 컴퓨터과학 분야에서도 박사 학위를 받았다고 주장했다. 그러나 호주 찰스스튜어트대학은 라이트에게 컴퓨터과학 분야에서 두 개의 석사 학위만 줬다고 밝혔다. 라이트는 강단의 월계관을 쓰는 데 필요한 논문 작업을 할 수 있었던 적이 없다. 그가 확실하게 받은 자격증은 네트워크 보안감사$^{security audits}$ 분야이며, 그가 확실하게 받았다는 증거가 있는 박사 학위는 신학 분야다. 이 분야에서 그는 '궁극적인 아버지'와 씨름하는데, 그는 이런 존재가 세상에 없거나 설령 있다고 하더라도 세상 사람들에게 무관심할 뿐이라고 여긴다.

그는 컴퓨터 과학수사 분야 컨설턴트 겸 회계원 그리고 그 밖의 네트워크 및 사이버보안 관련 일을 하면서 생활비를 벌었다. 또 컴퓨터와 관련된 스타트업들을 차렸는데, 이런 움직임은 핫와이어$^{Hotwire Preemptive Intelligence Group}$에서 절정에 달했다.

핫와이어는 최초의 비트코인 은행으로 디나리우즈^{Denariuz}를 설립하고자 했지만, 결국 당국 검열의 벽을 넘지 못하고 2014년에 문을 닫았다. 영국의 수학자 드모르간의 이름을 딴 컨설팅 회사를 창업했다가 시장에서 외면당한 뒤에 고객에게 마케팅을 하지 말라는 명령을 거부한 일로 잠시였지만 교도소 신세를 지기도 했다. 그가 세운 다른 회사들도 대부분 실패했다.

그렇다면 늘 열변을 토하며 말썽 많은 이 '하드 포킹$^{hard forking}$'의 컴퓨터 과학자 크레이그 라이트는 어떤 사람일까?(*하드 포크에 대해서는 253쪽 옮긴이 주 참조) 그를 알고자 하는 사람은 그의 전기를 쓴 앤드루 오헤이건에게 물어보면 된다. 오헤이건은 2016년의 그 결정적인 여섯 달 동안 라이트와 매우 가까이 지낸 인물이다. 이 기간 동안 라이트는 자기가 바로 사토시라고 밝혔으며, 언론에 그 증거라고 제시했던 것들을 엉망진창으로 망쳐버렸다.

라이트는 〈이코노미스트〉, 〈파이낸셜 타임스〉, BBC, 〈지큐〉 그리고 수많은 사이버펑크 독설가들에게 융단폭격을 당하고 배척을 받은 뒤에 눈물을 흘리며 무대에서 떠밀려 내려왔다. 이 내용은 모두 〈런던 리뷰 오브 북〉 2016년 6월호에 게재됐으며, 무려 3만 6,000단어나 되는 오헤이건의 에세이에 상세하게 기록돼 있다.[1] 그러나 사토시 추종자들은 이 에세이를 읽고 싶은 마음이 별로 들지 않을 것이다. 그 이유를 오헤이건은 다음과 같이 적고 있다.

"사토시는 비트코인 창시라는 아름다운 일을 해놓고는 흔적도 없이 사라져버렸다. 그래서 비트코인 팬들은 사토시를 사랑했다. 이 팬들은 사토시가 잘못되거나 반박당하는 상황을 바라지 않는다. 또 사토시가 우쭐대거나 성마른 인물이기를 바라지 않는다. 사토시의 정체가 크레이그라는 45세 호주인이기를 결코 바라지 않는다."

키가 크고 검은색 머리카락에 배우처럼 미남이며 모순적이고 자유주의적이고 우쭐대길 좋아하며 성마른 라이트는 어딘지 모르게 사이퍼펑크 세계의 도널드 트럼프 같다. 혹은 그의 시드니 프로젝트 관리자가 한 말처럼 '고약한 모습의 스티브 잡스와 닮은 구석이 있다'.

오헤이건의 영웅 이야기는 2015년 12월 9일을 기점으로 해서 극적으로 시작된다. 비통한 표정의 호주인 한 명이 경찰관이 우글거리는 시드니의 집에서 빠져나와 공항으로 급히 달려간다. 그러다 곧 여권을 챙기지 않았음을 깨달았다. 그는 아시아계 아내인 러모나가 붙잡는 것을 뿌리치고 집으로 돌아가서, 경찰이 포기하고 떠날 때까지 숨어서 기다린다. 결국 그는 여권을 챙기는 데 성공한다. 그러나 비행기 탑승 순간에 경찰이 수배령을 내린 사람임이 드러나고 만다. 그럼에도 불구하고 그는 허세를 부리는 술책으로 무사히 비행기에 탔고, 뉴질랜드 오클랜드에 도착한다. 거기서 그는 빌라봉(*서핑으로 유명한 지명이자 서핑 의류 브랜드) 티셔츠를 구해 입고 건들거렸다. 그러다가 결국 런던에 무사히 도착해서 거기에 머문다.

그는 여러 해째 도망 중인 수배자였다. 비트코인을 많이 가지고 있다고 알려져 호주 국세청에 시달렸고, 라틴아메리카 조직폭력단부터 다크웹(*특수한 웹브라우저를 사용해야만 접근할 수 있는 웹으로, 익명성 보장은 물론 IP 주소 추적이 불가능하도록 고안된 인터넷 영역)으로 마약 등 불법 물품을 거래하는 실크로드^{Silk Road}를 만든 '끔찍한 해적 로버츠'인 로스 울브리히트에 이르는 암흑가 인물들에게 쫓겼다.

또 호주 정부로부터 무려 5,400만 호주달러를 공적자금으로 지원받은 회사 여러 개를 파산 직전에서 아슬아슬하게 운영했다. 이런 라이트에게 일이 꼬여버린 그 상황이야말로 '비트코인 세계의 주요 인물 라이트'가 되는 과정의 시작점이었다.

비트코인 가격이 1만 8,000달러에서 6,000달러로 되돌아가고 있었지만, 많은 사람들이 여전히 그가 부자라고 생각한다. 그러나 오헤이건이 보여주듯이 그는 그것도 모두 망쳐버리고 말았다. 실리콘밸리의 많은 벼락부자들이 그랬듯이 그는 쫄딱 망한다.

컴퓨터 과학수사 보안업계에서 라이트의 가까운 파트너였으며 비트코인의 암호를 함께 풀었다는 인물로 지금은 고인이 된 데이비드 클라이먼이 오헤이건에게 털어놨듯이, 사토시로 추정됐던 라이트는 훨씬 더 큰 금융적인 타격을 입었다. 라이트는 코스타리카에 있는 디지털 환전 업체 리버티 리저브Liberty Reserve의 지분 50퍼센트를 클라이먼과 나눠 가지고 있었다. 클라이먼은 자기들이 가진 지분의 가치가 2,800만 달러라고, 즉 각자 1,400만 달러씩이라고 생각했다. 그러나 뉴욕 연방검사이자 내부거래자들에게 공포의 대상이던 프릿 바라라는 애국자법(*9·11 사건 직후 테러 및 범죄 수사의 편의를 위해 시민의 자유권을 제약할 수 있도록 새로 제정된 미국 법률)에 따라 리버티 리저브를 돈세탁 혐의로 문을 닫게 하는 게 옳다고 생각했다. 1,200만 달러 규모의 리버티 리저브 연간 거래액 가운데 많은 부분이 범죄자들에 의해 발생한다는 것이 판단의 근거였다. 바바라는 허튼소리를 하지 않았고, 리버티 리저브의 경영자는 20년 형을 선고받았다.

라이트가 사토시를 자처하고 나선 강력한 동기는 자금이 부족했기 때문이며, 또 자기 인생에 걸림돌이 돼 거들먹거리던 사람들에게 복수하려 했기 때문일 가능성이 높다.

만일 재판과 관련된 문제가 해결될 수만 있다면, 라이트는 자기 비트코인을 2020년까지 보유하기 위해 2011년에 장난스러운 이름을 붙여 설립했던 튤립 트러스트라는 신탁자금을 챙길 수 있다. 라이트가 사토시라고 믿을 수 있는 가장 강력한 근거들 가운데 하나는, 튤립 트러스트의 신탁 관리자인 우옌 응우옌이 2015년에 샌프란시스코에서 열린 텔레코즘-머니쇼에서 내게 그렇게 말했다는 사실이다. 그는 2010년 초부터 라이트와 함께했으며, 진실을 알고 있었을 것이다.

그러나 라이트는 이 돈조차 챙길 수 없을지도 모른다. 전하는 말에 따르면, 라이트가 캐나다의 카지노 거물인 캘빈 에어의 동료이자 자기의 호주인 협력자인 스테펀 매슈스에게 2008년 사토시의 신규 프로젝트 창업 백서를 보여줬고, 에어가 그를 지원하기로 결심했다고 한다. 그러나 라이트는 파산한 자신의 스타트업들 때문에 생긴 1,500만 달러의 빚을 혼자 떠안고서 에어의 합자회사인 앤트러스트[nTrust]와 앤크립트[nCrypt]를 떠났다.

라이트가 애초 약속대로 자신이 사토시임을 의심할 여지 없이 증명하지 못함으로써 에어의 팀은 계획을 완수할 수 없게 됐다. 그들은 라이트가 가지고 있던 지적소유권과 그의 회사들을 매입함으로써 수십억 달러의 수익을 올리리라 기대했는데, 이 기대는 결국 '라이트가 400명의 연구 직원들과 함께, 예컨대 구글 같은 회사에서 일하는 것'으로 모아졌다. 하지만 이런 기대는 실현되지 않았다. 라이트는 2016년에 휘황한 조명이 비추던 무대에서 거의 무일푼으로 내려갔고, 2020년이 돼도 이렇다 할 돈이 생길 것 같지도 않다. 한편 클라이먼의 상속자들은 그 신탁자금을 대상으로 적절한 양의 비트코인을 내놓으라고 소송을 제기해놓은 상태다.

2017년 6월 말, 라이트는 온갖 역발상의 아이디어들과 빽빽하게 많은 방정식들과 고차원 이론들을 들고서 기세등등하게 다시 등장했다. 그는 여전히 비트코인의 열정적인 선봉장이다. 세계에서 15번째로 꼽히는 레이캬비크의 슈퍼컴퓨터를 거느리고서 비트코인 프로토콜을 테스트하고, 또 비트코인의 영역 범위가 사실상 무한대임을 확인한다. 몰락하기 전에 그는 검은색 정장에 선명하고 굵은 무늬와 색깔의 넥타이를 했으며 말도 겸손했고 진정성이 있었다. 그러나 이제는 실리콘밸리의 억만장자가 일부러 수수하게 입는 색 바랜 청바지 차림을 하고 마치 자기가 실리콘밸리 비트코인 선봉이라도 되는 것처럼 외모를 꾸미고 있다.

2017년 7월 1일 네덜란드 아른험에서 열린 비트코인의 미래 콘퍼런스에서[2] 라이트는 90분짜리 연설을 하면서 자기를 둘러싼 모든 의심을 털어내고 비트코인 운동의 리더십을 되찾으려고 노력했다. 온갖 불경스러운 표현들이 난무했던 그 장황한 연설은 대부분 아무런 원고도 없이 즉석에서 진행됐다. 연설 내용은 방향성도 없이 헤매고 있는 비트코인 프로토콜들의 문제점을 지적하고 반대하는 것과 '비트코인 마르크스주의자'로서의 자기 지위를 주장하는 것이 대부분이었다. 연설하는 동안, 그는 거만하게 몸을 흔들며 코웃음을 치고 우쭐하고 거들먹거렸다. 그러면서 블록체인 코드의 '하드 포크'를 들먹이며 경고했다. 이것은 기존의 체인에서 벗어나 새로운 곁가지를 주도하겠다는 일종의 위협이었다 (*'하드 포크'는 기존 암호화폐가 가진 문제점을 보완하거나 기능을 개선할 목적으로 블록체인 코드를 바꿔 새로운 암호화폐와 블록체인을 만드는 작업 혹은 그렇게 해서 나온 암호화폐를 뜻한다. 이에 비해 '소프트 포크'는 이전 버전과 호환되는 암호화폐 및 블록체인을 만드는 작업을 뜻한다).

이 위협과 관련된 약속을 그는 결국 지켰다. 2017년 8월에 비트코인에서 하드 포크돼 거래되는 가상화폐인 비트코인 캐시Bitcoin Cash를 만들어낸 것이다. 비트코인 캐시는 2018년 5월 말에도 여전히 대략 170억 달러의 가치를 가지고 있었다.

온갖 비난이 뒤따르긴 했지만, 어떤 강력한 주제 하나가 라이트의 연설에서 제기됐다. 당시에 비트코인 운동은 소규모의 빠른 거래들을 위해 '사이드 체인side chains'과 '무게를 가볍게 덜어주는' 채널들이라는 애초의 블록체인 위상에서 벗어나, 초점이 흐려지고 강도가 약해진 파생물로 변질됨으로써 사토시가 애초에 제시했던 약속을 저버리고 있었던 것이다.

라이트는 블록 크기를 무제한으로 설정해야 한다고 주장했다. 그래야 대부분의 비트코인 패치들 혹은 비트코인 개선 프로토콜[BIP]들을 포함한 다른 어떤 대안과 비교하더라도 컴퓨팅 플랫폼으로서 보다 확장할 수 있으며, 안정적이고 강력하며 효율적이며, 또한 한층 더 '튜링 완전성'을 갖출 수 있다. 아울러 그는 또 논쟁의 여지가 많은 '분할키들[split keys]'이라는 새로운 체제를 제안했다. 해킹과 무관하게 이 분할키들은 언제나 복원될 수 있다는 게 그의 설명이었다. 또한 그 부분을 저장하기 위해 굳이 신뢰가 전제된 제3자들에게 의존하지 않아도 된다고도 했다.

"마운트곡스가 겪은 불운이 앞으로는 결코 나타나지 않을 것입니다."(*마운트곡스는 일본에 거점을 둔 세계 최대의 비트코인 거래소였는데, 일반 고객이 이 거래소에 맡긴 비트코인의 99퍼센트가 해킹으로 소실되는 사건이 2014년에 일어났다. 이 사건으로 마운트곡스는 파산했다)

크기가 무제한인 블록들을 갖춘 체인은 비자 그리고 전 세계의 모든 금융업체들과 어깨를 나란히 하고 경쟁할 수 있으며, 또 전 세계의 개인들이 모두 '금융 주권'을 회복할 수 있을 것이라고 라이트는 말했다.

"비트코인 블록체인은 기존의 모든 지불 시스템 네트워크들을 몰아내고, 그들 대신 단일한 세계 경제 인프라가 될 것입니다."

그는 아무것도 이를 막을 수 없다고도 말했다.

"만일 중앙은행들이 보다 많은 돈을 찍어낸다면, 비트코인의 가치는 그만큼 높아질 것입니다."

어쩌면 그가 너무 많은 것에 저항한 바람에 사람들이 그의 말을 믿지 못하게 됐을지도 모른다. 라이트는 언변이 워낙 화려하고 번드르르했기 때문에 태생적으로 남의 의심을 받을 운명이었다. 내가 사토시의 사이퍼펑크 게시물들을 읽으면서 상상했던 일본인처럼 우아하고 꼼꼼한 구석이 그에게는 전혀 없었다.

그러나 비트코인 재단(*리눅스 재단을 본받아 2012년에 설립된 민간 재단) 최고책임자인 존 마토니스는 라이트와 오랜 시간에 걸쳐 여러 차례 만남을 가진 끝에 다음과 같이 천명했다.

"사토시를 참칭하는 다른 사람이 나타날 가능성은 결코 존재하지 않을 것이다."

라이트는 또한 사토시가 선택한 상속자인 개빈 안드레센도 설득해 확신을 심어줬는데, 나는 매사추세츠 애머스트까지 가서 이 사람을 만나고 그 사실을 확인했다. 이 일과 관련해 안드레센은 자기 블로그에 이런 포스트를 게재했다.

"나는 크레이그 라이트와 함께 시간을 보낸 뒤에 그가 사토시일 것이라고 확신했다. …… 심지어 과거에 단 한 번도 비트코인 거래를 하지 않은 어떤 깨끗한 컴퓨터에서 키들이 서명이 되고 그런 다음에 유효함이 입증되기도 전에 내가 비트코인의 아버지와 나란히 앉아 있음을 합당한 추론을 통해 확신했다. …… 명석하고 고집이 세며 집중할 줄 알고 관대한 (그리고 프라이버시의 안전을 추구하는) 바로 그 사람, 내가 6년 전에 함께 일했던 사토시와 일치하는 바로 그 사람 …… 나는 지금 그와 악수를 나눌 수 있다는 사실에 매우 행복하며, 또 그가 이 세상에 비트코인을 창시한 것을 매우 고맙게 여긴다."[3]

라이트는 사토시의 공개키를 도용했을 뿐이라는 (아닌 게 아니라 이 공개키는 블록체인을 들여다보는 사람이면 누구나 알 수 있다) 비판자들에게 안드레센은 이렇게 말했다.

"그는 한 번도 조작된 적이 없는 어떤 컴퓨터로 개인키를 가지고서 내가 선택한 메시지에 대한 서명을 제1번 블록에 했다."

안드레센은 비트코인 재단을 감독하기 위해 MIT에 있는 미디어 랩^{Media Lab}으로 자리를 옮긴 숙련된 프로그래머다.

그런데 라이트가 사토시 나카모토라는 정황 증거가 하나 있다. 그의 어머니와 그의 어린 시절 교사들은 그가 어릴 때부터 일본 문화에 푹 빠져 있었다고 증언했다. 책상 옆에 일본도를 걸어놨다고 했다. 2017년 7월 아른험에서 왜 사토시라는 이름을 썼느냐는 질문에 라이트는 슬픈 이야기 하나를 내놨다.

"나는 홀어머니 슬하에서 자랐습니다. 많은 사람들이 내가 성장하는 데 도움을 줬는데, 그 가운데 한 사람이 일본인이었습니다. …… 나는 일본 문화가 무척 좋았습니다. …… 일본에서는 사람들이 협력하는 법을 잘 압니다. …… 제로섬게임을 앞에 두고 우리는 서로 싸워야 한다고 생각하는 경향이 있습니다만, 거래라는 것은 제로섬게임이 아닙니다."

그런 말을 하던 끝에 그는 핵심을 짚고 들어갔다.

"일본 도쿠가와 시대(1603-1868)에 한 철학자가 거래를 주제로 이런 이야기를 했습니다. 그의 이름에는 사토시 나카모토처럼 나카모토가 들어 있었습니다. 그는 일본이 외국에 개방되는 것을 찬성했습니다. 그는 일본이 대국으로 성장할 방안을 썼습니다. 일본이 대국으로 성장하려면 우선 서구를 향해 문을 열 필요가 있었습니다. 거래라는 것은 제로섬게임이 아닙니다. 비트코인 운동을 하는 우리는 나카모토의 교훈을 기억할 필요가 있습니다."

본-필링은 비트코인이 나오기 여러 해 전에 이미 라이트가 사토시 나카모토라는 이름으로 자기를 소개했다고 말했다.

그의 말을 곧이곧대로 믿으면, 라이트는 비트코인의 주된 발명자이며, 에덴동산에서부터 시라쿠사의 국왕인 디오니시우스에 이르기까지 '창조론의 비틀린 뿌리들'을 다룬 박사 학위 논문의 저자다. 그는 강건한 자유주의자이며, 고대 그리스·로마의 암호 사용자이며, 또한 온갖 모순을 안고 있는 인물이기도 하다. 무슨 내용이든 거침없이 직설적으로 말하며, 자기를 비판하는 사람들이나 경쟁자들을 무자비하게 깔아뭉개고, 황당하기만 한 일들에 중독돼 있으며, 자기가 가진 자격증을 인용할 때 결코 꼼꼼하게 따지는 법이 없으며, 특이할 정도로 자기의 본명과 얼굴을 숨기며, 링크드인에서 과시욕을 강하게 드러내면서도 자기가 쓴 글을 집착적으로 지운다. 이런 그가 호주인 사무라이 사토시로 부각된다.

컨설턴트로서 라이트의 여러 능력들 가운데 하나가 우주에 있는 별들보다 더 많은 주소를 수용할 수 있는 새로운 인터넷 프로토콜인 '인터넷 프로토콜 버전-6[IPv6]'에 능통하다는 점이다. 그는 현재 대략 400개나 되는 블록체인 특허를 확보하려 하고 있어서 (이 가운데 70개는 영국에 출원돼 있다) 업계에서는 위협적인 인물로 부상했다. 네트워크와 그래프 이론 분야에 정통한 그는 비트코인이 외부 공격을 막아낼 수 있는 저항력은 노드, 즉 네트워크에 연결된 각 컴퓨터의 숫자가 아니라 에지[edge], 즉 노드와 노드 사이 연결점의 숫자라고 설명한다.

그는 비트코인의 노드들이 다른 블록체인에 비해 거의 생물학적인 신경세포 밀도 수준으로 서로 연결돼 있음을 보여준다. 비트코인의 노드들 간 연결 밀도가 이토록 높은 것은 모든 노드가 새로운 블록들을 이른바 '무작위 가십 프로토콜randomized gossip protocol'을 통해 다른 노드들에 전파하기 때문이다(*마스터가 없는 대신 각 노드가 주기적으로 메타 정보를 주고받음으로써 소문처럼 빠르게 퍼져 나간다고 해서 '가십' 프로토콜이라는 이름이 붙었다. 전염병 프로토콜이라고도 불린다).

라이트는 핀테크와 관련한 여러 콘퍼런스를 종횡무진하면서 비트코인이 어떤 종류의 스마트계약에도 적합하며 튜링 완전성의 마법에 적합한 가장 우월한 플랫폼이라고 천명한다.

엄격한 소프트웨어에서 구현된 스마트계약은 1990년대에 닉 재보가 비트코인과 관련된 다른 많은 개념들과 함께 제안한 것이다. 스마트계약은 변호사나 회계사 없이도 바뀌지 않는 특성의 블록체인을 타고 스스로 실행되는 계약이다. 그러나 이런 계약을 완료하려면, 컴퓨터 플랫폼은 반드시 '튜링머신'로서 온전한 프로그램을 작동할 수 있어야 한다(*튜링머신은 계산의 완전성을 보장한다).

라이트는 제4세대 프로그래밍언어의 특성들에 대한 난해한 어떤 담론을 가지고서 비트코인이 다른 어떤 플랫폼만큼이나 튜링 완전성을 확보하고 있음을 보여주려고 노력한다(*프로그래밍언어의 제1세대는 기계어이고, 제2세대는 기호어이며, 현재 주류인 코볼이나 포트란 등의 컴파일러 언어가 제3세대이고, 제4세대는 그다음을 잇는 새로운 컴퓨터 언어). 그러자 재보가 이 주장을 일축한다. 이것뿐만 아니라 라이트가 하는 거의 모든 말을 반박한다.

그러나 나는 튜링 완전성의 모든 주장이 안고 있는 본질적인 한계들을 입증하기 위해 쿠르트 괴델의 술어논리학predicate logic(*명제논리학이 명제의 외연적인 모든 관계를 연구하는 논리학인 데 반해, 술어논리학은 명제의 내부 구조를 연구하는 논리학이다)을 인용하는 라이트의 견해에 동조할 수 있다.

라이트는 사토시의 새로운 단언을 담아 다음과 같이 요약하는 것으로 아른험의 연설을 끝냈다.

"우리는 지금 거의 열 살이나 됩니다. 비자카드는 현재 하루에 1,500만 건의 온라인 거래 결제를 할 수 있습니다. 하지만 비트코인은 기존 하드웨어를 가지고서 또 비자가 감당하는 비용의 지극히 적은 부분만 들이고 이미 그 수준에 도달했습니다."

라이트는 비트코인의 소프트웨어가 365기가바이트 블록의 속도로 작동할 수 있다고 말했다. 그야말로 '무제한의 블록'이다. 이런 무제한의 블록은 정확하게 말해 블록체인이 아니다. 오히려 스월즈Swirlds의 공동 창업자인 리몬 베어드가 창시한 해시그래프Hashgraph 그리고 아이오타IOTA 의 암호화폐인 탱글Tangle을 더 많이 닮았다[4](*해시그래프는 탈중앙 네트워크에서 새로운 알고리즘 방법을 통해 합의를 이끌어내는 하나의 기술이지 암호화폐가 아니며, 알고리즘의 정확한 명칭은 '스월즈 해시그래프 합의 알고리즘Swirlds hashgraph consensus algorithm'이다).

무어의 법칙은 새로운 방향들에서 계속 이어지며, 블록체인 성장 속도를 초과한다. 생산능력은 5년 만에 10배로 증가하며, 10년이 지나면 100배로 증가한다. 모든 사람에게 돌아갈 수익도 성장할 수 있다. 라이트는 이런 내용으로 열변을 토했다.

라이트는 반도체 회로를 구성하는 트랜지스터 소자의 선폭gate length이 1나노미터에 근접하는 트랜지스터를 언급하고, 또 시간이 흐르면 복수의 스레드와 병렬 체제를 갖추는 방식으로 시스템이 개선될 것이라고 언급했다(*어떤 프로그램에서, 특히 프로세스에서 실행되는 흐름의 단위를 '스레드'라고 한다. 일반적으로 한 프로그램은 하나의 스레드를 가지지만, 프로그램 환경에 따라 둘 이상의 스레드를 동시에 실행할 수도 있는데, 이 실행 방식을 '멀티스레드'라고 한다). 이 둘은 실제로 현재 진행되고 있다.

비트코인은 튜링 완전성을 구비한 소프트웨어 능력과 안정성을 끊임없이 개선하고 있는데, 이런 점을 근거로 라이트는 '토큰화 발행과 마케팅 수수료'에서, '스마트계약과 스크립팅 수수료'에서, '조건부 날인 증서와 보험 수수료'에서 각각 매출이 증가할 것이라고 예측했다(*응용프로그램이나 셸의 기능을 보완하기 위한 처리 순서를 기술한 간단한 프로그램을 스크립트라 하며, 이 프로그램을 기술해 처리하는 것을 스크립팅이라고 한다).

라이트를 비판하던 사람들은 불가능하다고 말했지만, 라이트는 스마트계약이 비트코인 블록체인에서 생성될 수 있을 것이라고 반복해서 암시했다.

라이트는 경쟁자들에게 기관총을 난사하며 아른헴의 연설을 마쳤다.

"나는 사라져버리지 않을 것입니다. 우리는 판을 완전히 엎어버릴 정도로 규모를 키울 것입니다. 여러분은 이제 우리와 함께 갈지 아니면 우리와 등을 질지 둘 가운데 하나를 택해야 합니다. 우리는 간편한 연결성과 간편한 사용을 통해 가치를 점점 키워가는 것으로 경쟁에 나설 것입니다."

경쟁 블록체인인 이더리움을 어떻게 생각하느냐는 질문에 그는 힘주어 대답했다.

"나는 2013년에 비트코인 마르크스주의자였습니다. 그리고 지금도 여전히 비트코인 마르크스주의자입니다."

비트코인 마르크스주의자는 (일당독재를 지향하는 마르크스주의자처럼) 다른 모든 블록체인을 금지한다.

라이트의 천적이자 이더리움 블록체인의 창시자인 비탈릭 부테린의 이야기로 들어가자. 이더리움은 스마트계약, 토큰 발행, 투자 대상 그리고 자율기업autonomous corporation을 위해 정확하게 설계된 플랫폼이다(*코인이 독립적인 블록체인 네트워크를 소유한 암호화폐인 반면에, 토큰은 독립된 블록체인 네트워크를 소유하지 않고 다른 블록체인 위에 있는 암호화폐다). 2018년 5월 말을 기준으로 이더리움의 통화인 이더의 시가총액이 600억 달러에 근접했다. 비트코인의 시가총액 절반에 육박하는 숫자다. 이것이 우리의 사업과 기술과 경제생활에 미친 영향을 놓고 볼 때 부테린은 사토시의 블록체인 그 자체에 버금갈 정도로 커다란 기여를 했다.

라이트가 비트코인에서 나온다고 주장했던 수입, 즉 토큰, 각종 수수료들, 보험들 그리고 그 모든 스마트계약들에서 나오는 수입 대부분의 가장 기본적인 수혜자인 이더리움은 독창성 그리고 사회에 주는 충격 면에서, 어떻게 보면 이더리움과 비슷한 단계에 있다고 할 수 있는 구글을 능가한다. 구글도 독창성이 놀랍긴 하지만, 가치가 상대적으로 낮은 광고에 주로 의존한다는 점 때문에 어느 정도 독창성이 훼손될 수밖에 없다. 구글이 가치를 덜어내는 방향value subtracted으로 나아간다면, 이더리움은 가치를 보태는 방향value added으로 나아간다. 사토시는 역사상 가장 변혁적인 발명가들 가운데 한 명으로 입증될 것이다. 부테린은 10대에 기업가가 된 사람들 가운데서는 이미 지존의 자리에 올라섰으며, 실리콘밸리의 역사에서 어떤 벤처기업가와 견주어도 뒤지지 않는다.

부테린은 가벼워 보이기 짝이 없는 (가령 'Hard Fork Cafe'라는 글자가 찍힌)

티셔츠를 입은 비쩍 마른 컴퓨터 괴짜다. 눈썹 부위는 불룩 튀어나왔으며, 머리는 엄청나게 크다. 1994년에 러시아에서 태어났으며, 여섯 살 때 부모를 따라 캐나다로 이주했다. 그의 논리적 정확성은 탁월하며, 경영학과 경제학 개념들은 특이하고, 차분한 태도는 라이트와 정반대다.

라이트가 의문이 뒤따르는 온갖 학위를 떠벌리며 과시하는 데 비해 부테린은 비트코인이나 새로운 블록체인 앱을 개발하는 것과 관련해 이렇다 할 학위도 없이 대학을 중퇴한 틸펠로십 수혜자다. 라이트는 여러 해 동안 역경을 겪은 뒤에 (어떤 역경은 자초한 것이다) 그 자리에 올라섰지만, 어린 청년 부테린은 그야말로 실리콘밸리에 발을 들여놓자마자 세상을 깜짝 놀라게 만들었다. 부테린의 지능지수는 무려 257이나 된다고 한다. 이것이 어떤 의미인지 따지기 전에 그 사실 자체만으로도 놀라운 건 분명하다. 그는 또한 어린아이 때 독학으로 몇 달 만에 중국어에 통달했다.

라이트는 블록체인을 자기가 발명했다고 주장하지만, 부테린은 닉 재보에게서 많은 영감을 얻은 덕분에 이더리움 플랫폼과 솔리디티^{Solidity}라는 프로그래밍언어를 만들 수 있었다고 말한다. 라이트가 반대 진영에 있는 사람들을 깡패처럼 온갖 욕설로 구타한다면, 부테린은 논리를 동원해 차분하게 설득한다. 라이트가 크로커다일 던디(*1986년에 개봉한 호주 영화의 제목이기도 하다)처럼 뒷골목 술집에서 걸걸한 음색으로 으르렁대며 짖어댄다면, 부테린은 보다 높은 주파수의 음색으로 말한다. 부테린은 또 어떤 결정적인 대답을 할 때는 공격적인 겸손함이라는 실리콘밸리 모드를 동원해, 자기가 하는 말이 자기도 미심쩍다는 듯이 말끝을 살짝 올려 그 결정적인 발언을 공손한 의문으로 포장한다.

부테린은 라이트가 사토시라는 주장을 믿지 않으며, 이런 자기 의견을 알고리즘적인 논리로 뒷받침한다. 라이트의 주장에 힘을 실어준 개빈 안드레센과 토론하던 자리에서 부테린은 다음과 같이 경쾌하게 논박했다.

"그 사람이 사토시가 아닐 것이라고 제가 생각하는 이유를 설명해드리죠. …… 그 사람은 자기가 사토시임을 증명하기 위해 두 가지 선택을 할 수 있습니다. 우선 쉬운 길은 '크레이그 라이트가 사토시 나카모토다'라고 쓰고 사토시의 개인키로 알려진 키로 서명한 뒤에 게시판에 올리면 됩니다. 둘째, 어려운 길은 온갖 복잡한 주장들을 안개처럼 자욱하게 쏟아내는 겁니다. 순수한 신호와 소음 신호, 이 둘 가운데 하나를 선택할 수 있습니다. 그런데 그 사람은 소음을 선택했죠. 그가 순수한 신호를 낼 수 없기 때문이 아닐까 (즉 사토시 나카모토가 아니기 때문이 아닐까) 싶습니다."

이 주장이 비록 안드레센의 미소를 싹 지워버리지는 못했지만, 라이트에게는 충격적일 정도로 강력한 일격이었다. 그 바람에 부테린은 라이트와 철천지원수가 됐다. 이것은 장차 정보경제의 중심적인 갈등이 되는 싸움의 시작이었다.

부테린은 2013년에 이스라엘을 방문하던 중 자기의 발상을 발전시켰다. 그는 이 발상이 암호학 분야에서 선도적이라고 말한다. 동시에 그는 열렬한 비트코인 전도사로 〈비트코인 매거진〉 같은 매체에 자주 기고했으며, 비트코인이 하나의 통화로서 가진 잠재력에 초점을 맞추고 파고들었다. 그러다가 이스라엘에서 특수한 목적으로 사용할 '유색' 동전들을 실험하는 기업가들을 만났다. 이 동전들은 새로운 시장들을 여는 데 사용될 수 있는 토큰이었다.

금융 계약에 사용하는 마스터코인Mastercoin, 유동적인 토큰들을 교환하는 데 사용하는 뱅코르Bancor, 그리고 재보가 했던 여러 제안들을 기반으로 한 스마트계약들이 모두 새로운 시장에 해당했다. 가까스로 10대에서 벗어난 부테린은 과감하게 무한한 스마트계약 영역에서 유가증권인 동시에 정체성을 확인해주는 도구로 기능할 수 있는 새로운 블록체인을 개발하기 시작했다.

이 계획을 위해 부테린은 솔리더티라는 새로운 프로그래밍언어와 이더라는 새로운 통화, 그리고 유연성과 용량이 한층 커진 이더리움이라는 새로운 블록체인을 고안했다. 이 하나하나가 혁신들로 가득 찬 걸음이었다. 솔리더티 언어는 튜링 완전성을 갖추게 되는데, 이는 곧 컴퓨터에서 가능한 모든 알고리즘을 표현할 수 있다는 뜻이다. 그리고 이더라는 통화는 계약에 수반된 연산이 소모한 에너지양을 기반으로 한 어떤 계산단위를 설정한다. '가스gas'라는 이름이 붙여진 이 단위는 비트코인보다 더 안정적인 기반을 이더에게 제공하는 금융 측정자였다.

이렇게 해서 이더리움은 세계적인 새로운 컴퓨터 플랫폼, 스마트계약 및 스마트 코퍼레이션Smart corporation(*가상공간을 적극적으로 이용하는 기업)을 위한 새로운 소프트웨어 언어, 불변의 에너지 단위를 기반으로 한 새로운 측정자를 갖춘 새로운 통화, 자금 조달의 새로운 사업 모델로 전체 틀을 완성했다.

이제 암호화폐의 세상은 신규 사업을 하겠다는 온갖 프로젝트에 대한 백서들과 복잡한 개념들 그리고 야심에 찬 주장들로 가득하다. 화제를 불러일으키며 많은 투자금이 모인 벤처회사들이 지금 이더리움과 경쟁을 벌이고 있다. 중국의 네오, 댄 라리머의 이오스(소셜 블록체인인 스팀잇^{Steemit}과 분산형 데이터 교환 방식의 비트셰어^{BitShares}), 비트셰어와 이더리움의 고참 경력자 찰스 호스킨슨이 고안한 카르다노^{Cardano} 등이 그런 경쟁자다. 이더리움과 관련된 놀라운 사실은 이더리움이 제기하는 주장이나 이것이 가진 기술이 아니라, 여러 측면에 걸친 전체적인 제안을 한 풋내기 창업자인 부테린에 의해서 이더리움이 거의 아무런 흠도 없이 매끄럽게 수행된다는 점이다.

이 새로운 플랫폼은 세상에 태어난 지 겨우 2년밖에 되지 않았음에도 불구하고 유례가 없을 정도로 적대적인 시장들에서, 그리고 또 창업이 줄어드는 상황 속에서도 기업가적인 창의성을 활짝 꽃피우고 또 강화했다. 미국 증권거래위원회^{SEC}가 사베인스-옥슬리법(*2002년 7월에 제정된 기업회계개혁법으로, 회계부정을 강력하게 제재할 수 있도록 했다)을 비롯한 여러 법률을 근거로 이더리움에 과도하게 제재를 가하는 바람에 실리콘밸리의 기업공개^{IPO}에 따른 자금 유입이 홍수에서 실개천으로 바뀌어버렸다. 벤처 캐피털리스트들의 품에는 이들이 바깥으로 내놓을 수 없는 유니콘(*자산 규모가 10억 달러가 넘는 비상장기업)들이 득실거렸는데, 이 기업들은 번 레이트^{burn rate}(*스타트업이 현금으로 지불한 창업 비용, 연구개발비, 기타 비용의 지출 속도)가 높았으며 수십억 달러의 가치가 있었다.

이런 우호적이지 않는 조건에서 부테린은 이더리움 플랫폼의 완성을 향해 나아갔으며, 1,000건이 넘는 새로운 창업 프로젝트를 궤도에 올렸다. 각 스타트업에 투자할 자금의 평균 규모는 200만 달러가 넘었다. 사람들은 또한 '암호화폐공개^{ICO}'라 불리는 어떤 것을 고안했다. ICO는 감독 당국자들의 구미에 가장 잘 맞을 수 있다는 변호사들의 생각에 따라서 initial cryptoasset offering, initial crowd offering, initial cayman offering(*스타트업 블록닷원은 가상화폐 이오스로 40억 달러를 조달했는데, 이 회사의 주소지가 영국령 케이맨 제도였다), initial coin offering 등을 다양하게 뜻했지만 '가상 통화 발행에 의한 자금조달'이라는 점에서는 동일했다(*IPO는 회사가 발행한 주식을 증권거래소에 상장하는 것을 의미한다. ICO는 비트코인이 아닌 새로운 가상통화를 처음으로 이용자들 사이에서 거래하도록 한다는 측면에서 IPO와 유사하지만 사실상 전혀 다른 개념이다).

조성된 전체 자금은 1년도 되지 않는 기간 동안에만 대략 80억 달러였다. 이 금액은 기업공개로 조성된 금액을 다 합친 것보다 많으며, 또 관련 벤처회사들에 투자된 벤처 자금보다도 많다. 가장 큰 규모의 벤처 지출은 과거 구글에 몸담았던 마이크 헌과 라이트의 동료인 이언 그리그가 이끌던 R3에 지출된 1억 2,700만 달러였는데, 이것은 블록체인 기술 분야에서 뒤처지지 않으려던 거대 은행들이 기울인 노력의 결과였다. 한편 여러 기업은 금융 산업을 개혁할 목적으로 설계된 ICO를 통해 1억 5,000만 달러 넘게 자금을 조성했다.

기업계의 역사에서 이더리움 창업과 같은 사건은 한 번도 없었다. 이더의 가치는 (비록 절대적인 가치는 비트코인보다 낮지만) 비트코인의 가치보다 더 빠르게 상승하는 경우가 자주 있다. 부테린은 비트코인을 추월하고, 심지어 세상에 던진 충격과 중요도 측면에서도 사토시를 추월할 것 같다.

그럼에도 불구하고 비트코인에 돈을 걸지 않았던 사람들은 지금까지 불운의 10년을 보냈다. 비트코인이 결국에는 이더리움보다 더 중요한 암호화폐가 될 수도 있다. 오늘날 구글에서 애플에 이르기까지 인터넷 기술의 위기는 보안 모델이 깨졌다는 데 있으며, 이더리움 역시 이 문제에 관해 면역 체계를 갖추고 있지는 않다. 이더리움은 2017년에 목숨이 위태로워질 뻔한 위기를 간신히 넘겼다. 이더리움의 블록체인을 사용하는 프로젝트들 가운데 하나인 분산자율기업DAC, Distributed Autonomous Corporation이 약 1억 5,000만 달러 가치의 이더를 해킹당했다. 그 뒤로도 이더리움과 관련된 '지갑들'이 시스템 고장을 일으켜 작동이 중단되는 일이 두 차례 있었다.

비록 부테린의 확실한 리더십 아래에서 피해가 복구되었지만, 그 블록체인에 억지로 들어가서 무결성 위반 거래들을 되돌려놓는 피해를 감수해야 했다. 그 결과, 하드 포크가 나타났으며, 또 과거 이더리움의 암호 전문가 찰스 호스킨슨이 이끌던 이더리움 클래식Ethereum Classic이라는 경쟁 체인이 부상했다.

이더리움 블록체인 그 자체에 흠결이 있어서 비롯된 사건은 아니었지만, 이런 사실은 중요하지 않았다. 부테린은 이 블록체인의 통치자였으므로 어떻게든 그 일에 개입해야만 하는 필요성을 외면할 수 없었다. 이더리움 클래식 지지자들은 부테린의 그 임의적인 하드 포크 행동이 데이터베이스의 불변성과 탈중앙화라는 블록체인의 핵심 원칙을 훼손했다고 주장했다. 그 즈음 이더리움 클래식은 아직 많은 영향력을 확보하지 못한 상태였다. 호스킨슨은 엄격한 함수의 소프트웨어를 통해 비트코인의 모든 흠결을 바로잡을 수 있는 어떤 블록체인을 시도하면서 카르다노를 창업하기 위해 이더리움에서 나간 상태였다.《비트코인 스탠더드The Bitcoin Standard》의 저자이자 비트코인 경제학자인 사이프딘 앰머스는 다음과 같이 주장한다.

"이더리움이 잘못될 수도 있다는 사실은, 비트코인보다 규모가 작은 모든 블록체인이 본질적으로 운영자의 통제 아래 놓인 (따라서 탈중앙화가 아닌) 중앙집중화된 데이터베이스일 수밖에 없음을 의미한다."[5]

비트코인과 이더리움이라는 두 블록체인 사이의 핵심적인 차이는 비트코인은 안정성과 단순성에 초점을 맞춘 반면에 이더리움은 용량과 기능에 초점을 맞춘다는 점이다. 이더리움의 우월한 기능성이 여러 산업을 바꿔놓고 있다. 이 점과 관련해 부테린은 다음과 같이 말한다.

"인터넷은 시스템의 말단에서 판에 박은 작업을 하는 직원들을 내쫓는 경향이 있었고, 블록체인은 중앙에 있는 이사진들을 내쫓는 경향이 있다."

스마트계약이 자리를 잡으면 변호사나 회계사 그리고 은행가는 설자리를 잃고 밀려날 수 있다. 부테린이 말하듯이 "인터넷이 택시 운전사의 일자리를 뺐지만, 블록체인은 우버를 쫓아버릴 수 있다". 스웜Swarm이라는 이더리움 회사는 택시 운전사들이 블록체인상의 상호협력적인 체계를 통해 승객과 직접 거래할 수 있는 시스템을 만들고 있다.

그러나 크레이그 라이트가 주장하듯이, 궁극적으로는 보안성에 초점을 맞춘 어떤 단순한 시스템이 용량에 초점을 맞춘 어떤 복잡한 시스템보다 더 기능적일 것이다. 보안성은 모든 거래와 신뢰의 원천적인 상태를 제공한다. 그는 또한 불필요한 것들을 모두 빼고 기본적인 것만 남은 비트코인 프로토콜이, 이른바 튜링 완전성을 갖추긴 했지만 외부로부터 공격받을 수 있는 노출 부분이 많고 또 넓은 이더리움에 비해 보다 효율적이고, 보다 쉽게 규모를 키울 수 있으며, 보다 믿을 만하다고 주장한다.

비트코인의 성공 경로는 인터넷에서 사용되는 세계 통화라는 역할에서 시작한다. 그런데 현재 이 인터넷 통화는 보안 확인과 관련된 온갖 번거로운 절차들, 신용카드의 구체적인 정보, 지불 통화의 전환에 따른 수수료 등 때문에 실제 가격보다 10퍼센트 이상 더 매겨지고 있다. 웹에서 소액결제가 늘어남에 따라 비트코인의 규모 확장 가능성을 이야기한 라이트의 예측이 옳았다고 가정할 때, 비트코인은 인터넷 상거래를 한층 넓게 확장할 수 있는 동시에 여기서 이윤을 창출할 수 있다.

비트코인은 정부가 현금 유통을 억제하는 움직임을 펼칠 때마다 성장 동력을 얻는다. 익명의 개인 거래들을 수용할 대안적인 P2P 도구이기 때문이다. 중앙은행이 마이너스 금리와 인플레이션 목표 등을 무기로 내세워 성장을 촉진하려들 때마다 비트코인은 고마워하면서 연금생활자의 저축을 노린다.

미국 연방준비제도이사회의 인플레이션 '목표'는 현재 연 2퍼센트다. 이것은 대대적이고 궁극적인 통화가치 절하 시도를 뜻한다. 많은 국가에서 사회주의 정부가 들어서서 자국 통화 가치를 떨어뜨리자 사람들은 점점 하나의 지구이자 상대적으로 안전한 천국, 즉 인터넷으로 접근이 가능한 천국으로 달아나고 있다. 전통적으로는 미국 달러화가 천국의 통화였다. 그러나 2018년 초부터 (그리스에서 베네수엘라까지, 아르헨티나에서 짐바브웨까지) 천국의 통화 자리를 비트코인이 차지하는 비율이 점차 높아지고 있다.

금융의 지배적인 표준이며 인류사의 많은 기간 동안 천국의 통화였던 것은 금이다. 무려 2조 4,000억 달러나 되는 전체 금융시장에서 금은 1,280억 달러의 비트코인이 여전히 왜소해 보이도록 만든다. 금의 공급은 수백 년 동안 연평균 2퍼센트씩 증가해왔는데, 그 덕분에 디플레이션 편향이 덜 무자비했던 셈이다(*비트코인은 매우 강력한 디플레이션 편향을 가진다. 이 돈의 공급은 거의 대부분 고정돼 있지만, 이 돈으로 살 수 있는 가짓수는 늘어나기 때문이다. 동일한 양의 돈으로 보다 많은 상품을 구할 수 있다는 것은 돈의 가치가 그만큼 커진다는 뜻이다). 바로 이 점이 비트코인에 대한 금의 강점이다. 비트코인의 공급은 2140년까지 총 2,100만 개로 제한돼 있고, 2018년까지 이 양의 80퍼센트가 이미 '채굴'됐다. 돈의 핵심적인 두 측면이라고 할 수 있는 계산단위와 가치저장단위라는 점에서 보자면, 비트코인보다는 금이 궁극적인 표준이다.

비트코인의 규모 확장 가능성을 이야기했던 라이트가 맞는다고 가정해보자. 그렇다면 현재 280조 달러라는, 도무지 지탱할 수 없을 정도로 어마어마한 빚을 진 전 세계 각국 정부들의 약탈에 피아트머니(*정부가 발행한 명목화폐)가 무방비 상태로 놓이는 어떤 역사적인 기간 동안에는, 비트코인이 이 피아트머니의 세계적인 대안이 될 수 있다. 현재 비트코인의 가치가 가격에 적절하게 반영돼 있지 않지만, 그래도 적정한 수준의 디플레이션이 고삐 풀린 평가절하에 비하면 훨씬 매력적으로 보인다.

이 비트코인의 경로는 순탄하지 않다. 블록체인 투자전략가들인 크리스 버니스키와 잭 타타는 만일 비트코인이 현재 금융계에서 금이 확보한 영역 가운데 10퍼센트만 차지한다면, 비트코인 가격이 약 7,000달러로 뛰어오를 수밖에 없다고 계산한다.[6] 비트코인 가격은 이 지점을 2017년 11월에 통과했으며, 2만 달러를 향해 계속 우상향했다. 그 와중에 2018년 초에 암호화폐의 시가총액 합계가 5,000억 달러를 돌파했다. 그러다가 다시 가격이 6,000달러로 떨어졌다. 그러나 지금은 비트코인이 마치 어떤 가치를 보유하는 자산인 것처럼 움직이고 있다.

2018년에는 어쩐지 당연해 보이는 이 결과가 비트코인을 한층 유용하게 만들어줄 것이며, 비트코인의 인기는 한층 높아질 것이다. 만일 비트코인이 6,000억 달러 규모의 송금 시장 가운데 많은 부분을 차지한다면 (이런 일 역시 얼마든지 가능하리라 본다) 비트코인 가격은 지금 수준에서 대략 5,000달러는 더 오를 것이다. 만일 비트코인이 국제 B2B 거래 시장의 상당 부분까지 확보할 수 있다면 (이 시장은 변덕스러울 뿐만 아니라 각종 수수료, 이런저런 마찰, 외환 통행료 등의 무거운 짐을 지고 있다) 모든 건 끝난다. B2B 시장 규모는 무려 40조 달러다.

만일 부테린이 보안과 관련된 도전들을 해결하고 튜링 완전성의 사슬이 가지는 복잡성을 자기 경계 안에 둘 수 있다면, 이런 시장들에서도 비트코인과 경쟁할 수 있을 것이다. 그러나 그가 걸어가야 할 경로는 길고 구불구불하며 불확실하다.

경외심을 불러일으키는 블록체인 학자이자 블록체인 전도사인 안드레아스 안토노풀로스는 이 비트코인과 이더리움 간의 경쟁이 겉보기에만 그럴듯한 것으로 판명될 수도 있다고 주장한다. 그는 비트코인과 이더리움을 '사자와 상어'에 비유한다. 이 둘은 각각 자기 영역을 지배하며, 각자 맞닥뜨리는 한계들과 균형들 때문에 고통당한다는 말이다. 사자는 물로 덮여 있는 지구 표면적의 70퍼센트 영역에 존재하는 기회, 즉 유동적인 통화는 포기해야 한다. 한편 상어는 건조한 땅에 형성된 시장은 포기해야 하지만, 육지가 홍수로 범람할 때는 상황이 달라질 수 있다.

나는 비트코인과 이더리움 간의 경쟁과 관련해 어떤 영감을 얻을 수 있을까 하는 마음으로 프린스턴대학 출신 컴퓨터과학자들로 팀을 짠, 이더리움의 직접적인 경쟁자를 방문했다. 이 팀의 학문적 인도자는 P2P 컴퓨터 시스템 영역에서 전 세계를 선도하는 현인들 가운데 한 사람인 마이클 프리드먼이다.

부테린이 아무리 분투한다 하더라도 사토시가 여전히 구글 이후 세상의 최초 예언자로 남을 것이라는 증거는 확실하다.

CHAPTER

14

블록스택

Blockstack

••

인터넷의 데이터 무더기들은 온통 구멍투성이가 돼버렸다. 이런 데이터 무더기들 속에서 돈과

권력의 대부분은 구글 같은 기업들이 꼭대기에서 운영하는 거대한 앱들이 강력하게 빨아들였

다. 이 시점에서 필요한 것은 블록스택이었다.

••

그 모든 것은 닐 스티븐슨의 1992년 소설《스노 크래시》[1]에 나오는 '메타버스'에서 시작한다. 메타버스는 실제 세상 위에 존재하는 가상세계다. 출간된 지 25년이 지났지만, 이 소설은 지금도 여전히 예언적인 음악으로 컴퓨터에 빠져 있는 낭만주의자 괴짜들을 흥분시킨다(*이 소설에는 메타버스라는 가상세계가 있고, 여기에 들어가려면 아바타라는 가상의 신체를 빌려 활동해야 한다).

히로가 10년 전에 처음 이 장소를 봤을 때 모노레일 소프트웨어는 아직 없었다. 그와 그의 친구들은 그곳에서 돌아다니기 위해 자동차와 오토바이 소프트웨어를 만들어야만 했다. 그들은 자기 소프트웨어를 가지고 가서 전자 세계 속 검은 사막의 밤을 질주하곤 했다.[2]

블록체인 플랫폼인 블록스택의 CEO 무니브 알리는 많은 학자가 인용하는 권위 있는 논문〈새로운 인터넷의 상호 신뢰 설계Trust-to-Trust Design of a New Internet〉의 서두에《스노 크래시》의 이 부분을 인용했다. 이 논문은 알리가 라이언 셰이와 주드 넬슨, 그리고 그들의 프린스턴대학 자문자인 마이클 프리드먼과 공동으로 집필한 저작이다.[3] 이 집필 팀은 그 전자 세계의 밤으로 달려 들어가, 변형된 인터넷을 위한 구조로 그 세계를 환하게 밝히려고 시도했다. 그 세계는 바로 커뮤니케이션 기술의 일곱 개 층을 초월한 신뢰의 메타월드였다.

블록스택이라는 이 대담한 신생 기업의 핵심 인물인 알리는 열두 살 때 파키스탄에서 처음 인터넷을 접한 뒤로 길고 긴 길을 걸어서 지금에 이르렀다. 그가 학교에서 전 과목 A를 받자 그의 어머니가 컴퓨터를 한 대 사줬다. 소년은 고마워했고 또 흥분했다. 비록 그의 아버지는 정보부대 장교였지만 가정 형편은 넉넉하지 않았다. 컴퓨터를 산다는 것은 식기세척기 사는 일을 상당 기간 미뤄야 한다는 뜻이었다.

"어떤 컴퓨터였나요?"

그 일이 있은 지 15년이 지난 2017년에 나는 알리에게 물었다. 장소는 맨해튼의 바우어리 인근 그레이트존스 스트리트에 있는 블록스택 사무실이었다.

"인텔 386이었죠."

"아, 그건 마이크로프로세서 이야기고…… 브랜드는 뭐였습니까? 어떤 회사 제품이었냐고요."

알리는 잠시 당황하더니 이렇게 대답했다.

"그건 잘 모르겠네요. 내가 직접 조립했거든요."

나는 그제야 우리가 기술 분야에 재능이 있는 열두 살짜리 파키스탄 소년 이야기를 하고 있음을 깨달았다. 알리가 2016년에 맨해튼에서 했던 테드 강연의 발표 자료에서 약 15년 전 사진 속 그를 볼 수 있다. 빨간색 반바지에 메달리온 교복 셔츠를 입은 자그마한 소년이다. 이 소년은 오른팔을 남동생의 어깨에 걸고 있다.[4] 두 아이는 물이 거세게 흐르는 강 위에 놓인 나무 다리 난간에 서로 의지하듯 나란히 기대서 있다. 두 아이가 서 있는 다리는 문화와 기술이 다른 두 세상을 이어주는 비유적인 다리라고 할 수 있다.

최신 컴퓨터를 조립한 이 어린 소년은 자라서 세계적인 네트워크를 새롭게 해석하게 된다. 정해진 기준에서 벗어나 새로운 기준을 만들려면 대담성과 독창성이 필요하다. 소년이 동생과 나란히 서서 사진을 찍었던 그 다리의 건너편 끝이 안전하리라는 보장은 없다. 그리고 지금 그가 새롭게 제시한 인터넷의 트러스트 투 트러스트^{trust-to-trust}(*개인들이 중앙의 서버에 의지하지 않고 서로를 신뢰하는 상태에서 개인 대 개인으로 만나는 관계) 모델도 마찬가지다.

알리는 라호르대학 경영학부에서 컴퓨터과학을 공부했다. 2005년에 학위를 받았지만 파키스탄에서는 이렇다 할 기회가 없음을 알고 스톡홀름에 있는 스웨덴컴퓨터과학연구소에서 연구원 자격으로 일하겠다는 대담한 계획을 세웠다. 연구소 측에서는 그의 제안을 반겼지만 재정적인 지원은 할 수 없다고 했다. 돈도 없고 일자리도 없어 힘들게 건넌 다리를 되돌아와야 할 처지에 놓인 알리는 좌절했다. 그러나 그는 물러서는 것을 몰랐다. 언제나 앞으로 나아가는 것만 알았다.

그는 어떤 계획 하나를 생각해냈다. 그 계획이란 자기를 저 멀리 앞으로 데려다줄 일종의 브리지론(*급전이 필요할 때 일시적으로 조달하는 자금)이었다. 그는 연구소 측에 재차 확인한 뒤 은행을 찾아갔다. 그러고는 스웨덴 '연구원' 자격을 내세워 1,000달러를 빌려 스톡홀름으로 갔다. 간신히 먹고 잘 수 있는 돈만 가지고 무작정 날아갔던 것이다.

연구소에서 알리에게 일자리와 거처를 제공했다. 그러나 음식은 날마다 해결해야 하는 쉽지 않은 과제였다. 가져간 돈이 바닥을 보이자 그는 날마다 오후 5시에 맥도날드로 걸어가 생선 샌드위치 하나와 감자튀김을 사 먹었다. 아침은 연구소에서 제공하는 커피타임 머핀과 음료로 해결했다.[5]

그의 부모는 알리가 여위어 보인다는 말을 듣고 걱정했다. 그러나 재능 있는 사람은 결국 승리하는 법이다. 그 사람이 배가 고플 때는 더욱 그렇다. 그의 컴퓨터 인터페이스 작업은 교수들에게 깊은 인상을 심어줬다. 지금도 그는 스톡홀름에서 보낸 그 석 달을 생산력이 가장 왕성했던 때라고 회상한다. 그는 중요한 연구조사 논문을 세 편 썼으며, 여러 사람들로부터 소중한 추천서를 받았다. 또 마침내 다리 건너편에서 비록 불안정하고 위태롭긴 해도 비비고 버틸 자리 하나를 얻었다.

가지고 간 1,000달러가 모두 떨어졌을 때 마침 네덜란드에 있는 어떤 리서치 관련 일자리를 얻었다. 당시에 미래주의적이기만 하던 '사물인터넷^{IoT}'의 표준을 위한 유럽공동체^{EC} 조직에서 일하는 것이었다. 그는 사물인터넷 사업을 위한 매체 액세스 제어$^{MAC, media access control}$ 담당자로 일했다.

필연적으로 '사물'을 네트워크에 연결할 때 발생하는 여러 가지 보안 관련 문제들에 관심을 가질 수밖에 없었다. 이 일을 통해 보다 강력한 추천장을 얻은 그는 미국 컴퓨터과학 연구 분야의 최고봉으로 자리를 옮겼다. 학기 중에는 프린스턴대학에서, 여름방학에는 스탠퍼드대학에서 박사 학위를 밟은 것이다.

프린스턴대학에서 알리의 멘토였던 마이클 프리드먼은 20년 동안 P2P 네트워크의 이론과 실천에 몰두한 컴퓨터과학자이자 암호 전문가다. 그는 학계의 표준적인 교과서가 된 《피어 투 피어$^{Peer to Peer}$》[6]의 두 개장을 쓴 공동 저자다.

'오픈플로open-flow'(*오픈소스 기반 네트워크 가상화 기술로, 네트워크 장비와 상관없이 플랫폼 사업자 등 사용자가 통제권을 갖는다) 소프트웨어 정의 네트워킹SDN(*네트워크를 제어부와 데이터 전달부로 분리해 네트워크 관리자가 보다 효율적으로 네트워크를 제어, 관리할 수 있는 기술) 분야 고전으로 일컬어지는 논문의 저자인 마틴 카사도와 공통 관심사를 가지고 함께했다. 현재 카사도는 오픈소스 시계열 데이터베이스로 찬사를 받는 타임스케일디비TimescaleDB의 최고기술책임자로 있다. 알리는 프리드먼이 자기에게 배풀어준 일들에 감사했다.

"분산 시스템들과 관련된 다양한 문제들의 그 모든 상세한 사항들까지 함께 고민해주셨어요. 무척 고마운 일이죠. 나는 그분이 시스템들을 설계하고 최적화하는 것을 옆에서 지켜보는 것만으로도 시스템 연구자가 갖춰야 할, 말로 표현할 수 없는 기술을 배웠습니다."

알리는 프린스턴대학에서 제니퍼 렉스퍼드와 함께 네트워크 프로세서와 가상기계를 연구하고, 또 여름에는 스탠퍼드대학에서 카사도와 함께 SDN을 연구했다. 그러면서 컴퓨터 기능과 라우팅 기능을 고정된 하드웨어에서 프로그램이 가능한 소프트웨어로 옮기는 일의 실천과 철학 분야에서 중량감이 있는 학자가 되었다.

카사도는 네트워크 가상화 분야에서 개척자적 기업인 니시라Nicira를 창업했으며, 나중에 12억 달러를 받고 브이엠웨어VMWare에 팔았다. 진실을 말하는 선동가인 데이비드 호로위츠의 아들 벤 호로위츠는 브이엠웨어에서 소프트웨어를 개발해 큰돈을 벌었다. 카사도도 나중에 벤처 캐피털인 안드레센 호로위츠의 파트너가 되는 조건으로 이 회사에서 벤과 함께했다.

SDN이든 네트워크 기능 가상화든, 알리를 사로잡았던 당시의 가상화 운동은 네트워크를 전혀 다른 것으로 바꿔놓는 과정을 거치고 있었다. 네트워크는 하드웨어 용량의 지배를 받는 7계층 구조에서 하드웨어 용량을 흉내 낸 소프트웨어의 지배를 주로 받는 2계층 구조로 바뀌었다. 닐 스티븐슨의 소설 속 인물인 히로나 인터넷 공간에서 필명으로만 존재하는 사토시와 마찬가지로, 알리 역시 실존하는 현실 세상의 온갖 제한들에서 벗어나 전자 세계의 밤으로 들어가서 자기 꿈을 채워주는 '메타버스'를 창조할 수 있는 어떤 가상세계에서 살았다.

그 7계층 모델은 상대적으로 낮은 기능들이 상대적으로 높은 기능들의 통제를 받는 어떤 계층적인 스택hierarchical stack으로 이루어져 있다(*스택은 원래 어떤 것들을 차곡차곡 쌓아두는 '무더기'라는 뜻이다. 여기서는 기능들을 위계에 따라서 하나씩 차례대로 쌓아놓았다는 뜻으로 사용되었다). 이 체계의 맨 아래에는 물리 계층physical layer이 놓인다(*물리 계층은 통신매체에 대해 전기적·기계적인 인터페이스를 다루며, 접속 통신 및 접속 해제를 위한 과정을 포함한 데이터를 통신매체와 서로 어울리게 할 수 있는 신호로 바꾼다). 이 물리계층에는 광섬유 케이블들, 마이크로파 발진기microwave oscillator들, 믹서들, 1550나노미터 레이저 및 900나노미터 레이저, 광검출기들, 실리콘 라우터들, 에르븀 첨가 증폭기EDFA, Erbium-Doped Fiber Amplifier들, 두 가닥으로 꼰 전화선들, 안테나들, 동축케이블들 등 일일이 말할 수 없을 정도로 많다. 이런 것들이 물리계층 위에 있는 계층들의 명령을 받아서 데이터 패킷들을 네트워크 전역으로 전송한다. 설계하고 또 실제로 구축하기가 어려운 이 하드웨어 장치들 계층이야말로 현대 전자공학 기적의 출발점이다.

그러나 알리가 프린스턴대학에서 공부할 즈음에는 이 업계의 많은 사람들이 어딘지 모르게 명확하지 않고 모호하기만 하던 튜링머신을 만드는 데만 집중했지 하드웨어는 무시했다.

당대의 인터넷을 이해하려면 이런 하드웨어 기적들을 당연하게 여기고, 가상의 스레드들과 사슬들 속에서 하드웨어를 흉내 내며 또 이것을 초월할 수 있는 허공에다 성을 지어야만 (컴퓨터 용어로 말하면 '스택'을 쌓아야만) 한다. 그러나 마이크로매터micromatter에서 메타버스로의 진화는 국제표준화기구ISO의 '개방형 시스템 사이의 상호 접속OSI'이라는 7개 계층의 넷플렉스 구조netplex scheme에서 시작된다.

OSI 스택에서 물리 계층 바로 위는 데이터링크datalink 계층이다. 이것은 하드웨어가 '펌웨어'와 소프트웨어로 변환되는 매개체다(*펌웨어는 프로그램의 형태를 갖추고 있으므로 기능적으로는 소프트웨어에 가깝지만, 하드웨어 내부에 있기 때문에 하드웨어적인 특성도 있다). 여기에서 소프트웨어와 펌웨어는 전기 사양들, 시간 규칙들 그리고 하나의 노드(혹은 컴퓨터 주소)에서 다른 노드로 이어지는 링크로 정보 전송을 가능하게 해주는 전자-광자 전환들을 규정한다. 스위치들은 바로 이 계층에서 작동하면서 패킷들을 다음 노드로만 보내준다. 이더넷이나 와이파이 같은 로컬 영역 네트워크들이 여기에서 작동한다. 만일 당신이 인터넷의 고속도로를 피한다면, 2계층인 데이터링크 계층들 전역으로 비트를 전송하면서 살아갈 수 있다.

아래에서 세 번째 계층은 라우터들의 영역인 네트워크 계층으로, 네 번째 계층인 전송transport 계층과 연결돼 TCP/IP 인터넷 프로토콜들을 구성하는 종단간end-to-end 링크들을 완성한다. IP 주소들과 네트워크의 끝에서 끝까지의 연결들을 아우르는 TCP 트래픽들을 모두 포함하는 체계다. 세 번째 계층은 패킷을 발신지에서 여러 네트워크(링크)를 거쳐 목적지까지 전달한다.

네 번째 계층은 데이터 패킷의 실질적인 전송과 수신 및 트래픽을 관리하고, 부하가 균형적으로 분산되도록 하며, 또 인증 성공[ACK] 및 인증 실패[NAK]를 확인한다.

이런 것들이 연결을 보장한다. 아래에서 세 번째와 네 번째 계층은 중앙집권화한 권력의 보루로 기능하는 경향이 있는데, 정부들과 그들의 정보기관들이 바로 여기에서 도메인 이름들과 주소들을 추적하고 감시한다. 아이칸[ICANN](*인터넷 도메인 관리와 정책을 결정하는 도메인 관련 국제 최고 기구)이나 유엔 국제전기통신연합[ITU] 등이 여기에 속한다. 이들은 (마약 등 불법 제품이나 서비스를 사고파는) 실크로드나 알파베이[Alpha Bay] 같은 웹사이트를 발견하면, 세 번째 계층으로까지 내려가서 추적한다.

이 네 계층 위에 다섯 번째 계층이 있는데, 가장 중요한 세션[session] 계층이다. 이 계층은 특정한 쌍방향 커뮤니케이션을 처음부터 끝까지 설정·유지하고 동기화한다. 커뮤니케이션 내용으로는 동영상 스트리밍, 스카이프 통화 요청, 세션(접속) 설정 프로토콜, 메시지 교환, 이메일, (나중에 가장 중요한 것으로 판명되는) 거래[transaction] 등이 있다.

여섯 번째 계층과 일곱 번째 계층은 표현[presentation] 계층과 응용[application] 계층이다. 사용자 인터페이스, 윈도, 포맷, 운영체제 등이 이에 속한다. 이것들은 독창적인 하이퍼링크 구조들과 URL들 속에서 소환된다. 제네바에 있는 유럽입자물리연구소[CERN]의 팀 버너스-리는 1989년에 이것들을 자기가 만든 월드와이드웹[WWW]의 한 부분으로 고안했다. 그는 모든 데이터가 하나의 웹 안으로 링크될 수 있도록 만들고 싶었다. '모든 사람이 함께 작업할 수 있는 창의적이고 협동적으로 공유되는 공간'으로서의 웹페이지를 설정하는 작업을 쉽게 해주는 도구들을 모아놓은 일종의 실타래를 만들고 싶었던 것이다.

모든 링크의 70퍼센트가 구글과 페이스북을 통해 처리되게 되면서 버너스-리는 자기의 웹이 죽어가는 것은 아닐까 두려워했다. 그래서 그는 블록스택의 열렬한 지지자가 됐다.

"우리가 하고 있던 작업 내용을 듣더니 그가 벌떡 일어나 춤을 췄다." 블록스택의 소프트웨어 책임자인 주드 넬슨이 한 말이다.

나는 2003년에 출간한 《텔레코즘》에서 OSI 스택을 설명하면서 전화 통화를 예시로 들었다. 일단 전화기를 들고 발신음(물리 계층 신호)을 듣는다. 그다음에 전화번호를 누른다(모든 숫자는 전화를 목적지에 보다 가까운 다른 링크로 이동시킨다). 신호음이 가는 것을 듣는다(네트워크 연결 및 신호 전송을 뜻한다). 그리고 누군가 전화를 받는 순간, OSI 스택의 처음 네 가지 계층들이 진행된 셈이다. 그 뒤에 당신이 말하는 '여보세요?'로 세션(접속)이 시작된다. 대화 속에서 선택하는 단어들은 표현이며, 대화는 응용이다. 그리고 전화를 끊는 것은 세션 완료를 뜻한다.

물질 지상주의자는 물리 계층이 전부라고 생각할 것이고 소프트웨어 지상주의자는 모든 것이 자기 머리에 들어 있다고 상상하겠지만, 네트워킹의 천재성은 이 둘을 아우르는 데 있다. 수많은 마이크로칩 트랜지스터들, 바이오스[BIOS, Basic Input/Output System](*해당 PC의 기본적인 데이터의 입력과 출력을 관리한다)들 그리고 추적들에 의해 활성화된 물리 계층은 궁극적으로 독창적이고 필수불가결한 만큼 도무지 알 수가 없다. 소프트웨어

논리는 그 위에 있는 계층에서 급격히 늘어나며 하드웨어가 수행할 것을 규정한다.

모든 요소의 속도가 무어의 법칙 아래에서 빨라지면서 많은 특수목적 장치들[즉 주문형반도체ASIC들, 네트워킹 반도체칩들, 네트워크 프로세서들, TCP 액셀러레이터들, 트래픽 관리자들, 라우팅 룩업 테이블 내용주소화기억장치CAM(* 매우 빠른 속도를 요구하는 탐색 애플리케이션에서 사용되는 특수한 메모리를 보통 연관 메모리로 줄여서 말하기도 한다)들 등]이 덜 필요해진다. 이런 것들을 대체하는 것이 바로 점점 더 빠르고 더 밀도가 높고 또 더 많이 프로그래밍할 수 있는 범용 하드웨어다.

라우터와 스위치 그리고 그 밖의 다른 네트워킹 장비들에 들어가는 주문형 장치들을 대체하고 있는 것이 바로 인텔, 캐비움, 멜라녹스 같은 기업들에서 생산한 멀티코어 범용 마이크로프로세서들을 기반으로 한 강력한 서버들이다. 이 마이크로프로세서들은 훨씬 복잡하고 통합된 소프트웨어의 지도를 받아서 서로 연결된다.

업계 전체에 광대한 시장을 거느리는 (수없이 생산되는 스마트폰과 비디오 게임 콘솔을 생각해보라) 범용 하드웨어는 예전에 비해 속도가 훨씬 빨라졌고 가격도 싸졌다. 앞으로 더 시간이 지나면 이 칩들은, 인터넷에서 1초에 수조 회의 연산을 수행할 수 있을 만큼 빠른 속도를 보장하기 위해 보다 비싸고 또 특수한 목적으로 특화된 하드웨어들까지도 대체할 수 있을 것이다.

과거 시스코로부터 정교하게 주문제작돼 타이거와 퀀텀 플로Quantum Flow라는 이름을 달고 나왔던 하드웨어나 이스라엘의 멜라녹스 테크놀로지스가 개발한 광속도 네트워크 프로세서 이지칩EZchip의 네트워크를 필요로 했던 작업을, 빠른 서버에 장착된 인텔 제온 마이크로프로세서가 제대로 된 소프트웨어와 결합하기만 하면 너끈하게 수행할 수 있다.

결국 구글은 최고조로 특화된 네트워크 하드웨어를 선택하는 대신에 방대한 데이터센터들에 배치돼 있으며 소프트웨어로 통합된 수천 개의 서버를 선택했다. 이 튜링머신들은 튜링의 마음속에 있던 것과 마찬가지로 실체가 없었고 쉽게 변할 수 있었다. 라우터나 컴퓨터나 스위치 혹은 인터넷의 실현은 '가상화'될 수 있으며, 특수한 하드웨어 구현은 전혀 필요하지 않게 됐다.

이런 변화를 이끄는 주체가 바로 카사도, 렉스퍼드, 프리드먼, 호로위츠 그리고 업계에 널린 수백 명의 선도자들이다. 이 네트워크 과학자들은 알리와 블록스택 투자자들을 이런 원칙들이 통용되는 블록체인 공학으로 안내했다. 그들은 보다 높은 차원의 통제 영역^{control plane}과 보다 낮은 차원의 데이터 영역^{data plane}을 주의 깊게 분리시켰다. 이런 설정과 설계 덕분에 이들 구조는 독특한 방식으로 유선형인 동시에 얼마든지 규모를 키울 수 있게 됐다.

그 모든 것이 파키스탄에서 만들어진 그 첫 번째 컴퓨터에서 시작됐다. 무니브 알리가 온갖 부품들을 가지고 직접 조립한 그 컴퓨터는 알리에게는 정말 아름답고 매력적인 보상이었다. 그는 그 작업을 모두 끝마친 순간을 기억한다. 비록 그렇게 완성한 컴퓨터가 그를 당혹스럽게 만들긴 했지만 말이다.

막 21세기로 접어들던 시점의 파키스탄에서 컴퓨터는 문자 그대로 '정글 속 자동차'와 같은 존재였기 때문이다. 이 자동차는 불빛, 히터, 에어컨, 안전한 쉼터 등을 제공한다. 그러나 자동차라는 것은 기본적으로

도로를 달릴 때 비로소 진정 매력적이다. 알리의 컴퓨터도 그랬다. 넷스케이프 브라우저를 구해다 깔고 인터넷에 연결시켰을 때 비로소 그는 짜릿함을 느꼈고, 그의 인생이 바뀌었다. 파키스탄에서 그는 월드와이드웹이라는 도로를 마음껏 달릴 수 있었고, 세계 정보경제권에 속하는 시민의 한 사람이 될 수 있었다.

알리도 감지했듯이 넷스케이프의 부상은 네트워킹 역사에서 전환점이었다. 넷스케이프가 데이터에 접근할 수 있는 새로운 길들을 제공했기 때문이다. 넷스케이프 브라우저는 쌍방향 참가, 텍스트, 이미지, 보안성 그리고 웹 전체를 아우르는 거래(트랜잭션)를 사용자들에게 제공했다. 역동적인 웹페이지와 거래 형식을 실현하기 위해 (2014년에 모질라의 CEO로 임명된) 브렌던 아이크가 1995년에 창조한 자바스크립트, 인터넷 전역에서 안전한 상업용 링크를 가능하게 해주는 보안소켓계층^SSL(*인터넷에서 데이터를 안전하게 전송하기 위한 인터넷 통신 규약 프로토콜), 서로 다른 온갖 언어들이 뒤죽박죽인 어떤 운영체제의 응용프로그램이라고 하더라도 아무 문제 없이 작동하도록 해주는 (즉 자바 언어로 작성된 프로그램을 해석해 실행하는 가상적 컴퓨터인) 자바 가상기계를 장착했다.

넷스케이프 창업자들은 웹을 사진부터 동영상까지 모든 종류의 창의적인 표현물들이 연결되는 어떤 공간으로 바라봤다. 넷스케이프 창업자인 마크 안드레센과 투자자인 동시에 3D 지오메트리 엔진^geometry engine(*3차원 화상 처리를 하는 경우에 화면에 그리기 전의 연산 처리를 하는 부분. 주로 물체의 위치나 시점, 광원 방향 등의 좌표를 계산한다)을 발명한 짐 클라크는 온갖 게임들과 가상세계들이 뒤섞인 3D 메타버스를 기대했다. 안드레센, 아이크, 클라크 그리고 그 동료들은 넷스케이프를 통해 알리에게 웹페이지들에 활기를 불어넣고 이 웹페이지들을 세상과 공유하며 또 가능하다면 인터넷에서 돈도 벌 수 있는 힘을 부여했다.

1995년에 있었던 넷스케이프의 기업공개^{IPO}는 인터넷에 따른 보상이 분산된다는 뜻이기도 했다. 기업공개 첫날에 주가가 세 배 가까이 뛰어올라 시가총액이 30억 달러를 넘어섰다. 이렇게 해서 넷스케이프의 주식은 대중에게 이득을 안겨주는 동시에, 기업가들을 자극하고 고무시켜 컴퓨터 산업에 도전하도록 만들었다.

그 뒤 5년 동안 구글과 아마존을 비롯해 1,000개가 넘는 기업의 기업공개가 줄을 이었고, '분산 인터넷 응용프로그램$^{DNA, Distributed interNet Application}$'이 붐을 이뤘다. 그리고 내가 '마이크로코즘의 법칙'이라고 이름 붙인 원리 아래에서 혁신이 네트워크의 주변부로 결정적으로 이동했다.

기술 분야 기업가들에게는 멋진 기회였다. 그러나 2000년 이후 스타트업이 점점 줄어들었고, 거대한 기술 기업들을 제외하고는 기업공개도 거의 사라졌다. 엔론 사태(*미국 에너지의 20퍼센트를 담당하며 미국 7대 대기업 중 하나로 평가받던 엔론이 2001년에 회계부정에 따른 처벌을 받고 파산한 사건) 후유증으로, 사베인스-옥슬리법 아래에서 감독 당국은 기업공개까지 나아가는 데 드는 수수료로 대략 200만 달러나 받아냈으며 또 엄격한 회계 기준을 적용해 신용의 여유를 대폭 줄였다. 그 바람에 스타트업 문화나 재정에는 매우 힘든 여건이 조성됐다.

기업을 공개해 상장회사가 되는 것을 말도 되지 않을 정도로 힘들고 위험하게 만든 대표적인 것이 (2000년 10월부터 시행된) 기업이 중요 정보를 이해관계자에게 먼저 알려서는 안 되며, 오로지 증권시장을 통해 공시하도록 한 '공정공시제도$^{fair disclosure}$'다(*한국에서는 미국에 이어 세계에서 두 번째로 2002년 11월 1일부터 이 제도를 시행하고 있다). 대기업을 제외한 모든 기업이 커뮤니케이션 의욕을 완전히 상실했다. 기업 가치를 높이고 투자금을 모은다 하더라도, 기업의 시시콜콜한 내부 사정을 증권시장 공시가 아니고서는 절대로 밝히거나 선전할 수 없었던 것이다.

2012년에 무니브 알리가 프린스턴대학에 갔을 때는 이미 넷스케이프가 있었다. 넷스케이프 브라우저는 마이크로소프트의 익스플로러에 자리를 내주고, 윈도95에 번들 제품으로 나가고 있었다. 거대 인터넷 기업을 인수하는 일이 지금은 흔하지만 그때는 그렇지 않았다. 마이크로소프트가 이 일을 처음으로 했다. 스파이글래스 브라우저를 인수함으로써 넷스케이프의 도전을 진압한 것이다. 그런데 우연하게도 스파이글래스를 이끌던 설계자들이 넷스케이프의 안드레센과 에릭 비나였다. 이들은 일리노이대학 미국 슈퍼컴퓨터응용연구소NCSA에 있을 때 넷스케이프의 토대가 되는 모자이크를 개발했다. 그런데 마이크로소프트가 모듈 방식의 우아한 브라우저를 인수해 넷스케이프 창업자들이 서로 경쟁하게 만들었다.

기업공개 부족 현상은 10년 이상 이어졌다. 2016년에는 9개월 동안 기업공개가 단 한 건도 없었다. 그 대신에 벤처 캐피털리스트들은 수백 개의 유니콘 기업을 자기 수중에 계속 움켜쥐고 있었다. 우버와 에어비앤비를 비롯한 유니콘 기업 대부분이 기업공개 당시의 넷스케이프보다 훨씬 높은 금액으로 민간 시장에서 평가받고 있었다. 이들 대부분이 상장보다 오히려 구글(알파벳)이나 페이스북 같은 공룡회사와의 합병에 더 관심이 많았다.

마이크로소프트나 넷스케이프 같은 이전의 인터넷 기업들과는 다르게, 유니콘 기업들의 가치 상승은 대중에게 그다지 큰 이익을 안겨주지 않았다. 이 기업들에서 창출된 수익은 대부분 이들을 쥐고 있던 벤처 캐피털리스트들 및 이들 가운데 최고 알짜들을 인수한 공룡 회사들에게 흘러들어갔다.

이것이 바로 알리와 그의 친구 라이언 셰이가 프린스턴대학에 있는 기업가정신 클럽Entrepreneurship Club에 가입해 새로운 인터넷 앱을 출시하겠는 일념으로 함께 일에 푹 빠져 있던 2012년 당시의 상황이었다. 2013년 봄까지 이 두 사람은 이상하게도 일이 꼬이고 잘 풀리지 않았다. 그들이 여행하던 인터넷 도로들이 거대한 데이터센터의 허브들로 모여들었다. 이 허브들은 소수의 인터넷 거대 기업들을 제외하고는 경제적인 가치를 거의 제공하지 않았으며, 보안 및 사생활 보장도 거의 제공하지 않았다.

그것은 어떤 결정적인 흠결 하나를 가진 인클로저운동(*산업혁명 이전 유럽에서 양털 생산을 위해 기존 농장을 목장으로 만들면서 그때까지 거기에서 농사를 짓던 소작농을 쫓아낸 일)이었다. 안전하지 못한 인터넷은 저작권을 보호하지 못하고, 사생활을 보호하지 못하며, 안전하고 효율적인 거래를 중개하지 못하고, 소액결제에 따른 스팸메일 발송을 차단하지 못하며, 사용자의 신원을 증명하지도 못했다.

한편 구글, 페이스북, 아마존, 애플 그리고 그 밖의 몇몇 인터넷 기업들은 자기만의 '안전한 공간'을 가지고서 대응했다. 그들은 그 공간을 이용해 자기에게 꼼짝 못 하고 사로잡힌 사용자들 사이에서 진행되는 통상과 거래를 보장하고 관장했다.

이런 사정과 관련해 알리는 다음과 같이 썼다.

"현재 온라인 서비스가 자주 사용되는 상황에서 사용자 관련 데이터는 이른바 '데이터 사일로data-silo' 문제, 즉 페이스북이나 야후나 구글 그리고 다른 인터넷 기업들이 각각 데이터를 이해하고 또 저장하지만, 이 데이터를 서로 다른 플랫폼 사이에서 이동시키거나 통합 관리하기 어려운 문제에 발목이 잡혀 있다. 이것은 중앙집중화된 데이터 모델로 이어진다. 결국 각각의 데이터 사일로들은 필연적으로 해킹을 당한다. 예를 들어 최근에 야후의 5억 사용자가 해킹됐듯이 말이다."[7]

이런 사일로들 혹은 '울타리가 둘러쳐진 정원walled garden(폐쇄형 네트워크 서비스)'들이 바로 팀 버너스-리를 힘들게 했다.[8] 각각의 폐쇄적인 네트워크 서비스(플랫폼)는 자기 소유주를 위해서는 잘 작동했지만, 인터넷의 세계적인 일체성을 파괴했으며 플랫폼별로 세분화되는 현상을 가속시켰다. 특히 구글, 애플, 페이스북, 아마존 등이 자기만의 데이터를 점점 더 많이 수집했으며, 또 이 데이터를 방화벽과 암호를 동원해 외부로부터 보호했다.

그러나 시간이 흐르자, 이들도 중앙집중화가 안전하지 않음을 깨달았다. 데이터를 중앙 저장고에 넣어두는 것이 오히려 해커들의 수고를 덜어줬다. 즉 해커들은 어떤 데이터가 중요한지, 또 그 데이터가 어디 있는지 저절로 알 수 있었고, 그 결과 전체 인터넷이 위험해지고 만 것이다.

구글은 어둠의 진영에 속한 해커들을 물리치기 위해 '올스타 해커 대책반all-star hacker swat team'을 꾸렸다. 보안업계 전체가 바이러스 발생, 데이터 도둑질, 서비스 거부 공격denial of service attack(*서버가 처리할 수 있는 능력 이상의 것을 요구함으로써 다른 서비스를 정지시키거나 시스템을 다운시키는 행위), 악성 소프트웨어, 맬버타이징malvertising(*제3자 광고 네트워크를 활용해 정상적인 웹사이트를 통해 악성코드를 배포하는 사이버 공격 행위), 피싱, 랜섬웨어 등의 온갖

못된 행위들에 대응함으로써 사용자 데이터 허니팟^{honeypot}(*해킹 등 비정상적 접근을 탐지하기 위해 설치한 시스템)을 보호하고 나섰다.

각각의 인터넷 영지들(즉 플랫폼들)은 자기 사용자들에게 안전성이 전혀 개선되지 않고 해가 갈수록 악화되기만 할 뿐인 온갖 성가신 보안 관련 작업들을 수행하도록 요구함으로써 책임을 회피하는 식으로 대응했다.

결국 그들이 내세우는 '보안' 프로그램이라는 것들은, 서투르기 짝이 없는 데이터 보유자들에게 데이터 보호에 들어가는 어마어마한 비용을 내세워서 자기들은 어쨌거나 최선을 다하고 있다는 말을 법정에서 할 수 있는 변명거리를 제공하는 데 지나지 않는다.

거대 기업들이 가진 데이터 사일로들은 전 세계 독재자들에게 각자의 인터넷을 스스로 고립시키도록 자극했다. 구글의 두 컴퓨터 괴짜가 자기들만의 인터넷을 가지고 있고 페이스북의 한 과학자가 자기만의 인터넷을 가질 수 있는데, 중국 정부만을 위한 인터넷이 존재하지 않아야 할 이유가 있을까? 또한 이란의 이슬람 율법학자들만을 위한 인터넷도 있을 수 있지 않을까? 혹은 설마 유럽연합까지? 이처럼 온갖 집단이 저마다 자기만의 공간을 만들고 울타리를 치게 될 터였다.

인터넷의 데이터 무더기들은 온통 구멍투성이가 돼버렸다. 이런 데이터 무더기들 속에서 돈과 권력의 대부분은 구글 같은 기업들이 꼭대기에서 운영하는 거대한 앱들이 강력하게 빨아들였다. 이 시점에서 필요한 것은 블록스택이었다. 결정적으로 중요한 ID들과 개인정보 그리고 저장소 위치를 일러주는 것들을 블록체인을 기반으로 한, 결코 바뀔 수 없고 안전한 데이터베이스에 보관할 수 있는 바로 그런 블록스택…….

알리와 셰이가 이해했듯이 보안은 어떤 앱이나 동영상 게임이 아니다. 하나의 구조다. 그 구조를 설계하기로 결심한 알리는 미국 시민이 됐고, 또 (브렌던 아이크, 비탈릭 부테린 그리고 다른 개척자들과 함께) 그가 소년 시절 파키스탄에서 경험했던 탈중앙화의 여러 P2P 원칙들 위에 인터넷을 다시 굳건히 세우고자 하는 운동의 지도자가 됐다.

CHAPTER

15

네트워크 되찾기

Taking Back the Net

• •

블록스택 최고기술책임자 알리는 새로운 병렬 P2P 인터넷을 창조했다. 누구든 블록스택 사이

트를 찾아가서 그 브라우저를 내려받기만 하면 됐다. 블록스택은 접근이 상대적으로 더 간결하

고, 또 더 구속적이라는 점에서 이더리움과 다르다.

• •

무니브 알리, 라이언 셰이 그리고 이들의 팀은 구글 모델에 저항해 탈중앙화의 원심력이 작동하는 인터넷을 복원할 준비가 돼 있었다. 이들은 인터넷을 모놀리스^monolith와 메타버스라는 단 두 개의 핵심 구조로 나눌 것을 제안했다. 하부에서 작동하는 모놀리스는 블록체인의 예측 가능한 운반체고, 상부에서 작동하는 메타버스는 인터넷 사용자들의 창의적이고 놀라운 운영이다. 이 둘이 창의적인 풍요로움을 가져다줄 토대를 제공하리란 것이 두 사람의 전망이었다.

박사 논문 〈새로운 인터넷의 상호 신뢰 설계^New Internet〉를 계속 작업하고는 있었지만 다시 돈이 떨어져서 고생하던 알리는 실제로 이 새로운 네트워크를 구축하는 데 더 관심이 많았다.

2012년에 그는 운 좋게 주드 넬슨이라는 귀인을 만났다. 넬슨은 미국 애리조나 출신으로 키가 큰 금발 소프트웨어 엔지니어였다. 그는 맨해튼에서 블록체인을 기반으로 한 파일 저장 시스템 회사인 신디케이트 일 때문에 도움이 필요한 상황이었다. 신디케이트는 암호수학(즉 시간대에 걸쳐 있는 해시들)을 이용해 안전한 포인터^pointer(*처리하려는 데이터나 프로그램 등이 기억된 기억장치의 주소를 지정하는 것)들을 컴퓨터 저장 위치 및 주소에 제공한다. 신디케이트는 포인터와 ID를 블록체인 안에 저장함으로써 구글드라이브, 아마존의 S3, 마이크로소프트의 아주르^Azure 같은 저장장치를 자신의 유틸리티로 사용할 수도 있었다.

넬슨과 알리는 블록체인 기술에 짜릿한 흥분을 느꼈다. 알리는 이렇게 말했다.

"블록체인은 여태까지 내가 본 것 가운데 가장 정교하고 복잡하면서도 우아하고 아름다운 프로그램이다. 블록체인의 주된 일은 권력을 사람들에게 되돌려주는 것이다."

알리는 넬슨과 합류해 신디케이트 작업을 했고, 2년 뒤에 넬슨은 알리를 위해 블록스택에서 일했다. 당시에 블록스택은 '원네임OneName'으로 불렸는데, 원네임은 알리와 셰이가 프린스턴대학을 떠나 2013년에 창업한 회사다.

셰이는 이렇게 말한다.

"애초에 앱들은 사용자들을 불러들여 붙잡아둘 목적으로 설계된 만큼 사용자의 요구에 즉각적으로 대응하지 않았다. 페이스북, 구글, 드롭박스, 핀터레스트, 아마존 같은 플랫폼 네트워크는 사람들이 모든 걸 다 가지고 들어오길 바란다. 일상생활과 관련된 자료를 저장할 공간을 제공하면서 모든 문서며 모든 음악을 가지고 들어오라고 한다. 예를 들어 의료 관련 사이트들은 건강 관련 자료를 몽땅 내놓으라고 한다. 나중에 사람들이 돌려받고 싶을 때는, 예를 들어 다른 스토리지 제공자에게 옮겨갈 때는 통사정하며 매달려야 한다."

블록스택 팀은 믿을 수 있는 낮은 엔트로피 수준의 토대 위에서 네트워크를 재정립하길 원했다(*엔트로피를 '무질서의 측정치'라고도 할 수 있는데, 엔트로피가 높으면 무질서한 상태, 엔트로피가 낮으면 질서 정연하고 효율적이며 조화로운 상태를 뜻한다). 이와 관련해 알리는 이렇게 설명한다.

"탈중앙화 아이디decentralized identity(*'분산화 신원' 혹은 '분산 인증' 등으로 번역하기도 한다) 시스템은 사용자가 블록체인에 기록돼 있어, 어떤 사이트에서도 인식되는 자기만의 독특한 아이디를 통제할 수 있게 해준다."[1]

알리는 보편적으로 사용되는 이 아이디를 현재의 '오로지 본인이 직접 계정을 만든 사이트에서만 인식되는 사용자 이름 및 비밀번호의 조합'과 비교하며 탈중앙화 아이디의 강점을 부각한다. 블록체인을 활용할 경우, 사용자는 자기 신원이 자동적으로 인증되므로 어떤 사이트에도 로그인을 할 수 있다.

알리와 셰이가 이 프로젝트를 시작할 무렵, 인터넷 기업 수천 곳이 비트코인과 블록체인 주변에 우후죽순처럼 생겨났다. 그러나 이들 대부분은 새로운 서비스를 제공하거나(예컨대 암호화폐 거래소 아브라Abra는 블록체인 기반의 제3세계 송금 서비스를 시작했다), 새로운 통화를 제공하거나(예컨대 모네로Monero와 지캐시Zcash는 사생활 보호를 한층 강화한 암호화폐를 제공했다), 포럼을 제공하거나(예컨대 스팀Steem은 블록체인 소셜 뉴스 및 댓글 게시판을 제공했다) 또 여러 시장들을 제공했다(예컨대 알파베이는 불법 약물을 파는 실크로드를 모방했다).

알리와 셰이는 신원 확인(인증), 돈, 권력, 재산이 상부의 플랫폼 네트워크에 흡수되지 않고 사용자에게 계속 남아 있게 하는 인터넷을 위한 새롭고 안전한 프로토콜 계층을 개발해, 기존 플랫폼 네트워크가 안고 있던 문제를 보다 근본적인 차원에서 해결하고자 했다. 계속해서 다시 셰이가 하는 말이다.

"나는 피터 틸이 제시한 전망에 깊은 감명을 받았다. 기존 회사만을 상대로 경쟁해야 하는 이유가 있을까? 아주 조금만 더 효율적으로 바뀜으로써 세상을 아주 조금만 더 좋게 만들 이유가 있을까?"

2014년, 두 사람은 25만 달러를 투자 받아 시제품을 만들기 위해 캘리포니아 맨해튼뷰에 있는 와이콤비네이터로 갔다. 기업가 폴 그레이엄^{Paul Graham}이 창업한 이 기업은 컴퓨터 괴짜들에게 일종의 '호텔 캘리포니아 반대 버전' 같은 곳이었다. 즉 들어가기는 어려워도 나오기는 쉬웠다. 틸도 2015년에 와이콤비네이터에 드롭박스(클라우드 기반의 스토리지업체)나 에어비앤비(클라우드 기반의 숙박지 임대업체)처럼 '실제로는 좋지만 겉보기에는 명백하게 나쁜 아이디어들'을 찾으라고 말했다. 와이콤비네이터에서 두 사람의 시작은 불안정했지만, 현재 블록스택의 시가총액은 수십억 달러다.

2017년 7월 27일, 나는 블록스택 사람들이 어떻게 일하는지 보고, 또 그들에게 도움이 될 만한 연설을 해줄 수 있을까 하고 서부로 날아갔다. 블록스택은 여전히 뉴욕에 본사가 있지만, '블록스택 서밋 2017' 행사장으로 구글 본사에서 그다지 멀지 않은 마운틴뷰의 컴퓨터역사박물관을 택했다. 블록스택 마케팅 책임자인 패트릭 스탠리^{Patrick Stanley}는 내게 '구글 이후의 삶'을 주제로 연설해달라고 요청했다.

그보다 두 주쯤 전에 프린스턴대학에서 알리의 박사 논문 〈새로운 인터넷의 상호 신뢰 설계〉가 최종 통과됐다. 셰이의 도움도 한몫한 이 논문은 주제의 범위나 집필자의 야망으로 보건대, 스탠퍼드대학 수학과 박사과정을 밟고 있던 세르게이 브린과 래리 페이지가 박사 학위 논문으로 제출한 〈페이지랭크〉에 버금갔다.

알리는 인터넷의 새로운 구조를 주장하며, 지난 3년 동안 시험적으로 사용된 이 새로운 구조의 시험 제작 버전^{prototype}에는 파이선 소프트웨어 언어 코드가 4만 3,344줄밖에 들지 않았다고 공표했다. 구글의 저 유명한 크롬 브라우저가 주로 동원하는 C++언어 코드를 449만 488줄이나 필요로 하는 것에 비하면 엄청나게 적다.

블록스택 최고기술책임자 알리는 새로운 병렬 P2P 인터넷을 창조했다. 누구든 블록스택 사이트를 찾아가서 그 브라우저를 내려받기만 하면 됐다.

블록스택은 접근이 상대적으로 더 간결하고, 또 더 구속적이라는 점에서 이더리움과 다르다. 블록스택 CEO인 라이언 셰이는 이런 사실을 다음과 같이 요약한다.

"우리는 이더리움보다 훨씬 간결한 시스템을 추구한다. 해커가 공격할 수 있는 공격 영역attack surface이 넓을수록 문제가 발생할 가능성이 커진다. 우리는 네이밍naming과 경로 지정routing 정보의 발견 등과 같은 핵심적인 기능들을 수행하는 데 필요한 소프트웨어와 블록체인을 사용한다. …… 아이디와 발견 같은 핵심적인 요소들은 공격 영역을 넓게 노출하는 방식으로 구성돼선 안 된다."

블록스택은 저장과 복잡한 연산을 위한 블록체인 사용을 최소한으로 줄이는 데 비해 이더리움은 저장과 소프트웨어의 되먹임(순환) 부담을 체인에 가중한다. 그러므로 이더리움은 상대적으로 덜 효율적이며, 규모를 키우기가 덜 용이하고, 또 더 복잡하며, 외부의 공격에 그만큼 더 취약하다. 블록스택은 네트워크 기반 구조의 토대[즉 네이밍, 아이디, 스토리지 지시자(포인터)]에 초점을 맞추는 반면 이더리움은 넬슨이 말하는 '토큰 생산 공장'이 돼버렸다. 즉 이더리움은 스마트계약들과 토큰들을 위해 광범위한 튜링머신을 제공하지만, 이 튜링머신은 외부 해커들이 공격하거나 내부 버그들이 말썽을 일으킬 수 있는 공격 영역을 넓게 노출하고 만다.

블록스택은 아이디, 네이밍, 경로 지정의 발견 그리고 재산권을 운반하는 낮은 엔트로피의 플랫폼인 반면 이더리움은 인터넷 돈벌이, 자금 조성 그리고 기발한 프로그래밍을 위한 높은 엔트로피의 플랫폼이다.

블록스택의 주인공들이 쉽게 인정하듯 이더리움의 이 모든 '결점'이 오늘날에는 강점이다. 하이테크 분야의 스타트업들과 핀테크 분야의 혁신 기업들을 위해 얼어붙었던 자금 조달 시장을 녹이며 장대하게 돌파해낸 것은 부정할 수 없는 이더리움의 업적이다. 그러나 알리와 그의 팀은 분산형 인터넷을 우선적으로 복원하고, 이렇게 해서 신뢰가 회복된 다음에야 비로소 금융 관련 장치들을 개발하기로 결심했다.

이 가치 있는 투쟁에서 알리와 셰이 그리고 이들의 소프트웨어 책임자인 넬슨은 사토시의 블록체인-분산 원장 혁신들을 토대로 개혁을 이룩한 인터넷을 새롭게 만들겠다며 수십억 달러의 자금을 모으는 수백 개의 새로운 기업들 중 한 부분이다. 인터넷과 기능이 동일한 새로운 인터넷을 위해 글로벌 분산 플랫폼을 제공하고자 하는 거대한 흐름에서 이더리움이 선두 주자임은 분명하다(이 원고를 쓰는 시점에 이더리움의 암호화폐 '이더'의 전체 평가액은 600억 달러다). 그러나 이런 상황에서도 블록스택은 전략적 강점이 있다.

블록스택의 행보는 다음 일곱 가지 핵심 원리를 바탕으로 한다.

분산된 거래원장: 블록스택은 원장 계정들을 통제하고, 복제하는 일을 네트워크에 접속한 모든 컴퓨터에 분산해 조직론적으로는 탈중앙화돼 있지

만, 논리적으로는 중앙집중화돼 있다. 즉 시간 스탬프가 찍힌 기록들의 '상태'는 늘 고정돼 바뀌지 않기 때문이다. 사토시의 블록체인은 겉보기에 모순되는 이 두 개념이 최초로 구현된 것이다. 이 개념들은 어떤 관할권에 있는 모든 실질적인 재산에 대한 공식적인 기록이라는 중세적인 개념을 상기시킨다.

최대의 확장성: 블록스택은 블록체인에 격리된 통제 영역을 네트워크 전체로 확산될 수 있는 데이터 영역과 분리해 성능과 확장성을 보장한다. 이 원리는 아이디 확인, 지불, 보안 그리고 발견이라는 결정적으로 중요한 경로 기능들에 사용할 블록체인을 절약하게 해준다. 대용량 데이터 저장이나 복잡한 연산은 외부의 다양한 클라우드 및 첨단 장치가 대신 수행하게 만든다.

단 하나의 프로토타입: 블록스택은 이 원리를 유지함으로써, 그리고 모든 거래 및 상호작용에 대해 시간 스탬프가 찍히고 기록되고 알고리즘적으로 할당된 단 한 문서를 보유함으로써 재산권을 확립한다. 각 항목은 (심지어 복제된 것들까지도) 언제나 제각기 다른 불변의 시간 스탬프가 찍혀 있기 때문에 모든 재산권 주장은 서로 구분된다. 언제나 그렇다.

병렬보충parallel complement **:** 블록스택이 확장하면서 이 네트워크에 참여한 사람들에게 사생활 보호와 재산권 보장의 편익이 제공된다. 그리고 이 과정에서 참여자들은 직접적인 피해를 보지 않으면서도 자기 설비(컴퓨터)를 블록스택의 유틸리티로 사용되도록 제공한다. 블록스택 왕국이 커지면서 블록스택의 영향력도 점점 커질 것이며, 참여자들은 블록스택에 협조할 동기가 부여될 것이다.

낮은 엔트로피의 캐리어: 블록스택은 안정적이고 예측 가능하며 단일체로 구성된 기반을 높은 엔트로피의 메타버스에 제공한다. 또 기업가가 세우는 장단기 계획에 혼란을 주고 보안 문제를 야기하는 법률과 구조의 변덕스러운 변화를 회피한다.

자유로운 이주: 블록스택은 사용자를 자기 네트워크에 가둬두지 않고, 이들이 다른 블록체인이나 네트워크로 자유롭게 옮겨 다닐 수 있도록 허용한다. 이 결정적인 특성은 주드 넬슨이 가상체인$^{virtual\ chain}$을 암호화함으로써 가능해졌다. 이 가상체인은 자바 가상기계가 많은 운영체제 위에서 작동하는 것과 마찬가지로 근본적인 블록체인 위에서 작동한다.

엔드 투 엔드, 트러스트 투 트러스트: 블록스택에 접속한 모든 노드(컴퓨터)는 블록스택 외부의 어떤 권위에 대해 상대적으로 독립적인 지위를 가지는 신뢰점(*변경 불가능하고 보안상 신뢰할 수 있는 소프트웨어나 하드웨어)에 의존한다.

블록스택의 애초 목적은 블록체인에 설치된 도메인 이름을 IP 주소로 바꿔주는 서비스, 즉 DNS$^{Domain\ Name\ Service}$였다. DNS는 사용자가 인터넷에서 움직일 때마다 따라붙는다. DNS는 베리사인^{VeriSign}이나 고대디^{GoDaddy} 같은 제3신뢰기관^{TTP}이 수행하는데, 최근에는 구글의 자체 무료 서비스도 늘고 있다. DNS는 인터넷의 또 다른 세분화 중 한 영역으로 자리를 잡았으며, 사용자 이름과 아이디를 빼앗는 피싱에 취약한 지점으로 떠오르기도 했다.

그런데 블록스택은 DNS를 블록체인으로 가져와 인터넷의 중요한 취약점 하나를 제거한다. 사용자 이름은 시간 스탬프가 찍힌 뒤 결코 바뀌지 않는 자료로 저장되며, 블록체인 원장을 통해 인터넷의 모든 사용자 노드로 분산된다. 블록스택은 처음에 네임코인Namecoin 블록체인을 사용했다. 네임코인은 바뀌지 않는 사용자 이름을 저장하는 분야로 최적화돼 있던 초기 비트코인 경쟁자들 가운데 하나였다. 그러다 2016년에 이르러, 알리와 셰이는 네임코인이 중앙집중화하는 채굴자 집단의 공격에 점점 더 취약해지고 있음을 깨달았다. 그래서 두 사람은 이더리움을 포함해 모든 블록체인에 대한 자료를 정밀하게 살폈고, 결국 가장 견고하고 안정적이며 신뢰할 수 있는 블록체인이 사토시의 비트코인 블록체인이라는 결론을 내렸다. 이때 블록스택은 어렵고 힘든 산을 넘어야 했다. 대략 8만 명이나 되는 구독자를 하나의 블록체인에서 다른 블록체인으로 옮기는 일이었다. 그러나 다행히 이 팀은 이런 난관을 주드 넬슨의 가상체인을 가지고서 이미 예상했다.[2]

넬슨은 당시를 다음과 같이 회상한다.

"우리는 곧 각 애플리케이션에 자체 블록체인을 확고하게 생성할 수 있는 능력을 부여할 생각이었다. 그러면 평균적인 사람이 블록체인을 동력으로 삼는 기업을 성공으로 이끌 가능성이 한층 높아지리란 것이 내 생각이다. 왜냐하면 첫째, 이제는 그런 기업이 더 많아졌고 둘째, 그들은 모두 가치가 뛰어오를 토큰을 가졌기 때문이다. 이더리움은 이런 작업을 토큰 ERC20(*이더리움 블록체인 네트워크에서 발행되는 토큰의 표준)을 가지고 하려고 했지만, 이것의 효과가 전면적으로 확산되지는 않았다. 게다가 ERC20의 각 애플리케이션은 이더리움의 운명에 함께 묶여 있었다.

그러나 컴퓨터 언어가 소수에게만 전파된 솔리더티인 이더리움과 달리, 블록스택은 자기 플랫폼을 세계에서 가장 널리 퍼진 컴퓨터 언어인 브렌던 아이크의 자바스크립트로 프로그래밍할 수 있도록 만들었다.

2017년 말, 블록스택은 이 분산 시스템을 구축할 재원을 마련하기 위해 토큰을 판매하기 시작했다. 그리고 투자금 5,000만 달러를 조성해 인터넷을 위한 새로운 신뢰, 아이디, 거래(트랜잭션) 계층을 구축했다. 토큰은 현금과 다르게 개인정보를 숨긴 채로 거래가 가능했다. 또한 필요할 때는 완벽한 준법 증명proof of compliance도 가능했다. 사용자라면 익명으로 거래 교환을 할 수 있으며, 또한 정부가 부당하게 기소하거나 어떤 기업이 거짓된 주장을 할 때 자신의 거래 내용을 사실대로 입증할 수도 있다. 보안 문제와 입증 문제를 동시에 해결함으로써 암호화폐들은 근본적인 개선을 꾀할 수 있게 됐다. 이렇게 해서 우리 시대에 갑자기 닥칠 수 있는 금융 분야의 돌풍에 대비하는 적절한 해결책이 마련됐다.

16

브렌던 아이크의 용감한 귀환

Brave Return of Brendan Eich

••

기존 디지털 광고 생태계의 한가운데 구글이 있다. 구글은 이 생태계의 복잡성과 불투명함에서

이득을 취한다. BAT는 당연히 받아야 할 몫을 적게 받는 사용자들과 콘텐츠 생산자들에게 권

력을 부여하고자 한다.

••

"안녕하십니까, 여러분. 자바스크립트에 대해서는 내가 비난받아 마땅합니다."

약간 땅딸막한 체구에 붙임성 있는 55세의 미국인 컴퓨터 프로그래머가 오스트리아 빈 폴크스 극장의 으리으리한 무대에 올라서서 말했다. 모질라의 공동창업자이자 파이어폭스를 발명한 브렌던 아이크가 2016년 테드 강연 '웹을 바로잡는 방법'을 시작하면서 한 말이다. 아이크는 두 손을 자기 이마에 댄 채로 청중을 향해 고개 숙여 인사했다. 그런 동작을 한 것은 자기도 그만큼 당혹스럽다는 뜻이었다.

아이크는 젊은 시절이던 1995년에 넷스케이프에 쓸 프로토타입으로 자바스크립트를 열흘 만에 만들었다. 자바스크립트라는 이 이름도 사실은 이미 널리 알려져 있던 자바의 명성을 반영한 것이었다. 자바는 선 마이크로시스템스에서 제임스 고슬링^{James Gosling}을 비롯한 선 마이크로시스템스 연구원들이 개발했으며, 에릭 슈미트가 전 세계로 확산시키며 업계 표준으로 만든 프로그래밍언어다. 그런데 아이크의 자바스크립트가 곧 자바를 따라잡으면서 세계에서 가장 널리 사용되는 컴퓨터 언어로 자리 잡았다.

여러 해 동안 아이크는 자신이 만든 프로그래밍언어와 마찬가지로 승승장구했다. 2014년에는 마침내, 마운틴뷰에서 구글 본사 바로 옆에 사무실을 둔 모질라의 CEO가 됐다. 그즈음 아이크는 50대로 접어들었으며, 이미 자기 경력을 슬슬 마무리하려는 것처럼 보였다. 한 해 전인 2013년, 자신의 블로그에 올린 포스트 중 자신을 묘사한 내용이 인상적이다.

"모질라는 열다섯 살이다. 자바스크립트는 열여덟 살이 다 돼간다. 나는 늙었다. 최근에 나는 주로 비가 오게 하거나 사물에 이름을 붙이면서 시간을 보낸다."

그러나 은퇴의 길도 평탄하지만은 않을 것 같다. 2008년에 아이크가 캘리포니아의 동성 결혼 금지 법안을 지지하는 운동에 1,000달러를 기부했다는 사실이 알려졌다. CEO로 선임된 그를 향해 회사 안팎에서 거대한 분노가 일었다.

비록 심지어 이 쟁점에 대해 그와 의견을 달리하던 사람들조차 '사려 깊은 컴퓨터 천재이자 겸손한 사람, 혹시라도 파티에서 만나면 인터넷의 이런저런 기술 이야기를 1시간 동안 나누고 싶은 사람'으로 묘사하긴 했지만, 결국 아이크는 희생양이 돼 열흘 만에 CEO 자리에서 물러나야 했다(*아이크는 1998년에 모질라를 창업했고, 2003년에는 오픈소스 소프트웨어 기반의 모질라 프로젝트를 지원하고 이끌기 위해 비영리 재단인 모질라재단을 설립했다).

이때 남의 이름을 본딴 이 강력한 프로그래밍언어가 간직하던 비밀이 드러났다. 자바스크립트는 웹페이지가 쿠키 설정 방법을 제공함으로써 타깃 광고 및 웹 사용자 추적의 결정적인 요소가 됐던 것이다.

쿠키는 사용자 컴퓨터에 있는 메모리 요소로, 해당 웹사이트가 통제할 수 있다. 쿠키는 사용자가 어떤 사이트에 로그인을 하고 나서 나중에 다시 그 사이트를 찾았을 때 사용자 이름과 비밀번호를 다시 기입하지 않아도 되게 해줘 매우 편리하다. 그러나 이 쿠키가 사용자의 컴퓨터에 악성 프로그램을 심으려는 악당 웹사이트에 악용될 경우에는 큰 위험 요소가 된다.

아이크는 모질라에서 갑작스럽게 등을 떠밀려 사임한 뒤 완전히 새로워진 것 같았다. 프로그래밍 작업에 복귀해 쿠키의 악영향을 치료하며 하향식 체계의 모든 인터넷 제국에 거역하는 혁명적인 새로운 브레이브 브라우저를 내놨다.

그는 초기에 이루어졌던 가장 큰 규모의, 그리고 가장 전략적인 암호토큰을 팔아 브레이브의 투자금을 조성했다. 브레이브는 단 2시간 만에 3,600만 달러를 조성했다. 그리고 이 금액은 이더리움 코인 가격이 치솟으면서 두 배로 늘어났다.

이른바 '암호화폐공개[ICO]'라고 알려진 이 암호토큰 판매는 일종의 암호화폐 크라우드펀딩이다. 이 토큰을 발행하는 기업가들은 장차 개발될 제품을 가상해 지분 요소들을 사실상 미리 판매하는 셈이다. 기업가들은 이렇게 해서 무려 70억 달러나 되는 거대한 자금을 이용할 수 있었다.

오픈소스 '가상기계'로서의 이더리움은 최종 사용자들이 특정한 바인딩 프로그램을 구축할 수 있게 해주면서 용의주도하게 규정 준수 보장을 받는다[*바인딩binding은 프로그램의 기본단위(예시: 변수)에 해당 기본단위가 가질 수 있는 속성 중 일부 필요한 속성만 선택해 연결해주는 것을 말한다]. 이렇게 해서 이더리움은 사람들이 보다 선호하는 토큰 엔진으로 자리 잡았다.

이런 토큰 판매는 오바마 대통령이 스타트업 지원을 위해 제안된 일명 '잡스법JOBS Act, Jump Start Our Business Startup Act'에 서명한 직후인 2013년에 처음 이루어졌다.

토큰 판매는 자격을 갖추지 않은 투자자들에게서 나오는 스타트업 투자금 규모를 한껏 확대하는 효과를 발휘하는 것 같았다. 토큰은 어떤 기업의 주식 소유권을 의미하지 않는다. 다양한 재화, 서비스, 선물 카드^{gift} card 그리고 그 밖에 기업이 제시하는 다양한 가치 제안 요소를 나타낸다. 흔히 수백만 개가 발행되며, 처음에는 밀리센트달러(0.1센트) 단위로 판매되는 이 토큰들은 구매자의 권리를 정확하게 규정하지 않은 채로 어떤 프로젝트에 관심을 가지는 사람들의 커뮤니티를 생성한다.

비록 이런 식으로 발행된 토큰의 46퍼센트가 이미 실패해 가치가 없어졌지만, 모든 토큰들이 다 똑같지는 않다. 토큰 판매는 기술 분야 스타트업들의 투자금 조성 장치로 이용되던 기업공개 및 주식 발행을 대신해오고 있다.

그러나 2018년, 해당 업계에 발을 담그고 있는 모두가 증권거래위원회^{SEC}가 어떻게 나설지 초초하게 주시했다. 증권거래위원회는 그동안 기업공개를 그토록 철저하게 억눌러왔으며, 이제 암호화폐 공개에까지 눈을 돌린 상황이었다.

이 분야의 선도적인 변호사들은 재화나 서비스의 사전 판매가 (재화나 서비스는 판매 뒤에 공급되고, 심지어 상품 내용도 대부분 나중에 규정된다) 증권거래위원회의 권한이나 관할권과 상관없다고 믿는다. 어쨌거나 기업은 증권거래위원회를 의식하지 않고, 언제나 다양한 방식으로 재화와 서비스를 판매하니까 말이다.

그러나 증권거래위원회는 생각이 달랐다. 모든 토큰은 증권의 일종이므로 자신의 관할권 아래 놓인다고 판단하고 제재에 나선 것이다. 이렇게 해서 미국의 암호 혁신과 관련된 법률 비용이 급격하게 올라갈 위험이 발생했다. 기업가 경제가 침체에 빠질 수 있고, 또 해당 산업이 규제를 피해 해외로 빠져나갈 수도 있다는 것이 이 위험의 궁극적인 결과였다.

이미 엄청난 금액의 토큰 판매에 성공한 적이 있는 브렌던 아이크는 현상이 아니라 그 현상을 낳은 원인을 바라보며 이야기한다. 그는 해당 업계에서 냉정을 잃지 않는 것으로 손꼽히는 얼마 안 되는 사람들 가운데 한 명이다. 그리고 그의 야망은 크고 높다. 그는 이 베이식 어텐션 토큰BAT이 구글을 권좌에서 끌어내릴 것이라고 생각했다. 적어도 래리 페이지와 세르게이 브린이 새로운 전략을 구상하게는 만들 것이라고 생각했다. 이 온화한 남자 아이크는 장차 토큰 십억 개로 두 사람을 두들겨 패게 된다.

나는《텔레비전 이후의 삶》에서도 썼듯 쌍방향 인터넷의 효율이 소비자에게 최적화된 광고만 제공하는, 한층 더 맞춤형이고 효과적인 광고 체제로 이어질 것이라고 전망했다. 힘의 균형이 광고업자에서 광고 소비자에게로 이동할 것이라고 생각했다. 그러나 이 예상은 빗나갔다. 이와 관련해서 아이크는 이렇게 지적한다.

"그런 일은 일어나지 않았다. 그 대신 광고-기술 생태계는 온갖 중간 상인들과 복잡성이 판을 치는 당혹스러운 것이 되고 말았다. 설상가상으로 사용자들은 사생활을 잃었다. 그들은 점점 더 많은 악성 소프트웨어에 맞닥뜨리며, 원하지도 않는 광고를 내려받는 데 높은 요금을 지불하고, 낮은 인터넷 속도에 고통받는다. 콘텐츠 생산자들은 수십억 달러의 매출 감소에 허덕이지만, 사기꾼은 폭발적으로 늘어났다. 광고업자들은 악화되는 질 낮은 타기팅(*재무보고서와 수익과 전체 시장을 세분화한 다음 하나 혹은 복수의 소비자 집단을 목표 시장으로 선정하는 마케팅 전략 과정)에 직면했다."

브레이브가 2017년 3월에 간결하고 설득력 있게 그리고 꼼꼼하게 정리한 창업 백서는 인터넷 광고의 위기를 상세하게 드러낸다. 승자독식의 상황이다. 성장 열매의 99퍼센트가 구글과 페이스북에 돌아가고, 나머지 1퍼센트만 (웹사이트든 책이든 게임이든 음악이든) 콘텐츠 생산자에게 돌아간다. 인터넷에는 가짜와 사기가 판을 친다. 2016년, 인터넷 봇이 생성한 가짜 광고 수요는 광고업자에게 대략 72억 달러의 비용을 감당하게 만들었으며, 사용자들을 속이는 광고 악성 소프트웨어는 2015년 이후 132퍼센트 늘어났다.

광고 분야의 재앙은 가장 빠르게 성장하며 또 가장 매력적인 시장인 스마트폰 시장에서 가장 날카롭게 나타난다. 소비자들이 통신사에게 지불하는 비용만 보더라도, 소비자가 원하는 콘텐츠를 보는 것보다 쓸데없는 광고 전달 오버헤드(*특정 목표를 달성하기 위해 간접적 혹은 추가적으로 요구되는 시간, 메모리, 대역폭 혹은 다른 컴퓨터 자원)에 소모되는 데이터 사용료가 점점 더 많아지고 있다.

인기가 높은 사이트들에서는 전체 모바일 데이터의 무려 79퍼센트가 광고다. 평균적인 스마트폰 사용자들은 광고와 추적기(트래커)와 스크립트 그리고 그 밖에도 악성 소프트웨어를 담고 있으며, 페이지로드 시간을 잡아먹고, 데이터 사용 비용을 추가로 물리며, 배터리 소모를 앞당기고, 사생활과 재산권을 침해하는 온갖 껍데기들 때문에 한 달에 23달러를 지불한다.

투자를 유치하려는 브레이브의 BAT 창업 백서는 구글을 깊이 파고들어 다음과 같이 규정하면서 자기의 취지를 설명한다.

"기존 디지털 광고 생태계의 한가운데 구글이 있다. 구글은 이 생태계의 복잡성과 불투명함에서 이득을 취한다. BAT는 당연히 받아야 할 몫을 적게 받는 사용자들과 콘텐츠 생산자들에게 권력을 부여하고자 한다."

구글이 실제로 어떤 행동을 취하는 것과 상관없이, 현재의 이 체제는 지속될 수 없다고 아이크는 말한다. 속도가 느리며, 원치 않는 광고에 데이터가 소모되며, 또 콘텐츠 생산자들의 수익을 지워버리는 상황을 유발하는 이 체제에 사용자들은 분노한다.

게다가 이 체제는 안전하지도 않다. 조너선 태플린이 《빠르게 움직이고 무엇이든 혁파하라》에서 가차 없이 입증했듯, 종합 및 광고라는 구글 체제는 구글이 광고와 검색으로 돈을 벌고자 하는 온갖 콘텐츠의 생산자들(음악가, 기자, 그 밖의 생산자들)의 수입을 급격하게 끌어내리고 있다(*'빠르게 움직이고 무엇이든 혁파하라'는 페이스북의 마크 저커버그가 제시한 표어로 페이스북 사무실 곳곳에 붙어 있다).

광고의 홍수 때문에 미국인 가운데 대략 8,750만 명이 광고 차단 앱을 설치했다. 이런 현상은 결국 구글을 포함한 모든 것을 망하게 만들 것이다. 특히 가장 치를 떨며 광고를 차단하는 세대는 (1978년 이후에 태어난) 밀레니얼 세대다. 이들에게 일반적으로 제공되는 제한된 대역폭과 높은 비용의 데이터 연결 때문에 이들의 스마트폰은 광고 및 광고 관련 오버헤드로 버벅거리기 일쑤다.

구글도 이런 사정을 알고, 지금은 사용자가 원치 않는 광고를 막아주는 자체 차단 프로그램을 제공한다. 그러나 전통적인 푸시 광고는 '수용성'과 상관없이 실패한 기술이다. 아무리 정교하고 기발한 방식으로 제시되는 광고라 하더라도, 유튜브 동영상을 보기 전에 광고를 즐거운 마음으로 지켜볼 사람은 없다. 광고를 뺀 유료 서비스인 유튜브레드 서비스 이용자가 점점 늘어나자, 구글도 쓸데없는 광고를 보길 원하는 사람은 없음을 깨닫고 있다. 그 광고들은 가치가 탈락되고 없다. 이는 사용자에게 광고 없는 서비스를 유료로 제공하는 순간, 이미 구글 스스로도 인정한 사실이다.

아이크는 이런 상황의 핵심에 존재하는 힘들을 파악하고, 카네기멜론 대학 정보이론가인 허버트 사이먼Herbert Simon의 말을 인용한다.

"정보가 소비하는 것은 수용자의 관심이다. 많은 정보는 관심 부족 현상을 낳는 동시에 그 정보를 소비할 수도 있는 관심을 과잉된 정보 원천 속에 효율적으로 할당할 필요성도 함께 만든다."

정보가 풍부해질 때 시간은 희소해진다. 허버트 사이먼, 에스더 다이슨, 팀 우Tim Wu 그리고 이들의 많은 추종자가 관심이라고 부르는 것은 본질적으로 시간의 또 다른 표현이다. 내가《돈의 스캔들The Scandal of Money》에서 설명했듯 경제 영역에서 시간은 돈으로 번역된다.

현재 콘텐츠 생산자는 비둘기다. 구글이나 페이스북 같은 말horse들에게 거래 중개의 수많은 기회를 통해 배불리 먹을 수 있도록 해주고 겨우 조금씩 모이를 얻어먹는 가여운 존재다. 과거의 출판업자들처럼, 이 비둘기들은 주로 콘텐츠가 아니라 독자들이 광고에 눈길을 주는 시간에서 (이 시간은 간접적으로 측정된다) 수익을 얻는다. 그러나 구글 및 그 밖의 다른 플랫폼들은 인간의 주의력이 결핍될 수 있음을 비로소 깨닫고 있다. 아이크의 말처럼, 주의력은 '도파민 수치가 회복되기 전까지는' 활성화되지 않고 가라앉아 있다. 배너 광고 회피banner blindness(*의식적 혹은 무의식적으로 온라인 배너 광고에 주목하지 않는 현상)라는 전염병이 인터넷에 창궐한 것이 바로 그 명확한 증거다.

바로 이 틈새로 아이크가 BAT 10억 개를 던져 넣는다. 광고업자는 사용자 사용 패턴으로 측정한 사용자의 주의력을 기반으로 콘텐츠 생산자에게 BAT를 보상으로 준다. 사용자 역시 자신이 원하는 광고 혹은 소액을 지급받는 대가로 기꺼이 참고 보는 광고를 수용하는 대가로 BAT를 받는다. 콘텐츠 생산자는 이 BAT를 다시 자신이 좋아하는 콘텐츠 생산자에게 줄 수도 있고, 어떤 콘텐츠와 교환할 수도 있다.

이 투명한 시스템은 플랫폼과 사용자 사이에서 수수료를 뜯어먹는 중개인을 없애버리는 한편, 숫자는 적지만 보다 적절한 광고를 사용자에게 제공하면서 사용자의 데이터를 안전하게 보호해준다. 그 결과, 콘텐츠 생산자는 매출 가운데 보다 많은 몫을 챙기고, 광고업자는 보다 나은 피드백과 광고 효과를 누리며, 사용자는 광고 수용의 대가를 지급받을 수 있는 광고만 볼 수 있다. 광고업자는 사용자가 광고를 보도록 조작하지 않고서도 자기 광고에 관심을 가지는 사용자를 찾을 수 있다. 아이크는 다음과 같이 결론을 내린다.

"브레이브는 광고업자와 콘텐츠 생산자와 소비자에게 모두 이득인 해법을 제시함으로써 온라인 광고 기반의 웹 생태계를 완전히 새롭게 재설정할 것이다. 이 해법의 여러 요소 및 프로토콜은 미래 웹의 표준이 될 것이다."

또한 아이크는 2016년 10월 빈에서 열린 테드 강연에서 이렇게 말했다.

"여러분의 모든 데이터를 여러분 스스로 가지는 어떤 세상을 상상해보십시오. 그 데이터는 바로 당신의 온라인 삶입니다. 당신의 데이터는 당연히 당신이 소유해야 합니다. 그래야 당신이 서비스의 조건을 웹에 존재하는 '울타리가 쳐진 거대한 정원들', 즉 거대 플랫폼들에게 제시할 수 있습니다. 그들이 당신에게 제시하는 아무도 읽지 않는 서비스 조건 말고도 말입니다. …… 이렇게 해서 새로운 웹이 창조됩니다."

정보는 넘쳐나지만 시간은 희소한 어떤 세상에서, 사람들은 뭘 가장 소중하게 여길까? 여기에 대해 (〈와이어드〉의 공동 창간자 가운데 한 명인) 케빈 켈리Kevin Kelly는 다음과 같이 천명한다.

"비용이라는 측면에서 모든 것이 제로로 수렴하는 와중에 유일하게 늘어나는 것이 인간의 경험이다. …… 싸고 풍부한 가상의 실체는 경험을 생산하는 공장이 될 것이다."[1]

로스앤젤레스의 스타트업 오토이가 바로 그런 공장이다. 내가 이 회사 자문단에 들어갈 수 있었던 것은 순전히 오토이의 호의 덕분이었다. 브렌던 아이크가 이 회사 자문단에 합류하면서, 나는 그를 처음 만났다. 오토이의 공동창업자이자 CEO 줄스 어백Jules Urbach은 3D 영상이 인터넷으로 전송될 수 있으며, 어떤 스크린에서든 영사돼 마치 실제처럼 경험할 수 있는 디지털 영상으로 변환하는 컴퓨터 모델을 개발하고 있었다.

오토이의 메타버스는 완전히 새롭다. 오토이의 가상세계들은 여러 가지 목적(혹은 용도)에서 실제 세상의 위상과 거의 구분할 수 없을 것이다. 여기에 관해 케빈 켈리는 숨도 쉬지 않고 묘사한다.

"전쟁터나 깊은 바다 혹은 화산이 용암을 뿜는 현장처럼, 현실에서 직접 가기에는 너무 위험한 곳을 방문하는 데 사용할 수 있을 것이다. 혹은 인간은 쉽게 할 수 없는 어떤 경험, 예컨대 인간의 식도를 거쳐 위까지 여행한다든가 혹은 혜성 표면에 간다든가 하는 경험을 하는 데 사용할 수도 있을 것이다. 또 성별을 바꿔본다거나, 재런 래니어가 원하는 것처럼 랍스터가 돼보는 데 사용할 수도 있을 것이다. 히말라야산맥 상공을 저공비행하는 것처럼 실제 세상에서는 매우 비싼 경험을 싸게 경험하는 데 사용할 수도 있을 것이다."[2]

이 새로운 가상 영역에서 소유권은 어떻게 확인하고, 어떻게 보호될까? 예를 들어 어떤 음악 저작이 있다고 치자. 작곡자, 작사자, 연주자, 배급자 그리고 그 밖에도 많은 사람이 제각기 음악에 기여했다. 이 사람들은 모두 이 음악 저작의 일정 부분에 대해 소유권을 주장할 수 있다. 이와 관련해 오토이의 창업 백서는 다음과 같이 설명한다.

"블록체인은 정해진 방식에 따라 복제될 수 있으며, 시간 스탬프의 저자 인증이 필수적인 복잡한 디지털 자산에 필요한 복잡한 재산권을 처리할 수 있다. 다른 한편으로 토큰은 블록체인 프로세스 내에서 체결되는 내장형 계약에서 즉각적인 다면 거래many-sided transaction가 체결될 수 있도록 해준다."

페이스북/오큘러스의 최고기술책임자 존 카맥John Carmack이 지적하듯, 오토이의 핵심적인 약속은 2015년에 오토이의 투자사인 오토데스크Autodesk의 샌프란시스코 본사에서 아이크가 함께 참석했던 공동 기자회견 발표 내용으로, 인터넷을 위한 완전히 새로운 플랫폼과 사용자 인터페이스 구축이다.

오토이와 당시에 여전히 모질라에 있었던 아이크는 자기들이 함께, 자바스크립트로 연결돼 어떤 브라우저에서든 사용할 수 있는 차세대 오토이 ORBX 비디오코덱을 (이 비디오코덱은 이미지가 전송될 때는 암호화되고, 이미지가 스크린에 영사될 때는 암호가 풀리는 방식이다) 만들 예정이라고 발표했다. 이는 ORBX.js(*모든 HTML5 호환 브라우저에 동영상을 스트리밍할 수 있는 자바스크립트 라이브러리 코덱)가 되며, 특정해서 실리콘으로 만들어내기까지 10년이 걸리는 사용자 지정 하드웨어 칩이 아니라 오토이 소프트웨어에 내장돼 있다.

오토이의 ORBX 렌더링 프로토콜이 아이크의 자바스크립트로 번역되면서 어떤 브라우저든 3차원 공간이 될 수 있는 길이 열렸다. 사용자는 2차원 평면 스크린에서 해방돼 3차원 공간으로 나아갈 수 있다. 이제 스크린에 타이핑하는 것에 한정되지 않고, 세상의 모든 벽에 글귀를 새겨 넣을 수 있다. 세분화되고 하향식이며 '벽이 둘러쳐진' 쿠키들이 널린 인터넷의 종말을 예고하는 거대한 발전이다. 아이크는 오토데스크 본사에서 그 기자회견을 마친 뒤에 자신의 블로그에 다음과 같이 천명했다.

"오늘 아침에 나는 미래를 봤다."

아이크는 특히 번잡스러운 디지털 재산권 관리를 모든 인트라프레임(*프레임을 압축하는 방식 가운데 하나, 혹은 그렇게 압축된 프레임)에서 동영상 그 자체에 워터마킹(*오디오, 비디오, 이미지, 텍스트 등의 콘텐츠에 저작권 정보 등 소유권을 주장하고자 하는 특정 데이터를 사람의 육안이나 청각으로는 구별할 수 없게 삽입하는 기술)을 하는 방식으로 대체하는 것에 특히 열정적이었다. 연예인 매니지먼트 회사인 윌리엄 모리스 인데버[William Morris Endeavor]의 CEO이자 오토이의 결정적으로 중요한 프로모터인 아리 이매뉴얼[Ari Emanuel]은 이 발전이 디지털 재산권 관리의 필요성을 궁극적으로 없애버릴 것이라고 믿는다. 비록 사용자별로 표시하는 이런 종류의 워터마킹이 지금까지는 엄청나게 비쌌지만, 지금 오토이는 영화 한 편당 몇 센트도 되지 않는 돈으로 이 문제를 클라우드에서 해결할 수 있다.

오토데스크의 최고기술책임자인 제프 코왈스키[Jeff Kowalski]가 지적하듯,

이에 따른 이득은 컴퓨터로 이미지를 생성하거나 이와 비슷한 처리 작업에서 발생하는 적지 않은 비용 절감 규모를 훌쩍 뛰어넘는다.

오토이 소프트웨어는 창의적인 사람들을 거대한 단말기 앞에 붙잡아두지 않고 해방시켜 협력과 혁신을 증가시킨다. 그래픽저장장치[GPU] 클라우드는 수많은 대안적 아이디어와 카메라 앵글이 실현될 수 있게, 이런 온갖 시도를 렌더링 하나가 끝날 때까지 몇 시간씩 기다릴 필요 없이 수행할 수 있게 해준다.

코왈스키는 심지어 "4G로 연결된 태블릿으로도 해변에 누워서 그 작업을 할 수 있다"고 말했다. 혹은 콘택트렌즈를 끼거나, 센서가 달린 옷을 입거나, 홀로그램 바이저를 착용하거나 그리고 전자 장비들로 둘러싸인 공간에서도 가능하다.

닐 스티븐슨이 소설에서 이야기한 메타버스가 처음으로 가능해졌다. 집 밖으로 한 걸음도 나가지 않고 세계 어디로든 여행할 수 있으며, 심지어 시각과 촉각도 온전히 경험할 수 있다.

여러 가상 영역들 속에서 이미지들로 상호작용을 하며 이런저런 권리를 매매할 수 있을 것이다. 연극, 영화, 스포츠 경기, 뉴스로 보도되는 중대한 사건을 보고 또 새로운 종류의 형태적 내러티브를 경험할 수 있다. 알프스산맥 상공을 행글라이더로 활강하고, 달로 날아가고, 또 구글 이후의 삶으로 여행할 것이다.

이런 명분과 목표 아래, 오토이는 지금 디즈니, 게임업체 유니티[Unity], 페이스북, 케이블방송사 HBO, 코미디언이자 방송인 존 스튜어트[Jon Stewart], 아이스하키 리그 NHL, 디스커버리채널, 오토데스크, 엔비디아 그리고 아마존 등과 동맹을 맺고 있다.

아이크가 2017년 7월 트위터에 올렸듯 오토이는 "그것을 구축함으로써 홀로데크/매트릭스/메타버스의 미래를 예측하고 있다"(*엔비디아 홀로데크는 시각, 청각, 촉각이 동원되는 지능형 가상현실 플랫폼이다).

유안펜 혹은 연분緣分

Yuanfen

● ●

어쩌면 전 세계의 거대한 구글 데이터 성채들이 단위 전력당 및 단위 비용당 연산 속도 면에서

점점 더 심각할 정도로 최적 및 최고의 자리에서 밀려나고 있는지도 몰랐다. 그들은 분명 검색

할 수 있긴 하겠지만, 벨의 법칙이 지배하는 새로운 체제가 가까이 다가와 있다.

● ●

스티븐 발라반이 베티 멩Betty Meng에게 청혼할 때 하늘은 거대한 다이아몬드 반지로 두 사람을 축복했다. 발라반이 그녀를 처음 본 것은 4년 전 팰로앨토 유니버시티 애비뉴에 있는 중동식 레스토랑 오렌스였다. 이 식당의 어떤 방에 사람들이 꽉 들어차 있었고, 그 사람들 사이에서 그녀를 본 것이다. 그리고 2017년 8월 21일 아침, 두 사람은 폭 70마일의 개기일식 통과선 가운데 어느 하나의 최적 지점이던 오리건의 매드래스에 서 있었다.

겨울 별들이 나타났다. 일식의 바람은 차가웠다. 그리고 2분 4초 동안 어둠이 세상의 낮을 덮었고, 기괴한 검은 그림자의 띠들이 땅 위에 어른거렸다. 그리고 정확하게 오전 10시 29분에 태양이 귀환을 예고했다. 다이아몬드 꼴 햇살이 달 뒤에서 퍼져 나왔고, 바로 이 순간에 스티븐 발라반은 영롱한 빛을 반사하는 다이아몬드를 여자친구에게 선물했다. 경이로움에 사로잡힌 베티는 청혼을 받아들였다.

"예스!"

피터 틸이 《제로 투 원》에서 썼듯 "모든 위대한 기업가는 우선적으로 설계자다"[1]. 그러나 설계가 언제나 첫 번째 시도에서 통하는 것은 아니다.

발라반은 자신을 포함해 누구도 자기가 그렇게 할 수 있으리라 생각하지 않았던 어떤 것을 행해, 즉 구글과 아마존이 펼친 게임에서 그들을 이겨 갑작스럽고 예상치 못했으며 또한 성과가 점점 높아지는 성공을 거뒀다. 그 성공의 절정에서 그 다이아몬드 반지를 샀다. 그러나 그 멋진 청혼이 있기 전에 딥러닝의 시련을 겪어야만 했다.

발라반은 중국어에 능통했다. 2010년에 미시간대학에서 컴퓨터과학과 경제학을 공부하던 중 한 학기를 휴학하고, 대학생 신분으로 베이징에 갔다. 그리고 중국에서 스타트업 액셀러레이터인 와이콤비네이터의 '복제 기업clone'(발라반 본인이 이렇게 표현했다)을 다른 사람들과 공동으로 창업했다. 회사 이름은 '유안펜緣分, Yuan Fen(연분)'이라고 지었다. 이 이름은 중국어로 '사람들을 하나로 연결해주는 운명'이라는 뜻이다.

그는 유안펜에서 창업자들 사이에 갈등이 빚어지면서 벤처 기업이 결국 흐지부지 끝나는 것을 봤다. 이는 그에게 유익한 경험이 됐다.

그는 미시간대학으로 돌아와 학위를 받은 뒤 실리콘밸리로 갔다. 베이징을 경험하고나서 '진짜'를 시작한 것이다. 그는 샌프란시스코의 유서 깊은 차이나타운에 방을 하나 얻었다. 개인 싱크대와 공동화장실이 있는 방이었다. 미시간대학에서는 자전거와 기차를 타고 1시간이 걸리는 거리였다.

2012년 4월, 발라반은 모바일 기기에 사용할 안면인식 기능에 초점을 맞춰 기계가 보고 또 학습하도록 가르치는 회사를 시작했다. 그는 회사 이름을 중국어가 아닌 그리스어에서 따와 람다 랩스Lambda Labs라고 정했다. (미국의 수학자이자 논리학자인) 알론조 처치Alonzo Church의 범용 연산 모델, 즉 튜링머신의 미국판에서 이름을 딴 것이다.

2012년 당시, 사람들은 안면인식 기능이 머지않아 모바일 기기에 적용되리란 것은 알았지만, 아무도 충분히 빠르고 또 작은 부피로 그 기능을 담아내지 못했다.

발라반의 작업은 이미지 분야에 관한 한 강단의 거두로 인정받는 잭 스톤Zak Stone과 니콜라스 핀토Nicolas Pinto의 관심을 끌었다. 11월이 되자, 스타트업 퍼셉티오Perceptio를 이끌던 두 사람은 그를 채용해 아이폰에 적용할 모바일 안면인식 기술을 개발하게 했다.

당시에 다른 프로젝트들이 그러했듯 이 프로젝트 역시 신경망 프로세싱neural-network processing을 기반으로 할 터였다. 하지만 그가 개발하려던 것은 모바일 기계학습이었다.

발라딘의 설명에 따르면, '클라우드의 도움을 받지 않고 스마트폰 자체의 그래픽 처리를 기반으로 안면인식 신경망 및 다른 신경망들을 가동한다는' 뜻이었다. 그는 인공지능이 거대한 데이터 기지들을 차지할 필요가 없음을 알았다. 이는 통념을 뒤엎는 발상이었고, 또 틸 펠로십의 도움을 받을 가치가 있었다(사실 그는 2013년 중반에 오스틴 러셀과 토머스 소머스라는 두 명의 틸 펠로와 함께 살기도 했다).

그러나 그는 여러 해가 지난 뒤에야 비로소 그 프로젝트를 실질적으로 추진할 투자금을 조성할 수 있었다. 투자금을 받을 수 있게 되기까지의 그 기간을 그는 "기본적으로 나는 딥러닝을 배우고 있었다"는 말로 설명했다.

발라반은 2013년 11월에 퍼셉티오를 떠났다. 그리고 2년 뒤에 스톤과 핀토는 그 회사를 애플에 2억 달러를 받고 팔았다. 애플의 안면인식 기능은 현재 새로운 아이폰 모델에서 표준이 돼 있다.

한편 발라반은 이란성 쌍둥이 형제인 마이클을 꾀어냈다. 지역화된 정보와 서비스를 제공하는 소셜네트워크 회사로 성공의 길을 걷던 넥스트도어^{NextDoor}에서 마이클을 데려와 람다 랩스의 최고기술경영자로 앉힌 것이다.

마이클에게도 역시 쌍둥이 형제의 완전무결한 타이밍 능력이 있는 것 같다. 2015년, 넥스트도어가 10억 달러가 넘는 회사로 평가받으며 유니콘 기업 대열에 당당히 합류했기 때문이다.

발라반 형제는 하드웨어부터 시작했다. 휴대용 인공지능 및 안면인식을 사용해 야구 모자에 장착하는 착용식 카메라를 구상했다. 즉 구글 글래스나 스냅챗 스펙터클과 닮은 것이었다.

그런데 실리콘밸리의 그 누구도 '람다 모자' 프로토타입을 만들 수 없다는 것이 문제였다. 스티븐은 다시 중국으로 가서 여섯 달 동안 선전(심천) 제조업체들을 뒤지고 다녔다.

그렇게 해서 그가 결국 얻은 것은 시원한 모자 하나와 더 능통해진 중국어 실력 그리고 훨씬 예리해진 투자 유치 연설이었다. 하지만 그 제품을 만들겠다는 업체도 없었고, 그 제품이 유통될 시장도 없었다. "이 기술은 아직 덜 익었다." 스티븐은 그렇게 판단했다.

그는 실망했지만, 여전히 '내 것이 아닌 어떤 것'을 놓고 작업하고 싶지는 않았다. 2015년 초, 인텔에서 컴퓨터 비전(*카메라, 스캐너 등의 시각^{vision} 매체를 통해 입력받은 영상에서 주변 물체와 환경 속성에 대한 이미지를 분석해 유용한 정보를 생성하는 기술)을 개발한 로봇공학 개척자 개리 브래드스키^{Gary Bradski}가 윌로 개러지^{Willow Garage}라는 로봇 연구 플랫폼을 만들었다.

이 회사는 〈와이어드〉의 케빈 켈리에게 '로봇 수요가 여러 가지로 존재한다'는 사실을 납득시켰다. 또 브래드스키는 인더스트리얼 퍼셉션^{Industrial Perception}이란 로봇업체를 세워 '부두 일꾼 로봇'을 만들었다. 이 로봇을 발라반은 다음과 같이 묘사했다.

"이 로봇은 하역 상자를 매우 부드럽고 우아하게 들어 올리고 또 던져 놓는다."

구글은 이 로봇을 사면서 발라반의 딥러닝 팀에게 매직 리프Magic Leap에 합류하라고 제안했다. 매직 리프는 2010년에 로니 애보비츠Rony Abovitz가 구글의 투자금을 받아 플로리다에서 창업한 스타트업으로, 머리에 쓰는 가상 망막 디스플레이를 개발한다. 이 회사는 창업 시점까지 투자금을 5억 달러 조성하면서, 가상현실 분야를 실제로 발전시킨 것보다는 과학 잡지 표지를 장식하는 일이 더 많았다.

《스노 크래시》의 작가 닐 스티븐슨이 최고미래주의자chief futurist라는 직함으로 합류한 직후였지만, 발라반은 그 '도약leaf'이 얼마나 '마법적magic' 이고 또 얼마나 많은 투자금을 조성할 수 있을지 확신하지 못했다. 그는 결국 구글의 제안을 받아들이지 않았다.

그렇다면 어떤 방향으로 도약해야 할까?

2015년 7월, 발라반, 오스틴 러셀, 토머스 소머스가 임대해서 쓰고 있 던 애서턴 집이 1,000만 달러에 팔렸다. 그리고 바로 그 시점에 소머스는 틸의 벤처캐피털인 파운더스 펀드Founders Fund의 눈에 들었다. 틸이 소머스 가 개발하던 새로운 반도체칩의 최종 설계 작업(테이프아웃)을 마무리하 기 위해 대만 반도체 회사 TSMCTaiwan Semiconductor Manufacturing Company에 200만 달러를 내놓은 것이다.

또 그사이에 틸의 1517펀드와 다른 펀드들은 러셀의 스텔스 자율주행 차 프로젝트에 달려들어, 자크 리틀필드의 저 유명한 전차박물관인 포 니 트랙스 랜치로 몰려갔다. 그리고 발라반은 전혀 예상하지 않았던 어떤 방향을 찾았다.

　그로부터 한 달 전의 일이다. 크리스 올라는 비탈릭 부테린의 고등학교 친구로, 부테린을 이기고 틸 펠로가 된 적이 있다. 구글브레인에서 인턴으로 일하던 그가 구글 소프트웨어 엔지니어 두 명과 함께 블로그에 글을 올렸다. 제목은 "인셉셔니즘: 신경망 속으로 한층 더 깊이 들어가다Inceptionism: Going Deeper into Neural Networks"였다.[2]

　이 제목은 중의적이었다. 우선 그들이 사용하던 신경망 구조를 뜻했다. '더 깊이 나아가는 것going deeper'에 대한 인터넷 모방을 뜻하기도 했다. 또 드림머신이란 기계로 타인의 꿈에 접속해 생각을 빼내는 미래 사회를 그린 크리스토퍼 놀란 감독의 2010년 영화 〈인셉션〉에서 따온 것이기도 했다.

　그 글은 '신경망 내부를 엿볼 수 있는 어떤 단순한 기술들'을 제시한 다음에, 마치 기계 자체가 환각을 느끼기라도 하는 것처럼 기분이 점점 몽롱해지는 일련의 그림들을 보여줬다. 회색 새끼 고양이 한 마리가 이마와 엉덩이가 검은 개의 눈들과 코들로 부글부글 끓는 악몽 같은 털북숭이 괴물로 바뀌었다(*구글 연구진은 딥러닝 알고리즘이 이미 학습한 수많은 이미지 정보를 바탕으로 새로운 이미지를 합성하도록 만들고, 이 기술을 '인셉셔니즘'이라고 불렀다. 2014년에 개발돼 2015년에 출시된 구글 인공지능 화가 '딥 드림Deep Dream'은 인셉셔니즘 알고리즘을 사용해 몽환적인 꿈속 세계를 그림으로 그려 전시하기도 했다).

　발라반은 그 코드 및 그 결과물에서 ('신경망의 아버지'라 불리는) 구글의 제프리 힌턴의 동료 요슈아 벤지오Yoshua Bengio가 '매니폴드 학습 가설manifold learning hypothesis'이라 부르는 것의 실체를 시각적으로 확인했다.

벤지오는 신경망이 가장 기본적으로 하는 일이, 이전 층에서 해결된 표현들을 바탕으로 새로운 층이 켜켜이 쌓이는 어떤 표현들의 전체 체계를 학습하는 것이라고 여겼다. 이 기계는 낮은 픽셀에서 시작하는데, 이 픽셀들을 결합해 어둠에서 빛으로 나아가는 직선과 곡선을 만들어내고, 그다음에는 기하학적인 형태들로 만들어낸다. 이 형태들은 최종적으로 사람들의 얼굴이나 그 밖에 목표로 하는 다른 형상들을 구성하는 요소로 암호화될 수 있다.

이 과정을 어떤 초기 단계에서 수행하면, 인위적으로 굴절된 어떤 이미지를 얻을 수 있다. 그리고 일련의 위계 중 높은 단계에서 수행하면 (벤지오가 사용한 표현을 빌자면) '꿈과 악몽'의 어떤 환상적인 이미지들을 얻을 수 있다. 이 꿈과 악몽 속에서는 기계학습 피드백 고리에서와 마찬가지로 어떤 새로운 정보도 인지되지 않는다. 새로운 인풋 없이도 마음 혹은 기계는 예전의 이미지들을 흥미로우면서도 확정되지 않는 패턴들로 마구 휘저어놓는다.[3]

올라가 블로그에 올린 글에 사로잡힌 사람이 수백 명이었고, 발라반도 그중 한 사람이었다. 7월 1일에 구글은 '딥 드림'이라는 이름을 붙인 이 알고리즘을 출시했고, 암호 전문가들은 자기 꿈을 실현하기 위한 기회를 잡았다.

발라반도 일반인이 사용할 수 있는 딥러닝 기반의 이미지 편집기 개발 작업에 착수했고, 다양한 필터들을 갖춘 단순한 웹사이트에 이 편집기를 올렸다. 이 필터들은 대부분의 예술이나 환각적인 하위문화에서 뽑아낸 이름을 달고 있었다. 전자는 목탄화charcoal, 아르데코art deco 등이고, 후자는 샐비어salvia, 자체 변환 기계 요정들self-transforming machine elves 등이다.

2015년 버닝맨 축제가 채 두 달도 남지 않았을 때다. 이 축제의 웹사이트 burners.me가 발라반이 '드림스코프Dreamscope'라고 이름 붙인 그의 앱을 발견했으며, 필립 K. 딕의 SF《안드로이드는 전기양의 꿈을 꾸는가?Do Androids Dream of Electric Sheep?》를 언급한 블로그 포스트를 올렸다.

그 뒤에 드림스코프가 작업한 버닝맨 사진 13장을 웹사이트 burners.me에 올렸다. 이 사진들은 환각을 불러일으키는 눈들, 마구 늘어나는 털 북숭이 개의 얼굴들, 인간 키메라(*사자 머리, 염소 몸통, 뱀 꼬리를 단 그리스신화 속 괴물)들, 반복 처리된 소용돌이들 등의 이미지로 가득 차 있었다.[4]

발라반은 당시를 다음과 같이 회상한다.

"그 드림스코프 앱은 내가 본 그 어떤 앱보다 빠르게 성공했다. …… 첫날에만 다운로드가 수백만 건 이루어졌다. 그때가 바로 신경망이 세상을 어떻게 바라보는지 사람들이 최초로 엿본 때다."

그때 발라반 형제는 각자 자신의 작은 기계학습 편집기를 작동하는 100만 명에 육박하는 사용자들을 지원할 방법을 알아냈다(그때까지도 람다 랩스에는 발라반 쌍둥이 형제와 이들의 사촌 이렇게 셋밖에 없었다). 사용자들에게 배포한 큐 처리queue-processing 시스템을 통해 '새로운 접속자들을 곧바로 네트워크 풀에 추가'할 수 있었던 것이다(*큐는 리스트의 한쪽 끝에서는 자료가 삽입되고, 다른 한쪽에서는 자료가 삭제되는 구조를 말한다).

그런데 모든 그래픽처리장치GPU들이 아마존 웹 서비스Amazon Web Service에 의해 통제됐고, 거기에 따른 요금을 지불해야 했다. 이는 개선해야 할 문제였다.

스티븐 발라반은 자기 제품을 무료로 제공하는 대신 '프리미엄' 구독료를 받는 구글 모델을 따르고 있었다. 그런데 사용자 대부분이 그 앱의 추가 서비스를 따로 받지 않고 무료 서비스에 만족했다. 이게 수익 창출 구조에 걸림돌이 됐다.

10만 명이 9.95달러짜리 프리미엄 서비스를 선택했지만, 그것에서 발생하는 수익은 100만 달러도 되지 않았다. 이는 람다 랩스에 충분한 금액이 아니었다.

그리고 몇 달 만에 드림스코프는 스스로 일군 성공 때문에 죽고 말았다. 아마존 웹 서비스에 지불해야 하는 사용료가 월 4만 달러에 육박했던 것이다. 회사 통장에는 여전히 15만 달러가 남아 있었지만, 이것도 조만간에 말라버릴 터였다. 알렉산드라 울프가 1기 틸 펠로들을 다룬 책 《피터 틸의 벤처 학교 Valley of the Gods》에서 썼듯, 그들이 각자 추진하던 사업이 모두 성공하지는 못했다. 그들이 꿈꾸던 세상 체계가 아무리 좋아도, 곧바로 사업적 성공으로 이어지지는 않았던 것이다.

스티븐 발라반은 이렇게 말한다.

"대부분의 스타트업이 성공을 끌어내지 못하는 때다."

또한 다니엘르 스트라크만이 강조하듯이 기존 기업가들로 구성된 커뮤니티가 가지고 있는 힘이 개입하는 때이기도 하다. 발라반은 1517펀드 투자자인 다니엘르 스트라크만과 마이크 깁슨 Mike Gibson을 처음 만났을 때 그들이 베풀어준 도움을 잊지 않고 고마워한다.

"마이크와 다니엘르는 많은 사람이 콧방귀 뀌며 무시하는 어떤 사업을 시작하는 사람의 심정을 이해한다. 그 심정은 마치 롤러코스터를 탔을 때처럼 급변한다. 일론 머스크가 적절하게 묘사했듯 깊은 구렁을 바라보며 유리를 씹을 때, 모두에게 각자를 지지하는 네트워크가 있음을 확인시켜주는 일을 그 두 사람이 정말 잘해줬다."

아마존 웹 서비스 청구서가 쌓여만 가자 발라반은 1517펀드를 찾아갔다. 스트라크만과 깁슨은 15만 달러를 추가로 제공했다. 이 돈은 너덧 달이라는 기간을 유예해주기만 할 뿐이었다. 그것만으로는 충분하지 않았다. 오스틴 러셀이 2만 달러를 투자했다(그는 나중에 1만 달러를 더 투자했다). 그리고 매직 리프의 개리 브래드스키도 투자했다. 발라반은 어렵게 50만 달러를 추가로 끌어모았다.

발라반은 아마존에 더는 돈을 보내고 싶지 않았다. 그러고 싶어도 돈이 없었다. 하지만 이는 실리콘밸리에서 가장 안정적으로 통용되는 원칙을 부정하는 동시에, 인프라를 따로 구축해 아마존과 구글에 맞서 경쟁하는 것은 자살행위란 벤처 캐피털리스트들의 확고한 믿음을 거역하는 것이었다. 즉 '제로 투 원'의 순간이었다. 이 믿음은 지난 10년 동안 가장 위대한 성공을 거둔 넷플릭스와 인스타그램에 의해 강력하게 확인됐다. 이들은 아마존 웹 서비스를 사용해 수십억 달러 규모의 기업으로 성장했으니 말이다. 그래서 발라반은 많은 사람들로부터 다음과 같은 조언을 들었다.

"비용이 아무리 많이 들어도 사용자와 사업의 규모를 키우는 일에 초점을 맞춰라. 아마존이 서버를 계속 늘리도록 만들어라."

그러나 발라반은 아마존 웹 서비스를 떨쳐내기로 결심했다. 그는 6만 달러를 들여 독자적인 서버를 구축했다. 제로 투 원, 그야말로 아무것도 없는 상황에서 뭔가를 만들어내야 했다. 이 시도는, 지금의 서버는 메모리에서 데이터를 가져오거나 내보내는 데 혹은 대기 상태로 기다리는 데 에너지의 98퍼센트를 낭비할 정도로 조잡하다고 했던 토머스 소머스의 통찰에 영향을 받은 것 같다.

발라반은 자신이 이미 충분히 많은 시간과 돈을 대기 상태에 들였다고 판단했다. 아마존의 GPU 설비에 의존해 테라바이트 규모의 학습 데이터를 인터넷으로 전송하는 것보다 나은 방법이 당연히 있어야만 했다. '차라리 디스크에 담아 페덱스로 보내는 편이 더 싸고 더 빠를 것'이라고 발라반은 계산했다.

발라반이 보기에는 지나칠 정도로 정교한 아마존 설정 부분은 엔비디아의 최신식 기계학습 테슬라 GPU가 최적화할 수 있을 것 같았다. 그는 엔비디아의 게임 칩이 열 배나 쌀 뿐 아니라 더 빠르기도 하다는 사실을 발견했다.

발라반의 기계학습 알고리즘에서 중요한 것은 고객 맞춤형 기계학습 기능으로 어떤 것이 있느냐가 아니라, 1달러당 사용할 수 있는 부동소수점 연산FLOP의 수가 얼마나 되느냐 하는 점이었다. 엔비디아에서 빌 댈리가 입증했듯이 기계학습은 본질적으로 처리 속도와 병렬화 분야에서 무어의 법칙이 전개된 결과다. 휴대폰으로도 충분히 할 수 있다면, 굳이 아마존 웹 서비스에 의존할 필요가 있을까?

발라반은 단위당 부동소수점 연산의 수를 최대한 늘리기로 결심했다. 이는 댈리가 엔비디아에서 자랑스럽게 여기는 테슬라나, 구글에서 우르스 회즐이 자체 개발한 인공지능 전문 칩 TPU Tensor Processing Units가 아니라 게임 기계인 지포스GeForce(*엔비디아의 비디오 그래픽카드 칩 시리즈의 명칭) 프로세서를 사용한다는 뜻이었다.

엔비디아는 이 게임 칩들을 두고 '애초에 데이터센터에 사용할 목적으로 개발된 것이 아니라서 기계학습 업무를 이것들에 의존할 수는 없을 것이다. 우리는 결과를 보증하지는 못한다'라고 설명했다. 발라반은 깜짝 놀랐다. 그것은 실리콘밸리에서 공포fear와 불확실성uncertainty과 의심doubt의 대상인 'FUD'로 일컬어지는 칩들이었다. 그래서 IBM처럼 명망 있는 회사들은 엔비디아에서 10년 전에 제작한 싸구려 대안 기기들에나 사용했다.

그러나 발라반은 부동소수점 연산이라는 핵심적인 기준에 초점을 맞추고 계산했다. 고급 제품인 테슬라 칩들은 속도가 10.6테라플롭이었는데, 게임 칩들(GeForce GTX 1080 TI)은 11.3테라플롭인 데다 모듈 하나당 580달러에 살 수 있었다. 그 결과의 차이는 결코 작지 않았다. 발라반의 모델 속도를 기준으로 하면, 게임 칩이 약 24배나 좋았다.

바로 이 지점에서 발라반은 실망스러운 사실을 알게 됐다. 그가 구축할 서버 설비에는 GPU가 소량만 필요한데, 엔비디아는 지포스 GPU 보드를 소량으로는 팔지 않는다는 사실이었다. 심각한 '버그'였다. 하지만 그는 암호화폐 채굴을 위한 게임 보드의 GPU 클러스터 구축에 대해 오스틴 러셀과 나눈 대화를 떠올렸다.

해법은 명확했다. 실리콘밸리의 지배적인 전자소매유통체인인 프라이스Fry's에서 대만에 있는 조택Zotac과 에이수스Asus가 생산한 보드를 사기만 하면 됐다. 람다 팀은 샌프란시스코로 들어오는 게임용 칩인 1080 TI들을 싹쓸이해버렸고, 그 바람에 자기들 서버에 사용할 모듈들을 필요로 하는 채굴자들이 위기를 맞기도 했다.

바로 그 시점인 2016년 1월, 러셀은 람다 랩스 팀을 포니 트랙스 랜치에 있는 풀장 뒤편 차고로 불러, 그 공간을 전기 요금만 내고 마음대로 사용해도 된다고 허락했다. 발라반과 그의 팀은 그 GPU 클러스터를 장착한 게임 보드를 사용해 맨바닥에서부터 서버를 구축하기 시작했다.

그리고 24킬로와트 100암페어 용량의 브레이크아웃 박스를 만들어 설치했다.

2016년 2월 13일 오전 4시 27분, 그들은 최초의 서버를 완성하고 GTX 980 TI 맥스웰 구조로 시험 가동했다. 최고 연산 속도는 5.63테라플롭이었다. 기계 하나당 모듈을 네 개씩 달아, 총 225.2테라플롭의 속도를 확보했다. 4분의 1페타플롭 클러스터 하나로 세계 최고 수준의 슈퍼컴퓨터들과 어깨를 나란히 하는 설비를 만들어낸 것이다.

발라반의 이런 성취에 관심을 가진 사람들 가운데는 조지스 하릭Georges Harik이라는 인물이 있었다. 그는 발라반과 마찬가지로, 미시간대학에서 컴퓨터과학을 공부했으며, 구글 애드워즈를 개발한 실리콘밸리의 거물이다. 하릭은 이렇게 말했다.

"드림스코프가 앞으로 어떻게 해나갈지 모르겠지만, 리눅스 시스템 관리에 능숙한 사람이라면 GPU 클라우드 서비스를 할 수 있을 것이다."

구글에 최초로 입사한 엔지니어 10명 중 한 사람이 클라우드 분야에서 구글과 경쟁할 것을 추천한 것이다. 멋진 발상이었다.

발라반과 그의 팀은 자신들의 기계에서 단위 비용당 플롭을 극대화하는 방법을 깨우쳤다. 아마존 웹 서비스에서 청구서가 날아오는 일도 없어졌다. 투자한 6만 달러는 여섯 주 만에 회수된 셈이었고, 드림스코프를 성공 가도에 올려놨다.

발라반 팀은 쌍둥이 형제인 스티브 발라반과 마이클 발라반, 사진을 그림으로 바꾸기 위한 신경망 사용의 전문가이자 팀 내 선임 과학자인 쳇 리Chaun Li, 그리고 버클리대학에서 소프트웨어 엔지니어링 박사과정을 밟다가 박차고 나와 합류한 스티브 클라크슨Steve Clarkson, 이렇게 네 명이었다.

2016년 12월까지도 드림스코프의 수익구조는 쉽게 마련되지 않았다. 열성적인 사용자들이 있고 다운로드 횟수가 수백만 건에 달했지만, 이들에게는 매달 5,000달러가 수입의 전부였다. 돈이 더 있고 활주로가 조금만 더 길면 수익성 있는 제품을 멋지게 이륙시킬 수 있었는데…….

그러나 발라반은 드림스코프의 급을 낮춰 컴퓨터 인프라 시장에 들어가기로 결심했다. 델 컴퓨터의 창업자 마이클 델Michael Dell이 초기에 그랬던 것처럼, 컴퓨터 하드웨어를 팔기로 한 것이다.

발라반은 다트머스대학에서 생명공학 박사과정을 밟던 고등학교 친구 잭슨 센글Jackson Sengle을 람다 랩스 구성원으로 영입했다. 센글은 인체의 모든 단백질을 생성하는 리보솜을 잘 아는 생명공학도였다. 실리콘밸리의 새로운 표준을 깨지 않을 이유가 없었다. 피터 틸이 2014년에 틸 펠로에게 말했듯 '모든 사람이 말도 안 된다고 생각하는 어떤 것을 실행'하지 않을 이유가 없었다. 그 일이란 자동화 공정이 아니라 일일이 손으로 만든 컴퓨터를 파는 것이었다.

그들은 컴퓨터를 일일이 손으로 조립하며 실리콘밸리의 밤을 숱하게 밝혔다. 모듈 하나당 GPU 가격이 580달러밖에 되지 않는다는 큰 강점이 있었기에, 군이 조립 과정에서 특별하게 효율성을 발휘해야 할 필요가 없었다.

이들이 만든 컴퓨터는 엔비디아 제품으로 GPU 지포스 게임 모듈 네개를 장착한 GPU 워크스테이션이었다. 가격은 1만 달러로 정했다. 누가 자신의 클라우드를 운영하기 위해 랙마운트(*일반적으로 서버 구축에 사용되는 전용 규격으로, 랙 캐비닛 내부에 딱 맞는 크기) 크기에 맞춰 제작하려면 2

만 5,000달러는 들여야 한다.

그들은 제품을 람다 랩스 웹사이트와 아마존닷컴에 올렸다. '아마존 웹 서비스가 아니라 아마존닷컴'이라고 발라반은 강조한다. 이름은 '딥 러닝 데브박스Deep Learning DevBox'라고 지었다. '데브'는 'development(개발)'에서 딴 것이다. 그리고 구글 애드워즈로 선전에 나섰고, 하릭도 아마 무척 기뻐했을 것이다.

2017년 3월, 드디어 데브박스가 팔리기 시작했다. 그리고 한 달에 2만 5,000달러를 벌어들였다. 드림스코프 매출의 5배였다. 상당한 히트작이 분명했다. 4월에는 매출이 7만 5,000달러가 됐다. 드림스코프 매출의 15배였다. 5월 매출은 13만 5,000달러였다. 8월 매출은 잠시 주춤했고 인수 제안이 들어오기도 했지만, 11월 매출은 50만 달러에 육박했다. 드디어 람다 랩스가 데이터센터를 설립할 준비가 됐다. 드림스코프로 데이터센터 테스트도 끝냈다. 발라반은 드림스코프를 '우리의 클라우드 서비스를 테스트하는 데' 사용할 어떤 것이라고 말하곤 했다.

람다 랩스가 GPU 딥러닝 클러스터를 위한 리눅스 관리 사업에 진출할 수도 있겠다는 하릭의 아이디어는 정확한 예측인 듯 보였다. 구글에 몸담은 적 있는 또 한 사람도 발라반을 격려했다.

아시아에 구글 그린필드 데이터센터들을 지었으며, 그 뒤에는 페이스북 데이터센터들을 지은 켄 패칫Ken Patchett은 발라반에게 데이터센터에 들어가는 초과 비용의 원천에 어떤 것들이 있는지 설명해줬다. 하루 24시간 365일을 보장해야 하는 신뢰성, 중복 점검, 보조 발전기 확보, 탄소 상쇄(*배출한 이산화탄소의 양만큼 온실가스 감축 활동을 하거나 환경 기금에 투자하는 것)에 들어가는 값비싼 에너지 화장술, 최첨단 주문형 반도체, 냉각

장치 등…….

어쩌면 전 세계의 거대한 구글 데이터 성채들이 단위 전력당 및 단위 비용당 연산 속도 면에서 점점 더 심각할 정도로 최적 및 최고의 자리에서 밀려나고 있는지도 몰랐다. 그들은 분명 검색할 수 있긴 하겠지만, 벨의 법칙이 지배하는 새로운 체제가 가까이 다가와 있다. 탈중앙화와 휴대용 기기에서의 안면인식 그리고 자동차나 휴대용 용기에 들어 있는 데이터센터의 새로운 시대가 '구름(클라우드)'을 흩뜨리고 '하늘(스카이)' 컴퓨팅의 새로운 시대를 열고 있다.

CHAPTER

18

스카이 컴퓨팅의 부상

The Rise of Sky Computing

•　•

클라우드에 있는 폐쇄형 슈퍼컴퓨터의 병렬 자원들을 하나로 묶어 조직하는 데서 얻을 수 있는

이점 하나하나가 모두 '하늘에 떠 있는' 개방형 슈퍼컴퓨터의 생성을 자극한다. 모든 광섬유 케

이블은 무작위로 흩어져 있는 컴퓨터들을 효율적인 가상기계(즉 가상 슈퍼컴퓨터) 속에서 연결하

는 데 도움이 된다.

　•　•

우르스 회즐은 구글 클라우드 개발 과정에서 처음부터 중심적인 인물이었다. 댈즈의 성채에서 시작된 급격한 팽창부터 그 세상의 종말에 이르기까지 클라우드의 모든 것을 그가 지휘했다.

2017년 초, 그는 연례 광섬유 콘퍼런스Optical Fiber Conference에서 자신이 성취한 업적을 보고했다. 이 콘퍼런스에는 전 세계를 선도하는 광학 엔지니어들 및 과학자들이 모였다. 이들은 특성을 인위적으로 조절한 빛modulated light에 대한 무한한 수요를 논의하는 한편 이 빛을 전송하고, 증폭하고, 첨가하고, 지우고, 형태를 만들고, 섞고, 연결하고 또 이동하도록 정교하게 고안된 기계들을 놓고 의견을 나눴다.[1]

광섬유 시스템은 실리카 섬유의 여러 선들을 배치해 구성한다. 실리카 섬유는 롱아일랜드를 가로지르는 길이만큼 늘어나는 특성이 있다. 또 이 시스템은 한 가닥에 수많은 데이터 파장을 담는 광섬유 수천 가닥을 결합해 하나의 케이블로 묶는데, 광섬유는 두께가 60킬로미터나 돼도 깨끗하게 관통해 보일 정도로 투명한 유리가 소재다.

회즐이 '저전력 고밀도 간섭성 광학low-power, high-density coherent optics'이라고 부르는 것은 정보화 시대 공학의 영웅적인 업적들 중 하나로, 이것 덕분에 회즐은 자기 데이터센터들의 대역폭을 6년 만에 50배로 늘일 수 있었다. 한 번 하는 데 수백에서 수천 번 연산이 수반되는 검색을 초당 4만

2,000회 수행하는 그의 42킬로헤르츠 세계 정보 발견자-전달자finder-fetcher
는 역사에 길이 남을 기술적 위업이다.

이 엄청난 시설을 짓는 과정에서 구글은 세계를 선도하는 섬유 회사 가
운데 하나가 됐다. 구글의 세 번째 케이블인 태평양 횡단 케이블은 전체
길이가 캘리포니아에서 홍콩까지 1만 2,899킬로미터이며, 초당 144테라
바이트 속도로 데이터를 전송할 전망이다. 이 속도는 구글의 유니티Unity
해저 케이블이 미국 서부 연안과 일본 사이에서 서비스를 시작한 2010년
이후로 대역폭을 29배나 끌어올린 수치다. 구글은 뉴욕에서 일본까지
한층 용량이 큰 케이블 서비스를 2018년에 시작하겠다는 계획을 세워두
고 있었다.

청중석에 앉은 수많은 천재들 덕분에 가능했던 그 경이로운 업적에
대해 회즐은 감사와 축하의 메시지를 전했을 것이다. 그러나 그가 로스
앤젤레스에 온 목적은 축하보다는 불만 토로가 더 컸다. 그는 자신이 기
울인 모든 노력이 '지금 벽에 가로막혀버렸다'고 말했다.[2] 불과 7년 만에
60배로 늘인 대역폭이 부족하기도 했고, 비용도 너무 비쌌다. 지구 전역
에서 진행되는 메모리, 저장, 연산의 세분화('슈미트의 법칙', 여기에 대해서
는 2장에서 자세히 설명했다) 및 구글 서비스 수요 폭증에 직면한 그로서는
대역폭과 연결성에서 점진적 개선이 아니라 거의 즉각적인 10배의 개선
이 필요했다.

레이저 및 파장 분할wavelength division 네트워크들 그리고 세계 모든 바다
와 대륙을 연결하는 케이블의 간섭성 광학은 하나였다(*파장이 서로 다른
복수의 광신호를 동시에 이용함으로써 광섬유를 다중 이용하는 통신 기술을 파장 분
할 다중wavelength division multiplexing이라고 한다). 그러나 인풋-아웃풋(다발로 묶인

각 가닥의 10미크론 코어에 담긴 서로 다른 메시지 수백 개에서 비롯돼 빛의 속도로 움직이는 광자들을 따라잡는 것과 이것들을 각각 올바른 주소로 연결해주는 것)은 너무 어렵고 또 비용도 많이 들었다. 회즐은 클라우드3.0 버전을 원했다. 그는 자동화된 설비에 10분의 1 가격으로 대량생산되는, 접속 가능한 광섬유 모듈을 원했다. 무어의 법칙을 따르는 마이크로칩 장비보다 빠르게 개선되는 광섬유를 원했으며, 또 그 가격 역시 훨씬 빠르게 떨어지길 원했다. 그는 빠르고 싼 것을 원했다.

세계에서 가장 역동적이라고 할 수 있는 기술 산업에서의 엄연한 사실들에 저항하는 회즐의 불만은 어떤 패러다임의 죽음을 일찌감치 예고했다. 어떤 패러다임이든, 실제 현실 세상의 여러 조건들과 더는 부합하지 않게 되면 소멸할 수밖에 없기 때문이다.

무료 제품과 서비스에 대한 무한대에 가까운 수요 때문에 회즐과 그가 이끄는 구글 팀의 구성원들은 경제적·기술적 측면의 현실적인 토대를 완전히 잃어버렸다. 자기들 제품의 실제 수요에 대한 현황을 전혀 알지 못했던 것이다. 수요는 여러 가격신호에 의해 규정되며, 이 과정에서는 아무것도 전송되지 않는다. 구글은 무료에 전념했던 자신의 정책 그리고 한계비용 제로라는 자신의 발상 때문에 자기 발등을 자기가 찍는 당혹스러운 상황을 맞았다.

'무료'라는 말에 함축된 무한대에 가까운 수요는 대역폭과 광학 기술 혁신 그리고 재정 등의 유한성, 즉 거역할 수 없는 시간의 희소성을 반영하는 유한성과 상충한다. 이 유한성은 제로의 한계비용을 낳는 것이 아니라, 가치 있는 제품들을 제로 비용으로 누릴 수 있는 구글의 풍요로움을 원한다. 아울러 더욱 커져만 가는 수요에 직면해 무한대에 가까운 한

계비용을 촉발한다. 그래서 회즐이 "벽에 가로막혀버렸다"고 말한 것이었다. 전 세계 10대 청소년 10억 명이 자신의 오픈소스 안드로이드 스마트폰에 있는 '무료 앱들'에 중독되다시피 해서 하루에 평균 80번씩 접속한다는 사실을 생각하면 이런 상황을 쉽게 이해할 수 있다.[3]

구글은 자신의 데이터센터들을 중심으로 컴퓨팅을 다시 중앙집중화하는 거대한 위업을 달성했다. 구글은 '무료'라는 전략에 집중함으로써 유례없는 성장을 달성했다. 그러나 무료의 흐름이 현금의 흐름이 되지는 않는다. 무료의 흐름은, 가격이란 가차 없는 메시지로 전달되는 기업가적 학습 내용을 무시할 뿐이다. 가격이 사라지고 없는 상황에서 소비를 제한하는 요소는 오로지 시간의 희소성뿐이다. 스마트폰 사용자들에게는 한 주에 수십 시간이 남아 있었지만, 이 범위 너머에서 구글 속의 시간은 닫히고 있었다.

회즐은 꿈속 세상에서 살았다. 한계가 없지만 궁극적으로는 환상일 수밖에 없는 수요의 꿈속 세상……. 10년이란 세월이 흘렀고, 새로운 패러다임이 나타나 어느새 자기 길을 걸어가고 있었다. 이 패러다임은 사라져가는 한 시대의 거대한 기념물로 그 데이터센터들을 남겨둘 것이다. 엑사바이트 메모리와 페타플롭의 연산 속도, 수많은 특화된 소프트웨어들, 그리고 강이나 빙하 옆에 우뚝 서 있으며 또 풍력발전기와 태양전지에서 나온 '그린' 에너지임을 과시하고 싶어 안달 난 것이 분명한 거대한 냉각탑들, 이 모든 것들도 함께…….

블록스택의 무니브 알리는 이런 전환을 이렇게 설명한다.

구글과 페이스북은 응용 계층(*개방형 시스템 사이 상호 접속[OSI]의 7개 계층 가운데 최상위 계층)에서 가치를 포착한 다음, 실질적으로 규모를 키우기 위해서는 [데이터베이스 도구들인 구글 파일 시스템Google File System, 맵 리듀스Map Reduce, 링크 트래픽에서 지연 현상(*하나의 데이터 패킷을 한 지점에서 다른 지점으로 보내는 데 소요되는 시간)을 지우는 스피디SPDY 등과 같은] 많은 프로토콜 및 인프라를 발명해야 했다. 그들은 자신들이 일찌감치 창조했던 가치 덕분에 그 작업에 필요한 자원들을 가지고 있었다.

이 구조는 이들을 경쟁자들로부터 막아주는 거대한 해자로 이어졌다. 이들 거대 기업이 모든 데이터를 가졌기 때문이기도 했지만, 그뿐 아니라 그들 외에는 프로토콜 빛 인프라 계층에서 혁신을 수행할 자원을 가진 사람이 아무도 없었기 때문이다(그것은 이제 회즐과 구글에 있는 그의 동료들에게 남겨졌다).

이 혁신은 언제나 필요하다. 문제는 누가 그 혁신을 이끌 동기를 가졌는가 하는 점이다. 블록체인 등장 이후의 세상에서는 그 모델이 확확 뒤집어지고 있으며, 프로토콜과 인프라의 혁신이라는 어려운 문제들에 매달려보겠다는 직접적인 동기가 (구글과 페이스북 바깥에 존재하는 많은 팀들에게) 존재한다.[4]

블록체인과 암호에서의 발전들이 새로운 벨의 법칙(*컴퓨터의 처리 용량에 들어가는 비용이 10년마다 100분의 1로 떨어진다는 법칙) 계단함수를 구성했다. 회즐이 4K 픽셀 폭에서 8K 픽셀 폭으로(*8K는 가로선 한 줄에 들어가는 픽셀, 즉 점이 약 8,000개라는 뜻이다) 한층 밀도 높은 이미지들을 전송할 수 있는 보다 넓은 대역폭을 요구하는 동시에 모든 것이 그의 데이터센터들에서 한층 빠른 기가플롭 속도를 자랑하는 기계와 기가와트급 전력에 의해 처리될 것을 요구함에 따라서, 그가 상상했던 것보다 훨씬 멀리 나아가는 변화가 전개될 터였다.

새로운 인터넷 컴퓨터 구조와 크립토코즘의 보안 모델이 등장한다는 것은 어느 특정한 거대 기업의 소비자 데이터와 앱이 기업마다 마련한 기업별 '사일로에 갇힌 채로'(*인터넷 기업들이 저마다 데이터를 저장하지만, 이 데이터를 서로 다른 플랫폼 사이에서 이동하거나 통합 관리하기 어려운 이른바 '데이터 사일로' 문제를 이야기하고 있다) 데이터센터들에서 '클라우드' 처리가 진행되는 방식의 체제, 즉 벨의 법칙이 적용되는 기존 체제가 잠식될 수밖에 없다는 뜻이다. 블록체인에서는 이 데이터를 모든 사람이 볼 수 있으며, 또 모든 사람들 사이에서 공유될 것이다. 그 누구도 데이터를 배타적으로 독점하는 일이 일어나지 않는다.

크립토코즘이 추진 동력을 얻으면, 이들 수랭식water-cooled 클라우드들은 내리막을 걸을 것이다. P2P 구조들, 모두에게 투명하게 공유되는 세계적 규모의 데이터베이스, 새로운 보안 모델들 등이 확산돼 클라우드를 대체할 것이다. 이런 것들은 공랭식air-cooled 노트북과 휴대용 기기를 통해 모든 곳에서 확산될 것이다. 이제 구름(클라우드)은 흩어지고 하늘이 한계가 된다.

블록스택, (비트코인 기반의 신용대출 회사인) 카운터파티Counterparty, (비트코인 기반의 스마트계약 회사인) 루트스톡Rootstock 같은 회사는 특히 사토시의 비트코인 블록체인에 뿌리를 둔 데이터와 신원 증명을 기반으로 한 안전한 네트워킹을 여러 플랫폼에 제공한다. 돈의 안전성 분야에 특화된 비트코인은 자체의 오프리턴OP_Return(*거래 결과를 기록하기 위한 스크립트) 구조 아래에서 83바이트의 텍스트 저장량만 제공한다. 이는 메모리 포인터들과 압축된 수학적 해시들을 담기에는 충분하지만, 온전한 트윗 하나를 담기에도 부족하다. 비트코인은 이처럼 보다 높은 안정성을 위해 용량을 일정 부분 희생한다.

비트코인은 송금을 위한 계산자이지만, 이더리움은 프로그램들을 실행하기 위한 글로벌 컴퓨터다. 비트코인은 공개 원장에 '코인들'에 대한 인출 및 신용을 기록하는 것이지만, 이더리움은 스마트계약이 체결될 때 조건부 거래를 위한 소프트웨어 설명서의 틀을 잡거나 이를 전송하는 '가상기계'다. 그리고 이더리움은 그런 서비스에 대한 지불 수단으로 사용되는 통화인 이더를 공급한다.

이더리움 블록체인에 탑재된 스마트계약은 금융거래를 할 수 있다. 부테린은 자동판매기에 비유하지만, 비슷하게 순차적으로 전개되는 나무 알고리즘은 뭐든 다 적용이 가능하다(만일 당신이 올바른 동전을 넣고 또 만일 어떤 구매를 선택하면, 당신은 아래에 있는 구멍에서 물건을 찾을 수 있다. 만일 당신이 선택한 물건이 나오지 않으면 주먹으로 자동판매기를 마구 두드릴 수 있다).

부테린이 자신의 시스템을 발표하며 천명했듯, 그는 이더리움이 '탈중앙화된 파일 기억장치와 탈중앙화된 컴퓨팅 시장 및 예측 시장에 프로토콜을 가능하게 해주고, 어떤 경제적인 계층 하나를 추가해 다른 P2P 프로토콜들에 강력한 추진력을 제공할 것'이라고 기대했다. 대부분의 다른 암호 관련 벤처회사들도 자신의 인프라를 구축할 때 자원이 상대적으로 더 풍부한 이더리움 블록체인과 솔리디티 언어를 사용해왔다.

적용 범위나 독창성이란 점에서 보면, 골렘Golem이라는 암호화폐를 능가하기 어렵다. 스스로를 '컴퓨터업계의 에어비앤비'라고 일컫는 골렘은 컴퓨터 자원을 사용하지 않는 사람이 이 자원을 남에게 빌려줄 수 있도록 해주는 플랫폼이다. 골렘은 이렇게 여러 사람의 컴퓨터에서 확보한 자원을 모아 거대한 가상 슈퍼컴퓨터를 만든다. 골렘은 하늘에서 이 슈퍼컴퓨터에 소프트웨어와 컴퓨터 사이클을 빌려준다.

컴퓨터들 사이에서 이루어진 모든 지불 및 기여 내용을 기록하는 분산형 블록체인 시스템 중 하나인 골렘은 폴란드 바르샤바에 있는 어느 부지런한 팀에서 비롯됐다. 골렘은 전 세계 유휴 컴퓨터 자원을 사용해 밀도 높은 병렬 연산을 수행할 수 있게 해준다. 프로그래밍에 관해서는, 소프트웨어를 만드는 사람들이 사용할 수 있는 별도의 응용 프로그램과 앱스토어를 제공한다. 골렘은 플랫폼을 손상시키지 않고 그 소프트웨어가 온전한지 검사하는 감별자^{validator}에게 방화벽을 둘러친 샌드박스를 제공한다. 그리고 이들 시스템을 하나로 묶기 위해 골렘 네트워크 토큰$^{GNT, Golem Network Token}$과 참여자 모두가 정해진 금액을 공정하게 지불받을 수 있도록 조정해주는 거래의 보수 관련 서식표를 제공한다.

이 글로벌 컴퓨터와 글로벌 네트워크 토큰은, 그렇지 않을 경우에는 가만히 잠자고 있을 수십억 대의 노트북, 태블릿, 심지어 스마트폰의 컴퓨터 사이클을 제공하는 사람들에게 경제적인 인센티브를 제공한다. 또한 골렘은 개발자, 검사자, 소프트웨어 감별자에게 스마트계약 매트릭스를 제공한다. 이는 새로운 컴퓨터 생태계다. 이와 관련해 블록체인 개발자인 이반 릴예크비스트$^{Ivan Liljeqvist}$가 자신의 블로그 '이반과 기술$^{Ivan on Tech}$'에 이런 글을 올렸다.

"만일 내가 그 거래의 보수 관련 서식표 중 빈칸을 채울 수 있다면, 또 내 컴퓨터가 그 소프트웨어가 사용될 때마다 보수를 받고 싶다고 말할 수 있다면, 정말 멋질 것이다."[5]

이는 소프트웨어가 제작되고 판매되는 방식을 근본적으로 바꿀 수도 있다.

골렘은 장기적인 관점에서 자신이, 모든 종류의 콘텐츠가 중개인 없이 생성되고 교환되는 웹3.0의 핵심 요소를 구축하고 있다고 바라본다. 만일 이것이 성공하면, 몇몇 공룡들의 하향식 데이터 관리 방식은 탈중앙화된 인터넷에 자리를 내주게 될 것이다. 후안 베네^{Juan Benet}와 그가 만든 파일코인^{Filecoin}의 분산형 스토리지 파일 시스템^{IPFS, InterPlanetary File System}의 저장 영역이 바로 그런 탈중앙화된 인터넷이다. 베네는 현재 골렘과 비슷한 모델을 기반으로 해서, 사용하지 않는 디스크 공간을 빌려주는 많은 파일 저장 회사들의 운동을 이끌고 있다.

전 세계 과학자들이 골렘의 도움을 받아 양적 금융 모델, 나비에-스토크스 유체 방정식(*이 방정식을 이용해 점성이 전혀 없는 완전유체와 관련된 문제부터 경계층의 난류 발생 현상까지 다룰 수 있다), 기후변화 대기 모델, 단백질 폴드 기하학(*어떤 단백질의 특징이 되는 이차구조 배열을 단백질 폴드라고 한다), 기계학습 가중치, 약물학적 표본 통계 등을 계산할 수 있다. 머지않아 세계 인구의 다수가 글로벌 슈퍼컴퓨터의 도움을 받아 지구 곳곳을 둘러보는 가상현실을 경험하게 될 것이다.

골렘 네트워크 토큰, 즉 GNT는 이더리움 플랫폼에서 가장 널리 보유되는 암호자산의 반열에 자주 오르내린다. 이런 현상을 골렘이 장차 우리 사회에 가져다줄 충격의 징후로 볼 수 있다. 2016년 11월에 처음 발행된 이후 2018년 중반인 현재 기준으로 이 토큰의 가치가 40배 이상 오른 것도 마찬가지다.

최초의 시제품 발표 단계인 청동 국면에서 골렘은 그래픽 렌더링과 시각화를 택함으로써 열광적인 반응을 불러일으켰다(*시제품 발표 단계는 최초의 청동에 이어 진흙, 돌, 마지막으로 일반 대중 판매 단계인 철의 국면으로 순차적으로 이어진다). 흔히 영상 생성image synthesis이라는 말로도 불리는 렌더링은 컴퓨터 생성 동영상 혹은 영화 분야에서는 가장 친숙한 기술이다. 렌더링과 시각화는 이미 건축, 교육, 토목건설, 컴퓨터 설계 및 엔지니어링, 부동산, 심지어 수술 분야에까지 영역을 넓혔다.

건축가는 3D 모델링 소프트웨어를 사용해 재질과 조명과 미세한 세부 사항들까지 표현한다. 외과의는 장기를 스캐닝하는 고성능 렌더에 의존해 환자를 진찰하고 치료한다. 렌더링은 2D 애니메이션 〈사우스 파크〉의 한 장면으로, 영화 〈아바타〉의 액션 시퀀스로, 쌍방향 3D 게임의 살벌한 장면에 일상적으로 사용될 수 있다. 이 분야의 발전은 놀라울 정도로 빠르다. 불과 10년 전만 하더라도, 애니메이션 〈라따뚜이〉를 만들면서 한 프레임을 렌더링 작업하는 데 6.5시간이나 걸렸다. 그런데 지금은 아마존 클라우드에서 병렬 GPU 수만 대를 기반으로 해서 실시간 포토리얼리즘(*사물을 사진처럼 정확하고 상세하게 묘사하는 예술 기법)을 구현하는 시대가 됐다.

렌더링 시장 규모는 20억 달러로 추정되며, 한 해에 22퍼센트씩 성장하고 있다. 이 시장은 슈퍼컴퓨터를 가진 엔터테인먼트 기업들 및 전 세계에 퍼져 있는 수백 곳의 '렌더 팜render farm'이 지배한다. 골렘이 이 영역에 진입한다고 발표하자 게임 설계자, 건축가, 가상현실 실험자 수만 명 사이에서 골렘의 토큰 발행에 새로운 관심이 일었다. 이 사용자들은 지금 멀티코어 인텔 제온 프로세서들을 다수 배열해놓은 것을 기다리느라 길게 줄을 서 있다.

그러나 골렘의 렌더링은 지금 출발점에 서 있을 뿐이다. 무료 블렌더^{Blender} 소프트웨어로 쉽게 열매를 수확할 수 있는 테스트 마켓인 청동 국면을 거치는 중이기 때문이다. 이 과정을 거친 뒤 최종적으로 슈퍼컴퓨터의 다른 많은 기능을 구축하는 돌 버전과 철로 나아가기까지는 아직 갈 길이 멀다.

골렘의 최초 발표가 있고 한 해가 지난 2017년 말, 렌더링 전문 회사 오토이가 자신의 토큰인 렌더 토큰$^{RNDR, Render Token}$을 발행했다. 열정 넘치는 공동창업자 줄스 어백과 알리사 그레인저의 리더십 아래, 오토이는 2008년 이후 줄곧 이 토큰 발행을 고대해왔다. 토큰을 이용해 렌더링 분야에서 새로운 시장들을 창출할 특허를 받은 때가 (그리고 또 창업 연도도) 2008년이었던 것이다. 중앙처리장치^{CPU}들을 병렬 배열해 렌더링 관련 기능들을 수행할 것을 제안하는 골렘과 달리, 오토이는 처음부터 이런 용도에 최적화된 그래픽 프로세서들에 초점을 맞췄다. 산업 표준인 오토이의 옥탄렌더^{OctaneRender}(*최초의 GPU 가속 물리 기반 렌더링 엔진)는 옥탄벤치^{OctaneBench} 가치 단위의 토대다. 옥탄벤치는 골렘이 렌더링 작업을 할 때의 측정 단위다.

오토이는 어백의 두뇌 위에 세워졌다. 피터 틸이 대학을 박차고 나와 창업하는 청년들을 지원하기 훨씬 전, 이미 줄스 어백은 하버드대학을 박차고 나와 게임 산업 분야에서 창의적인 천재성을 이어갔다. 그의 첫 번째 히트작은 시디롬 게임인 타임 워너 인터랙티브$^{Time Warner Interactive}$의 '헬캡$^{Hell Cab}$'이다. 그는 이 게임을 지금으로부터 25년 전인 열여덟 살 때 만들었다. 또 그래픽과 소프트웨어 분야의 영재였던 그는 그루브^{Groove}에서 최초의 3D 게임도 여러 개 만들었다. 그런 뒤에 수많은 밤을 새우며 고안과 발명의 길을 걸은 끝에 오토이를 세워 실시간 3D 및 스트리밍 분야로 진출했다.

깡마른 체구에 눈빛을 반짝이는 43세 렌더링 분야 전사가 된 어백은 영화 〈형사 서피코〉에서 서피코 형사를 연기한 알 파치노와 흡사하다. 특히 고된 밤 근무를 마친 뒤의 서피코와……. 어백은 이런 모습으로 2017년에 자신이 세운 계획을 투자 유치 백서에 다음과 같이 발표했다.

내가 오토이를 시작하면서 세운 목표는, 웹에서 텍스트나 디지털 미디어를 두고 그랬듯 시뮬레이션화된 현실simulated reality(모의현실)을 누구나 별 어려움 없이 렌더링하고, 리믹스할 수 있도록 해주는 개방시스템을 만드는 것이었다.

탈중앙화된 글로벌 공개 렌더링 시스템은 실감 컴퓨팅immersive computing의 포스트모바일 세상에서 한 걸음 더 진화하기 위한 여러 파괴적인 서비스들과 플랫폼들을 지원하는 토대다. 구글, 아마존, 페이스북이 생겨나면서 개방형 웹이 만들어진 것과 마찬가지로 이 새로운 시스템은 필연적이다.
……

옥탄렌더는 거의 모든 PC에 들어 있는 값싼 GPU들을 사용해 거의 실시간으로 포토리얼 이미지들을 생성한다. 그것도 영화 제작에 사용되는 CPU로 몇 시간씩 걸려 작업한 결과를 능가하는 품질로 말이다. ……

3D 환경과 혼합현실mixed reality(*현실 세계에 가상현실이 접목돼 현실의 물리적 객체와 가상 객체가 한데 뒤섞이는 환경) 경험들 그리고 가상의 객체들을 렌더링하고 스트리밍하는 거래 과정을 최종 사용자들이나 콘텐츠 생산자들을 위해 RNDR이 한층 단순하게 만드는 것, 이것이 우리의 목표다.[6]

렌더링 분야에서 이런 글로벌 컴퓨터를 가능하게 해주는 것이 블록체인이다. 블록체인은 컴퓨터에서 사용되지 않는 공간을 빌려주고, 또 렌더링된 이미지들을 사용자들에게 전송하는 과정에서 발생하는 모든 복잡한 거래를 공개적으로 기록할 수 있다. 이와 관련해 어백은 다음과 같이 지적한다.

이것이 이더리움 네트워크에 있는 스마트계약과 통합된다는 것은, 강력하고도 반론의 여지가 없는 디지털 저작권 결의안이 그 서비스에 내포돼 있음을 뜻한다. 공유되는 3D 장면들과 관련된 저작권의 상태 변화를 영구적으로 결의할 수 있으려면 이것이 필수적이다. 공유되는 3D 장면들의 원저작자 혹은 2차 저작자임을 입증하려면 시간 스탬프가 찍힌 증거가 필요하기 때문이다.

캐드^{CAD} 모델 속에서 빛이 새는 현상을 테스트하는 건축가와 산업 엔지니어부터, 우주에서 은하계가 탄생하는 과정을 시뮬레이션하는 과학자, 홀로그램 가상세계와 경험을 공유하기 위해 어마어마한 양으로 쏟아져 나오는 레이트레이싱(*가상적인 광원에서 나온 빛이 여러 물체의 표면에서 반사되는 경로를 추적하며 각 물체의 모양을 형성하는 기법으로, 3차원 컴퓨터그래픽스에서 사용된다) 기법을 이용하는 콘텐츠 창조자와 소비자에 이르기까지, 모두 블록체인상의 분산형 GPU 렌더링 시스템으로 어마어마한 양의 시뮬레이션 자원들을 아주 낮은 가격에 이용한다. ……

이런 시스템은 로컬 차원의 (혹은 중앙집중화된) GPU들만으로는 엄두도 내지 못할 정도로 많은 비용이 드는 여러 가지 작업을 쉽게 할 수 있게 해주므로 엄청나게 큰 가치를 지닌다. …… 이 시스템 사용자들은 점점 더 규모가 작은 하드웨어와 대기 시간과 전력 비용을 들이고도 점점 더 많은 일을 해낼 수 있으리라고 우리는 믿는다.[7]

2017년 9월, 브렌던 아이크는 블로그에 오토이의 계획을 요약한 글을 올리며 이를 자신의 베이식 어텐션 토큰[BAT]과 비교했다.

나는 4년 전에 〈오늘 나는 미래를 봤다〉라는 오토이에 대한 글을 쓴 적이 있다. 그때 이후로 나는 줄곧 오토이의 공동창업자인 줄스 어백과 알리사 그레인저의 전망과 강한 믿음에 깊은 감명을 느껴왔다. 그 전망을 줄스는 다음과 같이 밝히고 있다.

……웹에서 텍스트나 디지털 미디어를 두고 그랬듯 시뮬레이션화된 현실(모의현실)을 누구나 별 어려움 없이 렌더링하고, 리믹스할 수 있도록 해주는 개방시스템을 만드는 것.

지금 오토이는 자체 GPU 렌더링 토큰인 RNDR을 구축해 증강현실, 가상현실, 게임, 영화 렌더링을 GPU 사용자 700만 명에게 탈중앙화한다. RNDR의 이점은 BAT의 이점과 보조를 같이한다.

1. 효율성이 높다: 이용권형 토큰(*토큰은 속성에 따라 비트코인이나 이더리움 같은 '지급형 토큰payment token', 블록체인 기반의 앱이나 서비스를 이용할 수 있는 '이용권형 토큰utility token', 주식처럼 향후 수익이 발생하면 배당을 받는 '증권형 토큰asset token'으로 구분된다. 2018년 7월 11일을 기준으로, ICO레이팅에서 진행 중인 ICO 프로젝트 413개의 토큰 유형을 분석한 결과 337개(82퍼센트) 프로젝트가 이용

권형 토큰을 발행했다)은 사용되지 않거나 가격이 잘못 매겨진 자원들(예컨대 RNDR에 사용될 수 있는 GPU들, BAT에 대한 사용자의 관심)에 접근할 수 있도록 해준다.

2. 사기를 막아준다: 토큰은 블록체인상의 인증이 확인된 뒤에만 지급된다.

3. 사회적 신뢰가 높다: 판매 목적이 아닌 토큰의 풀pool을 사전에 조성, 사용자들이 명령에 의해 토큰을 부여받는다.

…… 탈중앙의 렌더링은 결과에 대한 인증을 요구한다. 렌더링 결과를 놓고 서자가 샘플링과 테스팅 작업을 통해 품질을 확인하기 전까지는 토큰이 지급되지 않는다. 렌더러(*독립적 혹은 통합 소프트웨어의 플러그인 형태로 렌더링을 담당하는 소프트웨어)들은 완료된 작업의 품질과 수준에 따라 명성을 얻기도 하고 잃기도 한다.

탈중앙의 렌더링은 결과에 대한 비밀 보호를 요구한다. 내가 경험한 바로는, 디지털 저작권 관리DRM, Digital Rights Management를 목적으로 탄생한 동일한 종류의 보안 하드웨어는 (예를 들면 암 트러스트존ARM TrustZone) 비밀 보호와 관련된 문제를 해결해준다.

오토이를 언급한 블로그 글들에서 나는 워터마킹이 필수적이며, DRM보다 우월하다고 말했다. 오토이는 2009년부터 지금까지 워터마킹 기술을 개발하고 또 활용해왔다. 널리 공유되는 가상현실, 증강현실은 고정된 매체와 동일한 방식으로 '당신이 바라보는 것을 (디지털 저작권을 관리하는 차원에서) 암호화하기'가 불가능하다. 그러나 이렇게 공유되는 가상현실에서의 이런저런 창작물을 창조하는 사람들로서는, 세컨드 라이프Second Life(*2003년에 린든랩이 개발한 인터넷 기반의 가상현실 공간)에서의 경험과 마찬가지로 효과적이고 공정한 보호가 필요하다.

이 문제를 해결하는 데 있어 관건은 결코 지워지지 않는 워터마킹이다. 보다 자세한 사항을 알고 싶다면, 렌더토큰 홈페이지에서 웹페이지 'RNDR: A Photon-Driven Economy'를 찾아 '워터마킹과 암호화된 에스크로 거래들Watermarking and Encrypted Escrow Transactions' 부분을 참조하면 된다(*에스크로는 판매자와 구매자 사이에 신뢰할 수 있는 중립적 제삼자가 중개해 금전 또는 물품을 거래하도록 하는 것, 또는 그러한 서비스).

…… 나는 RNDR, BAT 그리고 그 밖의 특정 도메인들의 토큰에 전율을 느낀다. 이들이 메타버스 경제를 일관성 있으며, 공정하며, 탈중앙화된 하나의 전체 체계로 묶어줄 것이기 때문이다. 미래는 토큰화될 것이다![8]

어백은 나중에 결국 렌더링 영역을 넘어 골렘이 설정하는 영역 가운데 많은 부분까지 넓혀갈 것이다. 그와 그의 동료인 그레인저가 RNDR을 출시하는 첫 단계에 초점을 맞추고 있었기 때문에, 어백은 그래픽 프로세서들을 기반으로 한 세계적인 렌더링 병렬 슈퍼컴퓨터가 다른 앱들에도 적용될 수 있다는 사실을 미처 지적하지 않았다. 그러나 엔비디아의 빌 댈리는 그런 것들을 많이 묘사해왔다. 예컨대 회즐의 데이터센터들에서 진행된 기계학습 활동의 많은 부분이 오토이의 새로운 블록체인 기반 분산형 렌더 팜들에서 시뮬레이션될 수 있는, 다발로 묶인 그래픽 프로세서들에서 일어난다.

오토이는 제각기 다른 용처에 맞춰 최적화된 상태로 CPU와 GPU 사이클들을 결합하는 데 특화된 전문성을 가지고 있다. 궁극적으로는 오토이와 이 회사의 경쟁자들 및 협력자들이 컴퓨터 수십억 대가 가진

GPU 자원을 이용해, 기껏해야 서버 수백만 대를 갖춘 구글 데이터센터들에 있는 CPU와 GPU 배열을 무색하게 만들어버릴 가상의 지구적 병렬 컴퓨터를 통제하게 될 것이다.

오토이는 블록체인 슈퍼컴퓨터들을 시장으로 이끄는 행군을 골렘과 함께 진두지휘하고 있다. 버클리에 있는 그리드코인Gridcoin은 네트워크 컴퓨팅 연구를 위한 공개 플랫폼인 보잉크BOINC, Berkeley Open Infrastructure for Network Computing 구축을 위해 자금 1,100만 달러를 조성했다. 현재 수학, 언어학, 약학, 분자생물학, 기후학, 환경학, 천체물리학을 아우르는 보잉크에서 일정한 연구 성과를 거둔 사람들이 분산형 '연구 증명POR, Proof Of Research'을 받을 수 있도록 해주는 미들웨어(*서로 다른 여러 프로그램을 함께 운용할 수 있는 소프트웨어)를 제공하고 있다. 블록체인 기반 데이터 플랫폼인 스트리머Streamr는 스트리밍된 콘텐츠를 담는 새로운 분산형 인터넷 구조를 위한 데이터 전송 계층이라는 공동 관심사와 관련해 골렘과 협력 체계를 갖추고 있다(*스트리머 플랫폼에서 발생하는 데이터를 매매하는 데 사용되는 토큰은 데이터DATA다). 러시아의 SONM.io는 통신사와 네트워크 소유자들에게 임대되는 '클라우드 가장자리'에 있는 분산 자료들을 사용하는 (즉 비효율적으로 채굴에 낭비되거나 남는 채굴 컴퓨터 파워를 모아 슈퍼컴퓨터를 형성하는) 안개fog 컴퓨팅 모델을 실험하고 있다. 현재 시가총액이 5,500만 달러까지 늘어나 있다(*SONM은 네트워크 채굴에 의해 형성된 슈퍼컴퓨터Supercomputer Organized by Network Mining의 약자다).

이 모든 프로젝트는 무작위로 흩어져 있다. 또한 사용되지 않는 자원을 가진 컴퓨터 소유자 수십억 명을 블록체인으로 조율해 가상의 슈퍼컴퓨터를 형성한다. 각 토큰은 불변의 시간 스탬프 블록체인 거래를 가능하게 해주며, 또 이 거래를 기계 지성의 그물망에 든 수많은 다른 거래와 연결시킨다. 수랭식 병렬연결 컴퓨터에서 이루어진 진전 대부분은 전 세계의 공랭식 컴퓨터 수천 대로 이루어진 분산 네트워크를 연결하는 데도 통한다.

클라우드에 있는 폐쇄형 슈퍼컴퓨터의 병렬 자원들을 하나로 묶어 조직하는 데서 얻을 수 있는 이점 하나하나가 모두 '하늘에 떠 있는' 개방형 슈퍼컴퓨터의 생성을 자극한다. 모든 광섬유 케이블은 무작위로 흩어져 있는 컴퓨터들을 효율적인 가상기계(즉 가상 슈퍼컴퓨터) 속에서 연결하는 데 도움이 된다. 엔비디아의 댈리는 자신이 이룬 인터넷 구조(아키텍처)의 발전이 전 세계를 누비며 전 세계의 블록체인 데이터와 프로세싱 속에서 현실화되는 모습을 경이로워하며 지켜볼 수 있다.

이런 진전은 업계의 초점이 컴퓨터 연산의 열매에서 신뢰와 보안이라는 컴퓨터 연산의 뿌리로 옮겨 가면서 가능해졌다. 기존 인터넷 구조는 원하는 것은 뭐든 무료로 실행할 수 있는 온갖 앱들로 무거울 대로 무거워져 있으며, 본인 확인과 재산권 그리고 시스템 초기 상태의 다른 여러 요소를 확보하기 위한 기본적인 프로토콜들로 구멍이 숭숭 뚫려 있다.

인터넷은 글로벌 복제기로, 온갖 데이터의 기원과 경로들, 사실들, 진리들, 시간 스탬프들 그리고 기저상태들을 온전히 확립하지 못한 채 비틀거리고 있다. 블록체인은 인터넷의 그 미끄러운 경사면을 넘어서서 새로운 신뢰 구조 구축의 토대가 될 불변의 데이터베이스를 제공할 수 있다.

데이터가 일단 글로벌 블록체인에 심기고나면, 컴퓨터를 거대하게 병렬로 연결하기 위해 군이 어떤 물리적인 울타리를 만들 필요가 없어진다. 거대한 컴퓨터 센터를 강이나 바다 가까운 곳, 심지어 극지에 세울 필요도 없어진다. 인터넷이 여행객이 사용할 방이나 노는 자동차 혹은 심지어 개인의 노동력을 전 세계 차원에서 동원할 수 있는 것과 마찬가지로, 이제 블록체인이 전 세계의 컴퓨터들을 동원할 수 있다. 컴퓨터들이 이런 방식으로 결집해서 가상 슈퍼컴퓨터를 형성할 때, 방들과 자동차들과 일자리들이 그 뒤를 따르는 일은 시간문제가 될 것이다.

19

세계적 규모의 반란

A Global Insurrection

••

구글의 세상 체계에서는 대학이 가진 이데올로기, 탐닉, 자격, 편견이 시끄럽게 울려 퍼진다. 틸과 1517재단은 대학생들에게 이데올로기적 감금 상태에 저항해 반란을 일으키라고, 새로운 생각을 하라고 부추긴다. 세상은 기다려주지 않을 것이다.

••

과테말라에 그 누구도 부러워하지 않을 도시가 있다. 이 도시는 사람이 살해될 가능성이 높기로 유명하다. 과테말라의 수도 과테말라시티는 폭력이 가장 난무하는 세계 50대 도시 가운데 하나로 꼽히며, 한층 더 강력한 폭력이 난무하는 엘살바도르와 온두라스의 여러 도시들과 가깝다. 콜롬비아의 코카인 재배지에 사는 사람들과 미국 마약상들 사이의 살인율이 세계에서 가장 높으며 과테말라는 열 번째다. 게다가 유아 사망률도 압도적으로 높다.[1] 그런데 이런 것들이 과테말라의 가장 큰 불운은 아니었다. 이보다 비참한 불운이 있었다. 바로 36년 동안 이어졌던 내전이다. 아메리카 대륙에서 가장 오래 끈 내전들 가운데 하나로 꼽히는 과테말라 내전은 1996년에야 끝났다.

군사정권과 마르크스주의 게릴라들이 일으킨 내전의 와중, 미국에서 교육을 받은 엔지니어이자 담대한 성격의 마누엘 아야우Manuel Ayau가 경제학의 '오스트리아학파' 사상을 고취할 목적으로 '경제적·사회적 여러 연구를 위한 센터Center for Economic and Social Studies'를 설립했다. 오스트리아학파의 전형적인 인물로는 (오스트리아 태생 미국 경제학자인) 루트비히 폰 미제스Ludwig von Mises와 (영국의 화학자이자 철학자인) 마이클 폴라니Michael Polanyi 등과 같은 사상가를 꼽을 수 있다(*1870년대 빈에서 비롯된 오스트리아학파는 방법론적 개인주의와 인간 행동의 공리에 기초한 자유지상주의 성향의 비주류 경제학파다). 센터를 설립하고 몇 년 지나지 않아, 아야우와 센터의 다른 구성원들이 대학을 세웠다. 이들은 대학 이름을 과테말라 초대 주교였던 프란시스코 마로킨^{Francisco Marroquín}의 이름에서 따왔다.[2] 마로킨은 인생 후반부 절반을 과테말라인의 자유를 지키는 데 헌신했으며, 과테말라의 마틴 루터로 불렸다.

내전이 국가 전역으로 확산되며 악화되던 1972년 1월, 프란시스코마로킨대학^{UFM}이 문을 열었다. 초대 총장은 아야우였다. 아야우는 취임 연설에서, 학교 밖으로 한 발자국만 나가면 독재자들과 테러리스트들이 개인의 자유, 진리, 정의, 다양성, 민주주의를 마구 짓밟는데, 바로 이것이 UFM의 핵심적인 신념들이며 이것들을 지켜나가겠다고 천명했다.

"우리가 비록 불완전한 인간 존재일지라도 자유로운 상태에서는, 즉 국가가 강요하는 획일성으로 내몰리지 않는 상태에서는 자신의 운명을 보다 잘 깨달을 수 있는 역량이 있다는 것을 우리는 확고하게 믿습니다."

비록 대학 울타리 바깥에서는 전쟁과 정치의 열기가 참을 수 없을 정도로 뜨거웠지만, 아야우는 먼 미래를 내다봤다.

어떤 대학이든, 대학이 전념하는 대상은 인간 삶의 찰나적인 여러 측면이 아니라 영원한 것입니다. 그러므로 대학은 과학과 학문의 자유가 지켜질 수 있도록, 이 자유는 인류가 앞으로도 언제나 필요로 하는 가치입니다, 당대의 여러 갈등에서 한 걸음 물러나 있어야 합니다. 우리가 이 자리에서 주장하는 것은, 정치 영역의 뜨거운 논쟁에 참여하려고 하는 학자들 때문에 전통적인 개념의 상아탑이 포기돼서는 안 된다는 것입니다. 하지만 이제

상아탑은 새롭고 투명한 수정탑^{crystal tower}으로 바뀌어야 합니다. 이 수정탑
은 학자들, 즉 교수들과 학생들이 미래 우리 사회의 모습이 어떨지 알아내
고자 하는 노력 속에서 현재의 모든 조건들을 살피고 생각하고 또 비판적
으로 연구하도록 보장해주는 그런 곳입니다.³

이 대학의 1회 졸업식 행사장에서 아야우는 예복 안에 방탄복을 입고
나와서 다시 한 번 자유를 이야기했다.

마로킨 주교 본인도 16세기에 과테말라에 학교를 세웠다. 이 학교는
나중에 아메리카 대륙에서 역사가 오랜 대학으로 손꼽히는 산카를로스
대학이 된다. 아야우가 새로 설립한 대학은 자유시장과 자유사회를 강
조하며, 산카를로스대학과는 전혀 다른 진로를 내놨다. 다음은 〈로스앤
젤레스 타임스〉의 2008년 보도다.

"산카를로스대학은 좌익 게릴라를 적극적으로 지원했지만, UFM은
개인의 재산권과 법치法治의 신성함을 가르친다. 넉살 좋은 아야우 총장
은 UFM의 공식적인 색을 빨간색으로 선택했다. '빨간색은 공산주의자
들이 일방적으로 자기 것이라고 주장하며 사용했지만, 이 색을 그들만
배타적으로 사용하도록 내버려둬선 안 된다'는 것이 그가 이런 선택을
한 이유다."⁴

UFM은 '임대 건물 한 동에서 학생 40명으로' 시작했지만, 개교 10년
이 채 되기 전에 도시 한가운데 땅 40에이커(*약 16만 1,870평방미터 혹은 5만
평)를 샀다. 폭력이 난무하는 가운데서도 아름답기만 하던 과테말라시
티의 버려지다시피 한 그 땅에서 해초와 쓰레기를 걷어내고 들어선 교
정은 조용하고 평화로웠다. 직선이 아니라 곡선으로 지어진 벽돌 건물

들에 달라붙은 초록색 식물들과 거대한 노목들 그리고 구불구불한 산책로는 학문적 자유의 평화로운 오아시스가 됐다.

학문의 자유는 다른 종류의 자유들로 이어졌다. 1996년, 과테말라의 새로운 대통령 알바로 아르수는 젊은 엔지니어이자 의회 의원인 알프레도 구스만에게 예산만 많이 들어가고 제 기능은 하지 못하는 전화 체계를 민영화하는 일을 맡겼다. 당시에 과테말라의 국영 통신사는 주로 도시에 초점을 맞춰 사업을 진행했는데, 사실 과테말라 국민 대다수는 도시가 아닌 시골에 살았다. UFM 졸업생이기도 한 구스만은 이 대학 졸업생과 교수를 중심으로 대책 팀을 꾸렸다. 시골에 사는 사람이 전화를 한 번 걸려면 자동차를 타고 몇 킬로미터나 간 다음 적어도 10분을 긴 줄에 서서 기다려야 했다. 그러고 나서야 가까스로 결코 싸지 않은 전화의 발신음을 들을 수 있었다. 이게 당시 과테말라 통신 형편이었다. 그것이 몇 년 만에 완전히 바뀌었다. 구스만이 구성한 대책 팀의 민영화 계획이 과테말라를 중앙아메리카에서 전화 접속이 가장 잘되는 나라로 바꿔놓은 것이다. 2012년의 한 사례 연구 논문은 다음과 같이 보고했다.

"개혁이 시작되고 7년 뒤, 과테말라에서 개통된 휴대폰 수가 전체 인구를 넘어섰다."[5]

통신 개혁자 가운데 한 사람이었던 지안카를로 이바르구엔Giancarlo Ibárguüen이 2003년에 새 총장이 된 뒤 UFM은 학내 전역이 와이파이로 연결되는 세계 최초의 대학이 됐다(지역의 어떤 설비 회사가 이 대학을 '베타 사이트'로 선정해 이런 일이 가능했다). UFM은 지금 고전경제학을 공부하기에 가장 좋은 전 세계 대학 50개교 가운데서도 상위를 차지한다. 심지어 밀턴 프리드먼(*자유방임주의와 시장제도를 통한 자유로운 경제활동을 주장한 미국

의 경제학자로, 1976년 노벨 경제학상을 받았다)의 시카고대학조차 눌렀다.[6]

고등교육과 대학 제도를 철저하게 싫어하는 것으로 알려진 피터 틸도 2009년에 이바르구엔의 초청으로 이 대학 졸업식에 참석해 연설하고, 또 명예박사 학위를 받았다. UFM은 조지 길더 컴퓨터 센터[George Gilder Computer Center]를 열었고, 이 일은 당연히 내 관심을 끌었다.

2013년 6월, 이바르구엔에게 감화를 받은 후계자 가브리엘 칼사다[Gabriel Calzada] 총장 아래에서 UFM은 아메리카 대륙에서 최초로 비트코인을 지불 수단으로 인정했다. 마크 클루그만[Mark Klugmann]이 적어도 부분적으로 디지털 통화를 수용하는 그릇으로 생각한 어떤 운동의 한 부분인 스타트업 시티즈 인스티튜트[Startup Cities Institute](*법률적·정치적 개혁을 위해 스타트업 커뮤니티들을 이용하는 방안을 연구하는 과테말라의 비영리 연구 기관)도 이 대학에 있다. 이런 사실은 거의 반세기 전에 아야우가 '미래 우리 사회의 모습이 어떨지' 알아내고자 추구하는 커뮤니티를 전망했던 사실을 상기시킨다.

○ ○ ○

"책임져야 하는 사람이 누구죠?"

경멸의 감정이 녹아 있는 (경제학자이자 유명한 비트코인 투자분석가인) 투르 데미스터[Tuur Demeester]의 목소리가 벨기에에서 스카이프를 거쳐 과테말라 강의실로 울려 퍼졌다. 와이드스크린은 보수적인 취향의 헤어스타일에 언뜻 학구적인 대학생으로 보이는 젊은 사람을 비췄다. 나는 데미스터에게, 어쩌면 그의 소중한 비트코인 통화가 '채굴자들'만 부자가 되고 나중에 오는 사람들은 탈탈 털리고 마는 다단계 금융 사기로 판명될 수도 있지 않겠냐고 물었다.

2014년 5월이었다. 나는 국제 비트코인 해커 커뮤니티에 뛰어든 지 얼마 지나지 않아, UFM에서 명예 박사 학위를 받으려고 과테말라에 가 있었다. 과테말라시티에 있는 '제10구역'을 둘로 가르는 어느 깊은 협곡에서 세상의 어떤 체계가 내 발 아래에서 흔들리는 것을 느꼈다.

나는 UFM 어느 강의실에 있는 커다란 원탁에 앉아 있었다. 아야우의 '수정탑'을 구체화해 벽돌과 유리를 이어서 만든, 부분적으로는 불투명하고 부분적으로는 투명한 실리콘의 9층 건물에서는 협곡 너머의 거대한 부겐빌레아 나무가 마치 분홍색과 붉은색으로 활짝 피어난 꽃처럼 보였다. 암호 전문가들, 개척적인 교육자들, 기술 분야 벤처 사업가들, 규제를 초월한 '자유지대free-zone'의 사업가들 그리고 사이퍼펑크 비트코인 관계자들이 나와 함께 원탁에 둘러앉아 있었다. 이들 가운데 여러 명은 방금 열거한 역할을 복수로 수행하며, 금융 부문에서 자유와 경제적 기회가 새롭게 활짝 꽃피울 수 있도록 하겠다는 전망과 계획을 공유했다.

처음에 나는 이 운동에 회의적이었다. 새로운 금융 및 여신 구조의 토대를 구축하기에는 이 운동을 이끄는 사람들이 너무 젊으면서도 너무 이상적이었고, 너무 급진적이면서도 보수적이었고, 너무 순진하면서도 존경의 범위를 훌쩍 벗어나 있었기 때문이다. 그러나 이들이 하는 말을 들으니 이들은 오픈소스 프로그래밍에 정통한 언어들을 구사하며, 패러다임 전환과 관련해 기술 분야 금융시장 및 암호법의 복잡 미묘한 내용 그리고 돌아가는 판세들까지 정확하게 꿰뚫고 있었다. 나는 이 운동이 관련 도구들 및 카리스마를 유효적절하게 구사해, 상층부가 너무 무겁고 또 규제가 지나치게 많은 전 세계의 금융 및 여신 체계를 뒤집어놓을 수 있음을 깨달았다.

나는 키츠의 시에 나오는 '강건한 코르테스'(*남아메리카를 유린한 스페인의 정복자 코르테스를 가리킨다. 시에서 그는 절벽에 서서 태평양을 바라본다)처럼 중앙아메리카의 어떤 높은 절벽에서 경제의 새로운 지평이 바다처럼 활짝 열리는 것을 바라보고 있었다. 어쨌거나 지난 천 년 동안에 경제성장을 가능하게 했던 모든 것은 돈의 새로운 형태였다. 헤어나기 불가능할 정도로 점성이 높은 물물교환의 구렁텅이에 빠져 있었던 과거 세상의 부를 현재의 부와 비교하면 정말 미미할 것이다. 복식부기는 베니스에서 상업혁명을 강화했다. 그런데 UFM의 어느 강의실 원탁에 둘러앉은 비트코인 주창자들은 블록체인에 새롭고도 항구적인 원장을 도입하는 '삼중 부기'를 이야기하고 있었다.

돈과 금융의 발명이 세상의 부가 축적되는 데 없어선 안 될 존재였음은 반박의 여지가 없다. 돈의 가치는 수조 건의 거래를 가능하게 한다. 또 이 가치는 각 거래액의 가치를 측정하는 돈의 힘에서, 또 시간과 공간을 초월해 그 가치를 저장하는 돈의 힘에서 비롯된다. 그러므로 돈과 관련된 기술에서 어떤 획기적인 돌파가 이루어진다면, 과거에 있었던 돈이 당시 경제에 끼쳤던 그 엄청난 기여에 필적할 새로운 기여도 얼마든지 가능하다.

최고의 벤처 캐피털리스트인 마크 안드레센이 한 말이 떠올랐다. 그는 "적은 돈으로 많이 성취하는" 기업을 찾는다고 했다. 주로 자체적으로 자금을 조달하는 그 기업가들, 원탁에 둘러앉은 그 기업가들이 딱 그랬다. 그들 각자가 소유한 기업 대부분은, 그들이 채굴하고 주조하며 또 천재적인 새로운 구조들을 가지고서 가능하게 만든 비트코인들의 평가액을 통해 주로 자금을 조달했다.

아닌 게 아니라 UFM이란 별난 대학도 안드레센이 말한 딱 그런 기업이었다. 과테말라시티의 아름다움과 빈곤 속 해초로 가득했던 협곡에서 세계를 선도하는 대학을 키워낸 40대의 신세대 기술 전문가들과 오스트리아학파 경제학자들이 손을 잡을 수 있도록 하나로 묶어냈으니 말이다.

그렇게 우리는 UFM에서 구세계(*유럽, 아시아, 아프리카)의 심장이라 할 수 있는 벨기에의 투르 데미스터와 공간을 초월한 대화를 나눴다. 2012년, 5달러에 비트코인을 산 그는 스물세 살 때, 투자한 비트코인 가운데 500달러 가까운 돈을 인출해 기업 두 곳에 투자했다. 크라켄Kraken이란 거래소와 코인테라Cointerra라는 채굴 장비 회사였다.

크라켄은 번성해 블룸버그 단말기에도 이름이 오르내렸으며, 비트코인 '은행'을 만들어 운영했다. 코인테라는 2014년 비트코인 폭락 때 죽어버렸다. 데미스터는 현재 최고의 비트코인 디지털 '지갑들' 가운데 하나로 꼽히는 비트코인 아머리Bitcoin Armory가 진행하는 한층 더 웅장한 자체 자금 조달 현황에 대해 이야기했다. 이 회사는 안전한 비트코인 지갑 소프트웨어를 만들 목적으로, 2013년에 10만 달러 규모의 투자금을 모집했다. 놀랍게도 그렇게 해서 모인 돈이 50만 달러나 됐다. 비트코인 아머리는 10만 달러는 계획한 대로 사용하고, 나머지 40만 달러는 비트코인으로 챙겨뒀다. 그런데 비트코인 가치가 치솟으면서 이것이 400만 달러가 됐다. 가만히 앉아 지갑을 채운 회사는 그 뒤 5년에 걸쳐 1,500개 가까운 블록체인 기업에 그 지갑 모델을 제공했다.

비트코인이 결국 다단계 금융사기로 끝날지도 모른다는 내 질문에 데미스터는 콧방귀를 뀌었다.

"만일 이게 금융사기라면 이런저런 부정적인 반응의 역풍이 불 때 고꾸라졌겠죠. 하지만 비트코인은 온갖 어려움을 극복해왔으며, 이런 일을 한 번씩 거칠 때마다 한층 강해졌습니다."

맞는 말이었다. 비트코인을 놓고 사기 사건을 비롯해 온갖 충격적인 문제가 일어났던 것도 사실이고, 난공불락의 강력한 심층부에서 비롯된 강력한 회복력으로 늘 제자리를 찾아온 것도 사실이다. 비트코인은 온 세상을 돌아다니게 해주는 다리를 가진 기술이었다. 좋을 때나 나쁠 때나 변함이 없었다.

피터 틸은 제3세계 교육자들의 선례를 따라, 블록체인 관련 스타트업들을 지원하고 있었다. 마크 안드레센은 실리콘밸리의 여러 벤처 캐피털리스트들이 블록체인 기업들에 투자하도록 이끌었다. 많은 투자금을 조성한 뉴욕의 비트코인 기업가 매트 멜런Matt Mellon의 보고서에 따르면, 골드만삭스, 모건스탠리, 그 밖의 다른 고참 투자자들이 대략 5억 달러가 넘는 돈을 투자하려고 줄을 서 있다. 물론 이 모든 상황은 비트코인 금융사기로 탈탈 털린 대상이 골드만삭스일 수도 있다는 짜릿한 가능성을 내포한다.

한편 틸이 그동안 줄기차게 지적했듯 미국의 여러 대학들과 UFM은 닮은 구석이 거의 없다. 하버드대학을 졸업하고, 이 대학 행정대학원인 케네디스쿨 펠로였던 나는 과테말라에 오기 전인 2014년 봄에 하버드대학 총장에게 어떤 통지를 받았다. 기후변화에 대처하기 위해 모교와 과학학부 연구진을 지원할 4억 달러 규모 자금을 모은다는 내용이었다. 그러나 이런 노력은 에너지 생산 감축과 마찬가지로, 실제로 기후에 아무

도움도 되지 않는다.

점점 사라져가는 미국 상류사회 기관들은 다른 사람들의 자금으로 '많은 것을 동원해 적은 것만' 성취하면서도 젠 체한다. 이런 태도에 영합하고 또 이런 태도를 먹고살아가는 하버드대학의 접근 태도는 미국 교육계 엘리트들이 제정신을 잃어가는 실상을 적나라하게 반영한다.

아이비리그 대학의 여러 기관들은 진보의 발걸음을 묶어버리고, 발전소 증설을 금지하고, 화학 공장을 해체하고, 이스라엘에 반대하는 운동을 펼치고, 그 밖에 여러 반동적인 것들을 추구하는 데 초점을 맞춰 학계와 기업계 엘리트들의 저물어가는 환상을 뒤쫓고 있다. 그 환상은 자기 주변의 온갖 화학물에 대한 근거 없는 공포에서 비롯된 온갖 잔소리로 가득 차 있다. 또 그 환상은 오래된 돈old money(전통적인 개념의 화폐)이란 해롭기 짝이 없는 자신들의 연못에서 시끄럽게 울어대며 '기계화 반대 운동'을 벌이는 절름발이 오리들로 가득 차 있다. 세상은 그들과 가까운 데서 빠르고 무섭게 소용돌이치는데 말이다.

2013년 가을이었다. 독일과 스페인의 환경부 장관들이 '대안 에너지' 촉진을 위해 추진했으며, 개척적이란 평가를 받기도 한 제도들인 교차 보조 제도(*한 부문에서의 손해를 다른 부문의 지원으로 메워주는 제도), 발전 차액 지원 제도(*신재생에너지원으로 공급된 전력에 대해 생산 가격과 거래 가격 간 차액을 정부의 전력 산업 기반 기금으로 보전하는 제도), '징벌적' 과세 등이 완전히 실패한 것이나 다름없다고 고백했을 때, 특혜를 받고 있던 하버드대학 학생 조직이 이 논의에 뛰어들었다. 그들은 투표를 통해 80퍼센트란 압도적인 비율로 결의안 하나를 채택했다. 탄소 성분의 화석연료를 지하에서 뽑아내는 일에 관련된 기업들이 대학에 5,000억 달러를 기부했는데, 자기들이 다니는 대학이 이 돈을 받는 것에 대한 죄책감을 씻어내고자 하는 내용의 결의안이었다.

이런 일이 있기 전, 같은 대학에서 비슷한 비율의 학생들이 참여해, 이스라엘에 대한 투자 철회를 요구하며 보이콧Boycott, 투자 철회Divestment, 제재Sanctions라는 이른바 BDS 운동을 벌였다(*이 운동은 국제법 위반으로 간주되는 이스라엘의 행위를 중지시키기 위한 정치적·경제적 압박 강화를 목적으로 한 국제 캠페인으로, 2005년에 팔레스타인 시민 단체에서 처음 시작됐다). 이 학생들은 세계적 반反유대주의 운동에 합류했다. 이들 가운데 일부는 석유를 기반으로 생성된 재산을 하버드대학에 등록금이란 형태로 아낌없이 주고 있었다. 이스라엘은 물과 연료의 효율성을 개척하는 분야에서 창조적인 샘물 역할을 했다. 예를 들어 1948년부터 70년 동안, 물 사용 총량은 10퍼센트 줄이면서도 생산량은 60배로 늘렸으니까 말이다. 이뿐만이 아니다. 이스라엘은 페이스북 포스트와 구글 검색부터 학교 전역의 문자 서비스와 킨들 스트리밍 혹은 키넥트Kinect(*콘트롤러 없이 이용자의 신체를 이용해 게임과 엔터테인먼트를 경험할 수 있는 엑스박스360과 연결해 사용하는 주변기기) 게이밍 신호에 이르기까지, 하버드대학 학생들의 현재 일상을 가능하게 한 온갖 정보 도구들과 암호 관련 통찰들의 원천이기도 하다. 이런 혜택을 누리고 사는 학생들은, 석유가 아니라 이스라엘이 없으면 자신들이 그토록 소중하게 여기는 저에너지low-energy 라이프스타일을 더는 지탱할 수 없다.

과테말라 UFM에서 그 젊은 사람들이 하는 말들, 상대적으로 너무도 멀쩡한 정신으로 풍요로운 미래를 지향하는 그 말들을 듣고 있자니, 마치 런던 근위 기병연대의 위병 교대 현장을 보는 듯한 느낌이 들었다. 그야말로 역사적인 변화다. 미국의 낡은 엘리트들이 물러나고, 이른바 제3세계로 일컬어지긴 하지만 정신의 자유지대에서 빠르게 미국을 잠식하는 지역, 즉 과테말라시티부터 상하이에 이르기까지의 지역에 있는 새로운 예언자적 세대가 그 자리를 대신하고 있다. 바로 이들의 손에 지적 세상과 경제 분야의 리더십이 주어지고 있는 것이다.

그렇다. 여전히 독재 체제인 '공산주의 국가' 중국은 정부 지출을 국내 총생산GDP의 20퍼센트에 육박할 정도로 높이면서 민간경제를 성장시켜 왔다. 참고로 미국은 26퍼센트다. 중국은 몇 가지 점에서 미국에 비해 반체제 사상가 및 기업가를 한층 관대하게 수용하려는 태도를 보인다. 중국은 비록 결점이 많지만 미국만큼이나 많은 벤처 자본을 내놓고 있다. 중국의 기업공개는 미국의 세 배다. 실리콘밸리가 중국 없이도 성공할 수 있었다고 생각해선 안 된다.

그러나 지금 미국은, 부분적으로는 피터 틸의 독려에 힘입어 대학을 박차고 나오는 새로운 기업가 세대들 덕분에 과거의 영광을 되찾기 시작했다. 2017년 10월 말, 틸의 1517펀드는 종교개혁의 도화선이 된 마틴 루터의 95개조 반박문 발표 500주년 행사를 열었다. 이 자리에 대학을 자퇴하고 창업한 기업가 수백 명이 모였다. 애초에 비탈릭 부테린이 연설할 예정이었지만, 마지막 순간에 취소됐다. 부테린이 너무 바빠 도저히 일정을 맞출 수 없었던 것이다. 물론 바쁜 것은 부테린 개인뿐 아니라 업계 전체를 봐서도 좋은 징조다.

이 행사가 열리기 몇 주 전, "새로운 95개조 반박문"이 1517펀드 블로그 '전복자들The Subversionist'에 게시됐다. 그 가운데 19조는 다음과 같다.

스티븐 조엘 트랙턴버그^{Stephen Trachtenberg}가 조지워싱턴대학 총장에 임명된 1987년, 학생들은 (2017년 물가를 기준으로) 등록금 및 숙식 제공 기숙사비로 2만 7,000달러를 냈다. 그런데 20년 뒤 트랙턴버그가 퇴임하던 2007년, 학생들은 두 배가 넘는 6만 달러 가까운 돈을 내야 했다. 트랙턴버그는 조지워싱턴대학을 교육의 질은 전혀 개선하지 않은 채 미국에서 가장 비싼 학교로 만들었다. 그래놓고도 "학위는 트로피와 마찬가지로 하나의 상징이다. 나는 우리가 한 일에 조금도 당혹스럽지 않다"고 말했다. 게다가 교정에는 이 인간의 이름을 딴 건물이 여러 동 있다.

1517펀드의 마이크 깁슨이 재단에 영감을 주는 지도자 다니엘르 스트라크만의 도움을 받아 작성한 "새로운 95개조 반박문"은 재단 후원자인 틸의 철학적 통찰로 가득하다.

이 반박문이 사회에 경종을 울렸다. 대학이란 제도 및 대학생들이 짊어진 끔찍할 정도로 거대한 학자금 부채에 따른 부담은 고스란히 기업가 경제 바깥으로 밀려난 전체 세대가 짊어져야 할 몫이다. 8조는 "미국에는 5,300개 대학 및 전문대학이 있는데 어째서 단 하나의 관점만 존재하는가?"라고 묻는다. 계속해서……

23조. 모든 사람이 동일한 내용을 동일한 방식으로 동일한 장소에서 동일한 진도로 동일한 나이에 배우도록 강제하는 일에 정부 권력이 사용되지 말아야 한다.

28조. 학교 제도의 문제는 우리가 너무 적게 투자하는 데 있지 않고, 매우 많이 투자함에도 불구하고 얻는 게 매우 적다는 사실에 있다.

51조. 면허증은 독점을 획득하고 강제하기 위한 하나의 도구다. …… 의과대학, 법과대학, 그 밖에 전문직 종사자를 배출하는 학교는 해당 직업에 종사하기 위해선 대학 학위가 필수 요건이란 원칙을 철폐해야 한다.

65조. 출판된 대부분의 연구조사에서 새롭게 발견했다고 밝히는 내용은 허위다. 궁금한 사람은 다음 내용을 확인해보라. (〈Why Most Published Research Findings Are False〉, John P. A. Ioannidis, PLOS, 2005. 8. 30, https://doi.org/10.1371/journal.pmed.0020124.)

78조. 모든 학술·과학 잡지는 일반에 무료로 공개돼야 한다. 수십억 개 눈이 지켜보면 논문 오류를 잡아내기가 훨씬 쉬워질 것이다.

79조. 학교가 신입생을 받으면서 그들을 쥐어짜 돈을 벌려고 한다. 예를 들어 암호 관련 작업을 혼자서 무려 8년이나 해온 학생이라 할지라도, MIT는 컴퓨터과학 입문 강좌를 의무적으로 수강하게 한다.

94조. 장차 우리는 우리가 소비한 것이 아니라 이룩한 것을 놓고 다음 세대들로부터 심판을 받을 것이다. 우리가 이룩한 것은 우리보다 훌륭하게 시간을 이기고 살아남을 것이다.

95조. 교육은 단지 세상을 가르치기 위한 과제가 아니라 세상을 해방시키기 위한 과제가 돼야 한다.

그러나 대학들은 학생들에게 파이프라인, 에너지 탐사, 화학 분야의 혁신, 새로운 공장 형태, 새로운 사업거리 등을 창조하기보다는 중단하는 방법을 가르친다. 슬픈 아이러니이지만, 대학들이 앞장서서 촉진한 화학 분야 관련 규제들이 결국 실리콘밸리에서 반도체칩 공장들을 모두 쫓아버렸다. 이 공장들은 주로 중국과 이스라엘로 옮겨 갔다.

미국이 이룩한 성취의 부유하고 게으른 기둥으로 이미 자리를 잡은 대학과 교수 들은 정부 지원을 당연히 여긴다. 수십 년 동안, 등록금을 비롯한 교육 관련 비용이 인플레이션보다 몇 배나 빠르게 상승해 졸업생 대부분의 수입이 쪼그라들었다. 반면 대학들은 학자금 대출로 빚을 잔뜩 짊어진 학생들을 희생양 삼아 그저 자기 재산만 잔뜩 축적했다. 빚더미에 짓눌린 청년들은 기업가적 활동을 기피한다. 심지어 결혼마저 기피한다. 미국에서 기업이 정체의 늪에 빠져들자, 이 청년들은 사회주의적 의존성에 점점 더 빠져든다.

실리콘밸리를 대표하는 기업 구글은 온갖 특혜를 받는 교수들이 우글거리는 스탠퍼드대학의 게이츠빌딩에서 탄생했다. 이런 사실은 대학과 산업계와 정부가 자기들끼리만 폐쇄적으로 한통속이 돼 높은 비용을 낭비하고 있음을 전형적으로 보여준다. 전 스탠퍼드대학 총장 존 헤네시는 구글로부터 대학 기부금 명목으로 3억 6,000만 달러를 받았다. 이런 점에서 구글은 어떤 대학과 그 대학이 낳은 상업체 사이에서 맺어진 패륜적 결혼이 빚어낼 수 있는 최선의 얼굴과 최악의 얼굴을 동시에 드러낸다.

64조. 박사를 찍어낼수록 우리가 누릴 과학 혁명은 줄어드는 것 같다. 지금은 인류사를 통틀어 그 어느 때보다도 많은 과학자가 일하고 있다. 그런데 왜 이럴까? 과학이 더 어려워졌거나, 아니면 그렇게 배출된 과학자들이 사실은 과학자가 아니기 때문일 것이다.

1517펀드와 틸 재단은 그저 말로만 떠들지 않는다. 틸 재단은 2014년

창립한 이후 대학을 박차고 나온 청년들이 창업한 수많은 기업에 직접 투자해왔으며, 또 간접적으로 다른 많은 기업을 지원했다. 이런 노력의 결과가 지금 속속 나타나고 있다.

부테린의 이더리움이 이런 변화를 앞장서서 이끈다. 2017년 7월, 이더리움 기업 연합EEA, Ethereum Enterprise Alliance(*이더리움을 활용해 기업용 솔루션 및 비즈니스 모델을 개발하는 컨소시엄. 2019년 1월 현재 500여 개 기업이 가입했다)은 인텔, 제이피모건, 마스터카드, 삼성 등이 이미 이름을 올려놓은 참여 기업 목록에 34개 주요 기업을 추가했다. EEA는 이더리움을 기반으로 한 표준 및 구조를 구축하고, 또 확장하기 위한 조직이다. 이더리움 블록체인 기술에 대한 해외의 관심이, 그것도 금융과 산업의 최첨단 분야에서 보이는 관심이 그만큼 높다는 사실을 증명한다.

그해 9월 말, 세계 최대 자동차 회사인 도요타가 자율주행차의 핵심 부품인 라이다(레이저레이더) 시스템을 루미나에게서 사겠다고 발표해 전문가들을 깜짝 놀라게 했다. 루미나는 1517재단으로부터 투자를 받은 실리콘밸리의 스타트업으로, 그때까지만 해도 잘 알려져 있지 않았다(더 자세한 내용은 9장 참조). 사실 도요타 이전에도 선도적 자동차 회사 세 곳이 루미나를 선택한 상태였다. 이로써 루미나는 전 세계 라이다 사업을 장악하는 탄탄대로에 올라섰다.

구글이 자신의 구글 브레인을 위해 전 세계에 거대한 데이터센터들을 지을 때, 1517재단은 구글 데이터센터와 동일한 기능을 기업 내에서 수행하면서도 부피가 한층 작고 비용도 적게 드는 설비를 구축하겠다는 스티븐 발라반의 노력에 투자했다. 자신의 소중한 자산인 데이터를 구글, 아마존, 마이크로소프트 등 경쟁자가 통제하는 어떤 중앙집중화된 서버에 올려두길 꺼림칙해했던 기업들이 람다 랩스의 딥러닝 기계에 즉각 반응을 보였다. 애플과 아마존과 마이크로소프트라는 세 거인 기업뿐 아니라 GE, IBM도 람다 랩스의 고객이었다. MIT, 프린스턴대학, 로스앨러모스 국립 연구소^{Los Alamos National Laboratory}는 말할 것도 없고……. 발라반은 보다 규모가 큰 클라우드 컴퓨팅 시장을 다음 단계로 바라보면서, 이렇게 예측한다.

"계속 길을 따라가다보면, 우리는 PG&E 같은 분산형 연산 유틸리티^{distributed computation utility}가 돼 우리 고객의 컴퓨터 사이클 여유분을 시장에서 팔고 있을 것이다."

블록체인은 인터넷 구조를 완전히 뒤집는 변혁을 수행한다. 비탈릭 부테린의 이더리움은 네트워크를 지역 차원의 위계 체제에서 새로운 보안 모델을 기반으로 한 글로벌 헤테라키^{heterarchy}(평등한 자격으로의 혼합)로 바꿔놓는다. 오스틴 러셀은 온갖 무의미한 소프트웨어들과 중앙집중화된 컴퓨팅의 전도사들로 가득한 어떤 '계곡(실리콘밸리)'에 독특한 하드웨어 혁신을 실현하고 있다.

스티븐 발라반은 클라우드(구름) 운동을 '인공강우'로 바꿔놓고 있다. 즉 슈퍼컴퓨터를 중앙집중화되고 분할된 것에서 분산되고 각자 개성을 가진 것으로 바꿔놓고 있다.

42조. 대학 학위 없이 그저 집에서 공부하고 자전거 가게를 운영하던 라이트 형제가 비행 시대를 열었다. 한편 형제의 주된 경쟁자였던 새뮤얼 P. 랭글리^{Samuel P. Langley}는 수학과 교수로, 미국 정부와 스미스소니언재단으로부터 막대한 후원을 받았지만 결국 포토맥강에 추락하고 말았다.

어떤 관점에서 보자면, 틸의 후원 제도는 가장 투지가 넘치고 유능하며 또 뭔가를 성취하려는 마음으로 조바심 내는 기업가적 재능을 새로운 대학생 세대에게서 찾아내고자 한 벤처 캐피털리스트의 기발한 발상이라고도 할 수 있다. 틸의 행운은 페이팔에서 시작됐지만, 그 행운은 열여덟 살 소년 마크 저커버그를 설득해 하버드대학의 페이스북을 실리콘밸리로 내오고 다시 이를 온 세상에 공개하도록 설득했을 때 정점에 다다랐다.

인터넷 게시판이나 마이스페이스 같은 소셜네트워크들이 어두컴컴한 익명성으로 들끓을 때, 틸은 인터넷에 진정으로 필요한 것은 얼굴임을 알아봤다. 틸은 인터넷의 온갖 게시물 뒤에 숨은 진짜 얼굴들의 책임성을 추구했다. 또한 규모가 가장 큰 변혁적 발상들은 하버드대학 자퇴생인 마이크로소프트의 빌 게이츠부터 스탠퍼드대학 학생이던 구글의 래리 페이지에 이르는 젊은 기업가들에게서 나왔다는 사실도 알았다. 만약 경제와 사회 부문에서 거대한 변화를 끌어내고 싶은 욕망을 가진 캐피털리스트라면, 대담하게 청춘에 초점을 맞추는 것이야말로 성공의 길로 나아가는 결정적인 선택일 것이다.

해마다 틸 펠로 지원자는 수만 명이나 되고, 이 중 최종 선정되는 사람은 20명밖에 되지 않는다. 러셀과 부테린은 각각 2013년과 2014년에 틸 펠로로 선정됐다. 부테린은 래리 페이지의 하향식 혁명을 뒤집어놓음으로써 새로운 세대의 래리 페이지가 되는 성공 가도에 이미 올라섰다.

그러나 이 청년들을 단지 벤처 캐피털리스트의 야망을 담는 그릇으로만 바라본다면, 새로운 세상 체계의 상징이자 주동자로서 그들이 가진 중요성을 놓치고 만다. 피터 틸은 기업가이자 금융가로 알려져 있지만,

사실 그가 맡아야 할 가장 중요한 역할은 전망을 가진 철학자이자 널리 퍼져 있는 강단의 규칙에 반대하는 비판자다.

틸은 비탈릭 부테린을 포함한 2014년도 틸 펠로들을 환영하며 이렇게 말했다.

"우리는 틸 펠로들이 문명을 개선하는 데는 학위보다 지적 호기심과 투지와 단호함이 더 중요하다는 사실을 입증해, 모든 세대 사람들에게 영감을 불어넣길 기대한다."

학위란 낡은 강단 질서가 자신의 위계 체계를 유지하기 위해 스스로를 끊임없이 복제하며 늘 하던 이야기를 반복하는 장치일 뿐이다. 사회주의적인 엉터리 만병통치약, 정체성 정치학(*개인의 주요한 관심과 협력 관계는 인종, 민족, 종교, 성을 기반으로 생성된다는 논리가 핵심이다), 화학물질 공포증, 아무 결실도 남기지 못하는 쾌락주의, 드루이드의 선헨지sun-henges(*고대 켈트족 종교인 드루이드교의 신자들이 영국 스톤헨지에서 종교의식을 거행했다고 한다), 토템 신앙의 풍차, 거대 가축 농장의 촘촘한 벽들…… 이런 것들이야말로 대학들이 막대한 비용을 들여가면서 머리로는 진보적이라고 상상하지만 실제로는 반동적일 뿐인 교육 이념들이 점점 더 강하게 울려 퍼지는 복도로 학생들을 밀어넣으면서 하는 것들이다. 이렇게 내몰린 학생들을 다시 빠져나오도록 불러내는 일이야말로 혁명적인 행동이다.

36조. 등록금이 인하되면 안 되고 해마다 계속 인상돼야만 한다는 철의 법칙은 경제학에 없다. 많은 측면에서 볼 때, 현재 대학들은 1980년대에 비해 학생들을 가르치는 강의 수준이나 방식이 나빠졌으면 나빠졌지, 좋아지지 않았다. 그런데도 지금 학생들은 과거보다 네 배나 많은 등록금을 낸다. 한 번 상상해보라. 비행시간은 점점 늘어나고 사고율은 계속 높아지는데, 비행기 티켓 값을 해마다 높여서는 그 돈으로 공항 시설을 멋지게 꾸미기만 한다면 어떻겠는가? 당신이라면 이런 항공사의 스티커를 자동차 뒤창에 붙이고 다니겠는가?

틸은 이를 정치적 올바름이란 잣대로 강제된 '교육 거품'이라고 불렀다. 구글의 세상 체계에서는 대학이 가진 이데올로기, 탐닉, 자격, 편견이 시끄럽게 울려 퍼진다. 틸과 1517재단은 대학생들에게 이데올로기적 감금 상태에 저항해 반란을 일으키라고, 새로운 생각을 하라고 부추긴다.

틸과 1517재단은 정보 관련 회사들이 소수의 거대한 공룡으로 경직되고, 창업이 위축되고, 기업공개IPO가 줄어들고, 창의성이 사라지는 미국, 그렇게 정체된 상태에 만족하는 미국이라는 발상을 용납하지 않는다. 그들뿐 아니라 우리도 그래선 안 된다.

세상은 기다려주지 않을 것이다.

20

망(네트워크) 중립성

Neutering the Network

• •

구글은 다시 한 번 치열한 경쟁을 치러야만 할 것이다. 사악한 것을 회피하는 것, 사람들에게 공

짜 세상을 제공하는 것, 또 정치권에 강력한 영향력을 행사한다고 으스대기만 하는 것은 아무

도움이 되지 않을 것이다. 구글은 새로운 세상, 구글로서는 중심을 잡지 못할 것이 분명한 그 새

로운 세상과 정면으로 맞닥뜨려야만 한다.

• •

인터넷을 할 때 혼자라서 외롭다고 느끼는가? 당신은 클라우드 속에 있는 이 웹사이트에서 저 웹사이트로 터벅터벅 외롭게 걸어 다닌다. 보이지 않는 많은 사람들과 함께하지만, 그렇다고 사람들에게 이리저리 떠밀리는 일은 없다.

사람들은 동일한 웹페이지를 동일한 시각에 방문해 동일한 뉴스를 읽고 또 동일한 일을 구경한다. 보이지 않는 가운데 사람들은 당신의 관심사를 공유한다. 트래킹 코스, 세율, 노래하는 음유시인 레너드 코헨, 정보이론, 3월의 광란(*전미대학경기협회의 농구 경기가 열리는 시기), 재즈 피아니스트 아트 테이텀, 아름다운 여성들, 중국인 첼리스트 요요마, 연방통신위원회FCC, Federal Communications Commission, 산에서 바라보는 풍경, 블록체인 등이 그 대상일 수 있다.

군중은 당신과 함께 있지만, 도저히 닿을 수 없을 만큼 멀리 떨어져 있다. 대부분의 시간 동안 당신은 다른 사람들에게 전혀 관심이 없다. 그러나 이따금 웹에서 당신과 비슷한 목소리를 찾는 일이 흐뭇하지 않은가?

'의견 남기기' 혹은 댓글이 있는 페이지들은 이런 외로움과 손 내밀기를 반영한다. 당신은 댓글의 격렬함에서, 그리고 성장을 방해당하는 대화에 갇혀 있는 다른 댓글자들에게 다가가려는 시도들 속에서 이 외로움을 느낄 수 있다. 이는 레너드 코헨이 부른 노래의 제목처럼 "거의 블루스처럼 느리고 슬픈 일이다^{almost like the blues}".

나는 (커뮤니케이션 전문가인) 대니얼 버닝어^{Daniel Berninger}와 함께 저녁을 먹고 있다. 그가 자기는 정부를 도우려고 노력하는데 정부는 이것을 막으려고 한다는 이야기를 하고 싶어 한다. 만일 정부가 인터넷을 향한 그의 작은 발걸음을 떼지 못하도록 막을 수 있다면, 모든 영역의 새로운 기술 세대들도 막을 수 있을 것이라고, 그는 믿는다. 5G라는 이름의 새로운 5세대 구조 및 이제는 우월해진 구글 이후 삶의 블록체인이라는 조건 아래에서 3,000억 달러 규모의 무선통신 변혁이 지금 위협받고 있다.

독창적인 사상가인 버닝어는 40대 후반으로, 깔끔하게 다듬은 턱수염에 쾌활한 성격이 인상적이다. 그가 다른 사람들과 함께 어울리길 좋아하는 웹사이트를 찾는 것에서부터 이야기를 시작한다.

"고음질 음성^{HD Voice}이 지원되는 웹페이지에서 시간을 보내는 게 더 좋지 않을까요? 사용자가 어떤 아이콘을 클릭하면 어떤 인간 오퍼레이터에게로 넘어가는 겁니다. 구글 '홈'에서라면 오토마톤^{automaton}(자동기계)에게로 넘어가겠죠. 이 '오퍼레이터'는 선생님을 어떤 고음질 음성 대화로 안내합니다. 통상적인 속도는 3킬로헤르츠이지만, 7킬로헤르츠와 두 배 높은 샘플링비율^{sample rate}(*사람이 평소에 듣는 아날로그 신호의 소리를 디지털 숫자로 변환한 것의 1초당 수치. 이 비율이 높아지면 소리가 한층 더 선명해진다)일 때 우리가 듣는 소리는 놀랍도록 맑고 투명합니다. 전화번호나 전통적인 방식의 검색 따위는 필요 없습니다. 말로 할 수도 있고, 하지 않을 수도 있습니다. 원하는 대로 선택할 수 있습니다. 모든 게 텔레프레전스(*인터넷망을 통한 영상회의 방식 중 하나)처럼 선명합니다."

헬로 디지털^{Hello Digital}이란 회사가 이런 발상을 가지고 접근한다. 버닝어는 "지식은 과거에 관한 것이고, 기업가정신은 미래에 관한 것"이란 생각이 썩 좋지 않을 수도 있음을 인정한다. 그러나 뭔가를 가로막는 것이 정부 역할이 아님은 누가 봐도 분명하다.

버닝어는 실리콘밸리 스타일의 청바지에 재킷을 입지 않은 차림으로 (미국의 최고급 클럽인) 워싱턴 D. C. 유니버서티 클럽에 저녁을 먹으러 온다. 그런데 이 클럽에서는 청바지 차림의 입장을 허용하지 않는다. 어쩌면 그는 유니버서티 클럽 웹페이지에 등장하는 가상의 인물인 편이 더 나을지도 모른다. 혹은 그렇지 않을 수도 있고……. 다행히 버닝어는 운이 좋은 모양이다. 제복을 입은 직원이 내게 정중하게 이런 말을 하는 것을 보면 말이다.

"오늘 밤에는 이사회 구성원이 아무도 없습니다."

타박할 사람이 없으니 청바지 차림으로 입장이 가능하다는 뜻이다.

그런데 가만……. 혹시 이 친구가 체포된 건 아닐까? 아니다. 그러나 그는 문 앞에서 제지당할지도 모르는 위험을 기꺼이 무릅썼다.

하지만 걱정할 필요는 없었다. 그는 만면에 미소를 띠고 있다. 그는 권위라면 무조건 무시하고 싶어 안달하는 사람이다. 그리고 유니버서티 클럽은 그에게 기꺼이 호의를 베풀었다.

그는 이 클럽이 뭘 하고자 하는 곳인지 알았어야 한다. 정신과 지향성이 비슷한 사람들이 원활하게 커뮤니케이션할 수 있도록 여러 프로토콜을 제공하는 곳이다. 그리고 우리 대부분이 다른 방식으로는 이 프로토콜을 가지지 못할 것이다. 비록 클럽 측이 만들어둔 규칙 때문에 청바지 차림으로 허세를 부리는 실리콘밸리 사람들이 자주 말싸움을 벌이긴 하지만 말이다(*프로토콜은 컴퓨터 사이에 정보를 주고받을 때의 통신 방법에 대한 규칙과 약속을 뜻하는 용어다. 유니버서티 클럽에서 통용되는 이 규칙과 약속을 버닝어가 깨려고 하는 상황을 묘사함으로써, 저자는 기존의 '규칙과 약속'이라는 이름의 규제에 대항하는 버닝어의 모습을 비유적으로 드러낸다).

수십 년 동안, 규제를 부정적으로 생각해온 버닝어는 지금 대법원에서 온 힘을 다해 투쟁하고 있다. 헬로 디지털의 발상이 연방통신위원회의 몇 가지 난해한 규정을 어긴 것으로 드러났기 때문이다. 이런 일과 관련된 청원자들은 케이스트리트(*워싱턴 D.C.의 한 거리 이름으로, 미국 로비스트들의 활동 중심지다)에 있는 법률사무소의 문을 두드려야 한다. 이 분야 전문 법률사무소인 '딕 와일리 앤드 버트 레인Dick Wylie and Bert Rein' 및 이 법률사무소의 연방통신변호사협회FCBA, Federal Communications Bar Association 소속 변호사 234명에게 전화해야 한다.

버닝어가 클럽 측에서 제공해준 꽉 끼는 검은색 재킷을 입고 의자에 편안하게 등을 기대고 앉았다. 자기 이야기를 할 준비가 된 것이다. 다른 모든 워싱턴 사람들과 완전히 구별되는 별종인 그가 이야기를 시작했다. 그는 전자시스템 엔지니어로, 경력 대부분을 통신업계의 쾌활한 파괴자 역할을 자임하며 보냈다. 그의 첫 직장은 벨 연구소Bell Laboratories였다. 1995년, 그는 거기서 인터넷전화VoIP, Voice-over-the-Internet Protocol가 통신사들에게 어떤 영향을 주는지 살피는 연구를 시작했다. 인터넷전화 덕분에 인터넷을 사용한 통화가 가능해지면서 전화는 공중교환 전화망PSTN, Public Switched Telephone Network의 온갖 성가신 문제들로부터 해방됐다.

인터넷전화는 1994년, 프리 월드 다이얼업Free World Dialup이란 회사에서 대형 컴퓨터 서버의 회로를 차지하는 것으로 출발했다. 그러다 이스라엘의 보컬텍Vocaltec이란 회사에서 네트워크 박스 안 작은 보드에 들어갔다. 이 회사는 1996년에 최초로 성공적인 인터넷전화 시스템을 개발했다. 그리고 마침내 인터넷전화는 보나지^{Vonage}란 회사의 단일칩(*칩 하나로 이루어진 하드웨어)으로 자리를 옮겼다. 한편 비닝어는 인터넷전화가 이끄는 기술을 계속 따라다녔다. 지금은 단돈 몇 달러면 살 수 있는 브로드콤^{Broadcom} 칩을 이용하는 고음질 인터넷전화가 모든 웹페이지에서 은밀하게 사용될 수 있다. 그야말로 "헬로, 디지털!"이다.

버닝어가 서로 다른 네트워크들(즉 당시에는 규제를 받지 않았던 웹과 말도 안 되는 '지역' 및 '장거리' 공중교환 전화망 사이에 존재하던 이론의 여지가 있는 경계선)에서 일할 때, 연방통신위원회는 그를 사냥개처럼 따라다니며 그가 하는 일마다 꼬투리를 잡고 못살게 굴었다.

버닝어는 보컬텍에서 나와 AT&T 시절 동료인 톰 에브슬린^{Tom Evslin}과 함께 인터넷전화 회사 ITXC^{Internet Telephony Exchange Carrier}를 창업하고, 인터넷 제품으로서의 장거리 전화란 발상으로 업계를 뒤흔들었다. 이 회사는 단기간에 성장했고, 닷컴 거품이 꺼지기 전에는 시가총액이 80억 달러에 이르렀다. 버닝어의 다음 벤처회사인 보나지는 인터넷전화의 주요 공급업체가 됐고, 2004년에는 고객을 140만 명이나 유치했다. 이 회사는 나중에 허울만 그럴듯했지 알맹이는 하나도 없고 피곤하기만 한 특허 청구 때문에 마비 상태에 빠졌다. 결국 이 일로 1억 5,000만 달러 가까운 돈을 지출했다.

하지만 그를 자유의지에 따른 소송 당사자로 만들어준 것은 헬로 디지털을 운영하면서 겪은 경험이다.

마이크로소프트 스카이프, 구글 행아웃, 페이스북 메신저 등과 같이 인터넷으로만 가능했던 기존 인터넷전화 시스템도 충분히 잘 작동하며,

심지어 어떤 때는 더 우월하다. 그러나 이런 것들은 특정 웹사이트들에서 사용자의 관심이 즉흥적으로 집중될 때 이 상황을 효과적으로 활용하지 못한다. 콘텐츠가 독립적인 웹페이지들에서 추가 수익 원천을 확보할 수 없다는 말이다. 그리고 이런 것들은 고음질이라는 마법도 부리지 못한다.

"사람들은 자신이 고음질의 통화를 원하는지 모른다. 그러나 한번 접하고 나면 다른 모든 전화는 어딘지 부족하게 느껴진다."

신뢰할 수 있는 고음질 통화가 가능하려면 버퍼링이 많은 인터넷 연결 방식보다는 일반전화처럼 엔드 투 엔드 방식이 필요하다. 이와 관련해, 버닝어는 연방통신위원회 앞에서 '대니얼 버닝어 선언'을 발표하며 다음과 같이 말했다.

"대기시간, 지터(*신호가 기준점보다 빠를 수도, 늦을 수도 있는 변동성), 패킷손실(*패킷이 전송 중 장해 등으로 손실되는 것)이 품질을 위협하고 고음질 서비스의 가치제안Value-Proposition을 파괴할 것이기 때문에, 네트워크 오퍼레이터들이 이 트래픽을 우선적으로 처리하는 것이 매우 중요하다. …… 물론 거기에는 합당한 보상이 따를 것이다."

버닝어는 연방통신위원회가 2015년에 제정한 '열린 인터넷 원칙Open Internet Order' 때문에 웹을 기반으로 하는 이 새로운 전화 사용이 연방통신위원회를 거쳐야 한다는 것을 잘 알았다. 그해에 이 위원회 위원장이었던 톰 휠러Tom Wheeler는 1996년 통신법의 2조를 근거로, 인터넷전화를 아우르는 공중교환 전화망 부분을 공표하고 인터넷전화를 공익시설로 여겨 통제하고 나섰다.

그러나 버닝어는 자기의 작은 앱은 문제 될 것이 없다고 생각했다. 헬로 디지털은 그저 새로운 형태의 보다 나은 음성, 음향 및 커뮤니티 정신을 인터넷에 실현했을 뿐이라고 본 것이다. 그러나 몇 달을 기다린 끝에 버닝어는 그것이 허망한 기대임을 깨달았다.

연방통신위원회는 망 중립성network neutrality 원칙(*통신망 제공 사업자는 모든 콘텐츠를 동등하고 차별 없이 다뤄야 하며, 망을 보유하지 않은 사업자도 같은 조건으로 망을 이용할 수 있어야 한다는 원칙)을 들어, 엔드 투 엔드 접속 방식을 보호하는 것이 불법이라고 말했다. 아닌 게 아니라 이 원칙은 어떤 비트를 다른 비트들보다 우선시하는 것을 금지하고 있었다. 예컨대 시간에 민감한 음성 비트를 덜 민감한 이메일이나 문자 전송보다 우선적으로 처리할 수 없었다. 이렇게 되면 헬로 디지털은 자신들의 강점을 발휘할 방법이 없었다.

그러나 버닝어는 쉽게 물러나는 사람이 아니다. 그는 한 국가의 통신 정책을 결정하는 당국의 전원 합의체 최종 결정에도 호락호락 물러서지 않았다. 연방의 통신 규제를 인터넷으로까지 확대하는 의사결정이 그를 가만히 물러서지 못하게 만들었다. 핵심적인 단계는 인터넷 프로토콜 주소가 전화번호와는 전혀 다른 형태라는 판결을 얻어내는 것이었다.

만일 연방통신위원회가 전화번호를 책임진다면, 논리적으로 볼 때 IP 주소도 책임져야 한다. 그리고 만일 위원회가 IP 주소를 책임진다면, 인터넷도 책임져야 한다. 사물인터넷으로 활용될 수 있는 수많은 '사물'을 수용하기 위해 IP-버전4의 제한된 주소 공간이 점점 빠르게 IP-버전6으로 전환되는 상황에서, 연방준비위원회는 무슨 까닭으로 그 모든 것을 통제하려드는가? 꽉 막힌 관료적 발상이 아닌가? 이런 문제 제기에 연방통신위원회는 명령서 형태로, 만일 앞으로 새로운 형태의 주소가 개발된다면 그것들까지 모두 소유할 것이라고 말했다. 서서히 늘어나고 확산되는 비중립성 기업가들이 도입하는 새로운 주소 체계까지도 모두 연방통신위원회 관할로 들어간다는 뜻이었다.

버닝어는 소송을 제기하기로 결심했다. 그러다 뒤늦게, 그러려면 로펌에 너무 많은 비용을 퍼부어야 한다는 것을 깨달았다. 워싱턴에서 최고의 통신 관련 소송 전문 로펌으로 꼽히는 와일리 레인을 고용한다면, 연간 소송비만 해도 20~50만 달러가 들게 생겼다. 소송 절차도 행정절차법에 따라 일련의 질의 및 회신이 진행된 다음 통상적인 항변이 거절당한 뒤에 중지 명령 신청이 이어질 터다. 또 공보에 게재되는 소송 목록에 이 건이 포함될 때까지 기다려야 한다. 감독 당국에 늘 우호적인, 워싱턴 D. C. 순회법원에 대한 미연방 항소법원의 퇴짜도 거쳐야 한다.

버닝어는 그 모든 과정을 거쳤다. 그리고 마침내 2016년 6월, 그가 제기한 소송 사건인 '버닝어 대 연방통신위원회'가 대법원에서 처리해야 할 사건 목록에 이름을 올렸다. 버닝어는 대법원이 자기 손을 들어주리라 기대한다. 대법원이 과거에 네트워크를 보호하는 판결을 내린 적이 있기 때문이다. 비록 연방통신위원회의 신임 위원장 아짓 파이^{Ajit Pai}가 규제 철폐에 우호적이며 2017년 말에 망 중립성 원칙 몇 가지를 보류하긴 했지만, 버닝어는 네트워크가 연방통신위원회의 감독 범위에서 영원히 해방되길 바란다(*2018년 6월, 연방통신위원회가 망 중립성 원칙 폐기를 담은 '인터넷의 자유 회복'이라는 행정명령을 공식 발효함으로써, 미국에서 유무선 인터넷 사업자에게 부과됐던 망 중립성 의무는 사라졌다. 그러나 8월에 22개 주 등이 미연방 항소법원에 오바마 행정부의 망 중립성 원칙을 부활시켜달라는 소장을 접수했다. 2019년 10월 1일에 미 연방법원은 일부 사업자가 일부 서비스들에 대해 다른 서비스에 우선

권을 주는 우대 서비스를 금지하는 것까지 막을 수는 없다고 판결했다).

이처럼 고음질이라는 작은 발걸음을 떼놓는 데도 사법부와 행정부, 나아가 의회와 백악관까지 개입하는 조정과 협의를 필요로 한다면, 구글 이후의 삶에서 이루어질 역사적 전환의 여정에는 도대체 얼마나 많은 미로가 놓여 있을까? 인터넷 발명 이후 지금까지, 장차 우리 사회와 삶에 지대한 영향을 끼칠 통신 분야의 거대한 지각변동이 진행되고 있다. 컴퓨터 구조에서 벨의 법칙이 근본적으로 바뀌도록 만드는 것은 5세대^{5G}라는 인프라의 근본적인 업그레이드다.

전 세계 통신사들이 원칙적으로 수용하고 있는 5G는 무선통신 표준의 제5세대를 뜻한다. 5G는 네트워크를 여러 개의 새로운 고주파 및 밀리미터 영역들로 확장하는 한편(*2기가헤르츠 이하 주파수를 사용하는 4G와 달리 5G는 초고대역 주파수인 28기가헤르츠를 사용한다) 안테나 수신 범위를 광대하게 확장해, 앞으로 5년에 걸쳐 무선 대역폭을 100배로 늘릴 것이다. 5G는 연방통신위원회가 나름대로 열심히 하겠다며 부지런히 챙기는 온갖 규제를 낡은 것으로 만들어버린다.

1초에 대략 20기가바이트의 전송 능력을 가진 5G는 이스라엘 기업 ASOCS의 발명품을 먹고산다. 이 회사 기기들 덕분에 베이스밴드(*송신되는 유·무선 신호에 주파수를 싣기 위한 변조 신호의 주파수 대역) 음성 처리를 기존의 거대한 안테나 탑이 아니라 무선통신 기지국에서 할 수 있게 됐다.

5G 시스템은 복잡한 연산장치와 비바람을 막아주는 장치 등을 대신해 가장 기본적인 요소만 남긴 수백만 개의 숨김형 안테나를 곳곳에 배치한다. 안테나를 울타리가 쳐진 거대한 탑이 아니라 동네 담장 기둥, 전

신주, 주차 시간 표시기, 조명기구 그리고 건물 내·외벽 등 어디에나 설치할 수 있는 것이다. 연방통신위원회 권한이며, 이름조차 잘못 지어진 보편적서비스기금Universal Service Fund(*미국 저소득층을 위한 전기·가스 비용 지원 프로그램. 심사를 거쳐 수혜자로 선정되면 가족당 1년 수입의 최대 6퍼센트까지만 이 비용을 납부하고, 나머지는 주정부가 보조한다)은 정치인들만을 위한 무책임하고도 엉망진창인 제도가 돼버렸다. 그런데 5G는 이를 훌쩍 뛰어넘어 광통신망을 기반으로 하는 고속통신망을 텔레비전이나 휴대폰만큼이나 보편적으로 만들어줄 수 있다.

물론 비록 수백 가지 요인을 검토해 단위전송량당 비용을 줄이긴 하겠지만, 이런 변화를 구축하는 데는 적지 않은 돈이 들어갈 것이다. 5G 업그레이드에 소요될 비용은 3,000억 달러로 추정되는데, 이는 맨 처음에 전체 통신 시설을 구축할 때 든 비용과 비슷하다.

5G는 단순히 고음질을 확보하는 차원이 아니다. 다가오는 네트워크 혁명에 대비하는 과학기술 분야 인프라다. 5G는 사물인터넷을 위한 새로운 분산형 보안 시스템을 가능하게 해주며, 소액결제의 새로운 암호경제 기반인 블록체인 원장을 가능하게 해주며, 또한 한층 발전한 인터넷 커뮤니케이션을 위한 증강현실 및 가상현실을 위한 플랫폼을 가능하게 해준다. 5G는 특히 우르스 회즐이 구글을 위해 야심적으로 세운 계획들을 위해서도 중요하다.

이 정도 규모의 자본을 조성하는 것은 '타이틀-2'에 대한 편협한 설정과는 도무지 양립할 수 없다. 타이틀-2는 인터넷을 전기처럼 공익 자산이라고 규정하기 때문이다(*1996년에 개정된 통신법은 통신사업자를 통신 서비스를 제공하는 기간통신 사업자와 정보 서비스 제공자로 구분했다. 참고로 706조에 따른 산업 분류에서, 타이틀-1에는 정보 서비스업체가 들어가고, 타이틀-2에는 유선전화를 비롯한 통신사업자가 포함된다. 타이틀-3은 라디오와 텔레비전, 타이틀-4는 케이블 서비스다). 즉 당국의 통제를 받는 어떤 공익 사업을 새롭게 혁신하는 데 3,000억 달러나 되는 자금을 끌어모을 수는 없다. 연방통신위원회가 이 부분을 전적으로 감독하고 통제하면, 고의적인 가격 통제의 위험성과 모든 새로운 연결에 대한 통제의 위험성이 뒤따른다. 이런 위험성은 연방통신위원회가 정한 규정에서 비롯될 뿐만 아니라 지역 토호 집단과 중앙 관료가 정한 규정에서도 비롯될 수 있다.

비록 커뮤니케이션 인프라가 특히 경쟁력 있는 산업이란 점도 작용하겠지만, 정부가 이 사업에 관심을 가지는 배경은 단지 이뿐만이 아니다. 공장, 설비, 이에 따른 어마어마한 일자리를 감안할 때 사용료, 수수료, 재산세, 투자, 선거에 활용할 수 있는 정치적 치적 등 여러 가지 측면에서 매력적이다. 애스펀이나 콜로라도 같은 시골 소도시, 보편적서비스기금이 모든 통신 연결에 세금을 매기고 거두는 지역인 팰로앨토 같은 특별한 지역에 유선통신 서비스를 구축한다! 2010~2018년, 이 꿀단지에 1,600억 달러가 넘는 돈이 흘러넘쳤다. 게다가 불필요한 일반 유선전화를 유지하겠다는 연방통신위원회의 결정 사항 때문에 통신사들은 전기요금만 한 해에 250억 달러를 물게 됐다. 이와 관련해 버닝어는 다음과 같이 말한다.

"현재 연방통신위원회가 통신사에 가하는 규제는 기업가인 내게 두 가지 측면에서 상처를 줍니다. 어떤 사업 모델을 추구하는 내 노력, 그리고 나와 함께할 잠재적 창업자들이 바로 그것입니다. 규제는 이 두 가지를 모두 지워버립니다. 웹사이트 뒤에 음성을 집어넣겠다는 내 새로운 서비스는 일견 콘퍼런스(전화 회의) 서비스처럼 보이기도 합니다. 그런데 문제의 타이틀-2 개정안에 따르면, 통신사들은 보편적 광대역을 사용하는 대가로 정부에게 최고 20퍼센트를 지불해야 합니다. 뭐, 이러면 얘기는 끝나는 겁니다. 이런 상태에서 나는 회사를 운영할 생각이 전혀 없습니다.

그리고 정부 당국의 규제를 받는 사업에 뭔가를 해보겠다는 투자자도 없습니다. 타이틀-2 개정안은 투자 자금줄을 말려버렸습니다. 가령 내가 100만 달러를 어딘가에 투자하고 싶다고 칩시다. 우선 투자 성공 가능성을 계산하고 평가해야겠죠. 그런데 바로 이 지점에서 당국의 규제가 변수로 작용합니다. 내가 투자하려는 곳 어딘가에서 연방통신위원회가 얼쩡거리고 있다면, 그걸로 끝입니다. 나는 그 사람들이 만들어놓은 규제가 구체적으로 어떤 내용인지 굳이 알고 싶지도 않습니다."

연방통신위원회 규정은 정보기술Information Technology을 세분화한다. 소프트웨어인지 플랫폼인지, 무선인지 유선인지, 앱인지 기간통신사업자인지, 또 콘텐츠인지 이 콘텐츠가 흘러가는 유도관인지 나눈다. 이런 구분에 따라 자본시장에서는 각 영역에 속한 기업들의 시장가치 평가가 엇갈린다. 투자자들이 선호하는 영역은 소프트웨어와 콘텐츠 앱이지, 규제를 받는 플랫폼과 제조업과 하드웨어가 아니다. 실제로 어떤 네트워크를 가능하게 만들어주는 것은 후자임에도 불구하고 말이다.

구글, 페이스북, 넷플릭스, 애플, 아마존처럼 시장에서 선호도가 높은 기업은 자본시장에서 자기 수익의 8~40배까지 높게 평가된다. 이에 비해 AT&T, 버라이즌, 티모바일 그리고 네트워크의 핵심 요소를 제공하는 지역의 경쟁력 있는 교환통신사업자exchange carrier 등과 같은 기업은

20~80배(자기 수익의 0.5~1.5배) 낮게 평가된다. 그러나 구글의 최고 재화와 서비스는 인프라 기업들의 투자에 전적으로 의존해 투자 대비 성과를 거두고 있다.

이런 규제와 세금 체제의 여러 결과 가운데 하나는 통신 및 컴퓨터 하드웨어 생산, 인프라 구축의 거의 대부분이 중국을 비롯한 해외로부터 아웃소싱된다는 점이다. 오늘날의 실리콘밸리에는 그저 푸른색 잔디만 깔려 있을 뿐이다. 실리콘, 반도체칩, 광섬유, 복잡한 생산 설비는 이제 실리콘밸리에서 찾아볼 수 없다. 통신 관련 하드웨어 회사들은 차별 때문에 그저 푸른색 잔디밭에만 투자금을 던져 넣는다. 버라이즌은 5G 사업에 매진하는 대신 (인터넷 서비스가 주력 사업인 미디어 기업) AOL과 (자유주의 계열 인터넷 신문) 〈허핑턴포스트〉를 인수한다. AT&T는 타임워너를 인수한다. 이들은 대역폭 공급 회사라기보다는 대역폭 사용자에 가깝다.

연방통신위원회 규정으로 대표되는 미국의 규제 정책이 미국에서 5G가 활짝 꽃을 피우도록 해줄지 아니면 다른 나라들에 뒤처지게 할지, 그리고 블록체인 혁신들이 가져다준 인터넷 안전성의 전망이 미국에서 실현될지 아니면 인터넷이 앞으로도 계속 구글과 애플과 페이스북의 지배를 받는 '울타리로 둘러싸인 거대한 정원'으로 몰락해갈지 다음 10년 동안에 결정될 것이다.

그런데 지금 드러나는 여러 조짐들로는 낙관적이지 않다. 구글과 페이스북은 현재 전체 인터넷 커뮤니케이션의 70퍼센트 가까운 양을 처리하고 있으며, 구글 내부 링크들은 단면적의 대역폭으로 볼 때 전체 인터넷보다 크다. 그런데 구글이 구글 파이버Google Fiber라는 이름으로 지역적 인프라 구축 사업에 잠깐 발을 담갔을 때의 일이다. 처음에는 전국적으로 초당 기가바이트 속도의 연결을 보급하겠다고 잔뜩 허세를 부렸지만, 결국 궁지에 몰리기만 할 뿐인 몇 개 사업들로 쪼그라들었다. 지금은 캔자스시티, 오스틴, 프로보, 애틀랜타, 샬럿 그리고 소규모 지역 네 곳에만 살아남았다. 결국 구글은 500만 구독자라는 수수한 목표에 도달하는 데 실패했다.

구글은 엄청난 검색 능력들로 월드와이드웹의 세상을 느리게 기어 다니는 인터넷 회사로 시작했다. 그런데 지금은 에릭 슈미트가 천명하듯 '검색'에서 웹을 배제하는 인공지능을 이용해 '추천'으로 나아가고 있다. 사람들은 이제 구글 시스템에서 어떤 웹페이지를 언급받기보다는 딥러닝 시스템들로 연마된 구글 자체의 표적화된 반응을 제공받는다. 구글의 초지능은 사람들이 아무리 변덕을 부려도 어려움 없이 적응하고 있다.

구글의 이 모든 야망은 5G를 통한 급속한 대역폭 확대 및 수천억 달러의 투자금을 수반하게 될 다른 벤처회사들에 따라 성공과 실패가 좌우된다. 구글에게는 통신사들과 인프라 제공 회사가 필요하다. 실질적인 가격에 반응하는 기업가들로 가득한 번성하는 세계 경제가 필요하다. 그러니 구글은 자기만족적인 정치학과 자기보존적인 위선을 벗어던져야 한다.

구글에 비하면 헬로 디지털은 그야말로 별것 아니다.

2002년, 버닝어는 강화된 정부 규제의 핑계로 기능하는 '미국 통신 정책의 헛된 신화' 10가지를 적시했다.[1] 그로부터 16년 뒤, 가장 의미가 큰 변화는 구글과 구글의 로비스트들이 이 본질적으로 잘못된 믿음의 목록에 추가됐다는 점이다.

버닝어가 꼽은 첫 번째 헛된 신화는 정책은 기술에 의존하지 않는다는 것, 즉 커뮤니케이션 서비스는 기술이 아니라 법으로 규정된다는 것이었다. 그렇기 때문에《마스터 스위치 The Master Switch》와《관심을 사는 상인들 The attention merchants》을 통해 의견을 피력한 존경받아 마땅한 팀 우를 비롯한 많은 분석가들은, 정부가 '망 중립성' 규정을 강제할 수 있는 현재 상황이 바뀌지 않는 한 통신사들이 자기가 실어 나르는 콘텐츠를 조작하고자 하는 저항할 수 없는 유혹에 직면한다고 믿는 것 같다.[2] 그들은 지금 AT&T, 버라이즌, 컴캐스트, 타임워너 등에서 서서히 커져가는 힘을 목격하고 있다. 이 기업들은 자기들이 좋아하지 않는 콘텐츠는 억제하고, 자기 이익에 부합하는 콘텐츠를 지원한다. 변호사들과 연방통신위원회가 끊임없이 부지런히 감시하지 않는다면, 네트워크에 관해 통신사들을 비판하는 논리 때문에 모든 것을 다 잃어버릴 것이다.

팀 우는 비록 기술 분야를 이해하기 위해 그럴 만한 가치가 있는 노력을 기울이지만, 사실 그는 로스쿨 교수이며 연방통상위원회 FTC, Federal Trade Commission 자문위원이다. 그래서 그는 자기가 세상을 지배한다는 상상에 사로잡힌 변호사들에게 둘러싸여 있다. 그러나 전반적으로 볼 때 통신법은 엔지니어들이 만들어내는 끊임없는 대변동에 반대하는 비뚤어지고 잘못된 지연행동 역할을 수행한다.

엔지니어들은 음성, 동영상, 3D 쌍방향 게임, 가상현실, 금융거래, 911 긴급전화, 음악 스트리밍, 메시지, 콘텐츠 전송 네트워크, 이메일, 무선 신원 확인 시스템, 소프트웨어 다운로드, 사물인터넷, 기계 대 기계의 연결 등이 기술적으로 거의 모든 점에서 다르다는 것을 잘 안다(*긴급전화가 여기에 포함된 것은, 연방통신위원회가 망 중립성 원칙을 고수한 결과 911 전화 같은 긴급한 인터넷 통신에 우선적인 순위가 주어지지 않아 산불 진화나 인명 구조에 차질이 빚어졌고, 이런 사례들이 망 중립성 원칙의 철폐 여부를 둘러싼 논쟁을 한층 달구었기 때문이다). 어떤 통신사도 이런 것들을 동일한 위상으로 다룰 수 없다. 동일하게 다루길 요구하는 법률은 결국 끊임없는 분쟁의 불씨만 될 뿐이며, 따라서 정부 권력의 아슬아슬한 전횡을 부추길 뿐이다.

실제로 그런 차이들은 아무런 문제도 야기하지 않는다. 당신이 최고의 플랫폼을 가지고 있으며 모든 사람의 콘텐츠가 이 플랫폼을 사용하길 바라는 것과, 당신이 최고의 콘텐츠를 가지고 있으며 이것이 모든 사람의 플랫폼을 타고 사용되길 바라는 것에 무슨 차이가 있는가? 그러므로 시의적절한 주장과 신경질적인 공포가 있긴 해도, 과격한 조작이 일어나지는 않는다. 그러나 만일 연방통신위원회가 법률 차원에서 이를 강제한다면, 미국 로비스트들의 활동 중심지 케이스트리트의 문화가 네트워크 분야에서 활개를 칠 것이다. 그리고 오로지 경제적인 여유가 넘쳐나는 거대하고 강력한 괴물들만이 고용할 수 있는 변호사들의 배만 불려줄 것이다.

사실 인터넷 중립성에 대한 어떤 심각한 차이를 야기하는 유일한 요인은 대역폭에 대한 투자다. 만일 대역폭이 희소하다면, 법률에 구애되지 않고 우선순위에 따라 할당돼야 할 것이다. 이런 상황에서는 망 중립성이 의미가 없다. 하지만 대역폭이 풍부하다면, 중립성을 규정하는 법률이 굳이 있을 필요가 없다. 모든 것이 자신을 실어 날라줄 매개체, 즉 도관導管을 가진다. 그런데 정말 이상하게도, 오늘날 실질적인 망 중립성을 위험하게 만드는 핵심적 위협은 국가의 망 중립성 운동이다. 이 운동은 대역폭에 대한 기업 투자를 가로막고, 통신사들이 무책임하고 무기력한 '콘텐츠 놀이'에 빠져들게 만들며, 인터넷을 정적靜的인 제로섬 체계인 것처럼 다룬다.

구글은 자신의 공짜 제품을 사용자들에게 실어 나르는 일을 하면서, 사용자들이 다른 기업들에 보수를 지급하는 것이 마음에 들지 않는다. 그래서 정부가 개입해 구글의 '공짜 세상' 편을 들 수 있도록 유도하기 위한 방편으로 인터넷 중립성을 지지한다. 겉으로 봐서 쉽게 알 수 있는 사실이지만, 구글은 자신이 정부와 미디어를, 적어도 자신보다 가난한 통신사들보다는 더 잘 조종하고 조작할 수 있다고 생각한다. 그게 맞을 수도 있다. 그러나 궁극적으로 보면, 대역폭이 풍부해야 구글의 이익도 커진다. 대역폭이 늘어나려면, 망 중립성 법률로 손발이 묶인 투자와 혁신을 자유롭게 해줘야 한다.

버닝어가 지적한 두 번째 신화는, 인터넷이 본질적으로 공중교환 전화망, 즉 PSTN에 뭔가를 덮어씌운 것이며 따라서 이 전화망과 비슷한 방식으로 규제돼야 한다는 잘못된 믿음이다. 오늘날에는 사실상 오버랩 방식이 없다. 대부분의 인터넷 링크는 무선 스펙트럼을 사용해 스마트폰으로 넘어간다. 나머지는 케이블 텔레비전 동축선, 광섬유 연결, 전자파 혹은 인공위성으로 넘어간다. PSTN의 옛날식 구리 케이지들은 이제 인터넷 링크와 아무런 관련이 없다. 그러나 PSTN에 지나치게 많은 세금이 매겨지고 또 지나치게 많은 규제를 받는 데 비해 인터넷은 훨씬 적은 세금을 내고 또 적은 규제를 받기 때문에, 구글의 로비스트들처럼 '큰 정부'를 지지하는 사람들은 인터넷 및 네트워크가 통신의 한 측면으로 비추어지길 바란다. 정말 놀라울 정도로 근시안적인 태도다.

세 번째 신화는 인터넷이 PSTN을 대체하리란 잘못된 믿음이다. 고속도로가 철도를 대체한 것과 같은 방식 및 같은 규모로 말이다. 하지만 지금도 철도는 남아 있다. 정부가 본연의 기능을 수행하기 위해 필요한 활동들에 초점을 맞춰 다양하게 특화돼 있거나 특수한 이유로 보호를 받는 일반전화의 음성 및 동영상 통신에 초점을 맞춘 네트워크들 역시 여전히 남을 것이다. 정치인들은 자신이 장악한 규제 권한을 (자신의 밥그릇으로 여기고) 좀처럼 포기하려 하지 않는다.

네 번째 신화는 인터넷이 정부가 간섭하지 않고 물러나 있을 때 가장 활기차게 번성하는 자유주의적 무대란 발상이다. 이상적인 사회라면 그럴 수 있을지도 모른다. 그러나 많은 이가 이미 파악했듯, 세상은 이상적이지 않다. 정부는 가능한 모든 단계에서 모든 부서의 모든 직책에 있는 사람들을 동원해 네트워크에 간섭하기 때문에, 이 자유주의적인 희망은 덧없는 믿음일 뿐이다.

그럼에도 불구하고 이상하게도, 구글에 몸담고 있는 '큰 정부' 자유주의자들이 '작은 정부'라는 널리 퍼져 있는 자유주의적인 헛된 믿음을 공유한다. 이 믿음이 감독 당국자들이 간섭할 수 있도록 하면서 통신 분야 발전을 심각하게 가로막고 있다. 이는 전자기파 스펙트럼이 '해변에 있는 소유지'를 닮은 희소한 자연 자원이며, 정부가 이를 시민의 이름으로 소유하고 또 마음으로 팔 수 있다는 헛된 믿음, 신화다.

지난 4반세기에 걸쳐 정부가 민간에 경매로 팔아넘긴 '공기air'가 600억 달러나 된다. 비록 연간 4~5조 달러를 지출하는 정부 예산 규모에 비하면 적은 금액이지만, 정부에서 자기가 일하는 곳이 '이익 중심점'(*수익을 창출하는 중심적인 부문)이라고 우쭐댈 수 있는 연방통신위원회 당국자들의 눈에는 엄청나게 크게 비친다. 미국의 전체 산업 부문 가운데서도 이미 가장 높은 세금을 내고 있는 통신 산업에 종사하는 사람들의 눈에는,

그렇게 모인 돈이 모바일 통신에 매겨지는 상당한 규모의 추가 세금으로밖에 비치지 않는다.

이 경매들 뒤에 놓인 셈법은 매우 낡았으며, 주로 변호사들이 주장하는 것이다. 인터넷을 하는 스마트폰은 저전력 무선 기술을 탑재하고 있어서, 수십만 와트의 신호를 방출하는 라디오 및 텔레비전 방송국과는 근본적으로 다르다. 스마트폰에 비하면, 라디오나 텔레비전 모델은 에탄올 공장만큼이나 낡고 또 오염이 심하다.

사용 가능한 휴대폰 스펙트럼은 독창적인 엔지니어들이 만든 것이다. 이 엔지니어들은 지속적으로 확장되는 송신자와 수신자의 배열, 믹서와 발진기, 분자 증폭기와 레이저와 진행파관進行波管, 클라이스트론과 마이크로파 방사기(안테나)와 센서, 그리고 이것들을 제어하기 위해 한층 더 압축적인 마이크로컴퓨터를 개발해왔다. 한때는 휴대용 무선 기기가 자기 주파수에 고정돼 있어 자기 경로에 있는 여러 조건을 둘러볼 수 없었다. 하지만 마이크로칩 분야가 발전하면서 이 장비들 대부분이 유연하고 '스마트(똑똑)하게' 프로그램을 작동시킬 수 있게 됐다.

어떤 시스템에서 적용돼 간섭을 회피하고 공개 채널을 통해 데이터를 전송할 수 있게 해주는 '소프트웨어 무선 기술SDR, Software Defined Radio'의 적용 범위가 점점 늘어나고 있다. 한층 낮은 전력으로 한층 높은 지향성과 통제 아래에서 작동하는 새로운 안테나 시스템은 신호 전파 범위를 특정 지역 주민들만으로 제한할 수 있다.

많은 무선 시스템이 각 휴대폰에 쏘는 빔beam에 초점을 맞춘다. 공기 속 주파수들은 지상에 놓인 철로와 많이 다르다. 비행기가 다니는 하늘이나 자동차가 다니는 활짝 열린 도로와 비슷하다. 현재 지배적인 방식인 '대역 확산spread spectrum'(*특정 정보를 전송하기 위해 필요한 이론적 대역폭보다 훨씬 넓은 대역폭을 사용해 정보를 전송하는 기법) 방식의 무선 시스템은 송신 자와 수신자가 그 '도로'를 공유하게 해준다. 그들에게는 고정된 할당량 이 아니라 트래픽 통제가 필요하다.[3]

값비싼 비용을 감수해야 하는 주파수 경매 제도 아래에서는 이 통신 대역들을 주로 거대한 회사들만 사용할 수 있다. 그래서 경매는 통신 부 문의 혁신과 경쟁을 제한하는 일종의 세금으로 기능한다. 세금으로 산 업 발전을 억제하는 방식의 폐해는 억제에 따른 긍정적인 효과를 모두 지워버리고도 남을 지경이다. 구글이 이 제도를 지지하는 것은 거물 통 신사로서 자신이 가진 권력을 과시하는 것일 뿐이다.

버닝어가 지적하는 다섯 번째 신화는 1934년의 통신법이 모든 통신에 적용된다는 잘못된 믿음이다. 이 법은 서비스, 즉 콘텐츠를 담아 나르는 도관인 기술이 콘텐츠를 정의하고 특정한다는 사실을 전제로 했다. 하지 만 이런 발상은 정보이론 및 이에 기초한 인터넷과는 양립할 수 없다.

방송이란 말이 텔레비전을 의미하고, 구리선이 곧 전화였던 먼 옛날에 생긴 이 법칙은 광섬유에서 인공위성 그리고 동영상, 음성, 돈 그리고 기 계를 처리하는 온갖 근거리 송신자들에 이르는 온갖 종류의 채널을 사용 하는 다목적 디지털 네트워크들의 시대에는 그저 우스꽝스러울 뿐이다.

여섯 번째 헛된 신화는 전화에 부과되는 세금으로 조성된 보편적서비 스기금이 가난하거나 시골에 사는 사람들에게 제공되는 서비스와 관련 이 있다는 믿음이다. 가난하거나 외딴 지역에 사는 사람들에게는 유선 전화가 규제를 상대적으로 덜 받는 휴대폰, 텔레비전보다 오히려 접근 성이 훨씬 낮다. 사실상 휴대폰야말로 거의 보편적이다. 보편적서비스

기금은 그저 정치인들과 관료들이 지역구를 관리하고, 이권이 달린 통신 관련 법률을 통과시키는 대가로 주고받는 1,600억 달러 규모의 비자금이라고 보면 된다.

일곱 번째 신화는 우리에게 '평평한 운동장(공정한 경쟁의 장)'이 필요하다는 발상이다. 사실 이 발상은 정치적 개입을 위한 또 하나의 구실일 뿐이다. 기술, 자본, 전자기파 스펙트럼상 어디에도 기울어지지 않은 운동장은 없다. 그렇기 때문에 이 잘못된 믿음은 정치적인 개입을 끊임없이 불러들인다.

여덟 번째 신화는 통신 분야의 부적절한 투자가 네트워크 공급자들에게 인센티브를 충분히 제공하지 않은 결과며, 따라서 정부는 이들에게 보조금을 지원해야 한다는 믿음이다. 정부가 자신이 필요로 하는 안전한 통신 시스템을 사들일 수는 있겠지만, 일상적인 광대역 통신 서비스에 보조금을 지급하는 제도는 필요 없다. 광대역 통신은 설령 구글이 아무리 이를 무료로 제공한다고 주장하더라도 수익성이 있어야 한다.

부적절한 투자가 이루어지는 이유는, 통신이 술과 담배 다음으로 국가가 가장 무겁게 세금을 매기고 통제하는 산업이자, 자본집중적인 사업이자, 다른 어떤 산업보다 빠르게 변화하는 산업이라는 데 있다. 5G와 블록체인의 시대가 시작된 지금은 새로운 기회의 시대 초입이다. 그러나 구글 같은 기업들은 정치인들을 압박해 이 급변하는 산업 부문을 마치 공익사업처럼 다루도록 만들고 있다.

아홉 번째와 열 번째 신화는 1934년 통신법과 1996년 개정된 통신법 같은 통신 관련 법률들을 기반으로 한 것으로, 사실상 앞서 밝힌 여덟 가지 신화의 반복이다. 이 법률들은 자연독점(*상품 특성상 여러 기업이 생산할

때보다 한 기업이 독점적으로 생산할 때 비용이 적게 들어 자연스럽게 생겨난 독점)
인 것처럼 보였지만 사실은 세계 경제에서 가장 경쟁이 치열한 시장을
정부가 통제하도록 했다. 그러나 규제 당국자들은 점점 더 불필요해진
개입과 간섭이 가능하도록 하기 위한 새로운 법률 규정을 가지고 유유
자적 희희낙락하고 있다.

　새롭게 떠오르는 블록체인 경제를 정부 규제로부터 막는 일을 떠맡은
디지털상공회의소Chamber of Digital Commerce의 창립자이자 소장인 페리안 보
링Perianne Boring은 미치광이 모자 장수의 티파티에 초대받은 《이상한 나라
의 앨리스》의 앨리스와 같은 기분을 느낀다.[4] 인터넷 중립성의 수수께끼
에 대해서처럼, 암호 혁신의 수수께끼에 대해 모든 사람이 다른 대답을
내놓는다.

　미국 상품선물거래위원회Commodity Futures Trading Commission는 가상통화를 '상
품'으로 본다. 그러나 돈은 자신이 측정하는 것의 어느 한 부분이 될 수
없다. 앞에서도 확인했듯, 증권거래위원회에서는 토큰을 '증권'으로 바
라보는 견해가 점점 더 우세해지고 있다. 미국 재무부 산하 금융범죄단
속네트워크Financial Crimes Enforcement Network는 암호 자산이 불법적인 송금 수단
이 될 수 있다고 믿는다. 마치 암호 자산이 잠재적 범죄로 다루어지길 바
라는 것 같다. 또 미국 국세청은 가상통화를 '재산'으로 다룬다. 그래서
모든 거래에서 자본의 수익과 손실을 평가할 것을 제안하면서 해당 산
업을 회계 서류 작업에 잠재적으로 포함시킨다. 이런 중구난방 속에서
디지털상공회의소 소장 페리안 보링이 질문을 던진다.

　"상품? 증권? 통화? 재산? 도대체 뭐지?"

　그러자 모자 장수가 정부 규정을 지키면서 대답한다.

"나는 진짜 뭐가 뭔지 하나도 모르겠다고! 그러니까 이런 거지? 그게 어떤 움직임을 보이면 세금을 때린다. 그런데도 계속 움직이면 규제를 가한다. 그러다가 움직이지 않으면 보조금을 지급한다."

암호 관련 혁신의 '캄브리아기 대폭발'(*5억 4,200만 년 전으로 추정되는, 다양한 동물 화석이 갑작스럽게 출현한 지질학적 사건)이 도무지 움직임을 멈출 것 같지 않으므로, 규제 관련 조직의 온갖 부서들이 이에 대한 관할권을 주장하기 위한 근거를 부지런히 찾고 있다. 이 폭발은 세금과 규제의 위협이 점점 커지는 상황을 맞고 있다.

한편 인터넷의 백화만발에 직면한 연방통신위원회와 의회는 인터넷이 번창하도록 허용하면서 미국 경제와 세계에 큰 이득을 안겨주도록 했다. 이 새로운 기업가적 창의성의 분출에도 세금 및 규제와 관련된 비슷한 정책이 필요하다. 인터넷의 폭발은 결코 중단되지 않을 텐데, 이를 공공사업으로 규정하면 관련 기업들이 해외로 거처를 옮길 것이다.

세계 최고의 기술 기업이라 할 수 있는 구글은 이런 점을 다른 어떤 기업보다 잘 알아야 마땅하다. 그러나 구글의 세상 체계를 퍼뜨리는 헛된 믿음들은 지금 기술 선도자로서의 구글에게 거꾸로 심각한 위협이 되고 있다. 암호 관련 여러 혁신들로 형태가 규정되면서 진화하는 기술 경제 속에서 구글은 다시 한 번 치열한 경쟁을 치러야만 할 것이다. 사악한 것을 회피하는 것, 사람들에게 공짜 세상을 제공하는 것, 또 정치권에 강력한 영향력을 행사한다고 으스대기만 하는 것은 아무 도움이 되지 않을 것이다. 구글은 새로운 세상, 구글로서는 중심을 잡지 못할 것이 분명한 그 새로운 세상과 정면으로 맞닥뜨려야만 한다.

무엇보다 구글은 5G의 확산과 거기에 수반되는 막대한 투자를 필요로 할 것이다. 새로운 블록체인 운동의 창의성을 필요로 할 것이다. 우르스 회즐이 광섬유 엔지니어들에게 말했듯, 구글은 거대하게 확장된 대역폭을 필요로 할 것이다. 그리고 새롭게 투자를 유치할 필요가 있을 것이다. 구글은 새로운 세상 체계 아래에서 진정하게 기업가적인 경쟁력을 갖춰야 할 것이다.

CHAPTER

21

제국의 역습

The Empire Strikes Back

● ●

구멍이 숭숭 뚫린 인터넷 보안, 쓰이지 않는 돈, 지나친 규제와 감독, 네트워크 중앙집중화, 느

려터진 속도와 절차를 오히려 권위로 삼는 태도, 빅데이터에 따른 이득이 점점 줄어드는 현상

등으로 대표되는 구글 시대의 이 모든 문제는 제3신뢰기관들이 비대해짐에 따라 발생한다.

● ●

크립토코즘의 전당에서 암호를 비난하는 발언이 줄을 이을 때 우리는 모두 미소 지으며 박수 쳤다. 제이피모건 체이스의 제이미 디먼은 "그것은 사기"라고 말했다. 버크셔 해서웨이의 워런 버핏과 찰리 멍거Charlie Munger는 "그것은 쥐약"이라고 말했으며, 프린스턴대학 교수이자 〈뉴욕타임스〉 칼럼니스트인 폴 크루그먼은 "그것은 사악하다"고 말했다. 이들은 모두, 마크 안드레센이 기술을 '거의 100퍼센트' 잘못 알고 있다고 깎아내린 바로 그 인물 유형인 '백인 노인들'이다. 이 케케묵은 사람들은 반대 의견을 가진 우리의 귀에다 확신의 합창을 대위법적으로 불러 젖혔다.

그러나 비슷한 시기인 2017년 12월에 (시니어 전용 금융 회사 트루 링크 파이낸셜True Link Financial의 창업자인) 카이 스틴치컴Kai Stinchcombe이 쓴 블로그 게시물이 사람들의 관심을 끌었다. 그는 젊은 금융 컨설턴트이자 자신을 '미래주의자와는 정반대인 사람'이라고 설명하는 기업가로, 다음과 같이 천명했다.

"지치지 않는 노력과 수십억 달러를 투자하고 여러 해가 지났지만, 지금까지 블록체인 사용에 대한 해답을 내놓은 사람은 실질적으로 아무도 없다. 게다가 이를 이용한 환투기와 불법적인 송금이 기승을 부리고 있다."

암호의 파티는 끝났으며, 이제는 온갖 전단과 책과 브로슈어를 치우는 설거지만 남았다고 그는 말했다. 코인서밋(*블록체인 관련 콘퍼런스)이니 핀테크 해커톤이니 코인 공개 기념일이니 블록체인 시사 풍자극이니 하는 것들도 모두 판을 접어야 할 때라고 말했다. 기존 글로벌 경제 속에 있는 진짜 신뢰와 진짜 가치를 부지런하게 창조하는 일상으로 이제 그만 돌아가야 한다고 말했다.[1] 그의 말에는 그가 짐짓 강조한 성스러움까지 묻어 있었다.

사토시의 퍼레이드를 따르는 군중 속에 보이지 않게 숨어 있었던 스틴치컴이 허세를 부리며 한 걸음 걸어 나와, 본명과 정체를 밝히지 않는 블록체인 창업자 사토시는 멍청이일 뿐 아니라, 그가 가르치는 대로 맹목적으로 '블록체인'을 외치는 모든 벤처 캐피털의 비잔틴 장군들 역시 비슷하게 무모하고 경솔하다고 목소리를 높였다. 여기서 무모하고 경솔한 사람은 바로 "당신, 팀 드레이퍼, 그리고 당신, 틸, 그리고 또 거기, 마크 안드레센"을 뜻한다.

"블록체인은 형편없는 기술일 뿐 아니라 미래를 고약하게 전망하기까지 한다."

단지 일회적 파괴에만 그치는 게 아니라 '영원히' 그러하다고 했다. 세상을 완전히 잘못된 방향으로 끌고 가려 한다고 했다. 지금 블록체인이 잘되면 잘될수록 미래는 더 참담해질 것이라고 했다.

그는 '아주 긴 일련의 작은 파일을 만들어나가되, 각 파일에는 그 이전에 생성된 파일의 해시값을 포함시킨 일종의 데이터 구조'가 불변의 데이터베이스를 구축하는 문제를 해결할 수 있음을 인정했다. 그러면서도 그 문제가 사실은 별로 어렵지 않다고 했다. 하지만 도대체 누가 그것을 원하냐고 했다. 데이터가 바뀌지 않으리란 점에도 의문을 제기했다.

"정말 그럴까요? 아무리 큰 실수가 일어나고, 또 어떤 악당이 사기를 친다 하더라도 한번 기록된 데이터가 바뀌지 않을까요?"

비탈릭 부테린이 '결코 바뀌지 않는 시스템'을 원하지 않았음은 분명하다. 이더리움의 플랫폼 기반인 다오^{DAO}가 대략 1억 5,000만 달러를 해킹당했을 때 그는 자기 코드 기반으로 들어가 자신의 개인적인 '하드 포크'를 행사해 거래를 무효화했다(*2016년에 출범한 다오는 컴퓨터 코드로 운영·제어되는 탈중앙화 자치 조직이다. 2016년 6월, 다오의 이더리움 환불 기능을 이용해 이더를 환불 신청하고, 다오 토큰을 되돌려주기 전에 다시 이더를 환불받는 방식으로 공격을 받았다. 이 일이 있은 뒤에 이더리움 측은 장부를 조작해 해킹을 없던 일로 만들고, 해킹당한 사람들에게 코인을 돌려주는 하드 포크를 추진했다. 이로 인해 기존 이더리움과 같지만 장부만 살짝 바뀐 코인이 탄생했다. 바로 지금의 '이더리움'이다. 기존 원칙을 지키자고 주장한 측의 코인은 '이더리움 클래식'이 됐다).

당신은 당신이 인터넷에서 서명하는 '온갖 조건'의 허튼소리 계약들을, 영구히 지속되는 디지털 등록을 위해 혹은 영원히 죽지 않는 음경을 보장하는 알약을 위해 확정해두길 원하는가? 아니면 비자든 아마존이든 연방통상위원회든, 심지어 프릿 바라라 전 뉴욕주 남부법원 연방검사든 간에 '신뢰할 수 있는 제3자'를 불러 실수를 바로잡아달라고 말하겠는가?

스틴치컴은 블록체인과 스마트계약이 신뢰, 규제, 법 집행, 정부 혹은 신뢰받는 중개인 등에 대한 필요성을 배제하지 않음을 상세하게 설명했다. 이 명백해 보이는 그의 단언이 틀렸다고는 할 수 없다. 스틴치컴은 그 이전에 쓴 다른 글에서, 10년에 걸쳐 여러 실험들 및 온갖 야심 찬 주장들이 나오고 난 뒤에도 여전히 암호화폐나 블록체인과 관련된 믿을 만한 '사용 사례'는 없을 것이라고 웅장하게 자기 의견을 내놨다. 심지어 리플조차, 비록 리플의 블록체인과 암호화폐인 XDR 광고가 많이 나오긴 하지만, 실제로 환율 계산에서는 이런 것들을 사용하지 않는다고 썼다. 보다 유동적이고 보다 단순하고 보다 변동적이고 보다 번거로운 달러화, 엔화, 위안화, 유로화를 사용한다는 것이다.

이와 비슷하게 다른 모든 블록체인 혹은 해시체인 예언자들은 (이오스의 댄 라리머, 아이오타의 데이비드 손스테뵈David Sønstebø, 해시그래프의 리몬 베어드, R3의 마이크 헌 등이 이에 포함된다) 제3신뢰기관TTP을 채택한다. 선출된 '증인들', 대표로 파견된 주주들, '평판 좋은 기관들', 기업의 컨소시엄들, 마이닝 풀mining pool(*채굴자연합, 함께 채굴하고, 그에 따른 보상을 나눠 가지는 집단)들, 옳고 또 당연한 규제 당국자들 혹은 그 시스템이 잘 돌아가도록 하려고 어떤 곳에선가 개입하는 '코디네이터들' 등이 바로 그런 신뢰할 수 있는 제3자다.

'스마트계약'이라는 것도 따지고보면, 신뢰 지점을 기존 변호사들에서 소프트웨어 엔지니어들로 바꾼 것일 뿐이라고 스틴치컴은 지적한다. 즉 영어나 뭐 그런 언어로 된 계약서의 문안을 가는 글씨체로 쓰는 데만 익숙한 변호사들을, 이들로서는 도무지 알 수 없는 언어를 구사하며 또 도무지 알아볼 수 없는 암호로 된 문안을 깃허브에 쓰는 소프트웨어 엔지니어들로 바꿨을 뿐이라는 말이다. 솔리더티라는 프로그래밍언어? 루비온레일스Ruby-on-Rails라는 프래그래밍언어? PHP는? 해스컬Haskell은? 파이썬Python은?

암호계의 엘리트들을 제외하고 (이런 사람들이 어떤지는 당신도 알 것이다. 꽁지머리에, 정말 똑똑하지만 의뭉스러워 무슨 생각을 하는지 도무지 속을 알 수 없고, 심지어 우리가 사는 세상은 외계인이 시뮬레이션을 한 세상일지도 모른다는 황당한 생각을 한다) 일반인에게 스마트계약은 '깜깜이' 그 자체다. 암호 전문가를 제외한 모든 사람에게 오픈소스는 단지 극단적으로 비밀스러운 비법의 어떤 환상적인 형태일 뿐이다. 난해한 법률 용어조차 소프트웨어 언어들 옆에 있으면 정말 이해하기 쉬워 보인다.

그렇다면 나는 왜 스틴치컴의 반대가 적절하지 못하다고, 혹은 크립토코즘에서 가장 널리 사용되는 통화를 가진 리플에 대한 그의 판단이 완전히 잘못됐다고 생각할까?

이 난해한 영역에 대한 투자 유치 백서에서 처음 등장한 이 기업가적 파도의 연혁은 10년밖에 되지 않는다. 암호화폐는 여전히 버그투성이며, 개발이 최종적으로 완료되지 않았다. 그러나 암호화폐 관련 회사는 이미 수천 개나 되고, 이들이 보여주는 창의성은 어마어마하다. 스틴치컴은 거의 대부분의 기존 해법들이 안고 있는 흠결이나 한계를 모두 보긴 하지만, 거기에서 한 걸음 더 나아가지는 못한다. 그것들을 만든 사람들보다 큰 통찰이 없어, 새로운 기업들 및 기술들이 분출했던 1990년대 인터넷 폭발 당시의 제품들만큼이나 혁신적이고 창의적임을 알아보지 못한다.

스틴치컴은 현재 금융 시스템의 자궁에서 글을 쓰지만, 이 금융 시스템은 최근의 10년 주기 세계적 불황 속에서 전 세계 자본주의를 심각하게 손상해왔다. 그는 환거래, 도드-프랭크 금융개혁법(*오바마 행정부가 2008년 발생한 금융위기의 재발을 막기 위해 제안해 의결된 것으로, 파산 위기를 맞은 은행에 연준이 자금을 빌려줄 수 없도록 규정하는 등의 강력한 은행 규제법), 볼커 룰Volker rule(*미국 대형 은행이 자기자본으로 위험한 투자를 하지 못하도록 한 은행자산운용 규제책. 2015년 7월 22일부터 전면 시행됐다), 증권거래위원회, 내부자거래 금지법, 제로금리의 마법 및 양적완화 등이 가져다주는 효율을 신뢰한다. 요컨대 그는 그 문제의 한 부분이다.

스틴치컴은 세계 금융의 기본적인 구조가 정적靜的이며, 오로지 점진적 개선만 할 수 있다고 본다. 세계적 복잡성이 비자카드에 의해 해결된 것을 상상해보라고 말한다. 기존 관료 체제에 좌절한 사람들에게 보내는 그의 대답은, 너무 복잡해 실행이 불가능한 암호와 관련된 온갖 파생물들 뒤에 숨지 말고 '투표'로 이런 것들을 퇴출시키라는 것이다. 정말 좋은 생각이다, 카이 스틴치컴!

보다 나은 소셜네트워크를 원한다면, '바뀌지 않는' 블록체인으로 그 네트워크를 망치지 말고 보다 나은 규제를 설계하라고? (그러니까 네트워크를 위해 보다 많은 규제를 만들라는 말이다!) 가난한 사람들을 위해 보다 적극적으로 대응하는 서비스를 원한다면, 분쟁에 휩싸인 토지 명의를 앞으로 영원히 바뀌지 않는 데이터베이스에 올려두라고 제안하지 말라고? 자원봉사자라면 제목을 검색하거나 공동체 발전을 위한 활동을 하거나 혹은 변호사가 돼 자신의 법률적 지식과 기술을 가난한 사람을 위해 제공할 수 있다고? (그러니까 보다 많은 공동체 행동 프로그램 및 소송전을 실천하라는 말이다!)

스틴치컴이 우리에게 확인시켜주듯, 투표로 선출된 관리들이 중앙은행에 임명된다. '시민'이 감독과 규제를 받지 않는 은행 시스템을 진정으로 원한다면, 투표권을 행사해 지금 시스템을 몰아내라고? 못 할 게 없지 않냐고? 황제처럼 군림하며 이전지출transfer payment(*정부가 일방적으로 지급하는 지출)이란 형태로 정부 예산을 마음대로 펑펑 쓰고, 연금이 절대로 중단되지 않으리란 불가능한 공약을 내세워 유권자를 매수하는 바로 그 통화 관리자들을 임명한 것은 바로 당신 즉 시민이 아니냐고? (그러니까 투표로 그들을 몰아낼 수 없다면, 그냥 보다 많은 돈과 빚을 280조 달러가 들어 있는 '최후의 심판' 항아리에 넣고 마구 휘저으란 말이다!) (*'2017년 세계은행World Bank 보고서'에 따르면, 전 세계의 부는 1997년 120조 달러에서 2017년 280조 달러로 늘어났다. 같은 기간에 부채는 50조 달러에서 233조 달러로 늘어났다)

스틴치컴이 제시한 이 처방들에 대해서는 따로 언급하지 않고 그냥 넘어가자. 암호화폐 운동은 사회주의 및 패거리 자본주의란 낡은 체제가 이미 실패했다는 인식을 전제한다. 이것부터 알아야 한다. 스틴치컴이 제시한 내용은 해결해야 할 문제이지 해결책이 아니다.

스틴치컴의 인식에서 드러나는 혼돈의 원천은 (이 혼돈은 암호화폐 운동 그 자체에 의해 강화되는 측면도 있다) 스마트계약과 글로벌 통화가 완전히 새로운 것이란 발상이다. 그는 제3신뢰기관의 개입이 블록체인 묵시록에 의해 강화되는 어떤 근본적인 결별이라고 은연중에 암시한다. 그러나 재봉틀, (과거에 신문 인쇄에 쓰이던 식자기인) 라이노타이프, 금속 절단기, 전화교환기, 월드와이드웹으로 연결해주는 인터넷 라우터 등을 모두 포함한 기계화와 산업에서의 모든 발전은 인간이 가지고 있던 통제력의 일부를 각종 기계언어에 양보하는 것이었다. 수치제어numerical control 방식으로 작업하는 용접공은 컴퓨터에 입력된 스마트계약의 통제를 받는다. 현금자동지급기, 각종 자동판매기, 데이터센터에 있는 토르 스위치 내부의 네트워크 프로세서도 마찬가지다.

스틴치컴 같은 사람들이 블록체인 및 이와 종류가 비슷한 기술들을 기묘하고 위협적인 것으로 여기는 이유는, 이런 기술들이 기본적으로 구글 시대가 끝났음을 전제하기 때문이다. 그들은 자동화와 기계학습과 인공지능의 발전을, 로봇의 우주 즉 라이프 3.0에서는 궁극적으로는 사라지게 될 인간의 지배와 통제라는 제한된 어떤 영역을 차지하는 것으로 바라본다.

그러나 찰스 샌더스 퍼스, 쿠르트 괴델, 알론조 처치, 앨런 튜링, 에밀 포스트Emil Post, 그레고리 차이틴은 이 가정이 가장 근본적인 수학적 논리 차원에서 틀렸음을 입증했다.

수학은 폐쇄되거나 칸막이로 구분된 시스템이 아니다. 인간의 상상력이라는 우주로 나아가는 모두 단계에서 활짝 열려 있다. 미국의 논리학자이자 철학자인 퍼스의 삼항틀triadic 논리가 밝히듯, 모든 상징은 상상적 해석에 대한 그 자신의 무한성을 낳는다. 어떤 상징과 이것의 대상은 통역자가 존재하지 않는 한 이질적이다. 차이틴은 이런 체제를, 괴델과 튜링이 완벽하고 일관된 수학적 우주라는 힐베르트의 가설이 틀렸음을 입증한 뒤 모습을 드러낸, 창의성의 새로운 수학이라며 축하한다.

이렇게 해서 필연적으로 도출되는 결론은, 수학적 논리를 토대로 한 기계는 인간 영역을 고갈시킬 수 없으며, 다만 확장할 뿐이라는 것이다. 새롭게 등장하는 기계의 모든 메커니즘은 인간이 보다 창의적인 시도를 해서 보다 많은 것을 성취할 수 있도록 인간 정신을 자유롭게 만들어준다. 인간이 기계라는 몰록(*셈족이 섬겼던 신. 금속으로 된 거대한 몰록 신상을 용광로처럼 가열한 뒤 방금 죽인 갓난아이를 몰록의 팔에 올려놓고 제사를 지냈다) 에게 희생되리란 기대는 자연의 진리와도 어긋난다.

블록체인, 해시체인, 블록스택, 스마트계약, 토큰 발행, 암호화폐 등은 구글 시대의 사악함에 대처하기 위한 새로운 방법들이다. 구멍이 숭숭 뚫린 인터넷 보안, 쓰이지 않는 돈, 지나친 규제와 감독, 네트워크 중앙 집중화, 느려터진 속도와 절차를 오히려 권위로 삼는 태도, 빅데이터에 따른 이득이 점점 줄어드는 현상 등으로 대표되는 구글 시대의 이 모든 문제는 제3신뢰기관들이 비대해짐에 따라 발생한다.

그러므로 이 제3신뢰기관들은 실제로 해당 서비스가 실현되는 지점에 보다 가까이 있는 개인 자격의 대리인들에게 통제를 받는 보다 단순한 시스템들로 재편될 필요가 있다. 이 제3신뢰기관 가운데는 금융거래업체, 검색엔진, 소셜네트워크, 그리고 세이렌 서버의 거대한 복합체가 운영하는 글로벌 소매유통업체 등이 있다.

지나치게 비대해진 제3신뢰기관의 또 다른 사례로는 금의 가치를 측정하는 도구가 아니라 마법의 지팡이로서 돈을 마구 휘둘러대는 재무부, 중앙은행, 의회를 꼽을 수 있다. 이 모든 기관은 탈중앙화해, 기업 활동을 제약하는 것이 무엇이고 또 진정한 투자 기회가 무엇인지 잘 아는 민간 측 당사자들의 관리 체계 아래로 되돌아갈 필요가 있다.

구글 세상의 제국은 사토시와 그의 추종자들이 서 있는 땅이 불안하게 흔들리고 있다고 생각할지 모른다. 하지만 이 제국의 우두머리들과 신하들은 280조 달러나 되는 자신들의 거대한 부채의 탑을 직시해야 한다. 이 탑이 흔들리기 시작했기 때문이다. 그들이 가진 재산도 함께 쪼그라들 수 있다. 전 세계의 정부와 투자자는 암호와 관련된 창의성이 폭발적으로 실현되는 현상을 반겨야 한다.

신용화폐가 가득 든 피냐타(*미국 내 스페인어권 사회에서 아이들이 파티 때 눈을 가리고 막대기로 쳐서 넘어뜨리는, 장난감과 사탕이 가득 든 통)가 마침내 터져 버릴 바로 그 순간에 대비해 새로운 세계 금융 시스템을 준비해야 한다.

22

비트코인의 결함

The Bitcoin Flaw

●●

만일 사람들이 비트코인 시스템을 믿는다면 전 세계의 부 대부분은 비트코인으로 흘러들 것이다. 이 결과는 현재 비트코인을 가진 사람들에게는 만족스럽겠지만, 결국에는 정부 개입을 부르고 몰수가 진행되고 대폭락이 이어지고 또 그 밖의 여러 반응들이 나타나, 인류에게 훌륭한 도움이 될 수도 있을 이 프로젝트는 영영 망가지고 말 것이다.

●●

미 공군 조종사가 될 수 있는 신체조건 가운데는 키가 6피트 4인치(*약 193센티미터) 이하여야 한다는 조건이 있다. 6피트 5인치였던 마이크 켄들Mike Kendall 은 미 공군 조종사가 되고 싶어 키를 잴 때 허리를 약간 구부정하게 숙이는 속임수를 써야만 했다. 연갈색 머리카락에 눈매가 날카롭고 마른 그는 지금 아메리칸 에어라인에서 에어버스 321S를 몬다. 지난 20년 동안 그의 취미는 1만 미터 상공에서 돈을 공부하는 것이었다.

켄들의 블로그 이름은 '한계점 위의 남자Man on the Margin'다. 하루에도 몇 시간씩 구름 위에서 보내는 그로서는 지도, 미터법, 표준, 기저상태에 당연히 관심을 가질 수밖에 없다. 그는 지도와 실제 지형 그리고 실제 측정치와 신기루 사이에 존재하는 상관성과 편차를 민감하게 의식한다. 그래서 시간과 공간을 초월해 높이 떠 있을 때는 자신이 설정한 기준들이 완전히 무너져 내리는 것은 말할 것도 없고, 불안정하게 흔들리는 것조차 원치 않는다.

기업가들 역시 '시간과 공간을 초월해 높이 떠 있을 때는' 올바르게 투자해 기업을 제대로 이끌기 위해 지도와 미터법에 의존한다. 공간은 기업의 전 세계에 걸친 지리적 확장을 수평적 차원에서 나타내고, 시간은 그 기업을 미래로 데려다주는 수직적 차원을 드러낸다. 돈은 공간과 시간 모두에게 중심적인 미터법이다. 환율은 국가 간 거래를 계획하고, 금리는 시간을 따라 이어지는 움직임을 이끌어준다. 그런데 이런 시간과 공간의 여러 신호들이 정부 개입이나 임의적인 조작에 의해 갈피를 못 잡고 뒤죽박죽되면, 거래는 엎어질 수 있고 투자 지평은 시간과 공간 양쪽 모두에서 쪼그라든다.

켄들은 이 문제를 정밀하게 파고들었다. 처음에는 아이작 뉴턴의 세상 체계, 즉 표준이 되는 모범적인 돈이라는 기준을 제시하는 뉴턴의 영원불변의 금본위제에 매료됐다(*뉴턴은 '금본위제의 아버지'로 일컬어진다). 그다음에는 사토시의 비트코인, 즉 금의 모방물로서 비트코인에 흥미를 느꼈다. 비트코인과 다른 암호화폐들 및 토큰들을 이해하려면 금이 중심적인 역할을 수행하는 원리를 제대로 파악할 필요가 있다.

금은 돈의 수평적 수수께끼와 수직적 수수께끼를 모두 해결했다. 금은 보편적인 가치 지수로서 환율의 변동성을 잠재웠다. 그리고 영원불변의 표준으로서 금리를, 기업가들이 시간의 어둠 속에서 뭔가를 결단하고 투자할 때 신뢰할 수 있는 하나의 지침으로 만들었다.

금본위제는 이렇게 기업가들이 시간과 공간을 가로질러 자신 있게 행동할 수 있도록 지도와 미터법을 제공했다. 사람들은 끊임없이 변동하고 불안정한 세상이라도, 제품을 시장에 내놓을 때 금융 측정자들만은 변하지 않을 것이라고 확신할 수 있었다.

비록 어떤 사람들은 금이 계속 채굴되면 언젠가는 고갈되고 말 것이라고 생각하지만, 그럴 가능성을 입증하는 증거는 희박하다. 미래학자들이 유성, 바다, 해저, 광재 더미, 달을 관찰한 뒤 내리는 결론과 마찬가지로, 채굴할 수 있는 금은 무궁무진해서 이것이 소진될 가능성은 없어 보인다. 시장은 이 점에 관한 자신의 판단을 내놓는데, 이 판단에서도

'피크 골드^{peak gold}'(*석유 생산량이 기하급수적으로 확대됐다가 특정 시점을 정점
으로 급격히 줄어드는 현상인 '피크 오일'에 빗댄 표현)의 조짐이 전혀 드러나지
않는다. 현재 금 공급량은 187킬로톤으로, 금융 분야에서의 사용량과 장
식 분야에서의 사용량이 거의 비슷하다. 금이 부족해진다 하더라도 결
과는 단지 이 두 영역의 비율 조정을 야기하는 데 그칠 것이다.

비록 금 공급이 수백 년에 걸쳐 연평균 1.5~2.5퍼센트 규모로 늘어나
긴 했지만, 금 재고량은 금의 흐름에 비해 엄청나게 많다. 금 재고량은
연간 추가 생산량보다 엄청나게 많아 금이 수요충격(*재화나 서비스의 수
요가 일시적으로 급증하거나 급감하는 것)에 매우 강한 저항력을 가질 수밖에
없다.

16세기 남아메리카부터 19세기 남아프리카에 이르기까지 거대한 금광
들이 발견되긴 했지만, 이런 것들이 가격에 끼친 영향은 상대적으로 적
었다. 공급이 축적될 경우에는 돈과 보석이라는 금의 주된 사용처 비율
이 달라질 수는 있다. 돈은 유동적인 보석이고, 보석은 광물적인 돈이다.
금의 가격으로 표시되는 경제의 필요성에 따라서는 가공되지 않은 금덩
어리가 보석으로 전환될 수 있으며, 보석은 녹여서 동전이 될 수 있다. 이
와는 대조적으로, 채굴되는 금의 양은 훨씬 더 느리게 반응한다.

만일 기술 분야에서 획기적인 돌파구를 찾아 금 생산량이 급작스럽게
늘어난다면, 금은 측정자라는 지위에서 물러나고 금의 실제 가격은 추
락할 것이다. 그러나 수천 년 동안 과학과 야금 기술이 발전하면서 금은
지금까지 안정적인 지위를 유지해왔다. 채굴 기술이 개선되긴 했지만
한층 더 깊은 곳에 있는 한층 덜 풍부한 광맥에서 금을 추출해야 하는 채
굴의 어려움도 그만큼 더 커졌던 것이다.

내가 《돈의 스캔들》에서 설명했듯, 기술 대상의 환경이 점점 어려워지면서 기술 발전의 효과가 상쇄되고 마는 현상이 금의 가격을 금 채굴에 드는 시간의 함수로 만들었다.[1] 주관적인 인간 열정과 탐욕, 배고픔과 욕망이 가득한 세상에서 시간은 반박의 여지 없이 객관적인 경제 요인이다. 그러므로 시간은 돈의 운동에 객관적인 물질을 제공한다.

경제학적 차원에서 볼 때, 돈은 본질적으로 시간의 가차 없는 희소성에 대한 측정치다. 물물교환 시대를 상상해보자. 예를 들어 사과와 말을 교환할 때의 교환 비율은 각 단위 생산량 하나를 추가로 생산할 때 소요되는 시간의 차이에 의해 결정된다. 물물교환 경제가 상업경제로 바뀌면서 이 공통적인 시간 변수들이 돈으로 표현됐다.

우리는 수많은 재화와 서비스가 시간과 공간 속에서 심원하기 짝이 없는 온갖 유형들로 교환되는 글로벌 경제 속에서 산다. 돈이 이 거래를 중개하고 경제적 선택의 우선순위를 결정하도록 하려면, 돈은 반드시 희소해야 한다. 다른 모든 것이 풍부하게 넘쳐날 때 여전히 희소한 존재로 남는 것이 시간이다. 안정적인 돈은 경제활동이라는 무용에 조화로운 음악을 부여한다. 이 음악이 없다면, 무대 위 무용수들은 혼돈에 빠져 제각기 부조화한 동작들을 해댈 것이다.

미다스 왕이 깨달았듯 금은 (그리고 진정한 돈이 될 수 있는 모든 후보자들은) 부 그 자체가 아니라 부를 측정하는 자다. 어떤 금 추종자들은 (오래전 나도 이 부류에 포함된다) 느리긴 하지만 꾸준한 2퍼센트의 성장률 덕분에, 늘어나는 돈의 공급이 경제성장과 보조를 맞출 수 있다고 주장해왔다. 하지만 (국제 투자전략가였으며 《골드》의 저자인) 네이선 루이스[Nathan Lewis]는 우리에게 "바보 멍청이"라고 말한다. 그는 금본위제 아래에서는 돈의 공급이 금의 공급과 사실상 아무 관련이 없었다는 사실을 보여준다. 그의 지적은 올바르다.

미국을 예로 들어보자. 1775년 총통화량은 (그때의 돈은 주로 금화와 은화였다) 약 1,200만 달러로 추정된다. 그런데 이것이 1900년에는 19억 5,400만 달러로 약 163배나 늘어났다!

이 기간 동안에 전 세계의 금은 약 3.4배 늘어났는데, 새롭게 채굴된 금이 그만큼이었기 때문이다.

총통화량의 증가와 금의 총량 사이에는 아무 관계가 없음이 확실하다. ……

예를 들어 1880~1900년에 이탈리아에서의 본원통화(*중앙은행이 공급하는 현금통화)는 4.8퍼센트 줄어들었지만, 미국에서의 본원통화는 81퍼센트나 늘어났다. 두 나라 모두 금본위제를 채택하고 있었다. 금본위제 아래에서 '돈의 공급'은 금 채굴량과 아무 관련이 없을 뿐 아니라, 이탈리아와 미국 두 나라는 같은 기간 동안에 매우 다른 양상을 보일 수 있고 또 실제로 그랬다.[2]

금은 부패하지 않으므로 지난 수백 년 동안 채굴된 금 18만 7,000톤은 지금도 모두 돈으로 사용될 수 있다. 시간과 공간 속에서 중립성을 유지하는 금은 인플레이션도 없고, 디플레이션도 없다. 금은 채권자나 채무자에게 벌을 주지도 않는다. 금은 측정자인 동시에 전 세계 모든 재화와 서비스에 대한 계정단위unit of account(*모든 교환가치를 표시하기 위한 기준 화폐. 계산화폐)다.

존경받는 경제학자들이 거의 만장일치로 금본위제에 반대하는데도 전 세계 중앙은행들은 금 보유량을 확대해왔다. 금본위제를 둘러싼 저 유명한 논쟁이 진행되는 동안, 이성적인 시장 참가자들은 사실상의 금본위제를 실천했다. 이런 모순에 대해 나는 강단의 학자들뿐 아니라 항공기 조종사들 및 네이선 루이스처럼 독학한 사람들로부터 자문을 구하면서 나 나름대로의 해법을 추구했다. 수백만 달러 규모의 수많은 투자자들이 비트코인이나 그 밖의 다른 암호 자산을 지금까지 줄곧 매입해왔다. 의문은 과연 이것들 가운데 어떤 것이 금이 해온 역사적 역할을 충실하게 수행할 수 있을까 하는 점이다.

사토시는 자신의 채굴 알고리즘이 금을 흉내 낸 것이라고 믿었다. 나는 《돈의 스캔들》에서 이 주장을 수용했다. 비트코인은 자신의 10분 채굴 주기와 제비뽑기 과정을 통해 기술 발전을 부지런히 상쇄해왔다. 그러나 2017년에 나는 마이크 켄들을 주의 깊게 살피기 시작했다. 그가 비트코인이라는 경제적 모델을 금본위제의 후계자로 여기면서 깊이 파고들었기 때문이다. 나는 켄들에게 (비트코인 경제학자인) 사이프딘 앰머스가 쓴 《비트코인 스탠더드》[3]의 미출간 원고를 보냈다. 이 책은 비트코인이 금본위제를 대신할 수 있는 만족스러운 대체물이라고 규정했다. 경제학 및 금융 관련 기술들을 상당한 수준의 공학과 결합시킨 앰머스는 이 책을 내기 전까지 7년 동안 비트코인과 금을 연구했다. 앰머스는 암호화폐 반대론자들의 논리를 '사기꾼과 궁정광대와 같은 경제학자들이 불러대는 유혹과 기만의 노래'라는 말로 깎아내리며 다음과 같이 천명했다.

"지독히 잘못됐음도 주류의 자리를 차지하고 있는 국가화폐(*국가가 발행하는 화폐) 이론과는 다르게, 금을 돈으로 정한 것은 국가가 아니었다. 정부가 어떤 형태의 돈이든 돈을 발행할 수 있는 것은 금을 갖고 있기 때문이다."[4]

비트코인에 대해서는 다음과 같이 주장한다.

"나카모토는 디지털 희소성을 발명했다. …… 이는 희소하면서도 무한히 재생산될 수 없는 디지털 재화이며 …… 누군가에게 전달하는 순간, 이전 소유자의 소유권이 정지되는 디지털 재화이며 …… 우리가 어떤 재화를 생산할 수 있는 양의 한계는 지구상에 그 재화가 얼마나 있느냐가 아니라 그것을 생산하는 데 들인 노력과 시간에 달려 있다. 비트코인은 절대적 희소성을 가졌기에 시간을 초월해 수요가 매우 높다."

켄들은 이 내용을 읽고 감동했다. 그러나 비트코인을 점점 더 깊이 파고들다가 어떤 본질적 결함 하나를 발견했다. 돈의 수요는 비트코인 혹은 금의 수요에 의해 결정될 수 있고 또 그래야 한다는, 다른 말로 하면 금 혹은 금을 흉내 낸 비트코인은 측정자나 계정단위로서뿐 아니라 교환의 실질적인 매개 수단도 돼야 한다는 믿음이 바로 그것이었다.

이런 모놀리식^monolithic(*일체로 돼 있는) 돈은 또한 머리 로스바드의 오류이기도 했다. 로스바드는 오스트리아학파 이론의 기이한 주창자로, 진정한 금본위제라면 통용되는 화폐를 바꿔줄 수 있는 금을 100퍼센트 확보하고 있어야 한다고 믿는다. 심지어 그는 안전성과 유동성을 추구하는 예금자와 장기투자를 통해 그런 것들을 파괴하려는 기업가라는 두 존재를 필연적으로 중개하는 은행의 본질적인 속성인 부분지급준비제(*은행 예금의 일부만 현금으로 뒷받침하는 은행 제도)조차 부정했다. 유동성 있는 예금의 가치는 필연적으로 유동적이며, 또 그 가치는 장기적인 사업이 달성하는 성취에 전적으로 의존한다. 자본주의를 철폐하지 않는 한 예금과 투자 사이의 만기불일치(*경제위기가 발생했을 때 돈을 빌려준 기관은 만기를 연장시켜주지 않고 회수에 나서고, 돈을 빌린 기관은 장기로 운용한 자금을 회수할 수 없게 되는 상황)를 피할 길은 어디에도 없다.

마찬가지로 비트코인 및 그 밖의 다른 암호화폐들은 예금자와 투자자 사이를 매개하는 시스템 없이는 의미 있는 돈이 될 수 없다. 돈이 그냥 스마트계약이 될 수는 없다. 돈은 시장들과 기술들에서 나타나는 변화들에 대응하는 투자 및 대출 부문에서 똑똑한 재량 행위를 끊임없이 수반한다. 반면 하이에크^{Hayek}의 표현을 빌자면 "금본위제는 돈의 가치가 일정하게 유지될 수 있도록 돈의 양을 조절하라고 정부를 강제한다"[5]. 조지메이슨대학의 캐머런 하윅$^{Cameron Harwick}$은 비트코인이 스마트계약으로 결코 성공할 수 없으며, 기업가적 여신 기능으로 보완돼야 한다고 결정적인 주장을 한다.

> 만일 비트코인의 변동성을 초래하는 주된 원천이 변동적인 수요라면, 가격수준이나 거래량이 아니라 부채 공급의 변화에 의해 나타나는 등락의 변동을 허용하는 것으로써 대응할 수 있다. 이렇게 함으로써 비트코인에 대한 (그리고 또 따라서 비트코인의 가치에 대한) 수요를 안정시킬 목적으로 비트코인으로 교환할 수 있는 부채의 발행 및 유통을 우리는 기대할 수 있다.[6]

어떤 통화든 자율주행 상태로 내버려둘 수는 없다. 돈은 가장 전망 좋은 사업적인 사용처로 흘러가도록 유도하는 신탁神託(즉 중요한 조언을 주는 어떤 존재)을 필요로 한다.

켄들은 다음과 같이 결론을 내린다.

"금본위제와 관련해 금융 부문의 고전경제학과 로스바드의 경제학이 다른 점은, 고전경제학은 지금까지 시행돼왔고 로스바드의 경제학은 그렇지 않다는 점이다. 고전경제학은 금본위제로 300년 동안 성공한 기록을 가지고 있다. 이에 비해 로스바드의 견해는 한 번도 시행된 적이 없다. 그러나 지금 이 견해는 비트코인을 통해 실행 가능성을 입증할 기회를 얻었다. 공급량이 절대적으로 제한적인 비트코인은 로스바드 시스템과 딱 들어맞는다.

그러나 세상이 지금까지 로드바드 금융 시스템을 받아들이지 않았던 이유가 분명히 있다. 이 시스템은 제대로 작동하지 않을 것이며, 또 설계된 대로의 비트코인은 기능통화(*기업의 영업 활동이 주로 이루어지는 경제 환경의 통화)로서 오래 지속되지 않을 것이다."

켄들은 비트코인에 깊이 파고들면 파고들수록 자신이 발견한 사실에 점점 더 놀라고 만다.

"사토시가 비트코인의 기반으로 블록체인을 창조한 것은 더할 나위 없이 탁월했다. 하지만 그는 계정단위로서의 통화에 대한 이해가 전혀 없었다. 사토시는 비트코인 공급을 131년이 넘는 기간에 걸쳐 2,100만 개로 제한함으로써 비트코인을 일종의 디플레이션 화폐(*화폐 공급량이 정해져 있거나 극히 제한적으로 증가할 수밖에 없는 화폐)로 설계했다. …… 이런 속성 때문에 비트코인은 (측정자나 계정단위보다는) 변동성이 있는 투자금으로 더 많이 사용된다."

비슷한 맥락에서 앰머스는 다음과 같이 지적한다.

"사토시가 1비트코인당 1억 단위를 선택한 이유는 당시 전 세계 금융 공급량이 약 21조 달러였기 때문이다. 그는 전 세계 경제가 비트코인을 사용할 경우, 비트코인의 최소 단위가 1센트에 해당되기를 바랐다. …… 만일 (그 일이 2009년에 일어났다면) 1사토시는 1달러 가치를, 1비트코인은 100만 달러의 가치를 지니게 됐을 것이다."(*비트코인의 최소 단위는 비트코인 창시자인 사토시 나카모토를 기리기 위해 '사토시'라고 부른다)

크레이그 라이트의 모습으로 나타났던 사토시 나카모토는 과거의 거의 모든 금본위제가 결함이 매우 많았다고 믿는다. 2015년 10월, 비트코인 투자 콘퍼런스Bitcoin Investment Conference에서 라이트는 유효한 금본위제를 위해서는 지급준비금을 100퍼센트 확보할 필요가 있다고 단언했다. 그는 '1930년대까지의 금환본위gold-exchange standard'는 100퍼센트의 금을 준비하지 않았으므로 진정한 금본위제가 아니었다고 말했다(*'금환'은 금본위제를 사용하는 국가에서 금으로 바꿀 수 있는 채권이다. 금환을 보유하면 중앙은행은 금을 직접 보유하지 않더라도 간접적으로 자국 통화와 금의 연결을 보장할 수 있다. 이런 이유로 1차 세계대전 이후 각국이 금 부족 현상을 겪자 금환본위제를 통해 통화 발행을 준비할 수 있었다).

이에 대해 켄들은 다음과 같이 인식했다.

"전 세계의 어마어마한 경제 규모에 대한 지불 준비를 하기에 충분한 양의 금도 없으며, 또한 금은 고도로 디플레이션적이라서 (즉 공급이 빠르게 줄어들 수밖에 없어서) 100퍼센트 금본위제는 불가능하다. 바로 이 이유 때문에 비트코인 발행량을 제한하는 것 역시 고도로 디플레이션적이며 가능하지도 않다. 이런 결론에 도달하기 위해, 크레이그는 영국의 금본위제와 미국의 금본위제와 전통적인 금본위제가 한데 묶인 300년 역사와 이들이 거둔 성공을 무시해야 했거나 혹은 적어도 이해하지 못했다."

나는 돈의 가장 결정적인 역할이 하나의 계정단위, 즉 시간과 공간을 초월하는 거래를 가능하게 해주는 가치 측정자라는 점에 동의한다. 그러나 21세기에 진행됐던 비트코인의 가파른 성장은 경제가 안정적인 측정자를 필요로 하는 조건을 충실히 수용할 것이라고 생각했다.

내가 비트코인과 금을 비교하면서 놓쳤던 부분은, 비트코인은 명목화폐에 대한 안정적인 가치 측정자라기보다 그 자체로 거래 수단이란 점이다. 금은 거래가 부수적이지만, 비트코인은 거래가 핵심이다. 비트코인은 금과 달리, 시스템이 계속 이어지려면 양적인 측면에서나 가치 측면에서 계속해서 늘어나야만 한다.

나는 (포브스미디어의 회장이자 〈포브스〉의 편집장인) 스티브 포브스와 여러 차례 논쟁하면서, 비트코인이 거래를 매개할 수 있으며 가치의 저장 수단이 될 수 있긴 하지만 계정단위 및 가치 측정자라는 통화의 중심적 역할은 수행할 수 없다는 그의 생각에 강력히 반대했다. 그러면서 금과 비트코인은 하나로 수렴될 테니 조금만 기다리라고 말했다. 나는 비트코인이 금을 닮은 것 같았다. 전체 양은 느리게 조금씩 많아지긴 하지만, 늘어나는 절대량은 조금씩 줄어들기 때문이다. 하지만 그렇다고 해서, 《돈의 스캔들》에서도 말했듯, 예금자에게 제법 많이 유리한 만큼 큰 규모의 디플레이션은 아닐 것으로 봤다. 이런 편향이 성장에는 유리하다.

앰머스가 말했듯 "번영은 오로지 돈을 생산하는 손쉬운 방법이 없으며, 그 대신 유용한 어떤 것들을 생산해야만 하는 시점에만 나타난다"[7].

사토시의 알고리즘이 비트코인 채굴을 중단하기로 돼 있는 2140년에 무슨 일이 일어나든 누가 신경 쓰겠는가? 내 나이, 일흔여덟 살이다! 우리는 지금 당장 위기에 처해 있다. 미국만 해도 정부 부채가 100조 달러를 넘어섰다. 이는 세계총생산량^{GWP}인 78조 달러를 훌쩍 뛰어넘는다. 전 세계 부채를 합하면 257조 달러다. 나는 약간의 디플레이션 편향이 오히려, 현재 세계총생산의 성장률보다 빠르게 쌓여가면서 세계 경제를 멍들게 하는 부채에 대한 합리적 대응이라고 생각했다.

그러나 켄들은 포브스의 통찰을 확인하고는, 현재 모습의 비트코인은 통화가 될 수 없음을 반박의 여지 없이 입증했다. 통화는 가치를 측정함으로써 가치를 창조한다. 비트코인 가격은 수요에 따라 변한다. 달러 가격도 수요에 따라 변한다고 반박할 수도 있을 것이다. 내가 《돈의 스캔들》에서 입증했듯, 달러 가격이 수요에 따라 변하는 현상은 1971년 이후로 줄곧 사실이었다. 이런 변동성은 장기적인 통화로서 달러화에게 치명적 약점이다.

켄들은 초(시간)가 됐든 미터(길이)가 됐든 암페어(전류)가 됐든 킬로그램(무게)이 됐든 "그 어떤 측정 단위도 수요에 따라 가치가 바뀌지는 않는다"고 했다. 물리상수(*물리 현상을 정량적으로 다루기 위해 사용하는 여러 가지 상수)를 기반으로 하는 표준이기 때문이다. 돈이 만일 측정자라면 돈은 수요에 반응할 수 없다는 말이다.

"만일 비트코인이 통화로서 갖춰야 하는 요구 사항들을 충족하지 못한다면, 통화로서의 장기적인 효용은 0이 된다. …… 비트코인은 자기가 태어났던 공기 속으로 다시 사라지고 말 것이다. …… 비트코인은 지금까지 공급을 고정된 양으로 제한해왔으며 또 최대 발행량에 근접한 양이 이미 발행됐으므로, 비트코인이 기능통화로서 가지는 유효기간은 얼마 남지 않았을 것이다."[8]

켄들은 다른 암호화폐들도 각자의 알고리즘에 따라 발행량이 점점 줄어들었던 비트코인의 선례를 따를 것이라고 지적한다.

켄들은 비트코인과 금의 발행량을 비교하고서 이 둘이 별로 닮지 않았음을 입증했다. 만일 비트코인이 과거 100년 동안 연평균 생산량 증가율 1.6퍼센트를 보였던 금과 동일한 생산량 증가율을 기록한다면, 현재 비트코인의 수 1,665만 1,130개는 사토시가 발행 중단 시점으로 설정한 2140년까지 1억 1,600만 개로 불어난다. 이 수치는 사토시가 정한 비트코인의 최대 발행량 2,100만 개를 훌쩍 뛰어넘는다. 만일 비트코인이 2.5퍼센트라는 보다 높은 수준의 역사적 성장률에 맞춰 발행된다면, 비트코인의 총량은 3억 4,711만 9,614개가 될 것이다. 켄들이 결론 내렸듯, 2,100만 개라는 비트코인 총량 제한은 "시간에 대해 고도로 디플레이션적이며 가능하지도 않다".

만일 사람들이 비트코인 시스템을 믿는다면 (17세기 네덜란드에 불었던) 튤립 광풍과 (19세기 초 영국 남해 회사 주가를 둘러싸고 일어났던) 남해 거품 사건(*스페인령 식민지와의 노예 무역권을 얻은 영국이 남해 회사의 주가를 올렸으나 내용이 부실한 것으로 판명돼 주가가 폭락했다), 그 밖에도 1841년 찰스 맥케이^{Charles Mackay}가 《대중의 미망과 광기^{Extraordinary Popular Delusions and the Madness of Crowds}》에 기록한 온갖 혼란들에서 그랬던 것처럼, 전 세계의 부 대부분은 비트코인으로 흘러들 것이다. 이 결과는 현재 비트코인을 가진 사람들에게는 만족스럽겠지만, 결국에는 정부 개입을 부르고 몰수가 진행되고 대폭락이 이어지고 또 그 밖의 여러 반응들이 나타나, 인류에게 훌륭한 도움이 될 수도 있을 이 프로젝트는 영영 망가지고 말 것이다.

사토시가 설계한 시스템은 시간 흐름을 천천히 중지시키다가 2140년에 끝나고 마는 돈의 시간 모델에 대해 점근적^{asymptotic}이다(*알고리즘의 수행 시간을 분석할 때는 항상 입력 크기가 충분히 클 때에 대해 분석한다. 이를 점근적 분석이라고 한다). 이는 켄들에게 마치, 자신이 공중에 떠 있는 상태에서 활주로를 없애버리는 것과 마찬가지다. 시간은 늘 변함없는 속도로 언제나 흐르는데 말이다.

비트코인의 이런 결함은 다른 암호화폐들에게는 커다란 기회다. 그러나 이들 가운데서 지금까지 [이른바 '안정적인 코인stable coin'(*암호화폐는 일반적으로 가격 변동성이 큰데, 기존 화폐와 1 대 1의 가치로 교환이 가능하도록, 즉 가치가 고정되도록 설계된 코인) 운동의 맹아 속에서] 측정자로서의 어떤 통화라는 발상을 반영하는 코인은 거의 없다. 이와 관련해 켄들은 다음과 같이 인식했다.

"이더의 가치는 이것의 수요와 공급에 의해 결정된다. 이 수요와 공급은 채굴 알고리즘에 의해 결정된다. 이 알고리즘은 다시 계정단위로서의 통화에 대한 실질적 이해 없이 그저 기술적 측면에서만 달통한 사람들에 의해 결정된다."

이런 사실을 비탈릭 부테린은 반드시 알아차려야 한다.

크레이그 라이트는 여전히 '비트코인이 모든 것의 해결책'이라고 주장한다. 그는 여전히 '비트코인 마르크스주의자'로 남아 있다. 그러나 비트코인이 통화로서의 기본적 역할을 수행하지 못한다는 것은 엄연한 사실이다. 비트코인에게 부여된 역사적 운명은 광풍을 일으켜대는 정부와 중앙은행으로부터 보호받을 수 있는 피난처 및 블록체인이란 위대한 혁신의 둥우리를 제공하는 것이다.

23

위대한 해체, 언번들링

The Great Unbundling

• •

돈의 역할들이 주로 해체됨에 따라 점점 커졌던 거대 복합체의 경제적 영향력 역시 해체되고

분산될 것이다. 콘텐츠는 더 이상 구글, 아마존, 이들의 경쟁자들의 거대한 개별 사일로에 갇혀

있지 않고 밖으로 뛰쳐나와 다시 한 번 네트워크 전체에 스스로를 분산시킬 참이다. 이때 콘텐

츠의 디지털 권리를 관리하는 일은 블록체인에 맡겨진다.

• •

암호 분야의 혁명은 돈의 역할에 대한 위대한 해체unbundling를 야기하며, 세상의 모든 디지털 자산을 하나로 합치면서 모든 것들을 하나로 묶어온 구글 시대의 침체를 역전시킬 것이란 전망을 제시했다.

이 해체는 코스의 정리를 반영한다. 이것에 따르면, 추가 거래를 기업 내부에서 처리하는 비용과 외부 시장에서 처리하는 비용이 같아질 때까지 기업의 조직이 확대된다. 돈 탭스콧Don Tapscott과 알렉스 탭스콧Alex Tapscott은 공동 저서인《블록체인 혁명Blockchain Revolution》에서 이 법칙이 거꾸로도 작동함을 지적한다. 즉 내부에서 처리하는 비용이 외부 시장에서 처리하는 비용을 초과한다는 사실을 확인한 기업은 반드시 규모와 활동 반경을 줄여 기존 활동을 아웃소싱해야 한다는 것이다. 한마디로 해체가 필요하다.[1]

(파괴적 혁신의 주창자인) 클레이턴 크리스텐슨 교수는 코스의 논리에 기술적인 주장을 보태, 어떤 기술이 시장의 요구에 미치지 못하는 동안에는 통합(즉 기본적으로 여러 요소들을 한 시스템에 묶어두는 것)이 바람직함을 보여준다. 각 요소 사이의 모든 인터페이스는 시장 요구가 만족되는 지점으로 최적화돼야 한다. 그러다가 최적의 수준에 미치지 않아도 시장이 만족하는 지점에서는 모듈성modularity이 (즉 표준화된 인터페이스들과 부품들을 사용하는 것이) 비용을 줄이고 시장점유율을 확대해준다.[2]

비트코인 블록체인에서 기업들은 모든 기능이 단일 기업 체계에서보다 1만 배로 빠르게 작동할 수 있을 때, 120기가바이트 원장을 네트워크 전체로 끊임없이 퍼뜨리며 번거로운 해결책들을 수용한다. 왜 그럴까? 굳이 조직 바깥과 연계를 맺는 데 드는 비용을 감수하는 데는 그만한 이유가 있다. 그 이유는 바로 현재의 정보경제에 걸림돌이 되는 온갖 병폐들, 즉 중앙집중화, 안전하지 못한 보안성, 조직 경화증에 따른 문제점들에 대처하기 위해서다.

〈뉴욕타임스〉는 우리 경제가 안고 있는 고질(예를 들면 낮은 국내총생산 성장률, 낮은 생산성, 심지어 출산율 저하까지) 대부분이 암호화폐로 자원들이 유입되는 데 따른 결과라고 지적한다.[3] 그러나 암호 분야의 혁신은 창업과 기업공개[IPO]가 줄어드는 현상 그리고 쓸데없는 통화거래가 하루에 무려 5조 1,000억 달러씩이나 이루어지는 것으로 대변되듯, 자원이 비생산적인 곳으로 흘러드는 현상 등과 같은 기업 활동과 관련된 여러 병폐를 고쳐준다. 또한 암호화폐는 거래 과정에서 은행의 중개를 배제해 국내총생산 감소와 일치하는 금융의 과잉비대[hypertrophy of finance]('구글의 종말에 대한 전문용어와 정보' 참조, 이미 영업이익의 40퍼센트에 육박할 정도로 비대해져 있다)를 치료해준다.[4]

기업들은 '하이어라키[hierarchy](계급계층)'를 포기하고 '헤테라키[heterarchy](혼합·동시지배)'를 추구한다. 그 이유를 공동 저자인 두 탭스콧은 다음과 같이 설명한다.

"중개인들을 배제할 뿐 아니라 거래 비용을 대폭 낮추고, 회사를 네트워크로 전환하고, 경제적 영향력을 분산하고, 부의 창조와 보다 번성하는 미래를 가능하게 해주는 신뢰할 수 있고 효과적인 수단을 블록체인 기술이 제공하기 때문이다."[5]

비트코인은 하루에 5조 1,000억 달러나 되는 통화량 거품을 터뜨리고 암호화폐의 유토피아 건설을 목표로 삼았다. 그러나 계정단위(즉 돈의 측정자)들은 명목화폐와 금의 세상에 여전히 남아 있었다. 그래서 현재 비트코인의 핵심적인 역할은 블록체인 기술로 세상에 기여하는 것이다.

블록체인은 이 '위대한 해체' 속에서 기능성의 토큰들을 만들어낸다. 광고 중개를 위한 베이식 어텐션 토큰BAT에서 슈퍼컴퓨팅을 위한 골렘 네트워크 토큰GNT, 렌더링 관련 그래픽 처리 기능을 위한 렌더 토큰RNDR 까지 모두 여기에 속한다. 또한 블록체인은 교환 수단(비트코인, 이더, 모네로, 지캐시), 가치저장 수단(비트코인, 이더, 그 외 다수), 보안 수단(블록스택, 리베츠), 소프트웨어 언어 수단(솔리디티, 골렘) 등을 만든다. 블록체인은 심지어 계정단위로 사용할 수 있는 '안정적인 코인' 혹은 심지어 실제 돈(예컨대 금과 연동된 디직스다오DigixDAO의 DGX, 이머전트Emergent의 지코인G-Coin, 달러화에 연동된 테더Tether)을 생산해왔다. 그 뒤에 블록체인 운동은 이들 다양한 토큰들, 형식들, 펀드들의 여러 측면들(예컨대 리플의 XPR, 뱅코Bancor, 트레저TREZOR) 사이를 중개했다.

돈의 역할들이 주로 해체됨에 따라 점점 커졌던 거대 복합체의 경제적 영향력 역시 해체되고 분산될 것이다. 거대 금융 복합체들은 거래, 대출, 크라우드펀드, 암호 자산 등의 개별 부문으로 쪼개지고 있다. 콘텐츠는 더 이상 구글, 아마존, 이들의 경쟁자들의 거대한 개별 사일로에 갇혀 있지 않고 밖으로 뛰쳐나와 다시 한 번 네트워크 전체에 스스로를 분산시킬 참이다. 이때 콘텐츠의 디지털 권리를 관리하는 일은 블록체인에 맡겨진다.

가장 중요한 사실은 비트코인이 이끈 이 암호 운동이, 구글 시대의 헤 프기 그지없는 공짜 상품과 공짜 돈이란 발상에 숨겨져 있던 오류를 드러내며 희소성의 원칙을 다시 한 번 확립했다는 점이다. 풍부하게 넘쳐 나던 구글의 그 모든 똑똑한 것들도 낡은 것이 돼 밀려날 것이다. 의식을 가진 기계들 속에서 슈퍼마인드를 상상하는 구글 마인즈 역시 마찬가지 신세가 될 것이다.

과학자들은 거래 분야와 산업 분야에서 측정의 역할이 얼마나 결정적 인지 지금까지 언제나 잘 알고 있었다. 이 새로운 운동은 모든 측정자들 과 경제학에서 시간의 우월성과 희소성에 뿌리를 두고 있다. 이 세상의 건설자들과 창조자들은 무에서 유를 창조하는 기업을 설립하면서 지구 곳곳에서 자신에게 필요한 각 요소를 불러 모은다. 이 각 요소들 간에는 상호작용이 일어난다. 즉 텔아비브에서 생산된 반도체칩의 설계 내용은 대만에 있는 공장에서 실리콘에 새겨진 다음 팰로앨토에서 회로판에 꽂 히고, 중국 선전에서 전체 시스템으로 완성되고, 미국 캘리포니아 쿠퍼 티노의 시장에 나온다. 각 부품이 다른 곳에서 통합된 이 제품이 제대로 작동할 수 있게 하려면, 제조업체는 측정과 관련해 때로는 심지어 피코(1 조 분의 1)미터나 피코초를 따지는 고정불변의 시스템을 신뢰해야 한다.

국제표준단위계_{SI, Systéme Internationale}는 물리상수를 토대로 핵심적인 단위 일곱 가지를 설정했다. 바로 초(시간), 미터(길이), 킬로그램(무게), 켈빈온 도(열역학적 온도), 암페어(전류), 몰(분자량), 칸델라(조명)다. 이 단위들은 부풀거나 쪼그라들 수 없다. 왜냐하면 이들의 항상성이야말로 우리 인간 을 살아 있게 해주고, 우리가 번성한 상태를 유지해주는 전 세계의 엄청 나게 많은 노력을 지탱하고, 또 이것들을 서로 연결시켜주기 때문이다.

인류사를 통틀어, 사람들은 돈이 어떤 측정자로서 핵심적인 역할을 한다는 것을 늘 잘 알았다. 크레이그 라이트의 강렬한 견해와는 반대로, 통화는 자신이 측정하는 대상의 일부인 일상용품이 아니다. 측정자는 자신이 측정하는 대상의 한 부분이 될 수 없다. 이들은 상업의 범위를 넘어서는 측정의 어떤 그리드에 뿌리를 두고 있다. 자기지시적 순환은 (예컨대 물리학자가 원자로 원자를 측정하든, 철학자가 마음으로 마음을 측정하든, 경제학자가 상품으로 상품을 측정하든) 이런 시도를 하는 사람을 괴델의 무용함(*옳다고 증명할 수도 없고 그르다고 증명할 수도 없는 난제들이 존재하며, 수학 자체로 수학 체계의 무모순성을 증명할 수는 없다는 괴델의 이른바 '불완전성의 정리'를 가리킨다)에 빠뜨린다.

SI 체제는 변하지 않는 모든 표준 측정치들 가운데서도 가장 근본적인 것이 시간임을 확인한다. 일곱 가지 핵심 단위들은 모두 어떤 방식으로든 시간 경과에 구속되는 물리상수와 빈도와 파장에 의존한다. 우주에서 유일하게 되돌릴 수 없는 요소이며, 열역학적 엔트로피에 의해 방향성이 결정되는 시간은, 측정된 모든 가치들의 궁극적인 준거 틀이다.

로베르토 웅거Roberto Unger와 리 스몰린Lee Smolin은 《단일한 우주와 시간의 실체The Singular Universe and the Reality of Time》에서 다음과 같이 썼다.

"시간은 실질적이다. 아닌 게 아니라 시간은 세상에서 가장 실질적인 특성이다. …… 우리는 시간을 자연의 다른 어떤 측면에서도 나타나지 않는 뭔가를 의미하는 것으로 사용한다. …… 시간은 공간에서 비롯되지 않지만, 공간은 시간에서 비롯될 수 있다."

경제적인 삶은 이 시간이라는 실체에 종속된다. 빛의 속도와 삶이 이어지는 시간의 지배를 받는 모든 상업은 시곗바늘뿐 아니라 우주의 음악에 복종해야 해야 한다.

구글 시대의 종말이 다가오고 있다. 구글이 자기 재화와 서비스에 공짜라는 가격을 매김으로써 경제적 희소성과 안전성에 따르는 구속을 속이려 하고 있기 때문이다. 구글의 '공짜 세상'은 경제학에서 시간이 차지하는 중심적인 지위를 뻔뻔스럽게 부정한다. 또 자기 고객이 가진 시간을 직접적으로 획득할 목적으로 그들의 지갑을 훌쩍 뛰어넘는 한 가지 방식이다.

세이렌 서버들 역시 금융과 인공지능 분야에서 빛의 속도와 삶의 시간의 거역할 수 없는 한계를 초월해 알고리즘을 가속화함으로써 거래를 몇 배로 늘리고, 시간의 희소성을 속이려든다. 금융 분야 전문가들이 아무리 기묘한 성공을 거둔다 하더라도, 이것이 기업들과 기술들의 실체를 한층 더 깊게 이해했음을 뜻하는 것은 아니다. 단지 세상에 존재하는 실제 거래들과 평가 내용을 초월한 어떤 시간의 척도로 옮겨 가는 것뿐이다.

전 영란은행Bank of England 총재 머빈 킹Mervyn King은 이런 글을 썼다.

"파생상품, 상장지수펀드, 그 밖의 허울만 그럴듯한 유동성의 여러 '상품 형태'는 은행 대차대조표의 차원을 실제 가구의 경제활동 대차대조표의 차원과 분리한다. …… 기업 대출은 기업이 빌리고자 하는 금액에 의해 대출 금액이 제한된다. 그러나 파생상품 영역에서는 거래량의 제한이 전혀 없다."

TV 시리즈 〈스타트렉〉 열한 번째 에피소드인 〈외눈의 윙크〉에 나오는 외계인들은 가속화된 시간 차원에 존재하기 때문에 사람 눈에 보이지 않는다. 이들은 이 능력을 이용해 인간을 지배한다. 주식시장에서 초

단타매매를 하는 이른바 '플래시 보이'들은 이런 외계인들처럼 실제 시간, 우주의 음악을 초월해 증권 매매를 한다.[6]

마찬가지로 이른바 슈퍼 인공지능이 바둑이나 체스 같은 게임에서 인간을 이기긴 하지만, 이런 게임들을 인간보다 심오하게 이해한 덕분에 이기는 것은 아니다. 다만 한계가 정해져 있으며 경우의 수가 한정적인, 즉 결정론적 세상에서 엄청나게 빠르게 연산을 수행해 보다 많은 경우의 수를 포착한 덕분에 인간을 이길 수 있었다. 하지만 경우의 수가 무한한 비결정론적 세상이라면, 예를 들어 자율주행차나 다목적 로봇 분야를 놓고 본다면, 아무리 슈퍼 인공지능이라도 새로운 센서(감지) 시스템이나 인간이 제공하는 지침 없이는 실패할 수밖에 없다.

블록체인 운동의 위대한 해체는 계산과 금융과 인공지능 사이의 연결을 시간과 공간의 어떤 변경할 수 없는 매트릭스 위에 재설정함으로써 경제적 실체를 회복할 수 있다. 펼쳐지는 시간의 희소성에 묶인 암호–양crypto-welter의 매트릭스에서 결정적인 내용이 나올 것이다. 사토시가 금을 흉내 낸 것은 옳았지만, 금이 성공을 거둔 이유를 온전하게 파악하지 못했기 때문에 비트코인에 대한 매개변수들을 설정하는 데서는 틀리고 말았다.

사토시의 실수는 다른 사람들에게 기회를 준다. 그러나 이 기회를 살리려면, 돈과 시간의 속성을 온전하게 파악해야 한다. 이더리움에서 시작해 카르다노, 헤더러, 블록스택 등에 이르기까지 쉬지 않고 계속 살펴봤지만, 어떤 해법이 잘 통할지 분명하지 않다. 그러나 새로운 암호 세계의 창의성이 워낙 풍부하므로, 돈이 안고 있는 여러 문제를 완전하게 풀어줄 해법들이 지금 이 순간에도 분명 개발되고 있음을 우리는 자신할 수 있다. 다만 제발 그 해법들이 일련의 경제위기라는 모습만은 띠지 않고 나타나주길 바랄 뿐이다.

거의 날마다 창의성으로 무장한 새로운 경쟁자들이 뛰어드는 몇 가지 핵심 프로젝트를 소개하면 다음과 같다.

비트코인. 10년이 된 비트코인은 최초의 블록체인이자 시가총액이 가장 높으며 가장 강력하고 또 검증된 블록체인이다. 가치저장 도구로 기능하며, 주요 국제 거래를 담는 그릇이 될 수도 있다. 총 발행량이 2,100만 개로 제한돼 있어 안정적인 계정단위는 아니다. 안전성에 초점을 맞춘 비트코인의 '스크립트' 언어는 편리하게 사용할 수 있지만, 되먹임 알고리즘이 부족해 '튜링 완전성'은 갖추지 못했다. 그래서 비트코인은 스마트계약을 수용하는 능력에 한정되지만, 동시에 해킹에 취약하기도 하다. 비트코인의 라이트닝 네트워크Lightening Network(*비트코인 기반 코드를 바꾸지 않고 네트워크에 추가로 층을 더해 빠르고 저렴한 거래를 가능하게 해주는 비트코인 확장 솔루션)는 규모가 상대적으로 작은 거래에 대한 잠재적 확장성을 마련해준다. 핵심 인물로는 사토시 나카모토와 닉 재보를 들 수 있다. 재보는 비트 골드bit gold로 비트코인의 선구자적인 길을 연 인물이다(*1998년 재보가 분산된 전자화폐인 비트 골드를 고안했다. 비트 골드는 실제로 개발되지는 않았지만, 비트코인의 직접적인 선구자적 역할을 했다).

이더리움. 7년이 된 이더리움은 스마트계약 및 암호화폐공개ICO에 여전히 가장 적합하게 잘 활용되는 플랫폼이다. 이더리움의 소프트웨어 언어인 솔리더티는 튜링 완전성을 갖추고 있다. 이것의 코인인 이더는 수

많은 암호화폐들 가운데 시가총액이 비트코인에 이어서 두 번째로 높다. 여기에서는 거래 제안자가 거래와 관련된 연산에 필요한 에너지인 가스(*이더리움 플랫폼에서 거래를 실행하는 대가로 지불하는 연료, 즉 수수료)의 양을 특정해서 제시한다. 이더리움은 이런 방식을 통해 스팸과 서비스 거부 공격을 차단한다. 그러나 가스가 컴퓨터 발전에 빠르게 반응하며 변동성이 커지기 때문에 이더는 안정적인 계정단위가 되지 못한다. 이더리움의 지도자인 비탈릭 부테린은 지금까지 암호 분야에서 배출된 가장 인상적인 인물이 아닐까 싶다.

비트메인Bitmain. 기적을 일군 중국의 스타트업인 비트메인은 2012년에 비트코인 채굴을 위한 행렬제곱 주문형반도체를 설계하는 것으로 첫걸음을 뗐다. 5년 뒤인 2017년에는 세계에서 가장 수익성 높은 반도체 회사로 성장해 엔비디아의 시장점유율을 두드러지게 잠식했다. 비트메인의 수익은 40억 달러에 육박한다. 비트메인의 ASIC는 해시를 초당 페타급 단위로 처리하는, 세계에서 가장 강력한 컴퓨터 장치다. 비트메인은 중국 정부의 압박을 받으면서도 지금까지 줄곧 전 세계로 확장해왔으며, 인공지능 및 기계학습 장치들을 전담하는 사업부도 만들었다. 비트메인에 맞서서 어떤 사업을 도모하지 않는 것이 좋다.

블록스택. 4년이란 운영 기간 동안, 네트워크 사용자를 수십만 명 거느렸다. 새로운 분산형 인터넷을 위한 보안 및 신원 확인용 플랫폼이다. 블록스택은 비트코인 블록체인에 뿌리를 둔 도메인 이름 서비스DNS, 2,500만 달러의 벤처 펀드, 데이터 저장 자체보다는 블록체인이 메모리 주소들의 포인터들을 미리 확보할 수 있도록 예약해주는 확장 가능 모델을 제공한다. 그렇기 때문에 블록스택은 블록체인이 제공할 수 있는 것(즉 보안, 신원 확인, 신뢰)을 위해 블록체인을 사용하는 한편 블록체인이 제공할 수 없는 것(즉 매우 빠른 거래 속도 및 저장 공간)으로부터 블록체인을 해방시킨다. 블록스택의 핵심인물로는 무니브 알리, 라이언 셰이, 주드 넬슨, 프린스턴대학의 마이클 프리드먼을 꼽을 수 있다.

네오. 이더리움의 경쟁자로, 중국에서 지배적인 지위를 누린다. 중국의 선도적인 기술기업인 온체인^{Onchain}의 운영체제의 일종이며, (*블록체인을 가치의 이동을 위한 시스템이라고 할 때, 이 가치의 이동은 '거래'를 통해 이루어진다. 블록체인 시스템 안에서 이루어지는 가치의 이동을 온체인$^{on-chain}$, 블록체인 바깥에서 이루어지는 가치의 이동을 오프체인$^{off-chain}$이라고 한다) 중국에서 추진되는 사업들이 규제 당국자들과 마찰을 일으키지 않도록 해주는 중국의 하이퍼레저^{hyperledger} 프로젝트로 2014년에 탄생한 암호화폐다(*하이퍼레저는 리눅스재단에서 주관하는 블록체인 오픈소스 프로젝트다). 암호화폐 네오의 CEO 홍 페이$^{Hong\ Fei}$는 정치적으로 매우 영리하게 처신한다. 중국의 '분산형 네트워크 구조$^{DNA,\ Distributed\ Network\ Architecture}$'의 원천인 네오는 아시아적인 정치에 적용할 수 있는 스마트계약 플랫폼의 토대로, 정치적인 저항에도 불구하고 여전히 암호 운동의 심장부 역할을 한다.

카르다노. 전 세계에서 준비 중이다. 16세기에 확률이론을 처음 제기한 이탈리아의 수학자 지롤라모 카르다노에게서 이름을 따왔다. 이더리움의 공동창립자이자 첫 번째 CEO였으며 비트셰어^{BitShares}의 창시자이기도 한 찰스 호스킨슨이 만든 블록체인 오픈소스 소프트웨어 프로젝트이자 플랫폼이다. 카르다노는 혁신적이지만 매우 힘든 해스컬이라는 프로그래밍언어로 제작됐다(에이다^{ADA}라는 암호화폐 코인이 이 블록체인에서 거래된다). 수학적 함수들을 바탕으로 한 소프트웨어를 사용해, 정형적인^{formal} 수학적 방법론들을 통해 입증할 수 있다. 이는 확장성(규모가 확대됨에 따라 새로운 자원들을 생성하는 것), 검증 가능성, 지속성을 추구한다. 호스킨슨은 주어진 일을 올바르게 수행하는 것(예컨대 동료의 평가, 입증할 수 있는 코드, 알고리즘의 엄격한 적용 등)에 초점을 맞추지만, 보다 중요한 것은 옳은 일을 수행하는 것이다. 그런데 카르다노는 이 차이를 모를 수도 있다.

이오스. 댄 라리머가 (글을 써서 등록하면 다른 사용자들이 투표, 그 결과에 따라 글이 주제별 섹션이나 메인 페이지에 올라가는 소셜 뉴스 웹사이트인 레딧^{Reddit} 스타일의 블록체인인) 스팀잇, (호스킨슨과 함께 시작했던 웹 분산 데이터 교환소인) 비트셰어에 이어 세 번째로 시작한 플랫폼 프로젝트다. 스팀잇과 비트셰어가 여전히 모든 블록체인 '거래들'의 많은 양을 소환한다고들 말하지만, 이것들은 거의 무료이므로 그 사실이 실제로 의미 있다고 말할 수는 없다. 이오스는 자바나 씨월드$^{C-world}$ 같은 전통적인 언어들로 프로그래밍할 수 있는 새로운 무료 스마트계약 플랫폼을 약속한다. 현재 이 프로젝트는 투자금을 모으는 과정에 있다. 어쩌면 10억 달러를 훌쩍 뛰어넘는 돈을 조성할지도 모른다. 그런데 저명한 자유주의자인 라리머는 자신의 소프트웨어가 가진 장점과 강점에 초점을 맞춰 공식적인 발언을 해야지, 경쟁자들이 이런저런 결점을 가지고 있다거나 개인적으로 어떤 약점을 가지고 있다는 식으로 이야기해선 안 된다.

아이오타. 아이오타는 블록체인이 전혀 아니지만, 탱글 알고리즘을 이용해 다음 거래자가 이전에 있었던 거래 내역 두 건을 검증하고 승인하는 방식으로 작동한다(그러므로 기존 블록체인의 알고리즘과 달리 탱글에는 블록도, 체인도 없다. 따라서 거래 수수료도 없다). 노르웨이 암호 괴짜들의 어떤 커뮤니티에서 비롯된 아이오타는 사물인터넷에서의 거대한 확장성과 적용성을 확립 목표로 한다.

그 밖에도 비트코인 이후의 암호 운동을 대표하는 것들로 사물이 아닌 사람을 위한 해시그래프라고 소개하는 레이블록^{RaiBlocks}과 내가 특히 좋아하는 조네틱스^{Jonetix}가 있다. 한때 인텔 직원이었던 폴 우$^{Paul\ Wu}$와 닉 트레드닉이 시작한 조네틱스는 반도체칩 기판 속 분자들의 무작위 운동에서 개인키를 생성하는 방식의, 사물인터넷을 위한 깨지지 않는 어떤 암호사슬을 발명해왔다.[7]

어쩌면 가장 무시무시한 신참자는 해시그래프가 아닐까 싶다. 해시그래프는 오랜 기간 눈에 띄지 않은 채로 잠행했던 텍사스 기업 스월즈가 만든 블록체인이다.[8] 이 블록체인은 카네기멜론대학 수학자인 리몬 베어드가 창시했으며, 다른 모든 블록체인과 경쟁할 것임과 자신은 블록체인 기술과 무관함을 주장한다. 그러나 해시그래프와 이것이 새롭게 기업공개한 헤더러는 이것이 대체하고자 하는 바로 그 블록체인들과 동일한 크립토코즘에서 비롯된다.

해시그래프는 비트코인이 개척한 바로 그 동일한 많은 암호 도구들을 사용해 자신의 블록들에 '라운드^{round}'라는 이름을 붙인다. 그러나 여전히 많은 양의 거래를 컴파일링한 다음 이것들을 '머클 트리$^{Merkle\ tree}$'의 뿌리로 집어넣고, 다시 이것들을 어떤 사슬에 덧붙여야 한다(*머클 트리는 블록에서 다수의 원장을 암호화한 다음 합치고, 또 암호화한 다음 합치는 과정을 반복해, 최종적으로 하나의 유닛으로 암호화하는 방법이다. 이 모습이 마치 뿌리는 넓게 퍼져 있는데 위로 갈수록 모이는 나무와 닮아 '트리'라는 이름이 붙었다). 헤더러의 투자 유치 백서가 밝혔듯, "각 라운드가 끝날 때 각각의 노드(네트워크에 접속한 컴퓨터)는 그 라운드 안에서 그리고 또 그 이전에 받아들여진 모든 거래를 처리한 뒤에 공유된 상태를 계산한다. 그런 다음에 각 노드는 그 공유한 상태의 해시를 디지털로 표시하고, 이를 거래에 집어넣은 다음 커뮤니티 전체에 '가십^{gossip}'으로 퍼뜨린다"[9](*요컨대 해시그래프는 '가십에 대한 가십'으로 거래를 전달하는 합의 알고리즘 방식을 취한다. 참고로 비트코인은 '작업증명^{PoW}'의 합의 알고리즘을 사용한다).

그런데 이는 사토시가 비트코인을 규정하기 위해 한 설명과 동일하다. 비트코인 역시 시스템의 현재 상태를 선정하기 위해 '가십 프로토콜'을 사용하고, 또 개별 블록들을 해시하기 위해 머클 트리를 사용하기 때문이다. 해시그래프는 그 체인(사슬)을 '공개키 주소들^{public key addresses}'이라고 묘사한다. 이는 비트코인의 본질과 다르지 않다. 그리고 비트코인의 경우와 동일하게, 그 주소들은 최초의 비트코인 블록인 '제네시스 블록'으로 환원된다. '최초의 비트코인 블록'이냐 혹은 '최초의 해시그래프 라운드'냐의 차이는 당신이 사과를 먹는지 리몬^{Leemon}(*리몬 베어드와 '레몬'을 가리키는 중의적 표현)을 삼키는지의 차이일 뿐이다.

리몬 베어드가 발명한 것은 비트코인과 이더리움의 수고스러운 PoW 과정을 대체하고, 그 과정에서 나타날 수 있는 포크(*블록체인 네트워크의 프로토콜 및 데이터 구조를 변경하는 것. 소프트 포크와 하드 포크 두 가지 범주로 나

닌다) 제거를 목적으로 하는 새로운 합의 메커니즘이다. 비록 해시그래
프는 자신의 '승자독식' 유혹들을 가지고서 지분증명POS 메커니즘을 가
진 다른 많은 경쟁 브랜드들을 표적으로 삼고 지분증명 메커니즘을 넘
어서려 한다고 주장하지만, 실제로는 자기 안에 자기만의 또 다른 지분
증명 메커니즘을 가진다.

"각 노드는 자신이 가진 헤더러의 각 통화에 대해 한 표의 투표권을
행사한다."[10]

해시그래프의 발명으로 이어지는 결정적인 개념은 이른바 '가상 투
표virtual voting'다. 이 투표에 의해 각 노드의 메모리가 전체 가십 과정에서
다른 노드들에게서 전달받은 거래 해시들의 어떤 그래프를 가진다. 실
제로 투표 행위가 진행될 필요는 없다. 왜냐하면 각 노드에 있는 해시그
래프가 모든 거래들을 객관적으로 시의적절하게 요청하고 조정하는 데
충분한 정보를 수집하기 때문이다. 정보의 선전(홍보)이라는 이 가십 과
정은 또한 추가적인 다른 커뮤니케이션 없이도 그 시스템 상태에 대한
어떤 합의를 함께 제공한다. 그리고 가십 과정이 작동한다면 (그리고 또
그 누구도 그렇지 않음을 입증하지 않으면), 이 가상 투표 시스템은 보다 빠르
고 또 보다 나은 쥐덫이 돼 많은 쥐(즉 신용협동조합들, 보건 관련 제도들, 이런
저런 거대 은행들)를 잡는다. 이렇게 해서 그야말로 금융 시스템을 뒤엎는
쿠데타가 완성된다.

그러나 공적인 성격의 헤더러는 '평판 높은 세계적인 기관' 39곳에 의
해 집단 체제로 운영되는 중앙집중화된 어떤 시스템(즉 어떤 해시그래프 컨
소시엄이자 위원회)의 한 부분이다. 이 위원회는 디지털 결제 네트워크 기
업인 비자Visa의 모델을 토대로 소프트웨어와 규칙을 바꿔놓을 수 있는

데, 이는 변할 수 없는 어떤 특성을 바꿔놓는 특성이다. 여기서 결정적인 질문은, 헤더러 경영진이 안정적인 코인 모델(금 혹은 진정으로 '시간'을 기반으로 하는 다른 어떤 희소성)을 택할 것인가, 아니면 달러화나 자기반복적 순환고리 속에서 상품들과 같은 간접적인 명목화폐를 택할 것인가 하는 점이다. '평판 높은 기관들' 가운데 다수는 아마도 기존 제도의 실패한 모델들을 선호할 것이다.

다른 암호화폐들과 다르게 헤더러는 오픈소스 프로그래밍의 가능성, 불변성, 시간 스탬프가 찍한 작업 기록의 영원성이 부족하다. 그러나 다른 암호화폐들과 뚜렷하게 구분될 만큼 대단히 충격적이며 확장성이 큰 발명품이 될 수도 있다. 또 인터넷 구조에 아무런 변화를 가하지 않기 때문에 기존 질서에 상대적으로 덜 위협적이다. 그러나 어떤 형태의 스마트계약 혹은 그 밖의 다른 앱을 수용할 것이다. 자바뿐 아니라 이더리움의 솔리더티 같은 컴퓨터 언어로도 프로그래밍할 수 있다.

(암호화폐는 일반적으로 가격 변동성이 크지만 '안정적인 코인'은 기존 화폐와 1 대 1의 가치로 교환이 가능하도록, 즉 가치가 고정되도록 설계돼 있다. 그러므로) '안정적인 코인'이 궁극적으로는 측정자로서 통화의 공간을 지배할 것이다. 이런 맥락에서 볼 때 가장 흥미로운 대상은 또 다른 중국 회사인 디직스다오다. 이더리움 블록체인에서 최초의 ICO로 탄생한 디직스다오는 투자금을 단 하루 만에 550만 달러나 조성해 세상을 놀라게 했다. 디직스다오의 코인은 금괴를 기반으로 하며, 인간적인 여러 방법으로 제조되고 블록체인에 등록된다(*디직스다오는 두 가지 코인을 사용한다. 1DGX는 순금 1그램과 교환할 수 있다. DGD는 플랫폼 운영에 사용된다. DGD를 보유한 사람에게는 DGX 전송 시 사용된 수수료가 보상으로 주어진다). 2018년 초 가상화

폐 대학살 기간에 다른 암호 자산들을 능가한 디직스다오는, 안정적인 코인이 금과의 연계성 덕분에 계정단위로 기능할 수 있음을 입증했다.

그래서 다른 여러 기업들도 디직스다오의 선례를 따라 금을 기반으로 하는 디지털 화폐를 내놓는 길을 걷고 있다. 이 가운데 가장 성장세가 두 드러진 것은 연쇄 창업가(*새로운 기업을 계속해 설립하는 기업가) 브렌트 데 종Brent de Jong이 운영하는 이머전트의 지코인인 것 같다. 브렌트 데 종은 지코인이 새로운 금본위제의 지평을 열어준다고 본다. 엔지니어 250명 과 전 세계 70개국에 사무소를 둔 이머전트는 지코인을 중국 디직스다 오 코인의 서구 버전으로 제시한다. 지코인 뒤에 있는 금괴는 광산에서 (많은 산업 분야에서 공급망이 될 수 있는 어떤 모델을 제시하는 블록체인이자 인가 를 받은 블록체인에서 이루어지는) 거래까지 전 과정이 추적된다. 데 종은 금 을 '안전한 금고 속에 들어 있고, 갈등에서 완전히 해방돼 있으며, 또 책 임성 있게 채굴된 금'을 기반으로 하는 '지구에서 가장 유동성이 큰 통 화'로 만들기 위해 블록체인을 사용하는 일에 헌신하는 노련한 기업가 이자 금융인이다.

벨의 법칙에 따르면, 컴퓨터 처리 용량에 들어가는 비용은 10년마다 100분의 1로 떨어진다. 이런 경향성에 대응해 기존 컴퓨팅 재중앙집중 화는 몰락하고 새로운 컴퓨터 구조가 나타난다. 그 사례가 바로 현재 진 행되고 있다. 그것은 클로드 섀넌과 앨런 튜링이 2차 세계대전 때 개발 한 암호와 동일한 암호를 기반으로 하며, 블록체인, 수학적 해시들, '위 대한 해체' 속에서 나타난 수많은 연관 발명품들을 디디고 서 있다.

이 새로운 구조는 하루 5조 달러라는 거대한 도박에 걸린 돈(*쓸데없는 통화거래량을 말한다)에 대안을 제시한다. 신용평가 기관인 에퀴팩스Equifax

나 야후가 단 한 번의 실수로 개인정보 수억 건을 잃어버릴 수 있으며, 다섯 인터넷 거인이 수시로 점점 더 많은 비밀번호와 사용자 이름을 요구하는 이 구명투성이 인터넷 세상에 대안을 제시한다.

우리의 돈, 정보기술과 관련된 이 모든 무질서를 바로잡을 수 있는 새로운 치료법을 2009년에 사토시, 비트코인과 함께 시작된 새로운 암호 운동에서 찾을 수 있을 것이다. 장차 크립토코즘의 새로운 기술들이 등장하면서 그 모든 무질서들이 사라질 것이다. 비록 비트코인이 현재 새로운 금본위제의 가능성을 온전하게 대변하지 못하고 있지만, 거기에 내재된 기술은 돈이 수행하는 여러 가지 역할을 개별적으로 하나하나 해체할 것이다. 그리고 궁극적으로 교환의 매개물과 측정자라는 두 가지 역할의 구분이 선명해질 것이다.

가팜GAFAM(구글, 애플, 페이스북, 아마존, 마이크로소프트)도 해체될 것이다. 중앙집중화된 컴퓨팅과 상업 클라우드들도 모두 해체될 것이다. 새로운 하드웨어 패러다임이 디지털과 실리콘의 벽을 넘어 아날로그와 탄소 나노튜브, 그리고 온갖 센서와 5G 안테나를 장착한 하이브리드 집적회로로 이동하고 있다. 구름(클라우드 컴퓨팅)은 하늘(스카이 컴퓨팅) 높은 곳에서 흩어지고 있다. 사람들의 노트북과 스마트폰에 실현된 스카이 컴퓨팅은 투명하고 변혁적인 블록체인을 타고 확산된다.

마지막 검증은 과연 이 새로운 체제가 인간의 정신과 의식성에 복무할지다. 모든 인공지능의 기준은 인간의 마음이다. 그것은 저전력을 소모하고, 전 세계에 분산돼 있으며, 주변 환경에 대한 반응 대기시간이 짧고, 시간과 공간에 가차없이 묶여 있으며, 자기를 창조한 창조주의 모습으로 창의적이다.

새로운 세상 체계

위대한 쿼터백이었던 페이튼 매닝(*2007년 슈퍼볼 MVP)은 자기 앞에 펼쳐진 풍경을 빠르게 훑는다. 리틀 록 캐피털 호텔 2층 강당이다. 연단에 선 매닝은 강당 구석에 낯익은 인물이 서 있음을 알아챈다. 키가 6피트 4인치(약 193센티미터)인 헌터 힐런마이어다. 그는 시카고베어스에서 2010년까지 7년 동안 디펜시브백으로 활동했다. 지금은 내슈빌에 있는 가상현실 앱 개발 회사인 스트리VR^{StriVR}의 전략가이자 대변인으로 일한다. 스트리VR은 가상현실에서 가치 있는 새로운 시장들을 찾는 선두주자다.

NFL을 주름잡았던 카리스마 넘치는 이 두 사람은 스티븐스 주식회사 서밋 콘퍼런스^{Summit Conference of Stephens, Inc.} 참석 차 리틀 록에 와 있다. 스티븐스 주식회사는 여신 및 투자 분야의 용감한 전사다. 이 회사 회장인 워런 스티븐스는 매닝의 친구이며, 힐런마이어에 투자하는 투자자다.

연갈색 머리카락에 헬맷을 쓰지 않은 힐런마이어가 연단으로 돌진해 자신을 쓰러뜨리지 않으리라 확신하는 매닝은 미식축구 선수와 기업가로 살아가는 것에 대한 생각을 계속해서 담담하게 풀어낸다. 매닝은 "실천을 통해 배우고 언제나 조금씩 나아질 것"이라고 힘주어 말하고는 곧바로 주제를 힐런마이어가 걸어온 여정으로 돌린다.

스트리VR이 자신의 독창적인 가상현실 훈련 기술을 자랑하는 이 콘퍼런스에서 힐런마이어는 매닝보다 격이 한 단계 높은 스타다. 그는 무어의 법칙이 가상현실 장비 가격을, (특수효과계의 거장이던) 더글러스 트럼블과 (가상현실 분야를 개척한) 재런 래니어가 전성기를 누리던 때에 비해 10분의 1 이하로 줄였음을 지적한다. 현재 페이스북 오큘러스 리프트 헤드셋은 1,000달러도 되지 않는다. 물론 일반 소비자 시장에서는 여전히 비싸지만, 그래도 과거의 가상현실 장비와 비교하면 엄청나게 싸졌다.

'실천을 통해 배우기'는 가장 효과적인 훈련 방식이다. 스트리VR은 가상 학습에서 온전한 경험을 전달할 때의 구체적인 사항들에 초점을 맞춰왔다. 관건은 사용자의 전두엽을 어떻게 돌파할까 하는 점이다. 전두엽은 어떤 상황을 판단하고, 그 상황의 문제를 해결하는 역할을 한다. 즉 전두엽은 '생각하는' 뇌의 한 부분으로, 가상 경험은 실제 현실이 아님을 안다. 가상현실은 바로 이 지능적인 전두엽을 우회해, 믿지 않는 마음을 멈추고 해당 기억이 마치 '실제' 경험처럼 각인되는 이른바 '도마뱀의 뇌'에서 작동한다. 가상 실체는 뇌의 바로 이 부분을 강화해, 대부분의 일과 관련된 학습 과정을 가속할 수 있다.

나는 무대로 불려 올라갔다. 힐런마이어가 말한 내용을 직접 시연해 경험하라는 것이다. 오큘러스 헤드셋을 쓰고 안경을 어떻게 잠깐 조작하니…… 아이쿠! 어느새 나는 전두엽을 놓쳐버리고 말았다. 분명히 강당 무대에 올라와 있는데, 웬걸, 댈러스 카우보이스의 쿼터백이 돼 동료들과 스크럼을 짜고 있는 게 아닌가. 나는 이 상황에 완전히 빠져들고 만다. 나는 지금 댈러스 카우보이스의 쿼터백 닥 프레스콧의 운동화를 신고, 와이드리시버인 콜 비즐리에게 패스하려고 한다. 가상현실 경기에 완전히 몰입했다. 상대 선수가 내 패스 시도를 방해하려 덮치고, 나는 그걸 피하려다가 무대에서 넘어질 뻔했다.

힐런마이어는 스탠퍼드대학 가상현실 실험실 소속으로, 이 대학 미식축구 팀을 얼마간 돕다가 자신의 라이드^RIDE 원칙을 세웠다. 보통 사람들이 경험하기에 너무 드물거나^rare, 거의 불가능하거나^impossible, 너무 위험하거나^dangerous, 너무 비싼^expensive 특별한 어떤 사건들에서 가상현실이 성공할 기회가 있다는 것이다. 내가 가상현실에서 댈러스 카우보이스의 일원이 돼 패스 플레이를 한 경험은 이 네 가지 조건을 모두 반영한다. 가상현실이었기에, 나는 140킬로그램이 나가는 수비수에게 실제로 깔리지 않고도 그런 경험을 할 수 있었다.

가상현실은 1970년대에 비행기 조종사들을 비행 시뮬레이터로 훈련시키거나 석유 굴착 장치에서 일하는 엔지니어들을 대상으로 특수 목적 훈련실에서 훈련시키면서 처음 탄생했다. 그러다가 제품을 시험하거나 설계하는 도구로 주가를 높였다. 래니어도 《가상현실의 탄생^Dawn of the New Everything》에서 다음과 같이 지적한다.

"당신이 지난 20년 동안 탄 모든 것이, 땅에서 굴러가든 물 위로 떠 가든 혹은 하늘로 날아가든 간에, 가상현실로 시험 제작됐다."[1]

힐런마이어가 현재 선보이는 매우 드문 가상현실 이벤트는 월마트에서 벌어지는 추수감사절 '블랙 프라이데이' 행사다. 월마트 아카데미는 스트리VR의 주요 고객이다. 월마트에서는 높은 이직률 때문에 전체 매니저의 약 40퍼센트가 1년에 한 번 있는 이 엄청난 이벤트를 단 한 번도 경험하지 못했다. 스트리VR은 신입 직원들을 이 엄청난 소란 한가운데로 던져 넣어, 이들이 몰려드는 인파에 밟히지 않고 무사히 거래를 완료할 수 있도록 그들에게 필요한 체험을 하게 해준다. 이 가상현실 훈련을 받은 직원은 실제보다 효과적이고 능숙하게 업무를 수행한다.

이어서 힐런마이어는 불가능한 사건이라는 범주로, 미국 올림픽 스키 팀 훈련 과정에 제공되는 스트리VR의 프로그램을 소개한다. 유타의 파크시티에 집결한 이 팀은 가상현실을 이용해 2018년 동계올림픽이 열리는 한국의 내리막 코스를 경험했다. 미케일라 시프린과 린지 본 등의 올림픽 선수들은 시즌을 마감해야 할 수도 있는 부상의 위험 없이 구불구불 이어지는 그 위험한 코스를 경험할 수 있었다.

닉 파움가르텐은 〈뉴요커〉의 시프린 프로필에서 다음과 같이 썼다.

"누구라도 옆으로 미끄러지거나 엉뚱한 라인을 타거나 하는 치명적인 실수를 할 수 있고, 또 장비가 불량했다든가 마침 강한 눈보라나 돌풍을 불었다든가 하는 악운을 만날 수 있다. 식중독에 걸릴 수도 있다. 심지어 한국이란 나라의 지정학적 조건 때문에, 한반도에서 열리는 국제 스포츠 축제 시간대가 선수의 생체리듬과 맞지 않을 수도 있다."[2]

그렇기 때문에 될 수 있으면 파크시티에 오래 머물면서 한국의 슬로프를 가상현실로 많이 체험하는 게 좋다는 것이다.

스트리VR 훈련 소프트웨어 가운데 가장 가치가 높은 것은 소방관을 위한 것이지 않을까? 소방관의 폐암 발병률은 나머지 개체군에 비해 다섯 배나 높다. 소방관은 유독가스를 마실 수밖에 없는 환경에서 해마다 훈련해야 하기 때문이다. 그런데 스트리VR의 훈련 소프트웨어를 사용하면, 유독가스를 마시지 않고도 유독한 연기가 가득한 상황을 경험할 수 있다. 게다가 화염이 갑자기 폭발할 상황이 임박했음을 알리는 시각적, 청각적 신호를 파악하는 법을 보다 쉽게 배울 수도 있다.

스트리VR이 이미 진입해 있거나 또 염두에 둔 시장들은 가상현실 분야에 기회의 폭이 얼마나 넓은지 잘 보여준다. 각 훈련 체제는 모두 다르며, 또 특수한 환경에 대한 매우 구체적인 지식을 수반한다. 각 가상현실을 완성하려면 3D 환경에 필요한 이미지들을 렌더링해야 한다. 이 과정은 돈이 많이 들기도 하려니와 시간도 엄청나게 많이 잡아먹는다. CEO인 대니 벨치Danny Belch는 회사 블로그에 다음과 같이 썼다.

"가상현실 광고는 더는 광고에 그치지 않는다. 이것은 실제다. 월마트와 유나이티드 렌털United Rentals이 가상현실을 사용한다는 사실은 가상현실 산업 전반에 지속적인 충격을 준다."

건설장비 대여 회사인 유나이티드 렌털은 고객들이 회사 사이트에서 안전 실무를 익히도록 유도하는 문제로 고민해왔다. 우선 '사람들이 도무지 배우려 하지 않기' 때문이다. 그런데 가상현실 소프트웨어를 사용한 뒤로, 회사는 안전성과 생산성을 개선하면서도 법률적 책임과 관련된 위험을 대폭 줄였다. 월마트가 대략 200개 매장에서 매니저 수천 명을 대상으로 실시하는 가상현실 훈련은 가상현실 역사에서 가장 규모가 크다. 이 가상현실 기술의 역사에서 월마트는 성공의 결정적인 기반이라고 할 수 있다. (주택 개량·개선용품 및 기기 소매점 체인 회사인) 로우스Lowe's도 가상현실 프로그램을 이용해 고객에게 실제로 자신의 집을 고칠 때 필요한 여러 가지 기술을 가르쳐주고 익히게 했다.

이른바 '해프닝' 국면으로 진입하면서, 가상현실은 벤처 캐피털 클라이너 퍼킨스Kleiner, Perkins, Caufield & Byers의 메리 미커Mary Meeker가 해마다 펴내는 평판 높은 보고서인 〈인터넷 트렌드 리포트Internet Trends Report〉에도 파고든다. 소비자들이 가상현실 헤드셋을 구매하는 비율이 느리지만 꾸준히 성장하고 있으며, 게임 회사들이 가상현실 분야에 진짜 돈을 마구 끌어다 투자한다고 미커는 보고한다. 또한 그녀는 기업가가 게임 광팬인 경우가 많다면서 일론 머스크, 리드 호프만, 마크 저커버그를 예로 들기도 한다. 쌍방향 게임은 세계적으로 주류가 되고 있다. 2017년에는 게임자가 무려 26억 명이나 됐는데, 이는 10년 전에 비해 26배나 늘어난 수치다. 전 세계 게임 산업 매출은 2017년에 1,000억 달러를 넘어섰다. 현재 세계에서 가장 큰 게임 시장은 중국이다.

나는 스트리VR의 힐런마이어와 벨치에게, 오토이가 가상현실 렌더링을 어디서나 값싸게 할 수 있는 세계적인 컴퓨터 플랫폼을 계획한다는 이야기를 해준다. 벨치는 매우 신나는 일이라면서 전 세계에 스트리VR의 새로운 시장이 활짝 열릴 것이라고 생각한다. 가상현실 유비쿼터스 환경이 조성될 수만 있다면, 가상현실이 드물고 불가능하고 위험하고 비싼 시장이 될 이유가 전혀 없다.

인간의 능력과 학습 수준을 높일 목적으로 설계된 가상현실은 인공지능과 정반대. 인공지능은 기계에 의해 학습 수준을 높이려는 것이기 때문이다. 가상현실은 인간 마음이 외부의 물질보다 우선한다고 단언한다. 가상현실은 기계의 그럴싸하기만 한 특이점singularity이 아니라 인간 정신의 특이점에 기반을 둔다.

가상현실은 감각중추 인터페이스들이 끝없이 확장되길 요구함으로써 인간 경험의 경계선들을 확장한다. 그리고 궁극적으로 운동, 힘, 저항, 열, 예리함, 그 밖의 쌍방향적인 효과들까지 고스란히 전달하는 인공 기관을 한층 더 확장하는 산업(예컨대 고글, 장갑, 움직이는 바닥, 촉각 강화 소재, 감각 융합 등)을 강화한다. 이 분야의 발전은 간호사, 응급구조대원, 외과의, 심지어 물리학자가 받아야 하는 훈련의 수준과 효과도 높일 수 있다.

2017년 말, 나는 오토이의 줄스 어백을 인터뷰했다. 내가 찾아갔을 때 그는 작가이자 물리학자이자 사회적 명사인 리사 랜들Lisa Randall과의 만남을 미처 끝내지 못한 상태였다. 랜들은 테드 강연자들과 〈뉴욕타임스〉 선정 베스트셀러 작가들의 귀감이다. 신을 믿지 않고도 영생을 누릴 수 있는 사람들이 있다면, 가장 가능성 높은 후보이기도 하다. 랜들은 줄스의 광자 움직임, 반사, 굴절, 그리고 상호작용을 측정하고 해석하는 옥탄 가상현실 렌더링 도구, 즉 옥탄 렌더러를 놓고 토론하려 오토이를 찾아왔다. 랜들은 이 도구를 빛의 다차원적 속성에 대한 실마리를 제공해줄 수도 있는, 선험적으로 검증된 광자 행동이라고 봤다.

우주의 '감추어진 여러 차원들'을 헤아리는 책을 여러 권 낸 랜들은 줄스에게 이미지를 렌더링하는 과정은 우주를 해독하는 새로운 방법을 제공한다고 말한 바 있다. 모든 것은 광자에서 시작하고, 광자는 빅뱅까지 거슬러 올라가기 때문이라는 것이다. 오토이는 컴퓨터 생성 이미지들을 만드는 과정에서 광자 광선의 방출과 반사의 '작은 빅뱅'과 관련된 정보를 보여준다. 렌더링 알고리즘은 현실(실체)을 해석하려는 선험적 시도며, 여기에는 근원인 동시에 목표로서의 인간적 계몽이 동반된다.

이는 또한 인간의 의식성을 이해하는 경로이기도 하다. 래니어가 지적하듯, 가상현실은 의식적인 인간 존재를 바로 그 의식성이라는 영역의 한가운데 놓고 순수한 형태의 '자기 의식성을 느끼게' 해준다.

"바로 거기에 당신이 있다. 다른 모든 것이 변할 수 있는 어떤 시스템, 즉 가상현실에 존재하는 어떤 고정된 지점에 당신이 있다. …… 가상현실에서는 당신의 인풋이 바로 당신이다."[3]

구글의 세상 체계는 인간적인 의식성보다는 물질적인 환경에, 인간적인 지능보다는 인공지능에, 인간적인 학습보다는 기계학습에, 절대적인 진리 탐구보다는 상대적인 검색에, 창조보다는 복제에, 계층적 우주 hierarchical universe 속 인간 존재에 권한을 부여하기보다는 평평한 우주 속에 인간적인 계층을 만드는 것에 초점을 맞춘다. 구글의 세상 체계는 인간 정신이 아니라 기계에서 특이점을 찾는다.

새로운 세상 체계는 이런 전제를 뒤집어 창조의 특이점을 칭송해야 한다. 물질보다 정신을, 기계성보다 인간적 의식성을, 단순한 알고리즘 검색보다 진정한 지능을, 아무 목적 없는 진화보다 목적의식적인 학습을, 우연보다 진리를 칭송해야 한다. 새로운 체계는 인간적 성취의 영웅적인 시대를 열 수 있다.

이런 식으로 나아가는 것은, 관심의 초점을 계산(연산)의 열매에서 신뢰와 안전이라는 뿌리로 이동시킨다는 뜻이다. 정보이론은 늘 두 가지 측면에서 현실을 자세히 설명했다. 한편으로는 커뮤니케이션, 전송, 중복 그리고 믿을 만한 복제를 모든 시간대와 공간대에 걸쳐 측정하고 또 이것들이 가능하도록 하는 데 초점을 맞춘다. 다른 한편으로는 소음에 묻혀 보이지 않는 현실의 여러 차원 암호를 풀어내는 데 초점을 맞춘다. 한편으로는 복제 기계이며, 다른 한편으로는 세상의 기저상태를 해결하려 시도하는 진리 기계라는 말이다.

1948년, 섀넌이 MIT와 벨 연구소에서 정보이론을 개발했을 때, 세상은 소음이 많은 어떤 채널을 따라 이루어지는 커뮤니케이션에 골몰했다. 진리와 결과에 대한 질문들은 신호와 소음에 대한 질문들로 미루어졌다. 정보이론은 섀넌의 〈보안 체계를 위한 정보이론Communications Theory for Secrecy Systems〉이라는 논문에서 처음 시작됐다. 이 논문은 완벽하게 무작위적인 1회용 암호표가 절대로 풀리지 않는 어떤 암호를 구성한다는 것을 입증했다. 이 논문은 정보이론을 떠받치는 하나의 기둥이다. 여러 소음들(순수하게 무작위적인 백색소음들)과 완벽한 질서(예측 가능하며 결정론적이고 정보에서 자유로운 질서) 사이에 존재하는 어떤 연속체의 한 기둥을 규정하기 때문이다.

섀넌의 관심은 양극단 사이에 존재하는 비옥한 영역들 즉 커뮤니케이션, 암호, 암호화, 암호해독 등의 극복 과제를 구성하는 어떤 통계학적 확률의 영역들에 초점이 맞춰져 있었다. 이 영역들을 추구하면서 산더미처럼 쌓인 가공되지 않은 데이터 속에서 의미 있는 어떤 것을 찾아내는 문제에 매달렸다. 섀넌의 작업은 구글 시대를 가속화한 빅데이터, 기계학습, 인공지능 등의 영역들로 나아갔다.

이렇게 해서 원하는 것은 뭐든 다 할 수 있는 무료 앱들을 무겁게 이고 있는 인터넷 구조가 나왔다. 인터넷 구조의 문제는 이뿐만이 아니다. 인터넷에 내재하며 사용자의 신원과 재산권 그리고 이 시스템 기저상태의 여러 측면들을 설정하는 프로토콜들에는 구멍이 숭숭 뚫려 있다. 이 구멍투성이 인터넷 스택은 돈과 권력이 상부로 쉽게 빨려 올라갈 수 있도록 해준다.

글로벌 복제 기계인 인터넷은 기원, 사실, 진리, 시간 스탬프, 기저상태, 신원 등을 설정하고 확인하는 데는 실패하고 만다. 여기서는 가짜 뉴스와 피싱 시도가 진짜 사건과 유익한 커뮤니케이션과 구분되지 않는다.

지금은 인터넷의 이 미끄러운 경사면을 넘어서 신뢰와 진실의 새로운 구조들을 구축할 토대로 삼을 변하지 않는 데이터베이스, 즉 인간적 창의성과 성취라는 높은 엔트로피 시대를 위한 낮은 엔트로피 캐리어를 제공해야 할 때다. 새로운 시대는 단절된 확률 상태의 마르코프 사슬을 넘어서, 역사와 미래 그리고 신뢰와 진실의 블록체인 해시로 넘어가야 한다.

기억력이 없는 마르코프 사슬의 반대편에 있는 것이 블록체인이다. 마르코프 사슬이 과거를 강력하게 지워버림으로써 효율성과 속도를 얻는 반면, 블록체인은 모든 블록에서 수학적 해시를 가지고 과거를 정교하게 반복한다. 마르코프 사슬에 비해 어쩌면 1만 배나 느릴 수도 있는 모든 해시는 최초의 블록까지 거슬러 올라가는 모든 거래의 지워지지 않는 서명을 담고 있다. 마르코프 사슬은 과거를 알지 못한 채 통계적으로 발생 가능성이 높은 미래를 알려주는 반면, 블록체인은 과거를 영원히 기록함으로써 실시간 미래를 가능하게 해준다.

그러므로 블록체인은 정보를 보존하고 확대하는 반면, 마르코프 사슬은 무작위성이라는 가정 아래 정보를 파괴할 위험을 늘 가지고 있다. 마르코프 모델들은 특정 의도나 계획, 역사와 정체성을 계산에서 제거함으로써 부를 창조하고 구성하는 실질적인 지식으로부터의 도피를 대변한다. 다음 시대의 세상 체계는 기억과 특수함, 발명과 실제 사실, 시간 스탬프와 출판물을 높이 평가할 것이다. 그 모든 것은 바로 현존하는 가장 위대한 정보이론가 그레고리 차이틴이 "창의성의 새로운 수학"이라고 부른, 괴델과 튜링 그리고 그들의 계산 불가능성과 불완전성을 추종하는 인간 자유의 수학이다(*'구글의 종말에 대한 전문용어와 정보' 참조).

우주는 계층적이며 다차원적이다. 이 우주가 이차원으로 축소돼선 안 된다. 정보 세상을 위한 컴퓨터 산업은 물질주의적 미신의 평평한 우주를 향할 것이 아니라 가상현실의 창의적인 차원들로 나아가야 한다. 성공한 세상 체계라면 인간 삶과 정신의 복잡함을 있는 그대로 온전히 렌더링하는 데 마땅히 복무해야 한다.

● **경제성장**Economic growth: 모든 파산 가능성 및 왜곡 가능성의 검증을 거친 학습. 경제성장에 대한 이런 인식은 어떤 과학적 명제는 얼마든지 왜곡할 수 있고, 반박할 수 있도록 틀이 짜여야 한다는 칼 포퍼의 통찰에서 비롯된다. 정부의 보증은 학습을 가로막으며, 따라서 경제성장을 왜곡한다.

성장하는 모든 기업과 산업은 판매량이 두 배씩 증가할 때마다 비용이 20~30퍼센트 줄어드는 어떤 학습곡선을 따른다. 고전적인 학습곡선으로는 마이크로칩의 무어의 법칙, 네트워킹의 멧컬프의 법칙이 있다. 레이먼드 커즈와일은 이런 발상을 '수확 가속의 법칙law of accelerating returns'이라는 발상으로 일반화했다. 이는 헨리 애덤스가 《헨리 애덤스의 교육The Education of Henry Adams》 중 어떤 학습곡선을 설명하는 장에서 소개했으며, 또 에너지 생산량 증가에 적용했던 개념이다.

학습 과정으로서의 경제성장은 처리되는 상징들이 인간에 의해 해석되지 않는 한 기계학습에서 직접적으로 이득을 얻지 못한다.

● **공개키 암호 방식**Public Key Cryptography: 암호 대부분은 대칭적이다. 동일한 키(혹은 디지털 숫자들의 배열)가 메시지를 암호화하고 또 동시에 그 암호를 푼다. 어떤 사람이 이 키를 수령자에게 개인적으로 전달할 때는 아무 문제가 없다. 그러나 인터넷 경제는 한 번도 본 적 없는 사람들 사이에서 끊임없이 이루어지는 거래에 의존하므로 보안이 문제가 될 수 있다. 이 문제에 대한 해법은 공개키와 개인키를 비대칭적으로 설정하는 것이다. 즉 공개키는 메시지를 암호

화하지만 이 암호를 풀 수는 없도록 하고, 개인키로만 그 암호를 풀 수 있도록 하는 것이다. 모든 블록체인은, 개인키들로 완료될 수 있는 거래의 주소를 공개키에 의존한다.

개인키에 대한 또 한 가지 중요한 사실은, 어떤 개인키와 연관된 공개키로 암호를 풀 수 있는 어떤 파일을 그 개인키를 사용해 암호화한다는 사실이다. 이는 메시지의 출처를 밝히는 디지털서명도 가능하게 해준다. 이렇게 해서 누구든, 자신에게 전달된 어떤 메시지가 자신이 가진 공개키와 짝을 이뤄 생성된 특정한 개인키에서 비롯된 것임을 안다. 돈에도 수표처럼 서명할 수 있게 해 서명의 출처를 드러내지 않고도 인증이 가능하다는 뜻이다.

이 기술은 프라이버시와 신원 증명이라는 명백하게 모순적으로 보이는 두 목표를 조정해준다. 즉 개인적인 자료를 노출하지 않고 신뢰할 수 있는 거래를 깔끔하게 수행하고자 하는 목표와 나중에 사용할 수도 있는 법률적 쓰임새를 위해 해당 거래의 역사, 재산권과 관련된 신뢰할 수 있는 기록에 접근하고, 또 이를 입증하고자 하는 목표를 조정해준다. 그러므로 우리는 현금거래 같은 것을 프라이버시 노출 없이 진행하면서도 법원이나 국세청으로부터 어떤 요구를 받았을 때 제출할 수 있는, 신뢰할 수 있으며 변경되지 않는 기록들을 확보할 수 있게 된다. 경우에 따라 신원과 재산을 숨길 수 있으면서도 필요할 때는 그런 것들을 입증할 수 있다는 말이다.

그런데 현재 시스템은 어떤가? 신원과 재산이 미덥지 않은 외부자들에게 끊임없이 노출될 수밖에 없으면서도, 얼마든지 부패하고 사악한 존재로 드러날 수 있는 제3자 혹은 검사에게 의존하지 않고서는 자기의 신원과 재산을 입증할 방법이 없지 않은가.

● **괴델의 불완전성 정리**Gödel's Incompleteness Theorem: 쿠르트 괴델(1906~1978)이 수리논리학에서 발견한 내용이다. 수리의 여러 진리들을 표현할 수 있을 정

도로 강력한 형식 체계가 있더라도 불완전할 수밖에 없어, 자신의 체계로는 자신의 무모순성을 입증할 수 없다는 것이다. 괴델은 이 정리를 증명하는 과정에서, 숫자들을 이용해 자명한 공리들을 구현하며 또 컴퓨터과학적 발견들을 낳을 수학 기계 하나를 발명했다. 수학은 밀봉되거나 물리적으로 결정론적이 될 수 없음을 입증함으로써, 괴델은 포스트모던 수학 즉 소프트웨어와 창의성의 수학으로 나아가는 길을 열었다. 존 폰 노이만(1903~1957)은 1931년에 수학 명제들은 참일 수도 있지만 증명할 수는 없다는 괴델의 증명이 가지는 중요한 의미를 최초로 높이 평가했다.

폰 노이만이 제대로 지적했듯, 괴델이 발명한 수학 '기계', 즉 숫자로 표현된 알고리즘들을 암호화하고 또 증명하기 위해 숫자를 사용하는 기계가 없었다면 괴델의 증명도 불가능했다. 폰 노이만과 앨런 튜링이 이 발명품을 흡수함으로써 컴퓨터과학과 정보이론이 비로소 시작됐으며, 또 인터넷과 블록체인이 발전할 수 있는 길이 열렸다.

● **금**Gold: 원자번호 179번 금속인 금은 수백 년의 검증 과정을 거쳐 현재 돈으로서 독특하게 안정적인 지위를 획득했다. 주기율표에서 가장 귀중한 금속 다섯 가지는 로듐, 팔라듐, 은, 백금, 금이다. 로듐과 팔라듐은 18세기나 돼서야 발견된 매우 희귀한 원소다. 백금의 녹는점은 섭씨 1,773도로 높아, 관련 기술이 발전하기 전까지는 이를 가지고 어떤 작업을 하기가 어려웠다. 은은 변색하고 부식한다. 또 독특하게 높은 반응성(*화학반응을 일으키는 성질)을 갖고 있어 산업 분야에서 금보다 많이 요긴하게 쓰인다. 그런데 오로지 금만이 오랜 세월, 가치 측정자로서의 기능을 변형과 변색 없이 수행할 수 있다. 금은 예쁘고 반짝거리고 쉽게 나눌 수 있고 휴대하기 간편하고 희귀하고 또 보석으로 가공하기 쉽다는 이유로 흔히 돈으로 여겨졌지만, 사실은 돈의 한 요소다. 금은 유용성이 없기 때문이다. 돈은 보석이라고 해서 가치가 있는 게 아니고

보석은 돈이기 때문에 가치가 있다. 왜냐하면 사실은 돈이기 때문이다. 금은 1온스를 추가로 채굴하는 데 소요되는 시간을 토대로 하는 가치 척도의 기준이다. 수백 년이란 세월이 흐르는 동안 금은 거의 바뀌지 않았지만, 금을 채굴하려면 땅속으로 더 깊이 파고들어야 하고 또 금맥은 점점 줄어들기 때문에 금 채굴은 점점 어려워지게 됐다. 그러므로 금은 기술과 산업 발전에 따라 가치가 바뀌는 것이 아니라, 자신이 측정하는 대상의 한 부분인 동시에 가치의 순수한 측정자다.

● **금융의 과잉비대**Hypertrophy of finance: 스스로 평가하고 또 개입하는 상업의 성장률을 훌쩍 뛰어넘는 규모의 금융 성장. 예를 들어 국제 통화거래는 전 세계 모든 재화와 서비스 거래에 비해 거래량이 약 73배나 된다. 또 모든 주식시장 거래에 비해 100배는 더 규모가 큰 것으로 추정된다. 석유 선물거래는 대략 30년 만에 100배나 늘어났다. 1984년에 석유 생산량의 10퍼센트였던 것이 2015년에는 석유 생산량의 10배로 늘어났으니 말이다. 부동산 파생상품 규모는 현재 세계 GDP의 9배다. 이는 자본주의가 아니라 금융의 과잉비대다.

● **메인스트리트**Main Street: 시급이나 월급을 받는 미국 노동자들이 경험하는 실물경제의 상징이다. 월스트리트의 가속화된 돈벌이 순환고리와는 차단돼 있다. 어쩌면 평범한 사람들의 주된 생활 영역일 수도 있는 이 거리는 지역 산업과 일자리의 현장이다.

● **멧컬프의 법칙**Metcalfe's Law: 어떤 네트워크의 가치와 힘은 이 네트워크에 접속하는 노드(컴퓨터) 수의 제곱에 비례한다. 이더넷의 공동창시자인 엔지니어 로버트 멧컬프(1946~)의 이름을 딴 이 법칙은 대략적인 지수이며, 매우 반反직관적이다(인터넷은 60억 접속자의 제곱보다 가치가 덜하지 않은가). 그러나 이 법

칙은 규모가 상대적으로 작은 네트워크에 적용되며, 현재 주식시장 시가총액 순위에서 상위를 차지하고 있는 페이스북, 애플, 구글, 아마존 등과 같은 회사들이 가치를 창조하는 방향을 설명해준다. 이 법칙은 새로운 디지털 통화들의 전망에 적용될 수도 있으며, 궁극적으로는 인터넷 소프트웨어 스택을 위한 새로운 거래 계층의 성공을 보장할지도 모른다.

● **무어의 법칙**Moore's Law: 컴퓨터 산업에서의 비용 효율성은 2년에 두 배씩 성장한다는 것. 이 속도는 반도체 생산량의 보다 빠른 성장 속도와 밀접하게 조응하면서, 학습곡선을 따라간다. 인텔 창업자 고든 무어가 최초로 정식화했으며, 캘리포니아공대의 카버 미드 교수가 정교하게 다듬은 이 법칙은 맨 처음에 반도체칩의 밀도가 2년에 두 배씩 커진다는 통찰에서 시작됐다. 그러나 지금은 병렬처리, 멀티스레드, 저전압, 3차원 칩 구조 등과 같은 분야에서 주로 언급된다. 무어의 법칙은 학습곡선으로서 정보이론의 중요한 원칙이다.

● **볼츠만의 엔트로피**Boltzmann's entropy: 열(어떤 체계에 있는 모든 분자의 에너지 총합)이 온도(그 분자들의 에너지 평균)보다 상위에 있다는 것. 루트비히 볼츠만은 '사라진 정보missing information'(*엔트로피를 가리키는 별명) 혹은 분자 배열의 불확실성으로 이 차이를 발견했으며, 그 결과로 클로드 섀넌과 함께 정보이론으로 이어지는 길을 열었다. 엔트로피의 두 형태는 무질서를 나타낸다. 볼츠만의 엔트로피는 아날로그이며 자연로그 e의 지배를 받는 데 비해, 섀넌의 엔트로피는 디지털이며 이진로그^{log2}의 지배를 받는다.

● **부**Wealth: 검증된 지식이다. 물리학 법칙에 따르면, 물질은 보존된다. 물질 자원들은 석기시대 이후 지금까지 전혀 바뀌지 않았다. 지금까지 지속된 모든 경제적 발전들은 학습을 통한 지식의 증가에서 비롯됐다.

● **블록체인**Blockchain: 부동산 목록을 정리해놓은 대장과 비슷한 데이터베이스로 사건, 약속(계약), 특허, 권리증, 그 밖의 다른 영구적 기록들을 아우른다. 모든 블록체인은 해당 시리즈의 기원에서부터 거래가 이루어지는 그 시점에 이르는 모든 것이 수학적으로 암호화돼 기록되고, 각 기록은 탈중앙화의 인터넷 노드들로 분산되고 공개된다.

● **비트코인**Bitcoin: 인터넷 사용 내역이 기록된 원장의 전면 공개 및 탈중앙화를 기반으로 한 안전한 거래 수단. 이에 비해 현재의 신용카드 시스템은 비밀과 중앙집중화를 기반으로 하며, 거래를 수행하는 주체들의 개인정보로 가득한 데이터센터를 방화벽으로 둘러치고 철저하게 보호하는 폐쇄적인 네트워크를 사용한다.

비트코인의 공개 거래원장은 대략 10분마다 블록들에서 수집된다. 이 원장의 내용은 현재의 블록에서 시작해 사토시 나카모토가 생성한 비트코인 최초의 블록인 이른바 '제네시스 블록'까지 거슬러 올라간다. 각 블록은 비트코인 확인 과정에 참여하는 사람(즉 채굴자)들 가운데 최소한 절반이 제네시스 블록 이후의 그 모든 블록을 가지고 그 블록을 수학적으로 '해시'할 때 (즉 암호화돼 있는 경우의 수를 찾으려고 할 때) 비로소 확인 과정이 완료된다. 그러므로 어떤 거래를 변경하거나 해지하려면, 비트코인 시스템에 연결된 컴퓨터들 가운데 적어도 절반 이상이 제네시스 블록 이후의 모든 거래를 다시 설정하는 데 동의해야만 한다.

비트코인은 코인이 아니라, 블록체인에 영원히 등록돼 있는 거래들에 대한 재무적인 지표 혹은 측정자다.

● **섀넌 엔트로피**Shannon Entropy: 어떤 메시지를 암호화하는 데 필요한 2진 숫자의 수, 즉 0과 1로 매우 간단하게 측정된다. 이는 그 메시지 구성 요소들이 가

진 가능성들의 기본적인 두 알고리즘의 합으로 계산된다. 1과 0 사이 확률들의 알고리즘들은 언제나 음수다. 엔트로피는 이 합계 앞에 마이너스 기호를 붙여 양수로 만들어진다. 이 마이너스 기호는 몇몇 저명한 이론가들로 하여금 100퍼센트를 초과하는 확률이라는 명백한 모순인 '음수의 엔트로피negentropy'라는 발상에 빠져들게 만들었다. 직관과는 다르게, 놀라운 정보는 일종의 무질서다. 알파벳은 질서정연하다. 결정체는 질서정연하고, 눈송이도 질서정연하다. 《햄릿》과 구글은 아름답게 무질서한 알파벳들로서 놀라운 정보를 실어 나른다.

● **샌드힐로드**Sand Hill Road: 미국의 선도적인 벤처 캐피털리스트들과 이들의 '유니콘들'이 밀집한 지역. 스탠퍼드대학 인근 카미노리얼에서 루트280을 거쳐 우드사이드와 실리콘밸리로 이어진다. 기업가의 수도라는 지위를 중국, 이스라엘, 전 세계의 암호화폐공개ICO들, 그 밖의 다른 투자금 조성 지역들에 내준 뒤 지금은 사치의 중심지로 변호사들과 정치인들이 우글거린다.

● **소음**Noise: 메시지에 혼선을 주는 것. 소음은 내용을 전달하는 유도관에 어떤 영향을 미친다. 커뮤니케이션 채널 속에서 바람직하지 않은 어떤 영향을 유발한다. 통상적으로 소음은 유도관에 의한 내용 왜곡이다. 높은 엔트로피 메시지(놀라움으로 가득한 메시지)는 놀라움이 전혀 없는 낮은 엔트로피 채널을 요구한다. 신호에 내재된 놀라움은 정보지만, 채널에 내재된 놀라움은 소음이다.

● **실제 화폐**Real money: 가상의 돈(디지털 화폐)이 아니다. 시간 흐름의 희소성과 불가역성을 반영하는 측정자이자 가치의 구체적인 계량값이다. 이는 엔트로피를 기반으로 한다. 균등하게 분배되며, 빛의 속도와 삶의 펼쳐짐이라는 물리적 한계를 토대로 형성된다. 비트코인과 금은 이런 점에서 둘 다 실질적인 돈이다. 정부가 독점하는 돈은 실질적인 돈이 아니다.

● **정보이론**Information Theory: 쿠르트 괴델이 논리를 수학적 함수와 알고리즘으로 만들면서 시작된 이론. 클로드 섀넌과 앨런 튜링을 거치면서 지금과 같은 모습의 수리철학으로 진화했다. 인간이 창조한 것이나 소통하는 내용을, 소음이란 막강한 힘에 맞서 어떤 채널을 통해 전송되는 신호라고 바라본다(이때 채널은 전선wire일 수도 있고, 이 세상이 될 수도 있다). 그리고 그 결과는 '뉴스'나 갑작스러운 일로써 측정된다. 이렇게 전송되는 신호는 엔트로피로 규정되며 지식으로 완성된다.

엔트로피는 송신자의 자유로운 선택에 따라 높을 수도, 낮을 수도 있다. 일종의 자유주의적 지수라고 할 수 있다. 즉 송신자가 보낸 상징의 실제 내용이라고 볼 수 있는 메시지의 가짓수가 많으면 많을수록, 이를 해석하는 사람의 선택의 폭은 넓어지고, 그 메시지의 엔트로피와 정보는 더 높아진다.

정보이론은 우리의 디지털 및 아날로그 세상을 가능하게 해주며 또한 묘사해준다.

● **차이틴의 법칙**Chaitin's Law: 알고리즘 정보이론의 창시자인 그레고리 차이틴은, 역동적이고 창의적인 삶을 담으려면 이제 정적이고 영원하고 완벽한 수학은 사용할 수 없다고 판정한다. 결정론적 수학은 그 어떤 혁신이나 놀라움, 학습이나 삶을 낳지 않는 어떤 기계적인 과정 속에 수학자를 가둔다. 그러므로 이제는 뉴턴적인 물리학적 수학을 초월해 포스트모던의 수학을 채택할 필요가 있다. 이 포스트모던의 수학은 괴델(1931, 불완전성의 정리)과 튜링(1936, 튜링머신)이 걸어온 창의성의 수학이다.

● **튜링머신**Turing Machine: 괴델의 증명에 고무된 튜링은 추상적이며 보편적인 어떤 컴퓨터 모델을 생각해냈다. 이 기계는 무한하게 긴 테이프를 갖고 있고, 이 테이프에 부호를 기록해 그 기록을 다시 읽을 수 있으며, 또 이 부호를 변

경할 수도 있고, 테이프를 앞뒤로 움직일 수도 있다. 튜링은 연산이 가능한 모든 함수를 이 가상의 기계가 계산할 수 있음을 입증했다. 튜링이 나중에 숫자 대부분은 어떤 연산 과정에 의해 생성될 수 없음을 증명했음에도 불구하고, 실리콘밸리는 그때 이후로 줄곧 환희 속에 살았다. 튜링의 보편 컴퓨터^{universal} computer는 어떤 특정 프로그램이 중단될지 여부를 계산할 수 없었다. 튜링의 기계는 범용 컴퓨터^{general-purpose computer}였다. 왜냐하면 그것은 무한한 시간과 공간을 통제하기 때문이다. 필연적으로 특수한 목적에 사용이 제한될 수밖에 없는 실제 컴퓨터는 정신이 아니다.

● **퍼스의 삼항틀**^{Peirce's Triad}: 수학자이자 철학자인 찰스 샌더스 퍼스가 제안한 정리로, 상징과 신호의 모든 시스템은 (예를 들어 소프트웨어와 수학이 그렇다) 해석자가 없으면 아무 의미가 없다. 삼항틀은 신호(혹은 상징)와 대상과 인간 해석자라는 세 요소로 구성된다. 해석자를 제거하면 삼항틀은 껍데기만 남고, 이 빈 공간을 이데올로기와 인위적인 책략(예를 들어 '기계학습'과 '인공지능')이 들어가서 채운다.

● **해시**^{Hash}: 길이가 바뀔 수 있는 디지털 파일을 특정 길이의 일련의 문자열들로 변환한 것. 미국 국립표준기술연구소가 표준으로 채택한 암호 해시 함수인 시큐어 해싱 알고리즘^{Secure Hashing Algorithm}(비트코인의 블록체인 암호에 사용되는 SHA-256)에서 출력값은 언제나 32바이트(256비트)다. 해시를 바꾸는 것은 불가능할 정도로 어렵다. 해시를 안다고 해서 해당 파일에 담긴 내용을 알 수는 없다. 그러나 그 파일에 대한 지식은 쉽게 해시로 변환될 수 있다. 해당 파일에 조금이라도 변화가 가해지면 해시가 바뀐다. 그러므로 해시는 데이터에 가해진 모든 변화나 조작을 남김없이 드러낸다. 가장 보편적인 해시는 모든 인터넷 패킷의 끝에 있는 검사합^{checksum}이다(*검사합은 데이터의 입력이나 전송 시에 제대로 됐는지를 확인하기 위해 입력 데이터나 전송 데이터의 맨 마지막에 앞서

보낸 모든 데이터를 다 합한 값을 따로 보내는 것이다. 데이터를 받는 측에서는 하나씩 받아들여 합산한 다음 이를 최종적으로 들어온 검사합과 비교해 착오가 있는지를 점검한다). 해시는 블록체인과 해시그래프를 가능하게 해주는 기술이다.

● **해시그래프**Hashgraph: 나무 형태의 구조 안에서 해시들의 사슬화된 블록('라운드'라 불린다)을 사용하는 것. 이때 '가상 투표'라는 독창적인 알고리즘이 사용된다. 이 알고리즘은 피할 수만 있다면 피하는 것이 좋은, 복잡하고도 번거로운 과정인 실질적인 투표나 작업증명PoW 없이도 합의를 도출한다. 빠르고 효율적인 이 시스템은 블록체인의 가장 아래 층으로 널리 퍼질 것이다.

● **확장적인 재정·통화 정책**Expansionary fiscal and monetary policy: 중앙은행이 정부의 적자를 메우기 위해 채권을 팔아 경제 활력을 자극하려는 시도.

전체 스펙트럼 가운데 대부분 왼쪽에 위치한 케인스주의자들은, 중앙은행이 채권을 팔아 정부가 보다 많이 지출할 수 있도록 함으로써 경제에 자극을 준다고 믿는다. 한편 대부분 오른쪽에 위치한 통화주의자들은 중앙은행이 정부 채권을 구입할 돈을 찍어냄으로써 경제에 활력을 불어넣는다고 믿는다.

이 새로운 돈은 구입된 증권의 이전 소유자들(주로 은행들)에게 들어가고, 최근에 이 은행들은 여러 펀드를 사용해 재무부로부터 보다 많은 증권들을 사들여왔다. 케인스주의자들과 통화주의자들은 정부 지출 여력을 확대한다는 점에는 동일하게 수렴한다.

정보경제에서 양측 다 정부가 가진 힘을 사용해 성장을 강제하는 시도를 높이 평가한다. 그러나 경제성장은 학습(검증된 지식의 축적)이다. 학습은 결코 강제될 수 없다.

참고문헌

책

Abu-Mostafa, Yaser S. et al 《Learning from Data: A Short Course》 (AMLbook.com)

Ali, Muneeb. 《Trust to Trust Design of a New Internet》, 2017. 6. A Dissertation Presented to the Faculty of Princeton University in Candidacy for the Degree of Doctor of Philosophy. https://muneebali.com/thesis.

Ammous, Saifedean. 《The Bitcoin Standard》 (New York: Wiley, 2018)

Antonopoulos, Andreas M. 《Mastering Bitcoin: Unlocking Digital Cryptocurrencies》 (Sebastopol, CA: O'Reilly Media, 2015)

Auletta, Ken. 《Googled: The End of the World as We Know It》 (New York: Penguin Books, 2010)

Beltrami, Edward. 《What Is Random? Chance and Order in Mathematics and Life》 (New York: Springer-Verlag, 1999).

Berlinski, David. 《The Advent of the Algorithm, The Idea that Rules the World》 (New York: Harcourt, 2000)

Bernstein, Jeremy. 《Quantum Profiles》 (Princeton: Princeton University Press, 1991)

Briggs, William. 《Uncertainty: The Soul of Modeling, Probability and Statistics》 (Switzerland: Springer International Publishing, 2016)

Burniske, Chris and Jack Tatar. 《Cryptoassets: The Innovative Investor's Guide to Bitcoin and Beyond》 (New York: McGraw-Hill, 2018)

Casey, Michael J. and Paul Vigna. 《The Truth Machine: The Blockchain and the Future of Everything》 (New York: Macmillan, 2018)

Chaitin, Gregory J. 《Conversations with a Mathematician》 (London: Springer-Verlag, 2002)

Chaitin, Gregory J. 《Proving Darwin: Making Biology Mathematical》 (New York: Pantheon Books, 2012)

Chaitin, Gregory J. 《Thinking About Godel and Turing: Essays on Complexity, 1970–2007》 (Hackensack, NJ: World Scientific Publishing Co., 2007)

Chesterton, G.K. 《Tremendous Trifles》 (Beaconsfield, UK: Darwen Finlayson, 1968)

Cleland, Scott and Ira Brodsky. 《Search & Destroy: Why You Can't Trust Google Inc.》 (St. Louis, MO: Telescope Books, 2011)

Craig, Sir John. 《The Mint》 (Cambridge, UK: University Press, 1953)

Crease, Robert P. 《The Prism and the Pendulum: The Ten Most Beautiful Experiments in Science》 (New York: Random House, 2004)

Christensen, Clayton and Michael E. Raynor. 《The Innovator's Solution: Creating and Sustaining Successful Growth》 (Cambridge, MA: Harvard Business School Publishing, 2003)

Dally, William James and Brian P. Towles. 《Principles and Practices of Interconnection Networks》 (San Francisco: Morgan Kauffmann Publishers, 2004)

de Anton, Francisco Perez. 《In Praise of Francisco Marroquin》 (Guatemala: Universidad Francisco Marroquin, 1999)

Denton, Michael J. 《Nature's Destiny: How the Laws of Biology Reveal Purpose in the Universe》 (New York: The Free Press, Simon & Schuster, 1998)

Derbyshire, John. 《Unknown Quantity: A Real and Imaginary History of Algebra》 (Washington, D. C.: Joseph Henry Press, 2006)

Dyson, George. 《Turing's Cathedral : The Origins of the Digital Universe》 (New York: Pantheon Books, 2012)

Edwards, Douglas. 《I'm Feeling Lucky: Confessions of Google Employee Number 59》 (Boston: Houghton Mifflin Harcourt, 2011)

Erickson, Jon. 《Hacking: The Art of Exploitation 2nd Edition》 (San Francisco: No Starch Press, 2008)

Gelernter, David. 《Mirror Worlds》 (New York: Oxford University Press, 1992)

Gilder, George. 《Life After Television: The Coming Transformation of Media and

American Life》(Knoxville, TN: Whittle Communications, 1990). Whittle Direct Books, The Larger Agenda Series.

Gilder, George. 《Life After Television: The Coming Transformation of Media and American Life》, Revised Edition (New York, W.W. Norton & Company, 1994)

Gilder, George. 《Microcosm: The Quantum Revolution in Economics and Technology》 (Simon & Schuster, 1989)

Gilder, George. 《Telecosm: The World After Bandwidth Abundance》 (New York: Simon & Schuster, 2000)

Gilder, George. 《The Scandal of Money: Why Wall Street Recovers but the Economy Never Does》 (Washington, DC: Regnery, 2016)

Harari, Yuval Noah. 《Homo Deus: A Brief History of Tomorrow》 (New York, HarperCollins, 2017)

Holzle, Urs. 《The Datacenter as a Computer》 (San Raphael, CA: Morgan and Claypool Publishers, 2013)

Kelly, Kevin. 《The Inevitable: Understanding the 12 Technological Forces that will Shape Our Future》 (New York: Penguin Books, 2017)

Kessler, Andy. 《How We Got Here: A Silicon Valley and Wall Street Primer》 (Escape Velocity Press, 2004)

Kidder, Tracy. 《The Soul of a New Machine》 (Boston: Little Brown & Company, 1981)

Kurzweil, Ray. 《How to Create a Mind: The Secret of Human Thought Revealed》 (New York: Penguin Books, 2012)

Langville, Amy and Carl D. Meyer. 《Google's Page Rank and Beyond: The Science of Search Engine Rankings》 (Princeton: Princeton University Press, 2006, 2011)

Lanier, Jason. 《Dawn of the New Everything》 (New York: Macmillan, Henry Holt & Company, 2017)

Lanier, Jaron. 《Who Owns the Future?》 (New York: Simon & Schuster, 2013)

Lanier, Jaron. 《You Are Not a Gadget》 (New York: Vintage Books, 2010)

Levy, Steven. 《In hhe Plex: How Google Thinks, Works, and Shapes our Lives》 (New York: Simon & Schuster, 2011)

Lewis, C. S. 《The Weight of Glory and Other Addresses》 (New York: The Macmillan Company, 1949)

Lewis, Nathan K. 《Gold: The Final Standard》 (New Berlin, NY: Canyon Maple Publishing, 2017)

Lewis, Nathan K. 《Gold: The Monetary Polaris》 (New Berlin, NY: Canyon Maple Publishing, 2013)

MacCormick, John. 《Nine Algorithms that Changed the Future: The Ingenious Ideas that Drive Today's Computers》 (Princeton: Princeton University Press, 2012)

McKay, Charles. 《Extraordinary Popular Delusions and the Madness of Crowds》 (New York: Harmony Books, 1980)

Marx, Karl. 《The German Ideology》 (Amherst, NY: Prometheus Books, 1998)

Mauldin, John and Jonathan Tepper. 《Code Red: How to Protect Your Savings from the Coming Crisis》 (Hoboken, NJ: John Wiley & Sons, 2014)

O'Hagan, Andrew. 《The Secret Life: Three True Stories of the Digital Age》 (New York: Farrar, Strauss, & Giroux, 2017)

Oram, Andy. ed. 《Peer-to-Peer: Harnessing the Power of Disruptive Technologies》 (Sebastopol, CA: O'Reilly & Associates, 2001)

Peirce, Charles S., edited with an Introduction by Morris R. Cohen, with a supplementary essay by John Dewey. 《Chance, Love, and Logic: Philosophical Essays》 (New York: Barnes & Noble, 1923)

Popper, Nathaniel. 《Digital Gold: Bitcoin and the Inside Story of the Misfits and Millionaires Trying to Reinvent Money》 (New York: HarperCollins, 2015).

Rand, Ayn. 《Atlas Shrugged》 (New York: Signet, New American Library, 1957)

Rifkin, Jeremy. 《The Zero Marginal Cost Society: The Internet of Things, the Collaborative Commons, and the Eclipse of Capitalism》 (New York: St. Martin's Press, 2016)

Sabino, Carlos and Wayne Leighton. 《Privatization of Telecommunications in Guatamala: A Tale Worth Telling, Case Study》 (The Antigua Forum, 2013)

Schmidt, Eric and Jonathan Rosenberg, with foreword by Larry Page. 《How Google

Works》 (New York: Hachette, 2016)

Shannon, Claude, with Sloane, N. J. A. and Aaron D. Wyner, ed. 《Collected Papers》 (Piscataway, NJ: IEEE Press, 1993)

Stephenson, Neal. 《Reamde》 (New York: HarperCollins, 2011)

Stephenson, Neal. 《Snow Crash》 (New York: Bantam Books, 1992)

Stephenson, Neal. 《The System of the World》 (New York: HarperCollins, 2004)

Stoll, Ira. 《Silicon Snake Oil: Second Thoughts on the Information Highway》 (New York: Doubleday, 1995)

Taplin, Jonathan. 《Move Fast and Break Things: How Facebook, Google and Amazon Cornered Culture and Undermined Democracy》 (New York: Little Brown and Company, 2017)

Thiel, Peter, with Blake Masters. 《Zero to One: Notes on Startups, or How to Build the Future》 (New York: Crown Business, 2014)

Thierer, Adam, and Clyde Wayne Crews Jr. 《What's Yours is Mine: Open Access and the Rise of Infrastructure Socialism》 (Washington, DC: Cato Institute, 2003)

Sweigart, Al. 《Cracking Codes with Python, an Introduction to Building and Breaking Ciphers》 (San Francisco: No Starch Press, 2018)

Tapscott, Don and Alex Tapscott. 《Blockchain Revolution: How the Technology behind Bitcoin is Changing Money, Business, and the World》 (New York: Penguin Random House, 2016)

Tegmark, Max. 《Life 3.0: Being Human in the Age of Artificial Intelligence》 (New York: Alfred A. Knopf, 2017)

Turner, Fred. 《Burning Man at Google: A Cultural Infrastructure for New Media Production》 (Sage Journal, 2009)

Turing, Alan. 《On Computable Numbers, With An Application to the Entscheidungsproblem》 (Princeton: Princeton Graduate Press, 1936)

Turing, Alan. 《Systems of Logic, edited and introduced》 by Andrew W. Appel (Princeton, NJ: Princeton University Press, 2012)

Vigna, Paul and Michael J. Casey. 《The Age of Cryptocurrency: How Bitcoin and Digital

Money are Challenging the Global Economic Order》 (New York: St. Martin's Press, 2015)

Whiteside, D.T. 《The Mathematical Papers of Isaac Newton》 (Cambridge, UK: University Press, 2008)

Wu, Tim. 《The Attention Merchants: The Epic Scramble to Get Inside our Heads》 (New York: Alfred A. Knopf, 2016)

Wu, Tim. 《The Master Switch: The Rise and Fall of Information Empires》 revised paperback edition (New York: Vintage Books, 2011)

Yockey, Hubert. 《Information Theory, Evolution, and the Origin of Life》 (New York: Cambridge University Press, 2005)

학술지

Andreessen, Marc. "Why Bitcoin Matters", 〈The New York Times〉, 2014. 1. 21.

Andreessen, Marc. "Why Software is Eating the World", 〈Wall Street Journal〉, 2011. 8. 20.

Appelbaum, Binyamin. "Is Bitcoin a Waste of Electricity, or Something Worse?" 〈New York Times〉, 2018. 2. 28.

Arthur, W. Brian. 〈McKinsey Quarterly〉, 2017. 10.

Auspitz, Josiah Lee. "The Wasp Leaves the Bottle: Charles Sanders Peirce", 〈The American Scholar〉, 2001, 602–619.

Ayau, Manuel F. "Philosophy Statement and Inaugural Address", 〈Universidad Francisco Marroquin〉, 1972.

Bell, Gordon. "Bell's Law for the Birth and Death of Computer Classes", 〈Communications of the ACM. 51 (1)〉, 2008. 1.

Boring, Perianne. "Protecting Blockchain from the Mad Hatter", 〈The Hill〉, 2017. 11. 21.

Dally, William James and John Nickolls. "The GPU Computing Era", 〈IEEE Micro〉, 2010. 3.-4.

Dally, William James et al. "Scaling the Power Wall: A Path to Exascale", 〈IEEE Micro〉,

2011. 9.–10.

Eich, Brendan. "Brave Software, Basic Attention Token (BAT), Blockchain Based Digital Advertising", 〈White Paper〉, 2018. 3. 13.

Gilder, George. "The Information Factories", 〈Wired〉, 2006. 10. 1.

Hajdarbegovic, Nermin. "Lingusitic Researchers Name Nick Szabo as Author of the Bitcoin Whitepaper", 〈Coindesk〉, 2014. 4. 16.

Levy, Steven. "Inside Deep Dreams: How Google Made Its Computers Go Crazy", 〈Wired〉, 2015. 12. 11. https://www.wired.com/2015/12/ inside–deep–dreams– how–google–made–its–computers–go–crazy/.

Lewis, Nathan K. "The Gold Standard and the Myth about Money Growth", 〈Forbes. com〉, 2012. 12. 16.

Lieber, Franz. "Appointment in Tomorrow", 〈Galaxy Science Fiction〉, 1951. 7.

Nelson, Jude and Muneeb Ali, Ryan Shea, Michael J. Freedman. "Extending Existing Blockchains with Virtualchain", Workshop on Distributed Cryptocurrencies and Consensus Ledgers, Chicago, IL, 2016. 7.

O'Hagan, Andrew. "The Satoshi Affair", 〈London Review of Books〉, Vol. 38, number 13, 2016. 6. 30. Also 《The Secret Life: Three True Stories of the Digital Age》 (New York: Farrar, Strauss, & Giroux, 2017)

Rabiner, Lawrence. "Hidden Markov Models", 〈Proceedings of the IEEE〉, 1989. 2.

Roberts, Jeff John and Adam Lashinsky. "Hacked: How companies fight back", 〈Fortune〉, 2017. 6. 22.

Shannon, Claude Elwood. "A Mathematical Theory of Communications" in The Bell System Technical Journal, 1948. 10.

Tredennick, Nick and Brion Shimamoto, "Embedded Systems and the Microprocessor", Microprocessor Report (Cahners) 2000. 4. 24.

von Hilgers, Philipp and Amy Langville, "The Five Greatest Applications of Markov Chains", Proceedings of the Markov Anniversary Meeting. Boson Press, 2006.

저자 주

PROLOGUE

1. Josiah Lee Auspitz, "The Wasp Leaves the Bottle", 〈The American Scholar〉, 2002, 602-19; Charles Sanders Peirce, 《Chance Love and Logic: Philosophical Essays》 (NewYork: Barnes & Noble, 1923). 모리스 코헨Morris Cohen의 서문과 존 듀이John Dewey 의 에세이가 함께 실려 있다.

2. Neal Stephenson, 《Snow Crash》 (New York: Bantam Books, 1992), 24. "그러니까 히로 가 실제로 여기 있는 것은 아니다. 그는 컴퓨터가 만들어낸 우주 안에 존재한 다. …… 이 상상의 장소는 '메타버스'라는 말로 알려져 있다."

3. C. S. Lewis, 《The Weight of Glory and Other Addresses》 (New York: The Macmillan Company, 1949), 16-29. 〈변환〉은 두 번째 에세이다.

4. George Gilder, 《Life after Television: The Coming Transformation of Media and American Life》 (Knoxville, Tenn.: Whittle Communications, 1990); revised edition (New York: Norton, 1994). "텔레비전이란 것이 압도적인 힘들을 가지긴 했지만, 치명적 인 결함들도 함께 가진 기술이었음을 우리는 깨달을 것이다. 처음에는 그 힘들 이 우세했지만, 지금은 오히려 결함들이 지배적인 위치로 올라섰다. 달리 대안 이 없었던 과거에는 텔레비전의 문화적 한계가 참을 수 있는 것이었지만, 새로 운 컴퓨터 기술들의 지평이 열리는 지금은 참을 수 없는 것이 됐다. 다행히 그 기술들에서는 미국이 주도권을 잡고 있다." 당시에 나는 이 새로운 장비를 '텔 레컴퓨터telecomputer'라고 불렀다. (지적 설계를 연구하는 미국의 비영리 공공정책 싱 크탱크인) 디스커버리 인스티튜트Discovery Institute의 창립자이자 내 친구인 브루스 채프먼은 다음 번 인쇄본에서는 이 용어를 보다 우아한 '텔레퓨터teleputer'로 바 꾸는 게 좋겠다고 제안했고, 나는 그 제안을 따랐다.

5. Gilder, 《Life after Television》 (1994), 20.

6. 위의 책 20 및 그 밖의 여러 곳에. 그러나 비록 1990년대 초에 연설이나 강연을 할 때는 자주 언급했지만, 이전 인쇄본들에는 텔레퓨터에 대한 이런 구체적인 반복 언급은 없다.

CHAPTER 01

1. W. Brian Arthur, "Where is Technology Taking the Economy?", 〈McKinsey Quarterly〉, 2017. 10.

2. Yuval Noah Harari, 《Homo Deus: A Brief History of Tomorrow》 (New York: HarperCollins, 2017).

3. Jeff John Roberts and Adam Lashinsky, "Hacked: How companies fight back", 〈Fortune〉, 2017. 7. 22. "사람 역시 소프트웨어만큼이나 비난받고 책임을 져야 한다. '보안의 허점은 기술 분야의 실패가 아니라 처리 과정이 허술하거나 사회 공학이 허술하기 때문이다'라고 아심 찬드나는 말한다." 그레이록의 투자자이자 팰로앨토 네트웍스의 이사인 "찬드나는 해킹 공격이 크게 두 가지 방식으로 진행된다면서, 이 두 방식 모두 고도로 높은 기술 수준을 필요로 하지 않는다고 지적한다. 한 가지 방식은 폭파 대상 조직의 직원이 폭탄이 숨겨진 첨부파일을 열거나 첨부된 링크를 타고 들어가도록 유도하는 것이다(이런 것들은 대개 직장 상사가 보낸 이메일로 위장된 채 클릭을 유도한다). 또 한 가지 방식은 직원의 로그인 인증서를 훔쳐 회사 네트워크에 침입하는 것이다".

4. Karl Marx, 《The German Ideology》 (Amherst, NY: Prometheus Books, 1998), 53.

5. William F. Buckley, 《Cancel Your Own Goddam Subscription》 (New York: Basic Books, 2007), 21-24. J. R. Nyquist, "How to Immanentize the Eschaton", 〈Financial Sense, Applying Common Sense to Markets〉, 2009. 7. 6. "1969년에 열여섯 살 소년이 보수적인 칼럼니스트인 윌리엄 버클리에게 "'종말론을 편재시킨다'는 말이 뭘 뜻하는지 제발 좀 알아보길 바란다"는 편지를 썼다. 그러자 버클리는 이렇게 답했다. "종말론의 뜻을 대략적으로 말하면, 시간 질서가 끝난다는 것이다. 편재시킨다는 말의 뜻을 대략적으로 말하면, 내재하도록 만든다는 것이다. 그

러므로 종말론을 편재시킨다는 것은 시간을 초월하고, 그리하여 이 세상을 초월하는 것을 세속적인 경험과 인간적인 영역에 내재하도록 만든다는 뜻이다. 이런 시도는 신의 초월성을 부정하는 것이다. 다시 말해 유토피아가 이 세상에 존재할 수 있다는 것이다." 나는 버클리의 대답이 무척 재미있다고 느꼈다. 왜냐하면 '종말론을 편재시킨다'는 말은 기본적으로 세상에 종말을 가져온다는 (즉 '시간 질서가 끝난다'는) 말이기 때문이다. 신의 초월성을 부정하는 사람들은 그 우스꽝스러운 유토피아를 건설하려고 노력할 때 이미 자기 안에 묵시록적 종말을 담고 있다는 말이 된다. '종말의 시간'을 부르는 방법으로 이보다 좋은 방법이 있을까? 인종과 성별과 계급을 가르는 차별로부터 우리를 해방하려는 사람들, 즉 '하나의 세상'을 만들려는 사람들은 인간성은 결코 완전할 수 없음을 깨닫지 못한다. 다시 말해 인간을 완벽하게 만들려는 모든 시도는 인간이 가진 본질적인 본능을 혼란스럽게 만들 수밖에 없으며, 또 우리가 힘들게 이룩해 그나마 제대로 작동하는 질서까지 부숴버릴 수도 있음을 알지 못한다."

6. Ronald H. Coase, 《The Firm, The Market, and the Law》(Chicago: University of Chicago Press,1988), 7. "회사 규모의 한계는 어떤 거래를 체결하는 데 드는 비용이 이를 시장을 통해 진행하는 데 드는 비용과 같아지는 점에서 결정된다."

CHAPTER 02

1. 스티븐슨은 이 제목을 뉴턴에게서 빌려 왔는데, 뉴턴은 자기 저서 《프린키피아》 3권 제목을 "De mundi systemate"라고 붙였다.

2. D. T. Whiteside, 《The Mathematical Papers of Isaac Newton》, (Cambridge: Cambridge University Press, 2008), xxix.

3. Franz Lieber, "Appointment in Tomorrow", 〈Galaxy Science Fiction〉, 1951. 7.

4. 이 이론에 대해 내가 탐구한 내용은 다음을 참조하라. 《Knowledge and Power》 (2013), expanded in 《The Scandal of Money》 (2016).

5. Nathan K. Lewis, 《The World's Experience with Gold Standard Systems》, 5장 "in Gold: The Monetary Polaris" (New Berlin, N.Y.: Canyon Maple Publishing, 2013).

6. 위와 같음.

7. David Hilbert, quotes, Wikipedia entry.

8. Gregory J. Chaitin, 《Thinking about Gödel and Turing: Essays on Complexity》, 1970-2007 (Hackensack, N.J.: World Scientific Publishing Co., 2007), 281 및 그 밖의 여러 곳에.

9. William Briggs, 《Uncertainty: The Soul of Modeling, Probability and Statistics》 (Switzerland: Springer International Publishing, 2016), 32.

10. Hubert Yockey, 《Information Theory, Evolution, and the Origin of Life》 (New York: Cambridge University Press, 2005). 《Information Theory and Molecular Biology》 (1992).

11. George Dyson, 《Turing's Cathedral: The Origins of the Digital Universe》 (NewYork: Pantheon Books, 2012), 252. 그는 다음에 나오는 튜링의 논문을 인용한다. Alonzo Church at Princeton: Alan Turing, ⟨Systems of Logic Based on Ordinals⟩, 161.

12. 1927년에 불확실성의 원리를 물리학에 도입한 베르너 하이젠베르크는 1930년에 괴델이 불완전성을 소개하는 강연을 들었지만, 이것이 자기의 통찰을 일반화한 것임을 깨닫지 못했다. 나중에 괴델은 물리학자 존 휠러를 자기 방에서 쫓아내는 유명한 일화를 남겼다. 이런 일이 일어난 원인은 휠러가 물리학에서 불확실성의 원리와 컴퓨터 분야에서 이와 비슷한 원리 사이에 어떤 연관이 있을지도 모른다고 말했기 때문이다.

13. Chaitin, 《Proving Darwin: Making Biology Mathematical》 (New York: Pantheon Books, 2012), 212. 휴버트 욕키와 마찬가지로, 차이틴은 다윈의 이론은 증명할 순 없지만 수학적으로 이해할 순 있음을 입증한다. 아울러 다음을 참조하라. Chaitin, 《Thinking about Godel and Turing》, 333. "(차이틴 상수인) 오메가의 정확한 숫자 값은 튜링머신에 내포된 컴퓨터 프로그램이 결국에는 연산을 중단하고 멈춰 설 확률이다. …… 충분히 놀랍게도, 오메가의 정확한 숫자적 가치는 계산할 수 없으며, 사실 이것은 더는 단순화할 수 없을 정도로 복잡하다. 이런 사실은 인간 지식에 한계가 있음을 상기시켜 다소 비관적으로 해석될 수 있다. 하지만 나는 낙관적으로 해석하는 편이다. 사람은 수학을 기계적으로 수행할 수 없으며, 직관과 창의성이 본질적임을 오메가가 보여준다고. …… 아닌 게 아니라 어떤 의미에서 보면 오메가는 수학적 창의성이 집중돼서 결정結晶화한 본

질이다."

CHAPTER 03

1. http://citeseer.ist.psu.edu/stats/articles. 나는 구글과 스탠퍼드대학 논문들을 세어 봤다.

2. 페이지랭크와 검색 기술에 대한 명쾌한 해석은 다음에 나와 있다. John MacCormick, 《Nine Algorithms that Changed the Future: The Ingenious Ideas that Drive Today's Computers》(Princeton: Princeton University Press, 2012), 10-37.

3. 래리 페이지가 한 말은 구글에서 모두 검색할 수 있다.

4. David Gelernter, 《Mirror Worlds》(New York: Oxford University Press, 1992).

5. Page, 위와 같음.

6. 만일 구글 검색으로 확인할 수 있는 자료가 아니라 책을 원한다면 스티븐 레비의 《In the Plex: How Google Thinks, Works, and Shapes our Lives》(New York: Simon & Schuster, 2011), 켄 올레타의 《Googled: The End of the World as We Know It》(New York: Penguin Books, 2010) 등이 있다. 높은 권위를 갖춘 견해를 알고 싶다면, 래리 페이지의 서문이 실린 다음 책을 참고하면 된다. Eric Schmidt and Jonathan Rosenberg, 《How Google Works》(New York: Hachette, 2014).

7. Fred Turner, 《Burning Man at Google: A Cultural Infrastructure for New Media Production》(Sage Journal, 2009).

8. 남의 사생활을 시시콜콜 캐내고 물의를 빚으면서도 재미있게 이야기를 술술 풀어내는 스코트 클리랜드와 기술 분야를 훤히 꿰고 있는 아이라 브로드스키는 구글에 반대하는 움직임에 초점을 맞춘 역사를 다음 책에 담아냈다. 《Search & Destroy: Why You Can't Trust Google Inc.》(St. Louis: Telescope Books, 2011). 나는 이들이 가진 구글에 대한 적대감이나 독점 체제를 깨기 위한 법률적 차원의 해결책에는 찬성하지 않는다. 그러나 이 책은 구글의 전략과 사업에 대한 정곡을 찌르는 관찰들로 가득하다.

9. Cleland, 위와 같음, 82.

CHAPTER 04

1. Jerry Bowyer, "Will Bitcoin Kill Don Draper? The Real End of an Era", 〈Forbes. com〉, 2015. 5. 31.

2. Douglas Edwards, 《I'm Feeling Lucky: Confessions of Google Employee Number 59》(Boston: Houghton Mifflin Harcourt, 2011), 11.

3. Jeremy Rifkin, 《The Zero Marginal Cost Society: The Internet of Things, the Collaborative Commons, and the Eclipse of Capitalism》(New York: St. Martin's Press, 2016). 구글에서의 연설은 다음을 참조하라. https://www.youtube.com/watch?v=5-iDUcETjvo

4. Edwards, xi, Introduction.

5. Jonathan Taplin, 《Move Fast and Break Things: How Facebook, Google and Amazon Cornered Culture and Undermined Democracy》(New York: Little Brown and Company, 2017), 126 및 그 밖의 여러 곳에.

6. Daniel Colin James, "This Is How Google Collapsed", 〈Hacker Noon: Where hackers start their afternoons〉, 2017. 4. 27. https://hackernoon.com/howgoogle- collapsed-b6ffa82198ee.

7. 위와 같음. 이 수치 대부분은 대니얼 콜린 제임스의 블로그에서 나왔다.

CHAPTER 05

1. '안전 불감주의Safety Last'는 이더리움의 창시자 밥 멧컬프의 원칙이다.

2. M&A 유니콘들과 IPO 가젤들의 이미지 출처는 금융인이자 철학자인 윌리엄 월튼William Walton이다.

CHAPTER 06

1. George Gilder, "The Information Factories", 〈Wired〉, 2006. 10. 1. 나는 애초에 〈와이어드〉에 기고할 기사를 쓸 목적으로 이 여행을 했다. 서두에 나오는 문단들을 포함해 이 장에 나오는 내용 가운데 많은 부분이 그 기사에 나온 것이다. 그러나 데이터와 주제는 그로부터 12년이 지나 이 책의 원고를 쓰면서 새로 업데

이트하고 다시 해석했다.

2. 댈즈는 구글의 데이터센터 제국 가운데 일부다. 구글의 전체 데이터센터는 싱가포르와 칠레의 킬리쿠라를 포함해 전 세계 15곳에 있다. 총 서버 수는 약 200만 개다.

3. Jaron Lanier, 《Who Owns the Future?》 (New York: Simon & Schuster, 2013), 53 및 그 밖의 여러 곳에.

4. Gordon Bell, "Bell's Law for the Birth and Death of Computer Classes", 〈Communications of the ACM〉 51 (1), 2008. 1. 86-94.

5. 트레이시 키더의 다음 대작에 묘사돼 있다. 《The Soul of a New Machine》 (Boston: Little Brown & Company, 1981). 새로운 컴퓨터와 소프트웨어 설계라는 대서사시를 이보다 생생하게 묘사한 사람은 없었다.

6. 우르스 회즐이 2017년 4월 11일 로스앤젤레스에서 열린 광섬유 콘퍼런스에서 했던 연설. 이를 포함해 회즐이 한 다른 많은 연설을 유튜브에서 찾아볼 수 있다. 또 그가 루이즈 바로소, 지미 클리다라스와 함께 낸 다음 책에서 찾아볼 수 있다. 《The Datacenter as a Computer》 (San Raphael, CA: Morgan and Claypool Publishers, 2013).

7. "The Information Factories", 〈Wired〉, 2006. 10. 1. 주1을 참조하라.

8. Andy Bechtolsheim, ibid.. 그리고 업데이트된 것으로는 다음이 있다. Linley Group, "Cloud Hardware Conference", 2017. 2. 8.

CHAPTER 07

1. 2017년 8월 25일에 나는 빌 댈리의 차를 타고 마운틴뷰에 있는 엔비디아 사무실에 가서 그와 긴 시간 동안 인터뷰했다. 캘리포니아공대와 MIT에서 인터뷰하고 여러 해가 지난 뒤였다. 또 나는 그가 브라이언 톨스Brian Towles와 함께 쓴 《Principles and Practices of Interconnection Networks》 (San Francisco: Morgan Kauffmann Publishers, 2004)와 그와 그의 동료들이 쓴 여러 기사들을 정독한 뒤에 그 인터뷰를 했다. 그 기사들에는 다음이 포함된다. "The GPU Computing Era", with John Nickolls, also at Nvidia, in 〈IEEE Micro〉, 2010. 3-4. Dally and eleven

colleagues, "Scaling the Power Wall: A Path to Exascale", 〈IEEE Micro〉, 2011. 9–10. 엔비디아는 이 초기 출판물들에서 계획했던 것들 가운데 대부분을 나중에 완수한다. 댈리는 지금까지 오랜 세월 동안 내게 영향을 줬다. 그러나 이 장에서 혹은 다른 곳에서라도 내가 표명한 의견과 관련해서는 일체의 책임이 내게 있으며, 댈리에게 있지 않다.

2. Nick Tredennick and Brion Shimamoto, "Embedded Systems and the Microprocessor", 〈Microprocessor Report〉 (Cahners) 2000. 4. 24. 그는 또한 '제로판매zero-sales'라는 탐나는 분야에 대한 농담도 했다. 수백 개 미만의 유닛 수요가 있는 우주항공 및 그 밖의 여러 시장들을 염두에 둔 반도체칩이다.

3. HC03, 1991. 8. 26–27. Hot Chips: A Symposium on High Performance Chips, sponsored by IEEE Technical Committee on Microprocessors and Microcomputers in cooperation with ACM-SIGARTH. https://www.hotchips.org/archives/1990s/hc03/. 스탠퍼드 미모리얼 오디토리움에서 열린 이 콘퍼런스에는 의장단에 포함된 존 헤네시와 실리콘 그래픽스의 포러스트 배스켓부터 MIT의 댈리와 톰 나이트, 텍사스 인스트루먼츠에서 온 한 무리의 부대, 그리고 불운의 아이타이니엄(*2001년에 공식 발표된 인텔 제공의 64비트 CPU)으로 진화한 불운의 i860 '블류VLIW, Very Long Instruction Word'(*한 명령에 동시에 실행될 수 있는 많은 간단한 명령어를 집어넣음으로써 속도를 향상시키려는 컴퓨터 설계 기법) 칩을 홍보하려는 인텔 이스라엘의 데이비드 펄머터와 마이클 케이건에 이르기까지 모두 함께 있었다.

4. 기계학습에 대한 간결한 소개는 다음을 보면 된다. Yaser S. Abu-Mostafa, Malik Magdon-Ismail, Tsuan-Tien Lin, 《Learning from Data: A Short Course》 (AMLbook.com). 아부 무스타파는 2013년 2월에 캘리포니아공대 교수 식당에서 저녁식사를 함께하며 기계학습과 관련해 자신의 해박한 통찰을 소개한 적이 있다.

5. John Markoff, "How Many Computers to Identify a Cat? 16,000", 〈New York Times〉, 2012. 6. 25.

6. Claude Elwood Shannon, "A Mathematical Theory of Communication", published in the 〈Bell Systems Technical Journal〉 1948. 10. N. J. A. Sloane, Aaron D. Wyner, edits, Shannon 《Collected Papers》 (Piscataway, N. J.: IEEE Press, 1993), section 12:

"Equivocation and Channel Capacity", 33.

7. 틸은 혁명적인 다음 저서에서 비판을 계속 이어갔다.《Zero to One: Notes on Startups, or How to Build the Future》(New York: Crown, 2014).

8. "Talk of the Town", 〈New Yorker〉, 1958. 12. 6. https://www.newyorker.com/magazine/1958/12/06/rival-2.

CHAPTER 08

1. Lawrence Rabiner, 'Hidden Markov Models', Proceedings of the 〈IEEE〉, 1989. 2. 이 논문은 전체 컴퓨터과학 분야에서 여섯 번째로 많이 인용됐다.

2. Philipp von Hilgers and Amy N. Langville, "The Five Greatest Applications of Markov Chains", in Amy N. Langville and William J. Stewart, eds., 《Proceedings of the Markov Anniversary Meeting》(Altadena, Calif.: Boson Books, 2006), 156-157.

3. Claude Elwood Shannon, "A Mathematical Theory of Communications" in 〈The Bell System Technical Journal〉, 1948. 10, section 4, "Graphical Representation of a Markoff Process", in Collected Papers (Piscataway, N.J.: IEEE Press, 1993), 15. "위(논문 〈The Discrete Noiseless Channel〉)에서 묘사한 유형의 확률론적인 과정들은 수학적으로 '이산 마르코프 과정discrete Markov process'으로 알려져 있다. …… 어떤 별개의 정보 원천은 우리의 목적에서 마르코프 과정으로 대변될 수 있다. 일반적인 경우는 다음과 같이 묘사할 수 있다. 어떤 시스템에서 가능한 '상태들'의 경우의 수는 유한하고 …… 게다가 만일 어떤 시스템이 Si 상태일 경우에 이것이 Sj 상태로 넘어갈 확률인 일련의 전이확률들이 존재한다. …… 각 글자는 각각 전이를 위해 존재한다고 우리는 가정한다. …… 그 각 상태들은 앞서 나타났던 문자들에서 비롯되는 '영향의 잔여물'과 조응할 것이다.

4. Ray Kurzweil, 《How to Create a Mind: The Secret of Human Thought Revealed》(New York: Penguin Books, 2012), 143. 커즈와일에 따르면 계층적 은닉 마르코프 모델HHMM, Hierarchical Hidden Markov Model과 이와 유사한 모델들은 거의 모든 기계학습처럼, 데이터에 몰두하는 것을 기반으로 한 링크들에서의 적응형 학습adaptive learning(*학습자의 수준과 학습 스타일에 맞춰 학습 정보나 방법 등을 제공하는 기계학

습)과 가중치를 각자 갖춘 선형적인 수열들의 여러 계층을 토대로 한다.

5. Amy Langville and Carl D. Meyer, 《Google's Page Rank and Beyond: The Science of Search Engine Rankings》 (Princeton: Princeton University Press, 2006, 2011).

6. Kurzweil, 《How to Creat a Mind》, 153.

7. George Gilder, 《Microcosm: The Quantum Revolution in Economics and Technology》 (New York: Simon & Schuster, 1989), 262-289.

8. Jaron Lanier, 《Who Owns the Future》 (New York: Simon & Schuster, 2013), xxv.

9. 위와 같음.

10. 위의 책, xxiii.

11. Hal Lux, "The Secret World of Jim Simons", 〈Institutional Investor〉, 2000. 11. https://www.institutionalinvestor.com/article/b151340bp779jn/thesecret-world-of-jim-simons.

12. Robert P. Crease, 《The Prism and the Pendulum: The Ten Most Beautiful Experiments in Science》 (New York: Random House, 2004), 59-76, Chapter Four: "Newton's Decomposition of Light with Prisms".

13. Lanier, 《Who Owns the Future》, xxvi.

14. 위의 책, 153.

CHAPTER 09

1. Max Tegmark, 《Life 3.0: Being Human in the Age of Artificial Intelligence》 (New York: Alfred A. Knopf, 2017). 그는 이 책의 에필로그 "The Tale of the FLI[Future of Life Institute] Team"(316-335)에서 콘퍼런스 조직 과정을 자세히 묘사했다.

2. 위의 책, 4.

3. 위와 같음.

4. Musk on AI: https://www.cnbc.com/2018/03/13/elon-musk-at-sxsw-a-i-ismore-dangerous-than-nuclear-weapons.html.

5. 인공지능은 스티븐 호킹에게 목소리를 줬고, 그는 이 목소리를 이용해 인공지능을 경계하는 말을 했다. https://qz.com/1231092/ai-gave-stephen-hawking-a-

voice-and-he-used-it-to-warn-usagainst-ai/.

6. 레이 커즈와일의 강연을 통해 중국 황제와 체스 발명자 이야기가 널리 알려졌다. 이 황제는 체스 발명자에게 얼마나 너그러웠는지 무슨 요구든 다 들어주겠다고 했다. 그래서 발명자는 "그저 약간의 쌀이면 충분하다. 체스판 첫 칸부터 한 알, 두 알, 네 알 하는 식으로 예순네 번째 칸까지 두 배씩 쌀을 늘려달라"고 했다. 수학자가 아니었던 황제는 흔쾌히 그러마고 했다. 그런데 '$2^{64}-1$'개의 쌀알은 대략 1,800만 개나 됐다. 한 해 수확량의 몇 배나 되는 어마어마한 양이었다. 커즈와일이 지적하듯, 서른두 번째를 넘어가면서부터 황제는 어려움을 겪기 시작했다. 커즈와일은 이 이야기의 결말을 두 가지로 열어둔다. 하나는 그 발명자가 제국을 차지하는 것이고, 또 하나는 그 발명자의 목이 달아나는 것이다. 발명자가 명심해야 할 교훈은 황제를 잘 살피라는 것이다.

7. Tegmark, 《Life 3.0》, 158.

8. 위의 책, 147.

9. 위의 책, 245.

10. Ray Kurzweil, editor, Kurzweil.ai.net, with the AI standing for Accelerating Intelligence.

11. G. K. Chesterton, 《Tremendous Trifles》 (Beaconsfield, England: Darwen Finlayson, 1968), 55.

12. Jaron Lanier, 《You Are Not a Gadget》 (New York: Vintage Books, 2010), 17.

13. Charles Sanders Peirce, Chance, 《Love and Logic: Philosophical Essays》, edited with an introduction by Morris R. Cohen and a supplemental essay by John Dewey (New York: Barnes & Noble, 1923). 다음 글이 퍼시의 이론을 명쾌하게 설명하고 있다. Josiah Lee Auspitz, "The Wasp Leaves the Bottle," 〈The American Scholar〉, 2001, 602-609. 다음 글은 퍼시를 정보시스템과 소프트웨어에 적용하는 주제를 다뤘다. E. T. Nozawa, 《Peircean Semiotic: A New Engineering Paradigm for Automatic and Adaptive Intelligent Systems Design》 (Marietta, Georgia: Lockheed Martin Aeronautics). 이 저작은 "퍼시의 기호학은 인공지능과 인지과학 (그리고 다른 정보과학들) 분야의 발전에서 매우 혁명적인 역할을 한다"는 사실을 입증한다.

저자주

14. Michael Denton, 《Nature's Destiny: How the Laws of Biology Reveal Purpose in the Universe》 (New York: The Free Press, 1998), 324-327 in Chapter 14: "The Dream of Asilomar".

15. Leigh Cuen, "What Really Is Ethereum? Co-Founder Joe Lubin Explains", 〈International Business Times〉, 2017. 8. 24, http://www.ibtimes.com/whatreally-ethereum-co-founder-joe-lubin-explains-2578228.

16. Klint Finley, "Out in the Open: Teenage Hacker Transforms Web into One Giant Bitcoin Network", 〈Wired〉, 2014. 1. 27, https://www.wired.com/2014/01/ethereum/.

CHAPTER 10

1. 틸 펠로십 웹사이트 제목과 주소는 다음과 같다. About the Fellowship, http://thielfellowship.org/about/.

2. "2012년에 나는 워털루대학에 입학했다. 2013년에는 암호 프로젝트가 한 주에 30시간씩 내 시간을 잡아먹는다는 것을 깨닫고 자퇴했다. 나는 세상을 돌아다니며 암호 관련 여러 프로젝트들을 탐구했다. 그러다 마침내 그것들은 모두 단순히 일반적인 것이 아니라 특정한 적용에 초점을 맞추고 있음을 깨달았다. 이렇게 해서 이더리움이 탄생했고, 이더리움은 그때 이후 줄곧 내 삶의 모든 것을 온통 붙잡고 있다." Vitalik Buterin, https://about.me/vitalik_buterin.

3. 1517펀드의 웹사이트는 다음과 같다. http://www.1517fund.com/thesis/.

4. Pony Tracks "weaponry;" Bruce Newman, "Tanks for the Memories: Historic Collection of Military Might Auctioned for More Than $10 Million", 〈Mercury News〉, 2014. 7. 13, https://www.mercurynews.com/2014/07/13/tanks-for-thememories-historic-collection-of-military-might-auctioned-for-more-than-10-million/.

CHAPTER 11

1. 2009년 1월 16일, 할 피니는 사토시에 대한 이 반응을 현재 '비트코인 포럼Bitcoin Forum'이라 불리는 곳에 올렸다.

2. Finney, 위와 같음.

3. John Mauldin and Jonathan Tepper, 《Code Red: How to Protect Your Savings from the Coming Crisis》 (Hoboken, N.J.: John Wiley & Sons, 2014).

4. Ayn Rand, 《Atlas Shrugged》 (New York: Signet, 1957).

5. Nermin Hajdarbegovic, "Lingusitic Researchers Name Nick Szabo as Author of the Bitcoin Whitepaper", 〈Coindesk〉, 2014. 4. 16. 저자는 잭 그리브 교수가 이끌고 영국 애슈턴대학 언어학 전문가들로 이루어진 팀의 연구 결과를 주목했다. 언어학자 스카이 그레이도 2013년 12월에 동일한 결론에 도달했다. 그러나 (미국의 국방 관련 컨설팅 회사) 부즈 앨런 해밀턴의 마이클 천이 2017년 12월 26일에 어떤 논문 하나를 발표했다. 이 논문은 일련의 알고리즘 분류를 들먹이며 닉 재보가 비트코인 투자 유치 백서를 쓴 사람이라고 하면서도, 크레이그 라이트의 동료인 이언 그리그를 사토시가 보낸 이메일들의 저자라고 지목했다. 그리그는 라이트와 클라이먼을 사토시 팀의 핵심 인물들로 지금까지 줄곧 지목하고 있다. 재보가 어떤 역할을 했든, 비트코인과 관련돼 언급되는 사람들 가운데 그가 가장 독창적이고 흥미로운 사상가임에는 분명하다. 그리고 비트골드를 제안한 재보의 논문은 미래 예언적이다.

6. George Gilder, 《Telecosm: The World after Bandwidth Abundance》 (New York: Simon & Schuster, 2000), 116-117. 마크 안드레센에 대한 이런 언급은 〈Forbes ASAP〉의 "The Coming Software Shift"에서 처음 나왔고, 그다음에는 1996년에 리치 카알가드가 내 ASAP 기사들을 "텔레코즘"이라는 제목을 붙여 하나로 묶어 《Forbes American Heritage》로 출간할 때 다시 나왔다.

7. Ira Stoll, 《Silicon Snake Oil: Second Thoughts on the Information Highway》 (New York: Doubleday, 1995).

8. Marc Andreessen, "Why Bitcoin Matters", 〈New York Times〉, 2014. 1. 21.

CHAPTER 12

1. 사토시를 다루는 역사 다큐멘터리 시나리오라고 생각해주면 좋겠다. 이 글은 전적으로, 사토시가 썼다는 여러 포스트들을 토대로 이런 유형의 역사적

허구에 꼭 필요한 양념을 버무렸다. 사토시 나카모토의 가장 유명한 백서는 〈Bitcoin: A Peer-to-Peer Electronic Cash System〉(2008)이다. 그리고 세부적인 사항들을 가장 권위 있게 설명해주는 책은 다음이다. Andreas M. Antonopoulos, 《Mastering Bitcoin: Unlocking Digital Cryptocurrencies》 (Sebastopol, Calif.:O'Reilly Media, 2015).

2. Foundation for Peer-to-Peer Alternatives, https://p2pfoundation.net.

3. Craig Wright, "Shinseiki Evangerion", nChain: The Future of Bitcoin, Arnhem, 2007. 7, https://www.youtube.com/watch?v=JdJexAYjrDw&t=49s.

CHAPTER 13

1. Andrew O'Hagan, "The Satoshi Affair," 〈London Review of Books〉, Vol. 38, number 13, 2016. 6. 30, 《The Secret Life: Three True Stories of the Digital Age》(New York: Farrar, Strauss & Giroux, 2017).

2. Craig Wright, "Future of Bitcoin Talk", Arnhem, The Netherlands, Youtube, https://www.youtube.com/watch?v=JdJexAYjrDw.

3. http://gavinandresen.ninja/satoshi (2016. 5. 2).

4. 스웥즈는 '해시그래프' 합의 알고리즘을 기반으로 하는 분산형 앱을 위한 플랫폼이다. https://www.swirlds.com/. 아이오타는 블록체인을 사용하지 않는 오픈소스 분산 원장이다. 이것의 양자 증명 프로토콜은 '탱글'로 알려져 있다. https://blog.iota.org/the-tangle-an-illustratedintroduction-4d5eae6fe8d4.

5. Saifedean Ammous, 《The Bitcoin Standard》 (New York: Wiley, 2018).

6. Chris Burniske and Jack Tatar, 《Cryptoassets: The Innovative Investor's Guide to Bitcoin and Beyond》 (New York: McGraw-Hill, 2018), 178-179.

CHAPTER 14

1. Neal Stephenson, 《Snow Crash》 (New York: Bantam Spectra, 1992).

2. 위의 책, 27. "모노레일은 사용자들이 그 '스트리트'에서의 자기 위치를 신속하고도 매끄럽게 바꿀 수 있도록 해주는 무료 소프트웨어다."

3. Muneeb Ali, 〈Trust-to-Trust Design of a New Internet〉, (doctoral dissertation, Princeton University, 2017. 6), https://muneebali.com/thesis.

4. Tedx, New York, https://www.youtube.com/watch?v=qtOIh93Hvuw&t=28s.

5. Muneeb Ali, "Things Engineers Do to Move to the US", 〈Medium〉, 2015. 4. 26. https://medium.com/@muneeb/living-on-one-mcfish-a-day-for-theamerican-dream-592ed97c1bab.

6. Andy Oram, ed., 《Peer-to-Peer: Harnessing the Power of Disruptive Technologies》 (Sebastopol, Calif.: O'Reilly & Associates, 2001). 이 책은 우리 시대에 들어와서 암호화폐의 꽃을 활짝 피운 1990년대의 분산형 시스템 및 암호 관련 연구를 다룬 소중한 책이다. 초기에 제안됐던 암호토큰의 하나인 모조^{Mojo}와 이캐시^{eCash}는 마이클 프리드먼을 비롯한 여러 학자들이 줄곧 토론의 대상으로 삼았던 선도적인 암호화폐다. 프리드먼은 소액결제, 영지식증명^{zero-knowledge proof}(*검증자가 자신이 가진 비밀 정보, 즉 비밀번호를 노출하는 대신 자신이 그 비밀 정보를 알고 있음을 증명해 검증하는 프로토콜), 전자화폐, 수학적 해시, 그 밖의 여러 주제들을 MIT와 프린스턴대학에서 파고들었다. 그는 이 책에서 한 장(159-187)을 할애해 '자유로운 피난처^{Free Haven}'를 다룬다(이것은 익명의 저장 시스템이다. 누구든 여기에 자기 문서를 저장할 수 있으며, 또 이 문서의 수명도 자기가 결정할 수 있다). 또 다른 장인 "책임^{Accountability}"(271-340)은 소액결제, 해시캐시, 평판 시스템, 이중지불, 작업증명, 그 밖에 블록체인에서 익숙한 쟁점들을 다룬다. 프리드먼과 공동 저자로 이름을 올린 사람들의 면면을 보면, 우선 로저 딩글다인^{Roger Dingledine}은 RSA증권 투자자이자 아디 샤미르^{Adi Shamir}의 전자화폐에 열광했던 로널드 리베스트^{Ron Rivest}의 제자다. 데이비드 몰나^{David Molnar}는 버클리대학, 하버드대학, 마이크로소프트를 거친 암호 분야의 저명한 엘리트다. 이들 가운데 어느 한 사람이 사토시였다고 하더라도 이상할 것이 없다.

7. Muneeb Ali, 〈Trust-to-Trust〉, 60.

8. Berners-Lee on the Charlie Rose show, https://charlierose.com/videos/29038.

CHAPTER 15

1. Muneeb Ali, 〈Trust-to-Trust〉, 31.

2. Jude Nelson et al, "Extending Existing Blockchains with Virtualchain", Workshop on Distributed Cryptocurrencies and Consensus Ledgers, Chicago, IL, 2016. 7.

CHAPTER 16

1. Kevin Kelly, 《The Inevitable: Understanding the 12 Technological Forces that Will Shape Our Future》 (New York: Penguin, 2017), 229.

2. 위의 책, 229.

CHAPTER 17

1. Peter Thiel, with Blake Masters, 《Zero to One: Notes on Startups, or How to Build the Future》 (New York: Crown Business, 2014), 75.

2. Alexander Mordvintsev, Christopher Olah, and Mike Tyka, "Inceptionism: Going Deeper into Neural Networks", Google Research Blog, 2015. 6. 17, https://research.googleblog.com/2015/06/inceptionism-going-deeper-intoneural. html.

3. Steven Levy, "Inside Deep Dreams: How Google Made Its Computers Go Crazy", 〈Wired〉, 2015. 12. 11, https://www.wired.com/2015/12/insidedeep- dreams-how-google-made-its-computers-go-crazy/.

4. "Here's How To Make Your Own Dreamscope A.I. Images" by burnersxxx, 2015. 7. 16, https://burners.me/tag/dreamscope/.

CHAPTER 18

1. Urs Holzle, keynote at Optical Fiber Conference, Los Angeles, 2017. 4. 11, https://www.youtube.com/watch?v=n9zEiGyvJ-A.

2. 위와 같음.

3. SWNS, "Americans Check Their Phones 80 Times a Day: Study", 〈New York Post〉, 2017. 11. 8, https://nypost.com/2017/11/08/americans-check-theirphones-80-

times-a-day-study/.

4. Muneeb Ali, "The Next Wave of Computing", 2017. 8, https://medium.com/@muneeb/latest.

5. Ivan Liljeqvist, 〈Ivan on Tech〉, https://www.youtube.com/watch?v=fEDKGyeF6fw.

6. OTOY, "RenderToken White Paper", 2017. 8. 17, https://rendertoken.com/pdf/1.7RenderTokenWhitepaper.pdf.

7. 위와 같음.

8. Brendan Eich, "The Render Token", 2017. 9. 25, https://brendaneich.com/.

CHAPTER 19

1. "The World's Most Dangerous Cities", 《The Economist》, 2017. 3. 31, https://www.economist.com/blogs/graphicdetail/2017/03/daily-chart-23.

2. Francisco Perez de Antón, 《In Praise of Francisco Marroquin》 (Guatemala: Universidad Francisco Marroquin, 1999).

3. Manuel F. Ayau, Philosophy Statement and Inaugural Address, Universidad Francisco Marroquin, 1972.

4. Marla Dickerson, "Leftist Thinking Left Off Syllabus", 〈Los Angeles Times〉, 2008. 6. 6. http://www.latimes.com/world/mexico-americas/la-fi-guatemala6-2008jun06-story.html.

5. Carlos Sabino, 〈Wayne Leighton, Privatization of Telecommunications in Guatemala: A Tale Worth Telling, Case Study〉 (The Antigua Forum, 2013); Rocio Cara Labrador and Danielle Renwick, "Central America's Violent Northern Triangle", Council on Foreign Relations Backgrounder, 2018. 1. 18, https://www.cfr.org/backgrounder/central-americas-violent-northerntriangle. Giancarlo Ibarguen on the War on Drugs: "I blame the war on drugs in the United States for what is happening here in Guatemala." "The Drug War in Guatemala: A Conversation with Giancarlo Ibarguen", 2011. 10. 21. Reason.tv, produced by Paul Feine and Alex Manning, http://reason.com/blog/2011/10/21/reasontv-the-drug-war-in-guate. more Guatemala

facts(including standout infant mortality rate): Guatemala country profile, BBC News, page last updated 2012. 7. 3. 11:42 UK http://news.bbc.co.uk/2/hi/americas/country_profiles/1215758.stm#facts.[과테말라의 유아사망률은 신생아 1,000명 가운데 21명이었다. 한편 아이티(46.8명)와 볼리비아(35.3명)는 서반구에서 유아사망률이 가장 높다.] COUNTRY COMPARISON: INFANT MORTALITY RATE, Central Intelligence Agency, World Factbook, 2017 estimates: https://www.cia.gov/library/publications/the-world-factbook/rankorder/2091rank.html Highest Infant Mortality in the Western Hemisphere: 1. Haiti (#36), 2. Bolivia (#52), 3. Guatemala (#78)-n parentheses is the country's place on the list of 225 countries in the world.

6. 고전경제학을 공부하기에 좋은 곳 상위 50곳 목록은 다음에서 알 수 있다. https://thebestschools.org/features/top-places-to-study-classical-economics/.

CHAPTER 20

1. "10 US Telecom Policy Myths", http://www.danielberninger.com/10myths.html.

2. Tim Wu, 《The Master Switch: The Rise and Fall of Information Empires revised paperback edition》(New York: Vintage Books, 2011). 아울러 다음을 참조하라. 《The Attention Merchants: The Epic Scramble to Get Inside our Heads》(New York: Alfred A. Knopf, 2016). 우는 이 책에서 (그것도 주석에서!) 망 중립성을 유지하던 사업 전략에서 벗어난 것이 AOL의 몰락 원인임을 인정한다. "궁극적으로 보면 울타리가 둘러쳐진 정원은 온갖 다양한 것들이 아무런 제약도 받지 않고 인터넷으로 갈 수 있는 드넓은 마당보다 취약했던 것이다." 그가 결론 내렸듯 고객의 통제를 받는 비방송(즉 일대일 접속만 허용되는) 미디어에서 텔레비전 광고 방식을 추구해서는 결코 통하지 않는다. 우는 AOL의 CEO인 스티브 케이스의 말을 인용했다. "나를 정말로 성가시게 하는 것은 광고들이 네트워크 구성원들의 눈이 가는 자리를 차지하고 있다는 점이다."

3. 나는 다음 책에서 이런 결론을 내린다. 《Telecosm: The World After Bandwidth Abundance》(New York: Simon &Schuster, Touchstone paperback edition, 2000), 163. "스마트 무선통신은 해변이 아니라 바다의 끝없는 파도를 제시한다. …… 일반적

으로 말해 연방통신위원회는 허가나 승인 업무를 해서는 안 된다. 무선통신 주파수를 사용하는 모든 회사에게 면허증을 발급하기만 하면 된다. 무거운 입증 책임은 맹목적이며, 고전력 시스템을 갖춘 서비스 제공자가 지도록 해야 한다. 독점권이 없으면 도저히 운영할 수 없다고 주장하며, 또 해변을 기반으로 해서 그 누구도 파도에 접근하지 못하도록 하길 원하는 바로 그들에게 그 책임을 지워야 한다.

4. Perianne Boring, "Protecting Blockchain from Mad Hatter", 〈The Hill〉, 2017. 11. 21.

CHAPTER 21

1. Kai Stinchcombe, "Ten years in, nobody has come up with a use for blockchain", 〈Medium〉, 2017. 12. 22, https://hackernoon.com/ten-years-in-nobody-hascome-up-with-a-use-case-for-blockchain-ee98c180100.

CHAPTER 22

1. George Gilder, "What Bitcoin can Teach" in 《The Scandal of Money: Why Wall Street Recovers but the Economy Never Does》 (Washington, DC: Regnery, 2016), 69-76.

2. Nathan K. Lewis, "The Gold Standard and the Myth about Money Growth", 〈Forbes. com〉, 2012. 2. 16. 또한 동일한 자료의 많은 부분이 다음에도 나온다. 《Gold: The Final Standard》 (New Berlin, NY: Canyon Maple Publishing, 2017), 3.

3. Saifedean Ammous, 《The Bitcoin Standard》 (New York: Wiley, 2018).

4. 위의 책, 40.

5. Friedrich Hayek, "Toward a Free Market Monetary System", 〈Journal of Libertarian Studies〉 3 no. 1: 1-8.

6. Cameron Harwick, "Cryptocurrency and the Problem of Intermediation", 〈The Independent Review〉 (2016. 4.), 581.

7. Ammous, 위의 책, 16.

8. 앰머스의 의견에 반대하는 이 입장을 요약 정리한 사람은 유명한 금 전문가 랠프 벤코다. 다음을 참조하라. "Why Bitcoin Never Was, Is Not, And Will

Never Be the New Gold Standard", 〈Coin〉, 2018. 2. 7, https://www.gcoin.com/
blog/2018/2/7/whybitcoin-never-was-is-not-and-will-never-be-the-new-gold-
standard.

9. Charles Mackay, 《Extraordinary Popular Delusions and the Madness of Crowds》 (New
York: Harmony Books, 1980), foreword by Andrew Tobias.

CHAPTER 23

1. Don Tapscott and Alex Tapscott, 《Blockchain Revolution: How the Technology
behind Bitcoin is Changing Money, Business, and the World》 (New York: Penguin
Random House, 2016), 92–93, 142.

2. Clayton Christensen and Michael E. Raynor, 《The Innovator's Solution: Creating and
Sustaining Successful Growth》 (Cambridge: Harvard Business School Publishing, 2003),
126-143.

3. Binyamin Appelbaum, "Is Bitcoin a Waste of Electricity, or Something Worse?" 〈New
York Times〉, 2018. 2. 28.

4. 경제에서 가장 창의적인 부분들을 눈에 보이지 않게 만들어버리는 국내총생산
개념의 오류를 경제학자인 마크 스쿠젠Mark Skousen이 총생산GO, Gross Output(*모든
생산 단계의 총지출 규모를 통해 한 나라의 경제활동을 측정하는 지표) 개념으로 바로
잡았다. 2013년 12월, 미국 경제분석국BEA이 채택한 총생산에는 국내총생산으
로 등록된 최종 매출액 외에도 자본재와 상품들에 대한 중간 지출까지 포함됐
다. 총생산은 예금과 (예를 들어 암호 분야에서 발휘되는 기업가의 창의성까지 아우
르는) 자본 형성(*저축을 통한 재화와 용역을 생산하는 건물, 기계, 설비 등의 자본의
창출과 확장)을 포함하기 때문에 스쿠젠의 이 지수는, 정부 부채와 이전지출 때
문에 비정상적으로 지수가 상승하는 국내총생산보다 나중에 이어질 경제성장
을 보다 정확하게 예측한다. 총생산은 자동차 부품 판매와 자동차 판매를 이중
으로 계상한다는 이유로 경제학자들이 폄하하지만, 국내총생산도 식품, 의약품
그리고 그 밖에 인간 노동력을 지원하는 여러 물품들을 이중으로 계상한다. 경
제는 끊임없이 모습을 바꾸는 재화와 서비스가 여러 차례 겹쳐지는 실체일 수

밖에 없다. 어떤 도구로 측정하더라도 이중계상의 문제는 발생하게 마련이다.

5. Tapscott and Tapscott, 95.

6. Max Tegmark, 《Life 3.0: Being Human in the Age of Artificial Intelligence》(New York: Alfred A. Knopf, 2017),153. 테그마크는 1나노초에 한 번 연산하는 (즉 현재 컴퓨터의 기가헤르츠 클록 속도로 작동하는) 인공지능은 넉 달에 한 번씩 연산하는 것으로 우리에게 느껴질 것이라고 지적한다.

7. Nick Tredennick and Paul Wu, 《Transaction Security, Cryptochain, and Chip Level Identity》(Cupertino: Jonetix, 2018). 아울러 다음을 참조하라. Tredennick and Wu, "Transaction Security Begins With Chip Level Identity", Int'l Conference on Internet Computing and Internet of Things, ICOMP, 2017.

8. Leemon Baird, "The Swirlds Hashgraph Consensus Algorithm: Fair, Fast, Byzantine Fault Tolerance", Swirlds Tech Report, 2016. 5. 31, revised, 2018. 2. 16.

9. Leemon Baird, Mance Harmon, and Paul Madsen, "Hedera: A Governing Council & Public Hashgraph Network: The Trust Layer of the Internet," ⟨white paper V1.0⟩, 2018. 3. 13, 22.

10. 위와 같음, 19.

EPILOGUE

1. Jaron Lanier, 《Dawn of the New Everything》(New York: Henry Holt, 2017), 2. Introduction.

2. Nick Paumgarten, "Mikaela Shiffrin, the Best Slalom Skier in the World", ⟨New Yorker⟩, 2017. 11. 27.

3. Lanier, 위의 책, 가상현실의 열한 번째와 열두 번째 정의.

조지 길더
구글의 종말

1판 1쇄 발행 2019년 12월 16일
1판 5쇄 발행 2021년 11월 19일

지은이 조지 길더
옮긴이 이경식
펴낸이 고병욱

책임편집 윤현주 기획편집 장지연 유나경
마케팅 이일권 김윤성 김도연 김재욱 이애주 오정민
디자인 공희 진미나 백은주 외서기획 이슬
제작 김기창 관리 주동은 조재언 총무 문준기 노재경 송민진

펴낸곳 청림출판(주)
등록 제1989-000026호
본사 06048 서울시 강남구 도산대로 38길 11 청림출판(주) (논현동 63)
제2사옥 10881 경기도 파주시 회동길 173 청림아트스페이스 (문발동 518-6)
전화 02-546-4341 팩스 02-546-8053
홈페이지 www.chungrim.com
이메일 cr1@chungrim.com
블로그 blog.naver.com/chungrimpub
페이스북 www.facebook.com/chungrimpub

ISBN 978-89-352-1297-2 03320